Digitales Pricing

EBOOK INSIDE

Die Zugangsinformationen zum eBook Inside finden Sie am Ende des Buchs.

Frank Frohmann

Digitales Pricing

Strategische Preisbildung in der digitalen
Wirtschaft mit dem 3-Level-Modell

Frank Frohmann
Rüdesheim am Rhein, Deutschland

ISBN 978-3-658-22572-8   ISBN 978-3-658-22573-5   (eBook)
https://doi.org/10.1007/978-3-658-22573-5

Die Deutsche Nationalbibliothek verzeichnet diese Publikation in der Deutschen Nationalbibliografie; detaillierte bibliografische Daten sind im Internet über http://dnb.d-nb.de abrufbar.

Springer Gabler
© Springer Fachmedien Wiesbaden GmbH, ein Teil von Springer Nature 2018
Das Werk einschließlich aller seiner Teile ist urheberrechtlich geschützt. Jede Verwertung, die nicht ausdrücklich vom Urheberrechtsgesetz zugelassen ist, bedarf der vorherigen Zustimmung des Verlags. Das gilt insbesondere für Vervielfältigungen, Bearbeitungen, Übersetzungen, Mikroverfilmungen und die Einspeicherung und Verarbeitung in elektronischen Systemen.
Die Wiedergabe von Gebrauchsnamen, Handelsnamen, Warenbezeichnungen usw. in diesem Werk berechtigt auch ohne besondere Kennzeichnung nicht zu der Annahme, dass solche Namen im Sinne der Warenzeichen- und Markenschutz-Gesetzgebung als frei zu betrachten wären und daher von jedermann benutzt werden dürften.
Der Verlag, die Autoren und die Herausgeber gehen davon aus, dass die Angaben und Informationen in diesem Werk zum Zeitpunkt der Veröffentlichung vollständig und korrekt sind. Weder der Verlag noch die Autoren oder die Herausgeber übernehmen, ausdrücklich oder implizit, Gewähr für den Inhalt des Werkes, etwaige Fehler oder Äußerungen. Der Verlag bleibt im Hinblick auf geografische Zuordnungen und Gebietsbezeichnungen in veröffentlichten Karten und Institutionsadressen neutral.

Gedruckt auf säurefreiem und chlorfrei gebleichtem Papier

Springer Gabler ist ein Imprint der eingetragenen Gesellschaft Springer Fachmedien Wiesbaden GmbH und ist ein Teil von Springer Nature
Die Anschrift der Gesellschaft ist: Abraham-Lincoln-Str. 46, 65189 Wiesbaden, Germany

Ziel dieses Buches

Keine globale Entwicklung ist wichtiger für die Zukunft von Volkswirtschaften als die Digitalisierung. Zentrale Bedeutung für den zukünftigen Erfolg von Unternehmen hat die Ausschöpfung der Potenziale der digitalen Transformation. Die Digitalisierung des Wirtschaftslebens hat enorme Auswirkungen auf das Preismanagement aller Branchen und Produktkategorien. Denn ein immer höherer Wertschöpfungsanteil bei Produkten als auch bei Dienstleistungen entfällt auf Information und ist damit digitalisierbar. Auch wenn die technologische Entwicklung sehr dynamisch ist, so verändert die Digitalisierung nicht das grundlegende Prinzip des Wirtschaftslebens. Es geht auch im digitalen Zeitalter um Kunden und deren Wertewahrnehmung (Tacke 2018; Simon 2016). Nach wie vor gilt: Der langfristige Erfolg eines Unternehmens resultiert aus dem vom Kunden wahrgenommenen Nutzen relativ zum geforderten Preis (Simon und Fassnacht 2008, S. 116). Die Wertlieferung an den Kunden („value generation") und das Abschöpfen des Gegenwerts („value extraction") müssen optimiert werden. Diese Optimierungslogik beschreibt die Philosophie des vorliegenden Buchs. Grundlegendes Ziel ist die Abschöpfung des Mehrwerts von Produkten über professionelles Pricing. Mit fortschreitender Digitalisierung gewinnt „value extraction" als Kernkompetenz eines Unternehmens an Bedeutung. Im Zentrum steht die Nutzung neuer Informationstechnologien sowie digitalisierter Prozesse zur Werteabschöpfung.

Inhaltsverzeichnis

1 Grundlagen und Besonderheiten des Preismanagements 1
- 1.1 Digitalisierung und Pricing 1
- 1.2 Der Preis als Gewinntreiber 4
- 1.3 Besonderheiten des Preises 5
- 1.4 Determinanten des Pricing 9
- 1.5 Die Preis-Absatz-Funktion als Indikator der Kundenreaktion 11
- 1.6 Marktdynamik und Preiselastizität 14
- 1.7 Preismaßnahmen, Elastizitäten und Gewinnwirkungen 16
- 1.8 Praxisbeispiele: Marktdynamiken in modernen Branchen 21
- Literatur 22

2 Grundlagen und Besonderheiten des digitalen Pricing 25
- 2.1 Preispolitische Besonderheiten von digitalen Angeboten 25
- 2.2 Rahmenbedingungen und preisbezogene Besonderheiten des Internets 27
- 2.3 Entwicklungsphasen der Digitalisierung 31
- 2.4 Digitalisierung und Wettbewerbsdynamik 35
- 2.5 Geschäftsmodelle als Ausgangspunkt des digitalen Pricing 38
- 2.6 Vom Geschäftsmodell über das Erlösmodell zum Preismodell 40
- 2.7 Wertschöpfung durch Daten und datengetriebene Geschäftsmodelle 46
- 2.8 Das Drei-Ebenen-Modell des digitalen Pricing 50
- 2.9 Abgrenzung: Erlösmodelle 53
- 2.10 Leistungen und Erlösquellen im Internet 55
- 2.11 Ausgewählte Erlösmodelle im Überblick 61
- Literatur 66

3 Pricing-Prozess Teil 1: Analyse (Determinanten der Preisfindung) 73
- 3.1 Einführung in den Pricing-Prozess 73
- 3.2 Kosten 74

3.3	Wettbewerb	77
3.4	Kunden	80
Literatur		80

4 Pricing-Prozess Teil 2: Strategie ... 83
- 4.1 Von der Unternehmens- und Wettbewerbsstrategie zur Preisstrategie ... 83
- 4.2 Dimensionen der Preisstrategie ... 84
- 4.3 Pricing-Ziele ... 91
- 4.4 Wettbewerbsstrategien ... 94
- 4.5 Strategische Segmentierung und Positionierung ... 100
- 4.6 Wettbewerbsvorteilsmatrix ... 107
- 4.7 Strategisches Verhalten im Wettbewerb ... 110
- 4.8 Preisdifferenzierung ... 116
  - 4.8.1 Grundlagen der Preisdifferenzierung ... 116
  - 4.8.2 Varianten der Preisdifferenzierung ... 118
  - 4.8.3 Voraussetzungen für Preisdifferenzierungskonzepte ... 144
- Literatur ... 147

5 Pricing-Prozess Teil 3: Struktur ... 153
- 5.1 Preisoptimierung ... 153
  - 5.1.1 Methoden zur Ermittlung des optimalen Preises ... 153
  - 5.1.2 Berechnung des gewinnoptimalen Preises ... 169
  - 5.1.3 Simulationsanalysen zur Produkt- und Preisoptimierung ... 173
  - 5.1.4 Methodeninnovation: Value-Driver-Analyse ... 183
  - 5.1.5 Preisstrategien bei neuen Produkten ... 194
- 5.2 Portfolio-Pricing ... 200
  - 5.2.1 Herausforderungen des Portfolio-Pricing ... 200
  - 5.2.2 Methodische Ableitung von Preisstrukturen ... 205
  - 5.2.3 Projektskizze: Produktlinien-Pricing für Informationsgüter ... 212
  - 5.2.4 Methodeninnovation: Analyse und Steuerung der Preiselastizität ... 214
- 5.3 Preismodelle ... 218
  - 5.3.1 Abgrenzung und Definition: Preismodelle ... 218
  - 5.3.2 Die fünf Säulen eines Preismodells ... 221
  - 5.3.3 Bemessungsgrundlagen im Detail ... 227
  - 5.3.4 Preismetriken im Detail ... 236
  - 5.3.5 Methodeninnovation: Konzept zur Optimierung von Preismodellen ... 239
  - 5.3.6 Erfolgskriterien von Preismodellen ... 242
  - 5.3.7 Ausblick: Weitere Entwicklung bei Preismodellen ... 245
- Literatur ... 247

Inhaltsverzeichnis IX

6 Pricing-Prozess Teil 4: Implementierung 255
  6.1 Einleitung: Konditionensystem und Vertriebssteuerung 255
  6.2 Grundlagen des Konditionensystems. 256
  6.3 Leistungsorientierte Konditionensysteme 260
  6.4 Best Practice: Zielpreissystem. 262
  6.5 Preisdurchsetzung 263
  6.6 E-Bidding. 267
  6.7 Incentive-System 269
  6.8 Taktisches Pricing 269
  Literatur. 272

7 Pricing-Prozess Teil 5: Monitoring 275
  7.1 Preiscontrolling: Herausforderungen. 275
  7.2 Finanzielles Monitoring. 277
  7.3 Monitoring der Marktwirkungen 279
  7.4 Monitoring der Pricing-Professionalität 283
  Literatur. 284

Über den Autor

Frank Frohmann blickt auf eine langjährige Erfahrung in der Entwicklung von Preisstrategien für zahlreiche Unternehmen verschiedenster Branchen zurück. Sein umfassender Erfahrungsschatz in Pricing-Strategien und Preisoptimierungen basiert auf drei wesentlichen Tätigkeitsfeldern: Externe Unternehmensberatung, operatives Preismanagement und Inhouse-Consulting. Nach dem Studium der Betriebswirtschaftslehre an der Universität Mainz arbeitete Frohmann ab 1996 bei Simon, Kucher & Partners in Bonn. Von 2003 bis 2007 war Frank Frohmann im zentralen Pricing des Lufthansa-Konzerns tätig. In der Zentrale der Robert Bosch GmbH beriet er als Inhouse Consultant ab 2008 alle Geschäftsbereiche in Fragestellungen des Pricing und der Produktentwicklung. Seit 2013 ist er für einen internationalen Chemie-Konzern tätig.

Dieses Buch basiert auf mehr als 20 Jahren branchenübergreifender Praxiserfahrung im Preismanagement und v. a. seiner Tätigkeit bei Simon, Kucher & Partners. Sein Wissen und seine Methodenkompetenz haben sich in vielfältigen Branchen von Automotive und Maschinenbau über Telekommunikation und Transport bis hin zu digitalen Branchen bewährt. Mit Fragestellungen der Digitalisierung beschäftigte sich Frank Frohmann bereits Ende der 1990er-Jahre in Projekten für Business-to-Customer(B2C)- und Business-to-Business(B2B)-Firmen. Vor diesem Hintergrund strukturiert er das digitale Pricing auf Basis seines Drei-Ebenen-Modells in pragmatische Handlungsanleitungen für Entscheider aller Branchen.

Abbildungsverzeichnis

Abb. 1.1	Das Drei-Ebenen-Modell des „Digital Pricing"	2
Abb. 1.2	Die drei Gewinntreiber	5
Abb. 1.3	Die sechs Dimensionen des Preises	8
Abb. 1.4	Die sieben Determinanten des Pricing	9
Abb. 1.5	Individuelle Preis-Absatz-Funktion	12
Abb. 1.6	Aggregierte Preis-Absatz-Funktion: Linearer Verlauf	13
Abb. 1.7	Volume-Hurdle-Kalkulation	17
Abb. 1.8	Elastizität des Gewinns bezüglich der Kapazitätsauslastung	18
Abb. 2.1	Vier Dimensionen eines Geschäftsmodells	39
Abb. 2.2	Das Drei-Ebenen-Modell des digitalen Pricing im Detail	51
Abb. 2.3	Das Drei-Ebenen-Modell des digitalen Pricing am Beispiel Amazon	53
Abb. 2.4	Vier ausgewählte Erlösmodelle im Überblick	62
Abb. 3.1	Pricing-Prozess	74
Abb. 3.2	Preis und Wert	80
Abb. 4.1	Strategiedimensionen	85
Abb. 4.2	COMSTRAT-Methode, Überblick	86
Abb. 4.3	Wettbewerbsvorteilsmatrix	90
Abb. 4.4	Dauerhaftigkeit von Wettbewerbsparametern	100
Abb. 4.5	Grundsatzfrage der Preisstrategie	102
Abb. 4.6	Segmentierung und Positionierung	103
Abb. 4.7	Multivariate Analyseverfahren im Überblick	105
Abb. 4.8	Projektskizze: Ergebnis einer multidimensionalen Skalierung	106
Abb. 4.9	Segmentierung und Positionierung auf der Basis von Preisbereitschaften	107
Abb. 4.10	Wettbewerbsvorteilsmatrix	108
Abb. 4.11	Spieltheoretische Analyse als Ausgangspunkt des Wettbewerbs-Pricing	112
Abb. 4.12	Preisdifferenzierung (1)	118

Abb. 4.13	Preisdifferenzierung (2)	122
Abb. 4.14	Nichtlineare Preisbildung	128
Abb. 4.15	Preispsychologie	138
Abb. 4.16	Drei Effekte der Preisdifferenzierung	146
Abb. 5.1	Methoden zur Ermittlung des optimalen Preises (1)	154
Abb. 5.2	Methoden zur Ermittlung des optimalen Preises (2)	158
Abb. 5.3	Expertenschätzung zur Ermittlung des optimalen Preises	167
Abb. 5.4	Berechnung des gewinnoptimalen Preises	170
Abb. 5.5	Decision-Support-Modell	178
Abb. 5.6	Projektbeispiel Business-to-Customer: Gewinnkurve	179
Abb. 5.7	Preispsychologie	180
Abb. 5.8	Wettbewerbsvorteilsmatrix Apple iPhone X	190
Abb. 5.9	Nutzen-Preis-Portfolio: Apple, Samsung und Huawei	191
Abb. 5.10	Prozessablauf der Fallstudie im Überblick	192
Abb. 5.11	Ableitung der Zielpositionierung aus dem Nutzen-Preis-Portfolio	193
Abb. 5.12	Preisstrategien bei neuen Produkten	195
Abb. 5.13	Herausforderungen des Portfolio-Pricing	203
Abb. 5.14	Kompromisseffekt	207
Abb. 5.15	Decoy-Effekt	208
Abb. 5.16	Preisstruktur Apple i-Pad in den USA 2010	210
Abb. 5.17	Ableitung von Preisänderungspotenzialen auf Basis von Kriterien	215
Abb. 5.18	Erlösquellen und Preismodelle im Automotive-Bereich	219
Abb. 5.19	Die fünf Säulen eines Preismodells	221
Abb. 5.20	Die Bemessungsgrundlage eines Preismodells: Ausgewählte Beispiele	227
Abb. 5.21	Outputorientierte Preismodelle: Ausgewählte Beispiele	233
Abb. 5.22	Kriterien zur Ableitung von Preismodellen	241
Abb. 6.1	Konditionensystem: Vom Listenpreis zum Transaktionspreis	258
Abb. 6.2	Preispsychologie	259
Abb. 6.3	Value Selling und Nutzenquantifizierung („price walk")	267
Abb. 7.1	Drei Säulen des Preis-Monitoring	277
Abb. 7.2	Preis-Ziel-Matrix	281
Abb. 7.3	Preis-Ziel-Matrix, adaptiert	282

Grundlagen und Besonderheiten des Preismanagements

1

1.1 Digitalisierung und Pricing

Daten sind die Kerntreiber der Digitalisierung. Und die Menge der Informationen für die Preisoptimierung wächst progressiv. Preispunkte sind per definitionem Daten, werden auf Basis einer Vielzahl von Informationen optimiert und unterliegen der Erfolgskontrolle über zentrale Messgrößen (Key Performance Indicators, KPI). Die Potenziale zur Preisoptimierung sind durch die Digitalisierung in den letzten Jahren exponentiell gestiegen. Echtzeitdaten zum Kaufverhalten erlauben eine schnellere Abschätzung der Auswirkungen von Preisänderungen auf zentrale Zielgrößen. Preiswirkungen auf Absatz, Marktanteile und Gewinn werden mit zunehmendem technologischem Fortschritt genauer prognostizierbar. Die enormen Chancen der Digitalisierung für das Preismanagement werden in der Literatur vernachlässigt. Dies ist vor dem Hintergrund folgender Zusammenhänge sehr überraschend:

1. Die Besonderheiten digitaler Angebote führen zu spezifischen Pricing-Herausforderungen.
2. Informationsgüter bieten herausragende Potenziale für die Preisoptimierung.
3. Die enorme Dynamik bei digitalen Geschäftsmodellen, Erlösquellen und daraus resultierenden Preismodellen weitet das Spektrum des Pricing in Zukunft deutlich aus.
4. Digitalisierung bietet v. a. in puncto dynamisches Pricing, Preisdifferenzierung sowie Erlös- und Preismodelle vielfältige Chancen.
5. Die Generierung neuer Erlöschancen ist erfolgskritisch, um die umfangreichen Investitionen in die Digitalisierung zu amortisieren.
6. Im Internet verlagert sich die Wertschöpfung zunehmend von freien zu bezahlten Informationen.

© Springer Fachmedien Wiesbaden GmbH, ein Teil von Springer Nature 2018
F. Frohmann, *Digitales Pricing,* https://doi.org/10.1007/978-3-658-22573-5_1

Das Pricing muss allein schon deshalb eine deutlich wichtigere Rolle in den Unternehmensprozessen einnehmen.

Der Preisoptimierung sind wichtige unternehmerische Entscheidungen vorgelagert. Zum einen die Festlegung der Erlösquellen (und damit des Erlösmodells). Zum anderen die Definition des Kundennutzens als zentrale Säule des Geschäftsmodells. Beide übergeordneten Entscheidungen sind ein elementarer Ausgangspunkt des Preismanagements für digitale Angebote. Die zunehmende Digitalisierung und das Internet befeuern Innovationen auf allen drei verbundenen Ebenen: Bei Geschäftsmodellen (Level 1), bei Erlösmodellen (Level 2) und über den Pricingprozess (Level 3) hinweg (Abb. 1.1).

> **Der Umfang der Pricing-Arbeit in diesem Buch**
> Das vorliegende Buch bietet einen Überblick über Prozesse und Methoden der Gewinnoptimierung für digitale Angebote. Produkte und Services, deren Geschäftsmodell sich durch die Digitalisierung verändert, werden ebenso abgedeckt. Ein besonderer Fokus liegt auf dem Pricing-Prozess. Dieser zentrale Managementprozess reicht von der Analyse und Zielpriorisierung über die Festlegung von Einführungspreisen und Preisstrukturen bis hin zum Monitoring. Defizite in der Wertabschöpfung betreffen nicht zwingend die Preisentscheidung im engeren Sinn. Die quantitative Optimierung der Preisniveaus ist nur einer von vielen Bausteinen im gesamten Prozess der „value extraction". Die horizontale Perspektive (Pricing-Prozess; Level 3) ist um die vertikale Dimension (Geschäfts- und Erlösmodell; Level 1 und 2) zu erweitern. Pricing-Prozesse müssen über die reine Optimierung hinaus auch die übergeordneten Entscheidungen zum Geschäftsmodell und zum Erlösmodell reflektieren. Diese vertikalen Prozesse und Wechselwirkungen werden mit der zunehmenden Digitalisierung des Wirtschaftslebens immer wichtiger.

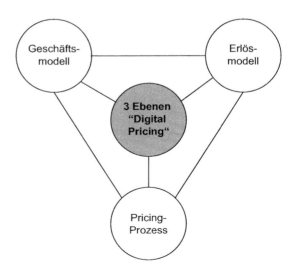

Abb. 1.1 Das Drei-Ebenen-Modell des „Digital Pricing"

Ausgangsbasis der dreidimensionalen Optimierung ist der im Rahmen des Geschäftsmodells definierte Kundennutzen („value to customer"). Unmittelbare Konsequenz hieraus: Professionelles Pricing muss zwingend neueste Erkenntnisse der Verhaltenspsychologie einbeziehen. Da das Kundenverhalten gerade im digitalen Zeitalter der wichtigste Einflussfaktor des Gewinns ist, hat die Nutzen- und Preiswahrnehmung einen herausgehobenen Stellenwert. Die Steuerung der Wahrnehmung ist erfolgskritisch. Anders formuliert: Die wahrgenommene Leistung und das Preisimage eines Anbieters sind bedeutender als die tatsächliche Positionierung. Zahlreiche Beispiele aus verschiedenen Branchen sowie innovative Pricing-Ansätze sind elementare Bestandteile dieses Buchs. Kurze Projektskizzen und die Beschreibung moderner Methoden der Preisoptimierung belegen die hohe Praxisrelevanz der Ausführungen. Neueste Erkenntnisse aus der Gehirnforschung werden als Fokusthema Preispsychologie themenspezifisch eingebettet. Es wird an den konkreten Herausforderungen des Pricing-Prozesses aufgezeigt, wie die Wahrnehmung von Kunden mithilfe preispsychologischer Hebel gesteuert werden kann.

Kundenbedürfnisse und Preisbereitschaften müssen im Mittelpunkt der preisstrategischen Überlegungen stehen (Simon 2015a). Wer den Kundennutzen seiner Produkte nur unzulänglich erfasst, kann die geschaffenen Werte nicht vollständig abschöpfen. Dies ist aus mehreren Gründen fatal (Simon und Fassnacht 2008; Simon 2012, 2015a, b):

1. Preise sind der wichtigste Treiber von Unternehmenswert und Gewinn. Schon minimale Preisveränderungen können sich vergleichsweise stark auf die Profitabilität auswirken.
2. Absatzmengen lassen sich in wettbewerbsintensiven Märkten oft nicht signifikant ausweiten, die eigenen Kosten vielfach nicht weiter reduzieren. Für eine Gewinnsteigerung bleibt als Instrument somit der Preis.
3. Der Profithebel Preis wird durch mangelnde Professionalität und Umsetzungsdisziplin erodiert.
4. Für Umsatz- und Gewinnprobleme ist oft nicht die mangelnde Zahlungsbereitschaft der Konsumenten verantwortlich, sondern eine falsche Preis- und Angebotsgestaltung.

Diese Erkenntnisse sind nicht in allen Unternehmen verankert. Zu den typischen Fehlern zählen u. a. (Simon und Fassnacht 2016)

- Ignoranz struktureller Zusammenhänge und Prozesse des Pricing;
- Fehleinschätzung der Wettbewerber;
- unzureichender Einsatz von modernen Methoden der Optimierung;
- Vernachlässigung von Kundennutzen und Zahlungsbereitschaften bei der Produktentwicklung und Preisfindung;
- zu starker Fokus auf die Festlegung von Preispunkten, Unkenntnis der Wechselwirkungen von Geschäftsmodell, Erlösmodell und Pricing-Prozess;
- Reduzierung der Chancen der Digitalisierung auf eine Automatisierung von Preisprozessen.

1.2 Der Preis als Gewinntreiber

Es gibt nur drei Gewinntreiber: Preis, Menge und Kosten (Simon und Fassnacht 2016, S. 1; Simon 2012). Preisveränderungen wirken oft stärker auf den Gewinn als Kosten- oder Absatzvariationen. Dies gilt in beide Richtungen. Pricing bietet die größten Profit- chancen, ist aber auch mit dem höchsten Risiko verbunden. So können Preiserhöhungen unter bestimmten Voraussetzungen den Unternehmenswert schnell und massiv erhöhen. Allerdings kann eine Preisveränderung auch zu sehr negativen Konsequenzen führen. Die genaue Einschätzung der Absatzwirkungen von Preisentscheidungen ist der Kern professioneller Gewinnoptimierung (Simon 2015a, S. 40 ff.). Zur Verdeutlichung der Zusammenhänge dient ein einfaches Kalkulationsbeispiel (Simon und Fassnacht 2016):

Fallbeispiel 1 Preiswirkung

Ein Unternehmen verkauft sein Produkt für 10 EUR pro Einheit. Der Jahresabsatz beträgt 100.000 Stück. Die variablen Stückkosten sind 6 EUR. Die Marge (Stück- deckungsbeitrag) beläuft sich folglich auf 4 EUR. Der Gesamtdeckungsbeitrag beträgt in der Ausgangssituation 400.000 EUR. Es seien des Weiteren Fixkosten in Höhe von 300.000 EUR unterstellt. Das Unternehmen erwirtschaftet einen Gewinn von 100.000 EUR. Im Folgenden soll untersucht werden, welchen Hebel die Gewinn- treiber (Preis, Absatzmenge und Kosten) auf den Profit ausüben. Im Rechenbeispiel werden fixe und variable Kosten getrennt betrachtet. Die Berechnung beruht auf der Prämisse, dass sich alle Parameter um jeweils 10 % verbessern (Simon und Fassnacht 2016, S. 2). Die anderen Faktoren bleiben dabei konstant (Ceteris-paribus-Annahme). Im Fall des Preises bedeutet eine Verbesserung, dass die Margen des Unternehmens im Zuge einer Preisanhebung steigen. Die Parameterveränderungen führen zu folgen- den Auswirkungen auf den Gewinn:

1. Eine zehnprozentige Erhöhung des Preises (von 10 auf 11 EUR) führt zu einer Gewinnsteigerung von 100.000 auf 200.000 EUR, folglich zu einer Profitver- besserung um 100 %.
2. Eine zehnprozentige Verbesserung bei der Absatzmenge resultiert in einer Profit- erhöhung um 40 %.
3. Eine zehnprozentige Senkung der variablen Stückkosten hat mit 60 % ebenfalls einen relativ starken Einfluss auf den Gewinn.
4. Die Fixkostensenkung wirkt mit 30 % Gewinnzuwachs deutlich schwächer.
   Unter Beachtung der Ceteris-paribus-Annahme lautet die Zusammenfassung des Fallbeispiels: Der Preis hat als Gewinntreiber die größte Durchschlagskraft (Abb. 1.2).

Die einfache Kalkulation belegt, dass die Investition von Managementressourcen in Preismaßnahmen eine deutlich höhere Wertschöpfung erzielen kann als eine Steige- rung von Absatzmengen oder Kostenreduzierungen (Simon 2012). Der enorme Hebel

1.3 Besonderheiten des Preises

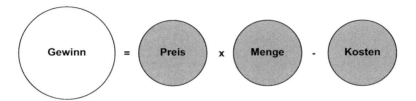

Abb. 1.2 Die drei Gewinntreiber. (Simon und Fassnacht 2016)

des Preises wirkt allerdings in beide Richtungen. Pricing beinhaltet als Gewinntreiber eine Asymmetrie. Preismaßnahmen bieten im Vergleich zu anderen Instrumenten sowohl das größte Potenzial als auch das höchste Risiko (Simon und Fassnacht 2008; Simon 2015a, b). Eine Drehung an der Preisschraube in die falsche Richtung kann schnell einen großen Teil des Profits vernichten. Dies wird unmittelbar deutlich, wenn man die oben skizzierte Kalkulation für eine Preissenkung, Mengenreduzierung und Kostenerhöhung von jeweils 10 % durchspielt (Simon und Fassnacht 2016, S. 3). Dann lautet das **Fazit:** Ein Absatzrückgang ist im Vergleich zu einer Preissenkung mit weniger gravierenden Gewinnreduzierungen verbunden. Denn in der Konsequenz der Mengenreduktion sinken die variablen Stückkosten. Wenn der Kunde auf eine Preissenkung nicht reagiert, schlägt dies hingegen voll negativ auf den Gewinn durch. Die Ceteris-paribus-Annahme (keine Reaktion; isolierte Variation der Parameter) ist zum Verständnis der Gewinnwirkungen sehr hilfreich. Sie entspricht allerdings nur sehr selten der Realität. Denn i. d. R. verändern sich Absatzmengen bei Preisvariationen. Das führt zur Kernfrage, welche Informationen für die Einschätzung von Chancen und Risiken relevant sind. Die Antwort lautet: Die Wirkung des Preises ist abhängig von der Reaktion des Kunden. Der Entscheidungsprozess von Nachfragern reflektiert sich in einer erfolgskritischen Kennzahl – der Preiselastizität (Simon und Fassnacht 2016, S. 7; Simon 2015a, S. 12). Diese bestimmt die Profitwirkung von Preismaßnahmen entscheidend mit (Roll und Schreiner 2011). Im bewusst einfach gehaltenen Anfangsbeispiel wurde die Preiselastizität bewusst ausgeklammert. Im weiteren Verlauf werden die Auswirkungen der Nachfragereaktion auf die Gewinnrechnung gezielt herausgearbeitet.

1.3 Besonderheiten des Preises

Die hohe Profitrelevanz ergibt sich u. a. aus den Besonderheiten des Preises innerhalb des Marketingmix sowie aus grundlegenden wirtschaftlichen Trends (Simon und Fassnacht 2008; Simon 2015a, b; Roll et al. 2012):

- Preisänderungen von Unternehmen haben oft sehr starke Wirkungen auf den Absatz. In vielen Branchen (Produkte, Services, Software) ist die Preiselastizität um ein Vielfaches höher als die Werbewirkung oder der Vertriebshebel. Die Nachfrage wird durch

Preisänderungen stärker beeinflusst als durch Werbemaßnahmen oder die Größe des Außendiensts.

- In vielen Märkten reagieren Nachfrager besonders schnell auf Preismaßnahmen. Werbung und Produktveränderungen wirken oft mit zeitlichen Verzögerungen. Die hohe Geschwindigkeit der Absatzwirkung zeigt sich v. a. im Internethandel, aber auch bei vielen Services wie Flugreisen. Dort können sich Marktanteile sehr schnell verändern, wenn Wettbewerber preislich aktiv werden.
- Preismaßnahmen lassen sich ohne großen Zeitverzug umsetzen. Die zunehmende Digitalisierung ermöglicht ein immer stärker dynamisches Pricing. Die Konkurrenten können allerdings auch schnell mit dem Preis reagieren. Und sie tun dies zunehmend, getrieben von den Potenzialen der Informationstechnologie.
- Insbesondere in konkurrenzintensiven Branchen ist der Preis ein zentraler Erfolgsfaktor. Dies lässt sich u. a. mit den im Folgenden dargelegten Entwicklungen auf der Nachfrage- und Angebotsseite erklären.

Zunehmender Stellenwert des Pricing: Kundenperspektive

1. Im Zuge der Digitalisierung lassen sich Preise und Angebote deutlich einfacher vergleichen. Preisvergleichsportale und Suchmaschinen sowie elektronische Vertriebskanäle erhöhen die Transparenz massiv. Dies verstärkt das Preisbewusstsein nachhaltig und erhöht die Marktmacht der Kunden. Soziale Netzwerke führen zu einer Multiplikation von Transparenz und Marktmacht.
2. Die Verwendung mobiler Endgeräte für den Einkauf ist Standard. Dies betrifft v. a. die jüngere Generation der Digital Natives. Kunden entscheiden sich viel spontaner. Und sie nutzen zeitliche oder vertriebskanalbezogene Preisunterschiede systematisch aus.
3. Für viele Kunden ist der Preis zu einem der wichtigsten Auswahlkriterien bei der Kaufentscheidung geworden. Vor dem Hintergrund der zunehmenden Digitalisierung wird das Segment der „smart shopper" immer wichtiger (Salden et al. 2017a, S. 14).
4. Die flexible Nutzung von Leistungen gewinnt in zahlreichen Sektoren an Bedeutung. Im Vergleich dazu verliert der Besitz eines Produkts an Relevanz. Mieten statt kaufen ist ein Trend in zahlreichen Endkundenbranchen. Ein Beispiel hierfür ist der Filmemarkt, in dem immer mehr Nutzer Inhalte streamen, statt DVD zu kaufen. Viele junge Menschen besitzen kein Auto, sondern nutzen Mobilitätsangebote wie Carsharing oder Ridesharing per App. Die gemeinschaftliche Nutzung von Angeboten wird auch im Übernachtungsgewerbe und bei Taxibetrieben wichtiger. Dies erklärt den Erfolg von Fahrvermittlungen (Uber) und Unterkunftsangeboten (AirBnB).
5. Viele Kunden legen sich kurzfristig und je nach Kontext auf ein Angebot fest. Oft determinieren kleine Unterschiede im Preisniveau die Auswahlentscheidung.
6. Produkte und Dienstleistungen werden global auf hohem Qualitätsniveau angeboten und oft als austauschbar wahrgenommen. Eines von zahlreichen Beispielen ist die Smartphonebranche. Hardwareproduzenten fällt es dort immer schwerer, sich von der Konkurrenz abzusetzen, denn die Geräte werden immer ähnlicher. Die zunehmende Qualitätsangleichung betrifft aber auch zahlreiche Online-Branchen, so z. B. den

1.3 Besonderheiten des Preises

Internethandel. Die Preissensitivität der Kunden ist enorm gestiegen, insbesondere durch die verbesserten Wahlmöglichkeiten und die Verschärfung der Wettbewerbsintensität.

7. Die Konzentration auf der Nachfrageseite hat sich in vielen Branchen deutlich erhöht. Dies betrifft nicht mehr nur Business-to-Business(B2B)-Märkte. Digitale Technologien unterstützen die Bündelung von Kaufinteressenten auch in Business-to-Customer(B2C)-Sektoren. Über Beschaffungsmodelle wie Co-Shopping entstehen virtuelle Einkaufsgemeinschaften, die ihre Nachfragemacht zur Aushandlung verbesserter Preise nutzen. Mobilitätsdienste können gemeinsam gebucht und über Kostenverteilungsmodelle digital abgerechnet werden.

8. Im B2B-Geschäft steigt der Kostendruck auf der Beschaffungsseite. Einkäufer in Industrie und Handel zeigen in Preisverhandlungen eine immer größere Professionalität, nicht zuletzt getrieben von technologischen Trends. Die Quantifizierung des Preis-Leistungs-Verhältnisses verschiedener Anbieter ist mit neueren IT-Tools deutlich effizienter als bisher möglich.

Zunehmender Stellenwert des Pricing: Anbieterperspektive

1. Viele Branchen sind durch eine zunehmende Wettbewerbsdynamik gekennzeichnet. Ein Stichwort hierfür ist „business migration", d. h. der Eintritt von Unternehmen in fremde Geschäftsfelder. Die hierdurch bedingte Annäherung von Branchen führt tendenziell zu einem aktiveren Einsatz des Preises. So dominieren Alphabet (Google), Amazon und Microsoft den Wachstumsmarkt Cloud Computing. Alle drei Unternehmen sind in unterschiedlichen Branchen gestartet, sind jedoch durch die gewaltige Marktverschiebung im Softwaresektor in einen Verdrängungswettbewerb geraten. Die großen Technologiekonzerne führen den Kampf um die Marktführerschaft sehr stark über den Preis.

2. In zahlreichen Branchen herrschen Oligopolstrukturen. Wenige große Firmen erwirtschaften den Großteil des Umsatzes. Starke Marken, enorme Entwicklungsbudgets und die Größenvorteile der marktstarken Unternehmen verschärfen den Wettbewerb für kleinere Anbieter. Die Markstellung der dominierenden Technologiekonzerne (wie Amazon, Facebook und Google) basiert nicht zuletzt auf dem Wettbewerbsinstrument Preis.

3. Neue Wettbewerber setzen Preismaßnahmen gezielt ein, um sich den Markteintritt zu erkämpfen bzw. dominante Positionen zu erarbeiten. Aggressive Preisstrategien umfassen immer stärker auch Informationsgüter (Roll 2009).

4. Gerade in Märkten mit austauschbaren Produkten bieten Serviceleistungen große Potenziale zur Differenzierung vom Wettbewerb. Das Serviceangebot stellt für immer mehr Kunden ein wichtiges Kaufkriterium dar. Diese bereits seit Langem valide Strategie wird vor dem Hintergrund der Digitalisierung und der Potenziale für digitale Services noch wichtiger werden.

5. Ausschreibungen werden bei Industriegütern vermehrt über das Internet platziert. Im Rahmen von Reverse Auctions spielt der Preis bei der Auftragsvergabe eine zentrale Rolle.

6. Die Methoden zur Messung von Kundennutzen und Zahlungsbereitschaften sind durch die Fortschritte in der Informationstechnologie deutlich verbessert worden.
7. Unternehmen wie Amazon setzen seit Jahren analytische Systeme des Customer Relationship Management (CRM) ein. Das Nutzungs- und Kaufverhalten von Kunden wird mit CRM-Tools in Echtzeit erfasst. Die erhobenen Daten liefern Antworten auf eine Reihe essenzieller Fragen bei der Produkt- und Preisentwicklung.
8. Preise sind keine eindimensionalen Daten. Simon definiert den Preis als „Zahl der Geldeinheiten, die ein Käufer für eine Mengeneinheit des Produktes oder der Dienstleistung entrichten muß" (Simon und Fassnacht 2016, S. 6; Simon 2015b, S. 10). Diese dreidimensionale Abgrenzung (Kunde, Produkt, Volumen) ergänze ich um drei weitere Parameter: Region, Zeit und Vertriebskanal. Ein Preis besteht aus mindestens sechs Dimensionen. Bei Dienstleistungen (so z. B. im Luftverkehr) kommen weitere Preiskriterien (wie z. B. Destination) hinzu. Aus der Kombination der einzelnen Dimensionen resultiert eine enorme Komplexität. Die Zahl der Preispunkte ist allein durch die technologiegetriebene Differenzierung von Vertriebskanälen deutlich gestiegen (Abb. 1.3)
9. Aus der multidimensionalen Definition des Preises resultiert zwingend, dass Pricing Bestandteil des Strategieprozesses eines Unternehmens sein muss. Strategien befassen sich mit der langfristigen Ausrichtung auf Zielkunden – mit verschiedenen Produkten in diversen Regionen und Vertriebskanälen. Der Preis ist folglich ein zentraler Stellhebel im Rahmen der Unternehmensstrategie.
10. Das Preisniveau entsteht oft aus dem Zusammenspiel mehrerer Komponenten. Die Entscheidung über die Höhe des Preises betrifft vielfach nicht nur einen Parameter. In der Praxis findet sich eine große Vielfalt von Preismodellen sowie Preisdifferenzierungen (Simon und Fassnacht 2008; Simon 2015a, b).

Der Preis ist ein sehr wirksames Instrument zur Steuerung von Absatz, Umsatz und Gewinn. Einerseits verstärkt sich der Entscheidungsdruck im Pricing. Ursache hierfür ist primär die gestiegene Nachfragemacht im zunehmend technologiegetriebenen Wettbewerb.

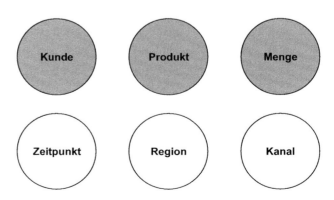

Abb. 1.3 Die sechs Dimensionen des Preises

Allerdings erhöhen sich mit der fortschreitenden Digitalisierung auch die Potenziale zur Wertabschöpfung. Faustregeln und Heuristiken werden nach wie vor genutzt (Simon und Fassnacht 2008; Simon 2015a, b; Roll et al. 2012). Einfache Methoden wie Kosten-plus-Preisbildung und Anpassung an den Wettbewerb sind – isoliert eingesetzt – allerdings ungeeignet. Wenn der Kunde in der Betrachtung fehlt, sind Misserfolge vorprogrammiert. Das größte Risiko besteht in einer Fehleinschätzung der Kundenreaktion.

1.4 Determinanten des Pricing

Jede strategische Preismaßnahme muss sieben wesentliche Informationen einbeziehen. Diese lassen sich mit den „7C" des Pricing symbolisieren. Im Kern geht es um folgende Fragen (Abb. 1.4):

1. „Customer": Was sind die Nachfrager zu zahlen bereit? Wie hoch sind die Preiselastizitäten der Kunden für unsere Produkte?
2. „Competition": Zu welchen Preisen verkauft unsere Konkurrenz? Wie werden die Wettbewerber auf unsere Maßnahmen reagieren?
3. „Costs": Wie setzen sich unsere Kosten zusammen?
4. „Capacity": Wie stellt sich die Kapazitätssituation in der Branche dar? Wie hoch ist die Auslastung unserer Produktions- und Servicekapazitäten?
5. „Cycle stage": In welcher Phase des Produktlebenszyklus befindet sich unser Angebot?
6. „Company targets": Was ist unsere Strategie? Welche Ziele verfolgen wir?
7. „Compliance": Welche rechtlichen Rahmenbedingungen sind für das Pricing in unserer Branche zu beachten?

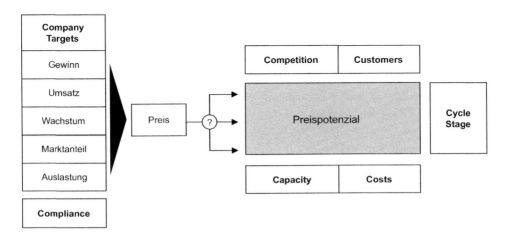

Abb. 1.4 Die sieben Determinanten des Pricing

Zu den Determinanten im Einzelnen:

- **Kunden** („customer"): Die Akzeptanz der Preise aus Kundensicht ist ein zentraler Einflussfaktor für Umsatz und Gewinn.
- **Wettbewerber** („competition"): Die Kundenpräferenz für ein Produkt ist von den Preisen der Konkurrenz abhängig. Hierbei gilt tendenziell: Je günstiger die Konkurrenzangebote sind, desto geringer sind die eigenen Pricing-Potenziale. Allerdings gibt es zahlreiche Beispiele von Unternehmen verschiedener Branchen, die sich dem Preiswettbewerb auf Basis einer Differenzierungsstrategie weitestgehend entziehen.
- **Kosten** („costs"): Die Höhe der Kosten bestimmt den preislichen Spielraum des Unternehmens.
- **Kapazitäten** („capacity"): Die Auslastung von Produktionsanlagen bzw. Servicebereitschaften hat eine unmittelbare Auswirkung auf das Pricing. Die Intensität des Preiswettbewerbs resultiert aus dem Verhältnis von Angebotskapazitäten und Nachfrage. Im Fall von Überkapazitäten wird der Preis verstärkt zur Auslastungssteuerung eingesetzt. Die starke Korrelation zwischen Kapazitätsauslastung und Preisniveau gilt insbesondere in Commodity-Branchen. Bei homogenen Massenprodukten ergibt sich der Marktpreis primär durch das Verhältnis von Angebot und Nachfrage. Rohstoffe (Rohöl, Zement, Stahl, Eisenerz), Strom, bestimmte Basischemikalien und viele andere Produktkategorien zählen zu diesen „commodities".
- **Lebenszyklus** („cycle stage"): Die Variation von Preisen über den Produktlebenszyklus ist einer der entscheidenden Stellhebel für den Unternehmenserfolg. Preisstrategien und -niveaus unterscheiden sich für die vier Phasen Einführung, Wachstum, Reife und Degeneration grundlegend. Die Marktpenetration ist vom Unternehmen steuerbar. So kann z. B. ein niedriger Einführungspreis den Diffusionsprozess beschleunigen. Die Digitalisierung befeuert die Geschwindigkeit von Marktentwicklungen. Ein Beispiel belegt die Dynamik: Das klassische Telefon benötigte insgesamt 75 Jahre, bis es eine Penetration von 100 Mio. Nutzern erreichte. Im Fall von Facebook und WhatsApp reduzierte sich die Zeitspanne für die Eroberung der gleichen Nutzerzahl auf vier bzw. zwei Jahre (Kroker 2017). Das sich verändernde Preispotenzial über den Lebenszyklus lässt sich durch das Konzept der „pricing power" beschreiben. Preismacht beschreibt das Potenzial eines Unternehmens zur Durchsetzung von Preisvorstellungen gegenüber Kunden (Simon und Fassnacht 2016, S. 26; Simon 2015a, S. 30, b, S. 24; Tacke 2014). Umgekehrt ist auch das Machtpotenzial eines Nachfragers gegenüber seinen Lieferanten messbar. Die Preisstärke eines Unternehmens ist einer der wesentlichen Frühindikatoren für den langfristigen Erfolg (Tacke 2012, 2018). Die Fähigkeit zur Preisdurchsetzung variiert im Lauf des Lebenszyklus von Angeboten. Eine hohe „pricing power" – und dadurch bedingte Profitpotenziale durch Preisveränderungen – ergeben sich tendenziell in folgenden Situationen:
  - innovative Angebote,
  - hoher Marktanteil (dominante Marktposition),

- hoher Kundennutzen,
- komplexe Angebote mit geringer Preistransparenz,
- knappe Kapazitäten,
- überlegenes Markenimage.

Die Preismacht von Angeboten steigt tendenziell von der Einführung über die Wachstumsphase hinaus und erreicht ihren Höhepunkt in der Lebenszyklusphase der Reife. Danach sinkt das Preisdurchsetzungspotenzial i. d. R. wieder. Eine prominente Bedeutung innerhalb der Kriterien besitzt der Marktanteil. Im Zusammenhang mit den Lebenszyklusphasen ist eine Investition in Marktanteile insbesondere für digitale Angebote erfolgskritisch. Das schnelle Erreichen einer kritischen Masse ist in vielen digitalen Sektoren eine Voraussetzung dafür, die geschaffenen Werte in späteren Lebenszyklusphasen über höhere Preise zu ernten.

- **Ziele** („company targets"): Die Grundgleichung Gewinn = Menge × Preis − Kosten verdeutlicht die direkte Beziehung zwischen Preis und Gewinn. Im Gewinn als Zielgröße verdichten sich alle aus einer Preisaktion resultierenden Folgen.
- **Rechtliche Rahmenbedingungen** („compliance"): Die Chancen und Risiken der Marktbearbeitung werden insbesondere in digitalisierten Branchen durch gesetzliche Details bestimmt. Einige Beispiele dazu: Technologiefirmen wie Amazon, die in den Finanzsektor migrieren, müssen die regulatorischen Anforderungen des Bankensektors beachten. Rechtliche Restriktionen sind auch im hochprofitablen Cloud-Computing-Geschäft relevant. So ist Amazon nicht dazu berechtigt, den Inhalt der gespeicherten Daten von Firmen direkt auszuwerten. In anderen Branchen gelten rechtliche Vorgaben zur digitalisierten Preisveröffentlichung (z. B. Tankstellen) sowie Einschränkungen der Potenziale des Bundling (z. B. Software).

1.5 Die Preis-Absatz-Funktion als Indikator der Kundenreaktion

Um die Effektivität von geplanten Preismaßnahmen abschätzen zu können, muss man den Zusammenhang zwischen Preis, Absatz und Gewinn kennen. Die entscheidende Frage ist, wie sich unterschiedliche Preisforderungen auf das Kaufverhalten von Absatzmittlern, professionellen Abnehmern und Konsumenten auswirken werden. Nur mit dem Wissen über die Zahlungsbereitschaft der Kunden können fundierte Preisentscheidungen getroffen werden (Simon und Fassnacht 2008; Simon 2015a, b; Roll und Achterberg 2010). Die individuelle Preis-Absatz-Funktion lässt sich besonders gut zur Erklärung von Pricing-Zusammenhängen nutzen. Sie beschreibt die Situation eines Nachfragers. Die individuelle Preiswirkung spiegelt letztlich das Ergebnis einer Null-zu-Eins-Entscheidung wieder, die sich auf eine Einheit eines Produkts, einer Dienstleistung oder eines Informationsguts bezieht. Aus der Abwägung des Kunden resultiert der Maximalpreis. Dies ist der höchste Preis, den ein Kunde für ein Produkt zu zahlen bereit ist. Der Maximalpreis entspricht dem wahrgenommenen Nutzen (vgl. Simon und Fassnacht 2008, 2016; Simon 2015a, b).

Er reflektiert die Wahrnehmung der Produkt-, Kommunikations- und Vertriebsleistungen des Unternehmens durch den Kunden. Darüber hinaus kann auch das Markenimage einen Einfluss auf die Preisbereitschaft haben. Bei der Betrachtung eines einzigen Nachfragers sind angebotsseitig zwei Fälle zu unterscheiden (Abb. 1.5). Wie Preis und Nutzen abgewogen werden, unterscheidet sich für langfristig genutzte Produkte und kurzfristig konsumierte Angebote (inklusive Services) grundlegend (Simon und Fassnacht 2008):

1. Dauerhafte Gebrauchsgüter: In diesem Fall kauft der Nachfrager eine Einheit des Produkts. Dieser Ja-Nein-Fall gilt etwa für Personenkraftwagen, komplexe Werkzeugmaschinen sowie Kühlschränke und Waschmaschinen. Eine zunehmend bedeutende Unterkategorie langfristig genutzter Angebote sind digitale Gebrauchsgüter wie z. B. Smartphones und Tablets, Lesegeräte für elektronische Bücher und Konsolen für Videospiele. Bei diesen unterliegt die Nutzung keinen zeitlichen Beschränkungen. Der potenzielle Kunde entscheidet sich für den Kauf, falls der Preis geringer als der wahrgenommene Nutzen des Produkts ist.
2. Verbrauchsgüter (inklusive Dienstleistungen und Informationsgüter): Der Nachfrager kauft in Abhängigkeit vom Preis eine größere bzw. kleinere Menge. Dieser Variable-Menge-Fall gilt z. B. für Nahrungs- und Genussmittel und zahlreiche Dienstleistungen. Digitale Services – wie das Streaming von Filmen oder der Download von Musikstücken aus dem Internet – gehören ebenso zum Variable-Menge-Fall. Der potenzielle Kunde entscheidet für jede Einheit, ob er diese zu einem bestimmten Preis kauft oder nicht. Es gilt: Je höher der Preis, desto geringer die vom Nachfrager abgenommene Menge. Die Nutzung der Online-Services ist dem Kunden z. T. nur für einen befristeten Zeitraum gestattet. Dies gilt z. B. für Spotify, den weltgrößten Musikstreamingdienst. Die mehr als 71 Mio. Kunden (Ende 2017) sind zum Download der Musikstücke so lange berechtigt, wie sie für das Abonnement zahlen.

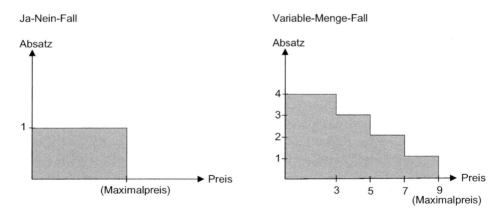

Abb. 1.5 Individuelle Preis-Absatz-Funktion. (Simon 1992)

1.5 Die Preis-Absatz-Funktion als Indikator der Kundenreaktion

Die aggregierte Preis-Absatz-Funktion gilt für Segmente, d. h. für Gruppierungen von individuellen Nachfragern. Zu ihrer Ermittlung summiert man die Kundenzahlen bei verschiedenen Preispunkten auf. Es geht um die Aggregation der kaufenden Kunden (Ja-Nein-Fall) bzw. der Absatzmengen bei variablem Volumen (Variable-Menge-Fall). In der Regel gilt: Je teurer das Produkt ist, desto weniger wird abgesetzt und umgekehrt. Die aggregierte Preis-Absatz-Funktion hat eine negative Steigung (vgl. Simon und Fassnacht 2008; Simon 2015a, b; Roll und Achterberg 2010) (Abb. 1.6).

> **Praxistipp**
> Was ist zu beachten, wenn der Preis auf individueller Basis festgesetzt wird? Im Ja-Nein-Fall sollte man die Toleranzgrenze jedes einzelnen Nachfragers ausloten und genau diesen Preis fordern. Es ist die wesentliche Herausforderung in Branchen, in denen Preise mit einzelnen Kunden individuell ausgehandelt werden, z. B. bei Software im B2B-Geschäft mit Großkunden. Im Variable-Menge-Fall gibt es unterschiedliche Möglichkeiten:
>
> 1. Unabhängig vom gekauften Volumen kann ein einheitlicher Stückpreis verlangt werden.
> 2. Der Preis wird nach der Abnahmemenge der Kunden differenziert.

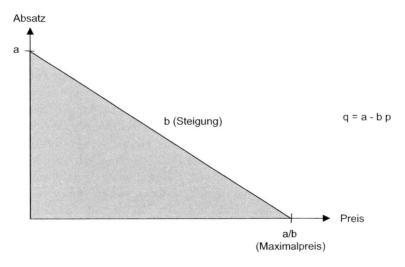

Abb. 1.6 Aggregierte Preis-Absatz-Funktion: Linearer Verlauf. (Simon 1992)

1.6 Marktdynamik und Preiselastizität

Der Einfluss des Preises auf den Absatz lässt sich mit einer einzigen Kennzahl, der Preiselastizität, darstellen. In diesem Abschnitt wird aufgezeigt,

1. wie sich die Preisresponse bestimmen lässt,
2. durch welche Angebots- und Nachfragetrends die Höhe der Preiselastizität beeinflusst wird und
3. wie sich diese bedeutende Kennziffer in modernen Branchen entwickelt.

Die Preiselastizität ist das wichtigste Maß für den Einfluss des Preises auf den Absatz. Sie gibt an, wie stark sich das genutzte Volumen prozentual verändert, wenn der Preis variiert wird (vgl. Simon und Fassnacht 2008; Simon 2015a, b; Roll und Achterberg 2010).

Gehen wir von einer Preiserhöhung um 5 % aus: Eine Preiselastizität von −2 bedeutet, dass sich die gekaufte Menge um 10 % verringert. Die Preisresponse entspricht der prozentualen Absatzänderung dividiert durch die prozentuale Preisvariation. Sie ist ein Indikator dafür, ob ein Markt tendenziell preissensibel reagiert (hohe Preiselastizität) oder eher preisunempfindlich ist (niedrige Preisresponse). Die Preiselastizität ist damit ein erster Anhaltspunkt, ob ein Preisveränderungsspielraum besteht. Die Preisresponse ist das Resultat der Messung von Preiswirkungen auf die Nachfrage. Es kann sich um realisierte Werte oder geschätzte Daten handeln. Im Zuge der Digitalisierung haben sich die technischen Voraussetzungen zur Messung der Preis-Mengen-Zusammenhänge deutlich verbessert. Zahlreiche Befragungs- und Beobachtungsmethoden können zur Bestimmung oder Prognose der Preisreaktion der Kunden eingesetzt werden. Die Preisresponse ist negativ, weil sich Preis und Absatz in umgekehrter Richtung verändern. Nur in Ausnahmefällen ist die Elastizität positiv, d. h. bei Preisvariationen erfolgt eine gleichgerichtete Absatzänderung. Dies ist der Fall, wenn ein höherer Preis vom Markt mit einer besseren Qualität gleichgesetzt wird. Hierzu gibt es Beispiele aus dem B2C- und B2B-Geschäft. Wenn der Preis vom Kunden als ein Prestigesymbol angesehen wird, kann ein ähnlicher Effekt auftreten. Bis auf wenige Ausnahmen ist der Absatz eines Produkts nicht nur vom eigenen Preis abhängig. Die Preise anderer Produkte haben ebenfalls einen mehr oder minder großen Einfluss. Die Kreuzpreiselastizität beschreibt diesen Zusammenhang. Sie ist ein Maß dafür, wie die Mengen eines Produkts variieren, wenn sich der Preis eines anderen Guts verändert (vgl. Simon und Fassnacht 2008; Simon 2015a, b; Roll und Achterberg 2010). Dies kann ein Wettbewerbsprodukt oder ein Angebot innerhalb der eigenen Produktlinie sein. Zu unterscheiden sind in diesem Fall Komplementärprodukte und Substitutionsgüter. Bei substitutiven (also in Konkurrenz zueinander stehenden) Produkten ist die Kreuzpreiselastizität positiv. Das Vorzeichen ist positiv, da beide Änderungen in die gleiche Richtung gehen. So führt z. B. eine Konkurrenzpreissenkung zu einem Rückgang des eigenen Absatzes. Im Fall eines wettbewerbsorientierten Pricing ist die Kenntnis der Kreuzpreiselastizität erfolgskritisch. In einer Metastudie wurden Preiselastizitäten in zahlreichen Branchen, Ländern

1.6 Marktdynamik und Preiselastizität

und Produktkategorien analysiert. Das Kernergebnis der empirischen Messung von Preiselastizitäten lässt sich mit einem Wert zusammenfassen: Der Mittelwert der Preisresponse beträgt $-2,62$ (Simon und Fassnacht 2008, S. 104). Die Preisresponse lässt sich am Verlauf der Preis-Absatz-Funktion grafisch ablesen. Hohe Elastizitäten entsprechen einer steilen Funktion, geringere Preiswirkungen zeigen sich in einem flacheren Kurvenverlauf. Tendenziell hohe Preiselastizitäten bestehen in folgenden Wettbewerbskonstellationen (vgl. Simon und Fassnacht 2008, S. 108 f.; Wübker 2004; Roll et al. 2012; Jensen und Henrich 2011).

1. Hohe Austauschbarkeit der Angebote: Commodity-Strukturen finden sich in einigen Branchen, teilweise auch in digitalen Sektoren wie Telekommunikation, Medien und im Online-Handel. Je austauschbarer die Angebote sind, desto eher führen bereits geringe Preisabweichungen zu einem Anbieterwechsel. Die Preiselastizität ist bei Commodity-Gütern höher als bei Premiumprodukten oder „specialties". Spezialitäten sind für den Kunden mit Unterschieden im Markenimage sowie Produkt- und Servicedifferenzierungen verbunden. Diese können durch Preisaufschläge gegenüber den Wettbewerbern abgeschöpft werden. „Specialties" weisen tendenziell eher eine niedrige Preiselastizität auf.
2. Hohe Preistransparenz: Markttransparenz bewirkt bei vielen Kunden ein stärkeres Preisbewusstsein. Ein guter Marktüberblick und die einfache Vergleichbarkeit von Preisen aus Kundensicht kann durch verschiedene Faktoren bedingt sein. Häufige Sonderangebote, starke Preiswerbung und die zunehmende Bedeutung der Digitalisierung führen insgesamt zu einer höheren Wirkung des Preises auf die Nachfrage.
3. Gute Produktkenntnis und hohes Produktartinvolvement: Je größer die Erfahrung und Vertrautheit des Kunden mit der Branche und den Wettbewerbsangeboten ist, desto stärker werden Preismaßnahmen beachtet.
4. Hohe Kauffrequenz: Kunden nehmen Preisänderungen umso stärker wahr, je häufiger sie ein Produkt kaufen. Produkte mit geringer Kauffrequenz weisen tendenziell geringere Preiselastizitäten auf und bieten Erhöhungspotenzial.
5. Niedrige Markentreue: Je geringer die Bindung der Kunden an einen Anbieter ist, desto wahrscheinlicher führen bereits geringe Preisveränderungen zu einem Wechsel.
6. Einkaufskonzentration und zunehmende Nachfragemacht von professionellen Einkäufern: Das Machtpotenzial eines Nachfragers gegenüber seinen Lieferanten ist abhängig von der Marktstruktur. Ein Beispiel dazu: Im Lebensmittelhandel stehen wenige dominante Einzelhändler einer Vielzahl von Konsumgüterherstellern gegenüber.
7. Geringe Bedeutung von Image und Prestige des Anbieters im Rahmen der Kaufentscheidung: Ein wenig entwickeltes Markenbewusstsein trägt ebenfalls zu einer höheren Elastizität bei.
8. Einfach strukturierte Preismodelle: Die Einführung von transparenten Preismodellen durch Unternehmen beeinflusst die Preissensitivität der Kunden. Wenn sich Preismodelle auf die gleiche Bezugsgröße (z. B. Produkt oder Gewicht) beziehen, gewinnt das Preisniveau im Wettbewerbsvergleich an Bedeutung.

Die Preiselastizität von Kunden resultiert aus ihrer Nutzenwahrnehmung. Im Gegensatz zu analogen Produkten oder traditionellen Dienstleistungen sind die Einflüsse auf den Nutzen bei digitalen Produkten deutlich vielfältiger. Der Wert eines digitalen Produkts für den Nutzer hängt von folgenden Kriterien ab (Simon und Fassnacht 2008, S. 517; Roll 2003):

- Umfang des Informationsgut,
- Zahl der genutzten Einheiten,
- Aktualität,
- Komprimierungsqualität,
- Dauer der Nutzung,
- Zahl der Mitnutzer,
- Netzwerkeffekte.

Bei digitalen Produkten lässt sich die Nutzenwahrnehmung demzufolge schwerer quantifizieren als bei Konsumgütern.

1.7 Preismaßnahmen, Elastizitäten und Gewinnwirkungen

Für die meisten Branchen und Unternehmen gilt, dass bei Preiserhöhungen zumindest ein Teil der Nachfrager seine Mengenabnahme reduziert oder zur Konkurrenz abwandert. Umgekehrt führen Preissenkungen oft nicht zu den erwünschten Verbesserungen von Umsatz und Gewinn. In beide Richtungen besteht ein massives Risiko von Fehleinschätzungen. Bei einer geplanten Preisvariation geht es immer sowohl um die richtige Richtung als auch das Niveau der Preisänderung. Entscheidend ist die zutreffende Einschätzung darüber, welche Nachfragereaktionen bei geplanten Preisänderungen zu erwarten sind. Zur Reduktion der Entscheidungskomplexität werden oft einfache Berechnungen und Heuristiken genutzt. Diese verzichten bewusst auf die komplexe Erhebung sämtlicher Daten. Dafür liefern sie aber ohne großen Aufwand erste nützliche Hinweise (Simon und Fassnacht 2008, S. 198, 2016, S. 202). Die Deckungsbeitragsrechnung ermittelt, in welchem Umfang ein Produkt durch seinen Erlös zur Deckung der Fixkosten des Unternehmens beiträgt. Grundlage ist eine strikte Trennung zwischen fixen und variablen Kostenbestandteilen. Fixkosten sind nicht von Mengenveränderungen – und damit auch nicht vom Preis – abhängig. Sie dürfen folglich die kurzfristige Preisentscheidung nicht beeinflussen. Der Preis, der den höchsten Deckungsbeitrag bringt, ist gleichzeitig auch unter Gewinnaspekten optimal (Simon und Fassnacht 2008; Simon 2015a, b). Eine besonders hilfreiche Entscheidungshilfe für Preisveränderungen ist eine Deckungsbeitragssimulation in Form der Volume-Hurdle-Kalkulation (Abb. 1.7). Zur Volumenabschätzung benötigt man eine Formel, die wesentliche Zusammenhänge bei der Preisoptimierung reflektiert:

1.7 Preismaßnahmen, Elastizitäten und Gewinnwirkungen

> ## Volume-Hurdle-Kalkulation
>
> $$\% \, \Delta \, Q = \frac{-\% \, \Delta \, P}{\% \, CM + \% \, \Delta \, P}$$

Q = Quantity (Menge)

CM = Contribution Margin (Stückdeckungsbeitrag)

P = Price (Preis)

- Wie viel Absatzmenge in Prozent muss unser Produkt bei einer Preissenkung hinzugewinnen?
- Wie viel Absatzmenge können wir im Falle einer Preiserhöhung verlieren?

Abb. 1.7 Volume-Hurdle-Kalkulation. (Smith 2011)

Folgende Fragestellungen beschreiben die Essenz des Preismanagements:

- Wie viel Absatzmenge in Prozent muss unser Produkt bei einer Preissenkung hinzugewinnen?
- Wie viel Absatzmenge können wir im Fall einer Preiserhöhung verlieren, ohne dass sich der Deckungsbeitrag verändert?
  Mithilfe der Formel sind diese Kernfragen in wenigen Sekunden zu beantworten. Die Kalkulation kann u. a. auch der Vertrieb im Rahmen einer Verhandlungsvorbereitung effizient nutzen. Hierzu müssen zwei Daten hinterlegt werden:
  - die Marge (der Stückdeckungsbeitrag, als Profitabilitätsmaß) und
  - die geplante prozentuale Preisveränderung.

Ein wesentlicher Vorteil der Volume-Hurdle-Kalkulation ist der Bezug zur Preiselastizität. Indem man die prozentuale Absatzänderung (als Ergebnis) durch die Preisänderung (als geplante Maßnahme) dividiert, erhält man eine Indikation für die Preiselastizität (Bogenelastizität).

Die aus der Deckungsbeitragskalkulation resultierende Entscheidungsregel lautet:

- Preissenkungen sollten nur dann erfolgen, wenn die Absatzerhöhung mindestens so groß ist wie der kalkulierte Prozentsatz.
- Preiserhöhungen sind nur dann sinnvoll, wenn der Absatzrückgang höchstens so groß ist wie der errechnete Wert.

Die Gewinnwirkung von Preisveränderungen wird durch die Kostenstruktur beeinflusst (Simon und Fassnacht 2008, S. 198, 2016, S. 202). Dieser Zusammenhang wird durch den Nenner der Volume-Hurdle-Formel reflektiert. Dieser enthält neben der Preisvariation auch die Marge. So gilt z. B. im Fall einer Preissenkung: Je höher die variablen Stückkosten, umso stärker muss die Menge steigen, damit sich der Gewinn verbessert. Umgekehrt führt bei einer hohen Marge bereits eine geringe Steigerung des Absatzes zu einem Gewinnsprung. Ursache für den enormen Gewinnhebel des Pricing ist der hohe Anteil der Fixkosten an den Gesamtaufwendungen. Grafisch betrachtet steigt der Umsatz mit zunehmendem Volumen stark an. Die Kostenkurve verändert sich allerdings nur geringfügig, da die Grenzkosten sehr niedrig sind. Dieser Zusammenhang ist charakteristisch für digitale Angebote. Die Abb. 1.8 verdeutlicht diese Relation (Simon 1995), die mit der Elastizität des Gewinns bezüglich der Kapazitätsauslastung gemessen wird. Je höher dieses Elastizitätsmaß, desto wichtiger ist eine große Absatzmenge (bzw. eine hohe Kapazitätsausnutzung). Die Grafik zeigt: Hohe Gewinne und Verluste liegen – je nach Absatzmenge – sehr nahe beieinander. Eine Erhöhung des

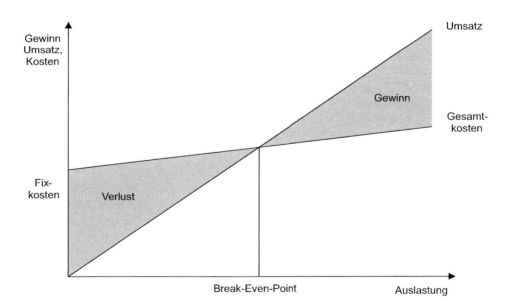

Abb. 1.8 Elastizität des Gewinns bezüglich der Kapazitätsauslastung. (Simon 1992)

1.7 Preismaßnahmen, Elastizitäten und Gewinnwirkungen 19

Absatzvolumens um einen Prozentpunkt kann bei vielen digitalen Angeboten zu einem Mehrgewinn in Millionenhöhe führen.

Als Zwischenfazit lässt sich festhalten
Der Gewinnhebel von preisgetriebenen Mengenveränderungen ist in fixkosten-intensiven Branchen enorm hoch. Anders formuliert: Je geringer die Marge, desto mehr Mengenänderung ist notwendig. Folgende Kalkulation belegt dies für zwei unterschiedliche Kostenstrukturen. Die Berechnung bezieht sich auf eine geplante Preissenkung in Höhe von 10 %:

1. Bei einem variablen Stückkostenanteil von 50 % lohnt sich eine 10%ige Preis-senkung nur, wenn man einen Absatzanstieg von über 25 % erwartet (dem ent-spricht eine Preiselastizität von absolut > 2,5).
2. Bei einer Marge in Höhe von 30 % muss der Absatz um mindestens 50 % stei-gen, damit eine Preissenkung von 10 % sinnvoll ist. Die Preiselastizität beträgt in diesem Fall –5. Die Beispielrechnungen belegen einen wichtigen Zusammen-hang im Preismanagement: Je niedriger die Margen, desto gefährlicher sind Preissenkungen. Niedrige Stückdeckungsbeiträge wiederum sind eines der Kernmerkmale der preislich umkämpften Wachstumsmärkte Online-Handel, Mobilkommunikation, Medien, Lebensmitteleinzelhandel etc.

Fallbeispiel 2: Preiswirkung
Das folgende Beispiel zeigt, wie wichtig es ist, die Wirkungen des Preises auf Absatz und Gewinn zu verstehen. Eine Abschätzung der Preiselastizität ist zwingend erforderlich. Die Ausgangssituation ist die gleiche wie im ersten Fallbeispiel. Ein Unternehmen verkauft sein Produkt für 10 EUR. Der Jahresabsatz beträgt 100.000 Stück. Die variablen Stückkosten sind 6 EUR.

Szenario A: Das Unternehmen plant eine Preissenkung um 10 %. Relevant für die abschließende Entscheidung ist die Kenntnis der Deckungsbeitragswirkung. Es geht um die Beantwortung der Frage nach dem notwendigen Ausmaß der Absatz-erhöhung, um zumindest den gleichen Deckungsbeitrag wie vor der Preisver-änderung zu erzielen. Bei einer Marge von 40 % und einer Preissenkung um 10 % ist eine Absatzerhöhung um 33 % notwendig! Mit anderen Worten: Die Preiselastizi-tät müsste mindestens –3,3 betragen, um zumindest den Status quo beim Deckungs-beitrag sicherzustellen. In den wenigsten Märkten und Kundensegmenten sind solche Mengensteigerungen realistisch. Gerade in wettbewerbsintensiven Branchen sprechen folgende Determinanten der Preisfindung dagegen:

1. Einige Konkurrenten werden auf die Preissenkungen mit ähnlichen Abschlägen reagieren.

2. Die Bindung von Kunden an ihren bisherigen Anbieter („lock-in") lässt einen derart starken Wechsel nicht zu.
3. Fehlende Kapazitäten aufseiten des Preisinitiators verhindern, dass die Mehrnachfrage am Markt platziert werden kann.

Szenario B: Das Unternehmen plant eine Preiserhöhung von 20 %. Eine Anhebung des Preises um 2 EUR auf 12 EUR entspricht einer Erhöhung des Stückdeckungsbeitrags um 50 %. Hier stellt sich die Frage, wie viel Absatzrückgang man verkraften könnte, bevor der positive Margeneffekt vollständig kompensiert wird. Das Ergebnis der Deckungsbeitragskalkulation lautet: Sollte der Absatzrückgang 100 % nicht überschreiten, würde sich die Preismaßnahme lohnen. Nur wenn der Mengenverlust mehr als 100 % beträgt, reduziert sich der Gewinn im Vergleich zur Ausgangssituation; 100 % Absatzverlust entspricht einer relativ hohen Preiselastizität von −5 bzw. einem absoluten Rückgang auf 50.000 Stück. Das Szenario der Preiserhöhung zeigt, dass Anhebungen der Preise den Gewinn nur dann reduzieren, wenn der Absatz signifikant sinkt. Im Fall von Unternehmen mit starkem Markenimage, hoher Kundenbindung und qualitativ hochwertigen Produkten ist ein derart massiver Rückgang nicht zu erwarten. Hier sind Preisanhebungen folglich oft mit positiven Profitwirkungen verbunden. Diese Konstellation gilt für zahlreiche Unternehmen in verschiedenen Branchen. Gillette, Starbucks, Miele, Boss, Lufthansa und Apple sind einige von zahlreichen Beispielen, die im weiteren Verlauf dieses Werks skizziert werden.

Szenario C: Das Unternehmen prüft im Rahmen eines dynamischen Pricing eine Variation in beide Richtungen. Wir gehen in diesem Beispiel von einer Änderung um 4 % und einer Marge von 20 % aus. Anhand der Volume-Hurdle-Formel kann die Asymmetrie von Preiswirkungen belegt werden. Bei einer Marge von 20 % und einer Preisveränderung um 4 % gilt folgende Regel, um den gleichen Gewinn zu erzielen:

1. Bei einer Preissenkung von 4 % muss der Absatz um 11 % steigen.
2. Bei einer Preiserhöhung von 4 % kann man sich hingegen einen Volumenrückgang von 15 % erlauben. Die asymmetrische Wirkung von Preisveränderungen lässt sich durch den Einfluss der Margenhöhe auf die Gewinnänderung erklären. Mathematisch betrachtet befindet sich die Marge im Nenner der Volume-Hurdle-Formel. Als einfache Entscheidungsregel lässt sich folgende Tendenzaussage ableiten:
   – Preissenkungen sind insbesondere bei hohen Elastizitäten und v. a. bei margenstarken Produkten sinnvoll.
   – Preiserhöhungen bewirken v. a. bei niedrigen Elastizitäten und insbesondere bei geringen Margen positive Gewinneffekte.

Entscheidend hierbei ist: Elastizitäten sind immer relativ; sie hängen besonders vom Ausmaß der Preisanpassung nach oben bzw. nach unten ab. Auch über die zeitliche Taktung der Preisänderung können Nachfragewirkungen beeinflusst werden.

1.8 Praxisbeispiele: Marktdynamiken in modernen Branchen

Fallbeispiel 1: Hohe Nachfragewirkung von Preissenkungen

Im Wachstumsmarkt des Cloud Computing konnte Amazon mit seinen Web Services (AWS) innerhalb von wenigen Jahren die Nachfrage vervielfachen. Amazon vermietet IT-Dienstleistungen über das Internet an Businesskunden. Rechenkapazitäten werden auf externen Servern bereitgestellt. Kunden nutzen die Amazon-Plattform, um ihre IT-Leistungen abwickeln zu können. Das Geschäftsmodell basiert auf Masse und „economies of scale" (Skalenerträgen). Je mehr Firmen das Cloud-Angebot nutzen, desto günstiger kann es angeboten werden. Der weltweit größte Anbieter im Bereich des Cloud Computing hat in seinem sehr profitablen Geschäftsbereich AWS innerhalb von vier Jahren 20 Preissenkungen umgesetzt. Die Nachfragereaktion war so hoch, dass die Preisreduzierungen für Speicherleistungen zu überproportionalen Absatzausweitungen führten. Das Resultat: Die Amazon-Tochter AWS erwirtschaftet fast allein den Nettogewinn des Konzerns: 90 % des Unternehmensgewinns und etwa 10 % der Erlöse von Amazon entfallen auf die Web Services (o. V. 2013, 2018a; Eisenlauer 2012; Schütte 2017).

Der gleiche Zusammenhang – eine positive Gewinnwirkung von Preissenkungen – galt für T-Mobile in der jüngeren Vergangenheit auf dem US-amerikanischen Mobilfunkmarkt. im Jahr 2017 konnte man steigende Umsätze und Gewinne erwirtschaften. Basis hierfür waren u. a. preisgetriebene Kundenabwanderungen von den Marktführern Verizon und AT&T zu T-Mobile (o. V. 2017).

Fallbeispiel 2: Positive Gewinnwirkung von Preispremia

In der Telekommunikationsbranche können sich Premiumdienstleister wie Deutsche Telekom erfolgreich gegenüber Billiganbietern abgrenzen. Das Segment der qualitätsbewussten Value Buyer schätzt Zusatzleistungen zum Kernangebot Internetzugang wie Sicherheitssoftware oder höhere Bandbreiten. Diese Add-on-Services sind mit hohen Zahlungsbereitschaften und entsprechend positiven Profitwirkungen verbunden (o. V. 2018b). Im Markt für Smartphones ist Apple mit einer Premiumstrategie sehr erfolgreich. Der mit seinem ersten iPhone im Juni 2007 gestartete Pionier kann im Vergleich zu den Konkurrenten signifikante Preisaufschläge durchsetzen. Basis für die Premiumpreise des Apple iPhone sind die von zahlreichen Handynutzern wahrgenommenen Nutzen- und Imagevorteile. Hierdurch wird die Preiselastizität stark reduziert. Vor dem Hintergrund dieser überragenden „value generation" führten Preisaufschläge gegenüber den Wettbewerbern über 10 Jahre hinweg zu positiven Umsatzeffekten und rekordträchtigen Margen. Mit dem iPhone erzielt Apple bis zu 70 % seines Unternehmensumsatzes. Ein Großteil der Gewinne im weltweiten Markt für Smartphones entfallen auf den Preisführer. Im Jahr 2016 betrug der weltweite Profitanteil durchschnittlich mehr als 79 Prozent (o. V. 2018c; Fröhlich 2018a; Eisenlauer 2017; Mansholt 2018a). In der Spitze waren es sogar 91 % (Kharpal 2016).

Parallel zu den skizzierten Telekommunikations-, Smartphone- und Cloud-Anbietern formiert sich ein zunehmend wichtiger Sektor im Zuge der Digitalisierung – Cybersecurity. Symantec ist der weltgrößte Anbieter für Sicherheitssoftware. Als Full-Service-Anbieter für Sicherheitsleistungen hat Symantec die Marktführerschaft erlangt. Auf der Grundlage seiner „pricing power" kann das Unternehmen überdurchschnittlich hohe Preise durchsetzen. Die operative Marge von fast 30 % ist im Branchenvergleich führend (Jauernig 2017).

Fallbeispiel 3: Zunehmende Preiselastizität durch Digitalisierung und Preistransparenz

Gesetzlich vorgeschriebene Veröffentlichungen von Preisen führen zu einer vollkommenen Transparenz im deutschen Benzinmarkt. Seit 2013 sind Tankstellen verpflichtet, ihre Preisänderungen zeitnah der Markttransparenzstelle für Kraftstoffe (MTS-K) zu melden. Zeitnah bedeutet innerhalb von 5 min. Diese offiziellen Daten von über 14.700 Tankstellen werden den Anbietern von Internetportalen und Smartphone-Apps von der MTS-K zur Verfügung gestellt. Mithilfe dieser Plattform können Autofahrer die aktuellen Preise aller Tankstellen vergleichen. Im Zuge der technologischen Unterstützung ist eine deutliche Verhaltensänderung der Nutzer nachweisbar: Kunden nutzen Preiszyklen systematisch aus und tanken vermehrt in Preistälern. Anders ausgedrückt: Die Preiselastizität ist bei Kraftstoffen signifikant gestiegen. Die enorm gestiegene Markttransparenz hat den Wettbewerb unter den Tankstellen verschärft. Die Machtposition der Autofahrer gegenüber den Ölkonzernen ist deutlich gestiegen (o. V. 2018d, 17. März 2018e).

All diese Beispiele zeigen: Digitale Leistungen und automatisierte Prozesse machen einen immer größeren Teil der Wertschöpfung aus. Im folgenden Kapitel betrachten wir zunächst die für die Preisgestaltung bedeutenden Rahmenbedingungen und Besonderheiten von Informationsgütern. Danach werden die für das Pricing relevanten Entwicklungsphasen der digitalen Transformation kurz skizziert.

Literatur

Eisenlauer, M. (2012). Der Tech-Freak. Hier empfängt der König von Amazon unseren Tech-Freak, Bildonline. https://www.bild.de/digital/multimedia/amazon/chef-jeff-bezos-interview-tech-freak-26681524.bild.html. Zugegriffen: 2. Mai 2018.

Eisenlauer, M. (2017). Kein Supercycle. Schadet das iPhone X Apple? Bild online. https://www.bild.de/digital/smartphone-und-tablet/apple/iphone-x-hype-54276620.bild.html. Zugegriffen: 2. Mai 2018.

Fröhlich, C. (2018a). Phil Schiller – Dieser Mann soll den Apfel glänzen lassen, Stern online. https://www.stern.de/digital/smartphones/phil-schiller-interview--es-gibt-keine-preis-obergrenze-fuer-dasiphone-7776804.html. Zugegriffen: 2. Mai 2018.

Jauernig, H. (2017). So investieren Sie in „Big Data" (mit allen Risiken). Manager Magazin Online. http://www.manager-magazin.de/magazin/artikel/trend-investing-big-data-rush-a-1154808-3.html. Zugegriffen: 2. Mai 2018.

Literatur

Jensen, O., & Henrich, M. (2011). Grundlegende preisstrategische Optionen auf B2B-Märkten. In C. Homburg & C. Totzek. (Hrsg.), Preismanagement auf B2B-Märkten (S. 75–104). Wiesbaden: Gabler.

Kharpal, A. (2016). Apple captures record 91 percent of global smartphone profits: Research. https://www.cnbc.com/2016/11/23/apple-captures-record-91-percent-of-global-smartphone-profits-research.html. Zugegriffen: 2. Mai 2018.

Kroker, M. (2017). Digital ist schneller: Telefon benötigt 75 Jahre für 100 Millionen Nutzer – Candy Crush nur 1,3 Jahre. Wirtschaftswoche online. http://blog.wiwo.de/look-at-it/2017/02/01/digital-ist-schneller-telefon-benoetigt-75-jahre-fuer-100-millionen-nutzer-candy-crush-nur-13-jahre/. Zugegriffen: 2. Mai 2018.

Mansholt, M. (2018a). Smartphone-Konkurrenz. iPhone X verkauft sich schlechter als gedacht – das stellt Samsung vor Probleme. Stern online. https://www.stern.de/digital/smartphones/iphone-x-verkauft-sich-schlechter-als-gedacht---und-stellt-samsung-vor-probleme-7869276.html. Zugegriffen: 2. Mai 2018.

o.V. (2013). Fakten-Check Amazon. So tickt der Online-Gigant. Bild online. https://www.bild.de/geld/wirtschaft/amazon/amazon-fakten-check-so-tickt-der-online-gigant-29196630.bild.html. Zugegriffen: 2. Mai 2018.

o.V. (2017). Steigender Umsatz und Gewinn; T-Mobile US prescht an den Prognosen vorbei. Wirtschaftswoche Online. https://www.wiwo.de/unternehmen/it/steigender-umsatz-und-gewinn-t-mobile-us-prescht-an-den-prognosen-vorbei/19712610.html. Zugegriffen: 2. Mai 2018.

o.V. (2018a). Google, Facebook, Amazon – Der Gegenwind nimmt zu. Manager Magazin Online. http://www.manager-magazin.de/unternehmen/artikel/datenschutz-widerstand-gegen-facebook-google-und-amazon-waechst-a-1185889.html. Zugegriffen: 2. Mai 2018.

o.V. (2018b). TARIFE BIS ZU 45 PROZENT TEURER. Telekom-Kunden zahlen bei DSL drauf. Bild Online. https://www.bild.de/geld/mein-geld/dsl-tarife/telekom-kunden-zahlen-drauf-55057242.bild.html. Zugegriffen: 2. Mai 2018.

o.V. (2018c). iPhone X ist ein Flop – Und trotzdem wird Apples nächstes Modell wohl noch teurer. Focus Online. https://www.focus.de/digital/handy/iphone/analysten-prognose-iphone-x-ist-ein-flop-und-trotzdem-wird-apples-naechstes-modell-wohl-noch-teurer_id_8772182.html. Zugegriffen: 2. Mai 2018.

o.V. (2018d). PREISKAMPF AN DER ZAPFSÄULE. So sparen Sie bis zu 30 Cent pro Liter. Bild Online. https://www.bild.de/geld/wirtschaft/benzinpreis/30-cent-pro-liter-sparen-55115990.bild.html. Zugegriffen: 2. Mai 2018.

o.V. (17. März 2018e). Der Spritpreis schwankt immer öfter. Frankfurter Allgemeine Zeitung, 29.

Roll, O. (2003). Internetnetnutzung von Konsumenten. Eine qualitativ-empirische Studie auf handlungstheoretischer Basis. Wiesbaden: Gabler, Edition Wissenschaft.

Roll, O. (2009). Pricing trends from a management perspective. Journal of Revenue and Pricing Management, 8(4), 396–398.

Roll, O., & Achterberg, L. H. (2010). Potenziale und Elemente eines integrierten Preismanagements. Theorie und praktische Anwendung. In M. Bernecker. (Hrsg.), Jahrbuch Marketing 2010/2011 (S. 95–110). Köln: Johanna-Verlag.

Roll, O., Pastuch, K., & Buchwald, G. (Hrsg.) (2012). Praxishandbuch Preismanagement. Strategien – Management – Lösungen. Weinheim: Wiley.

Roll, O., & Schreiner, J. (2011). Ertragssteigerung durch professionelles Preismanagement. Performance, 2, 67–75.

Salden, S., Schaefer, A., & Zand, B. (2017). Der Kunde als Gott. Der Spiegel, 50, 12–19.

Schütte, C. (2017). Kampf gegen Monopole: Geht es Amazon und Google an den Kragen? Manager Magazin Online. http://www.manager-magazin.de/magazin/artikel/monopole-trustbusters-ii-a-1178562.html. Zugegriffen: 2. Mai 2018.

Simon, H. (1992). Preismanagement: Analyse – Strategie – Umsetzung (2. Aufl.). Wiesbaden: Gabler.

Simon, H. (2012). Simon-Kucher Expert Talk: Preismanagement. https://www.youtube.com/watch?v=fkWkJNXXV7k. Zugegriffen: 2. Mai 2018.

Simon, H. (2015a). Preisheiten. Frankfurt a. M.: Campus.

Simon, H. (2015b). Confessions of the pricing man. Göttingen: Copernicus.

Simon, H., & Fassnacht, M. (2008). Strategie – Analyse – Entscheidung – Umsetzung (3. Aufl.). Wiesbaden: Gabler.

Simon, H., & Fassnacht, M. (2016). Strategie – Analyse – Entscheidung – Umsetzung (4. Aufl.). Wiesbaden: Gabler.

Smith, T. (2011). Pricing strategy: Setting price levels, managing price discounts, establishing price structures. South Western: Nelson Education.

Tacke, G. (2012). Simon-Kucher expert talk: Pricing power – How you get what you deserve. https://www.youtube.com/watch?v=CrghO0q6C1Q. Zugegriffen: 2. Mai 2018.

Tacke, G. (10. April 2014). From good to great – Achieving pricing excellence in competitive markets. Vortrag bei Evonik Industries AG. Essen.

Tacke, G. (19. April 2018). Digitalisierung: "Think big, start smart". Vortrag European Sales Conference 2018.

Wübker, G. (2004). Professionelle Preisfindung: Wege aus der Ertragskrise. Göttingen: BusinessVillage GmbH.

Grundlagen und Besonderheiten des digitalen Pricing

2

2.1 Preispolitische Besonderheiten von digitalen Angeboten

Traditionelle Preiskonzepte lassen sich nicht ohne Weiteres auf digitale Angebote anwenden (Bontis und Chung 2000, S. 246; Buxmann et al. 2008). Denn Informationsangebote (Software, Online-Content, digitale Services etc.) unterliegen ökonomischen Spielregeln, die sie von anderen Sektoren (Produkte und persönliche Dienstleistungen) grundlegend unterscheiden. Der Fokus liegt im Folgenden auf zwei Angebotskategorien:

1. Digitale Produkte (wie z. B. elektronische Bücher und Zeitungen, Software, Online-Musik, Videospiele etc.)
2. Digitalisierte Services als Erweiterung traditioneller Angebote und Dienstleistungen (z. B. digitale Beratungsleistungen, Finanz- oder Verkehrsdienste sowie die Online-wartung von Maschinen)

Digitale Angebote sind Leistungen, die vollständig aus Informationen bestehen und deshalb mit geringen Kosten vertrieben werden. Die grundlegenden Eigenschaften digitaler Güter können in Stichpunkten wie folgt beschrieben werden:

1. **Unzerstörbarkeit, Reproduzierbarkeit und Veränderbarkeit.**
   - Unzerstörbarkeit: Ein Unterschied zwischen neuen und gebrauchten digitalen Gütern ist nicht feststellbar. Benutzung führt nicht zu einem objektiven Qualitätsverlust. Dennoch kann es zu einem vom Kunden wahrgenommenen Wertverlust im Zeitverlauf kommen.
   - Reproduzierbarkeit: Digitale Leistungen lassen sich ohne Qualitätsverluste und zu geringen Kosten vervielfältigen (Simon und Fassnacht, S. 517; Skiera und Spann 2002, S. 272).

© Springer Fachmedien Wiesbaden GmbH, ein Teil von Springer Nature 2018
F. Frohmann, *Digitales Pricing,* https://doi.org/10.1007/978-3-658-22573-5_2

- Veränderbarkeit: Modifikationen an digitalen Angeboten können mit geringem Aufwand vorgenommen werden. Variantenbildungen (Versioning) sind einfach und kostengünstig möglich (Buxmann und Lehmann 2009).

2. **Netzeffekte.** Der Nutzen eines Onlineangebots für den Nachfrager hängt nicht nur von den Eigenschaften der Lösung ab. Die Anzahl der Anwender – und damit der Verbreitungsgrad – bestimmt den vom Kunden wahrgenommenen Wert eines Informationsangebots entscheidend mit (Katz und Shapiro 1985, S. 424). Je größer ein Netzwerk ist, umso wertvoller ist dies i. d. R. für die Nachfrager. Eine Interaktion zwischen den Nutzern führt zu einer erhöhten Wertwahrnehmung für alle Anwender. Direkte Netzeffekte entstehen, wenn Anwender durch die gemeinsame Nutzung einer digitalen Leistung (z. B. einer Online-Plattform) effizienter miteinander kommunizieren können. Die Wertschöpfungsbasis für ökonomische Transaktionen steigt mit der zunehmenden Anzahl an Nutzern. Vereinfacht ausgedrückt: Je mehr Nachfrager auf der Plattform von eBay handeln, desto größer ist die Wahrscheinlichkeit, dass sich zahlungsbereite Interessenten für ein Angebot ergeben. Der gleiche Zusammenhang gilt für soziale Netzwerke wie Facebook, Karriereportale (Xing, LinkedIn etc.) oder auch Partnervermittlungsleistungen wie Parship. Indirekte Netzeffekte resultieren aus der Wechselwirkung zwischen der Verwendung eines digitalen Basisguts und der Nutzung komplementärer Angebote. Die Verbreitung eines digitalen Produkts (z. B. einer Standardsoftware) führt zu einer steigenden Verfügbarkeit an Komplementärangeboten (z. B. Beratungsdienstleistungen). Durch die Bündelung mit Services steigt wiederum die Attraktivität der Softwarelösung für die Kunden. Viele Produkte in Netzwerkindustrien werden für den Nutzer erst durch das parallele Angebot komplementärer Produkte interessant. Unmittelbare Konsequenz hieraus: Der Gesamtgewinn von Software (und anderen digitalen Angeboten) über den Produktlebenszyklus beruht stark auf nachfolgenden Umsätzen mit begleitenden Dienstleistungen.

3. **Wechselwirkungen von digitalen Angeboten mit Dienstleistungen.** Auch bei Dienstleistungen entfällt ein immer höherer Wertschöpfungsanteil auf Information und ist damit digitalisierbar. Ein Beispiel hierfür ist die Fernwartung bei Industriegütern. Persönliche Dienste wie Beratungsservices – aber auch künstlerische Leistungen wie Musik – können durch Veredelung standardisiert werden (Corsten 1988; Meyer 1992). Hierbei werden die Leistungen auf Medien gespeichert und die Speichermedien anschließend multipliziert.

4. **Lock-in-Effekte.** Kunden werden durch ihre Einstiegsinvestition häufig langfristig an einen Anbieter gebunden. Dieser Tie-in-Effekt gilt insbesondere für B2B-Sektoren. Die Anpassung von Unternehmensprozessen an einen Lieferanten führt zu einer reduzierten Flexibilität, den Anbieter kurzfristig zu wechseln. Bei einem potenziellen Wechsel entstehen für den Kunden Kosten („switching costs"). Etablierten Konkurrenten wird hierdurch die Marktbearbeitung deutlich erschwert. Potenzielle neue Konkurrenten müssen eine deutliche Hürde beim Markteintritt überwinden (Shapiro und Varian 1999, S. 103). Auch bei konsumtiv genutzten Digitalleistungen (wie z. B. elektronischen Büchern) entstehen Lock-in-Wirkungen. Anhand des Markts für

elektronische Bücher kann dieser Effekt prägnant beschrieben werden. Das Lesen von E-Books basiert auf einem digitalen Service. Die Nutzung der Dienstleistung setzt die Investition in ein Hardwaregerät und eine integrierte Lesesoftware voraus. Sobald sich ein Kunde auf eine Plattform (z. B. von Amazon) festgelegt und eine Bibliothek angelegt hat, ist ein Wechsel unattraktiv. Der gleiche Zusammenhang gilt für Online-Spiele sowie für Streamingdienste im Filmsektor.

5. **Relativ hohe Fixkosten.** Hohe einmalige Erstellungskosten sind typisch für digitalisierte Produkte. Die variablen Kosten für die Herstellung jeder weiteren Einheit eines digitalen Angebots (z. B. ein zusätzlicher Internetaufruf, eine Banktransaktion oder eine Softwareeinheit) tendieren gegen Null (Simon 2016). Bei online genutzter Musik beschränken sich die variablen Kosten auf Download und Zahlungsabwicklung. Eine Musik-CD hingegen ist mit variablen Kosten für Produktion sowie Logistik und Distribution verbunden (Buxmann et al. 2008, S. 111).

6. **Unsichere Qualitätsbeurteilung vor dem Kauf.** Digitale Angebote sind Erfahrungsgüter. Nutzer können deren Wert erst nach dem Kauf beurteilen (Buxmann et al. 2008, S. 137; Simon und Fassnacht, S. 517). Im Zuge des Abwägungsprozesses vor der Kaufentscheidung greift der Kunde auf Ersatzindikatoren für die Qualität zurück. Der Preis spielt als Qualitätsindikator eine exponierte Rolle. Die vor dem Kauf oft unklare Wertwahrnehmung hat einen Einfluss auf die Preiselastizität. Die Preisbereitschaft der Nutzer wird aufgrund der Qualitätsindikation des Preisniveaus eher gefördert (Hofer und Bastgen 2017). Falls darüber hinaus die Preise der Anbieter wenig vergleichbar sind, ergeben sich Preisspielräume nach oben. Die angesprochenen Eigenschaften und Rahmenbedingungen sind für die Preisgestaltung von digitalen Angeboten von großer Bedeutung. Sie sind bei der Definition der Preisstrategie und der Konzeption von Preisstrukturen zu berücksichtigen. Auch auf mögliche Ansätze der Preisdifferenzierung und die Auswahl von Preismodellen haben diese Spezifika großen Einfluss.

2.2 Rahmenbedingungen und preisbezogene Besonderheiten des Internets

Die strategischen Besonderheiten des Internets werden im Folgenden stichpunktartig skizziert (Simon und Fassnacht 2008; Buxmann und Lehmann 2009):

1. Medium zur Verteilung (Online-Distribution) von digitalen Inhalten
2. Singulärer Vertriebskanal für Informationsgüter
3. Zusätzlicher Distributionskanal für physische Güter
4. Sehr niedrige Transaktionskosten bei der Distribution von digitalen Inhalten
5. Vernetzung von zahlreichen Marktteilnehmern (Interaktivität)

Das Internet bietet unbegrenzte Möglichkeiten zur Interaktion von Marktteilnehmern. Diese Besonderheit betrifft drei verschiedene Dimensionen:

a. Direkter oder indirekter Austausch der Nachfrager untereinander
b. Interaktion zwischen verschiedenen Anbietern
c. Interaktion von Anbietern und Nachfragern

Die Vernetzung führt zu einer deutlichen Vergrößerung des potenziellen Abnehmerkreises für Unternehmen. Die effiziente Koordination von Angebot und Nachfrage resultiert in neuartigen Erlös- und Preismodellen.

6. Erhöhte Transparenz über Angebote und Preise
Die insgesamt stärkste Wirkung der Digitalisierung auf das Pricing besteht in einer deutlich erhöhten Preis- und Nutzentransparenz (Simon 2016; Tacke 2018). Durch Preissuchmaschinen und Vergleichsplattformen können Angebote effizient verglichen werden. Preisvergleichsplattformen (z. B. Idealo) ermitteln den günstigsten Preis für ein Produkt. Sie unterstützen den Kunden bei der Identifizierung von Anbietern, die ein gesetztes Preislimit für ein Produkt unterbieten können (Simon und Fassnacht 2008, S. 520). Hieraus resultiert eine Machtverschiebung zugunsten der Konsumenten.

7. Tendenziell eher geringe Zahlungsbereitschaften für digitale Angebote aus dem Internet
Durch die Erleichterung von Angebotsvergleichen und die dadurch steigende Markttransparenz beeinflusst das Internet massiv die Preiselastizitäten. Internetnutzer sind oftmals preissensibler. Es besteht eine ausgeprägte Kostenlosmentalität der Webnutzer, die über Jahre gewachsen ist. Viele große Internetfirmen haben ausschließlich mit Gratisleistungen begonnen. Einige bieten den Nutzern Leistungen auch heute noch (weitestgehend) kostenlos an. Hierzu gehören z. B. Facebook, Google, YouTube oder viele Online-Zeitungen. Viele Inhalte im Internet werden von unzähligen Nutzern kostenfrei zur Verfügung gestellt. Die historisch geprägte Gewöhnung an Gratisangebote reduziert die Preisbereitschaft für innovative Digitalangebote. Der Musikmarkt bietet ein besonders prägnantes Beispiel hierfür. Die wesentliche Herausforderung im Musiksektor und in vielen anderen Branchen besteht darin, eine Bezahlkultur im Internet sukzessive aufzubauen und zu pflegen (Dunkel und Steinmann 2018). Online-Portale wie wiwo.de gehen diesen Weg und ergänzen ihre kostenlosen Informationsangebote zunehmend um bezahlte Premiumleistungen. Kreative Ertrags- und Preismodelle sind einer der entscheidenden Stellhebel für die Migration von freien zu bezahlten Inhalten.

8. Leichte Imitierbarkeit von Inhalten im Internet
Für Geschäftsmodelle, die auf Onlineprodukten beruhen, ist ein Urheberschutz oft nur sehr schwer durchsetzbar. Der Schutz des geistigen Eigentums („intellectual property rights") wird mit zunehmender Digitalisierung immer wichtiger. Digital-Rights-Management wird zu einer zentralen Herausforderung mit unmittelbarer Konsequenz für

die Preisdurchsetzung. Als Beispiel sei die Kompensation der Inhaber von Musikrechten durch Streamingportale genannt. So müssen Apple Music und Spotify einen hohen Betrag pro Download an die Musiklabels als Rechteinhaber abführen. Dies erklärt die hohen Verluste von Spotify trotz der weltweiten Marktführerschaft.

9. Oligopolistische Strukturen

Aufgrund der strukturellen Besonderheiten digitaler Leistungen (Netzeffekte, „switching costs", Skalenvorteile etc.) existiert eine hohe Anbieterkonzentration im Internet. Netzwerke kennzeichnet eine natürliche Konzentrationstendenz. So ist z. B. der E-Commerce in Deutschland stark auf wenige große Unternehmen reduziert. Die zehn größten Händler (insbesondere die Marktführer Amazon, Otto und Zalando) vereinen zwei Drittel des Online-Markts auf sich. Der Weltmarktführer Amazon beherrscht mehr als 40 % des Internethandels in Deutschland. Wegen der hohen Reichweite von Amazon kann ein kleinerer Onlinehändler kaum auf einen Vertrieb über die Plattform verzichten.

10. Verbesserte Analyse kundenindividueller Transaktionen

Digitalisierung ermöglicht die Analyse von käuferindividuellen Transaktionen und realisierten Preisen. Eine verbesserte Kenntnis von Nutzeranforderungen und Preisbereitschaften steht hierbei im Fokus. Der Weltmarktführer für Musikstreaming – Spotify – ist ein besonders prägnantes Beispiel für eine umfassende Analyse des Nutzerverhaltens. Spotify erfasst täglich bis zu 30 Mrd. Daten von seinen 159 Mio. Hörern. Die Nutzung, Wertschätzung oder Ablehnung von Titeln kann über eine Spezialsoftware genauestens registriert werden. Das Verhalten verschiedener Nutzer wird systematisch auf Übereinstimmungen und Muster abgeklopft (Dunkel und Steinmann 2018).

11. Stärkere Individualisierung von Angeboten

Die systematische Auswertung der Informationen über Kundenwünsche (Smart Data) ermöglicht ein passgenaueres Produktangebot. Es geht darum, möglichst viel über die Kunden zu erfahren und den Service möglichst individuell auf sie anzupassen (Lange 2018). Unternehmen mit digitalen Geschäftsmodellen personalisieren ihre Produkte auf Basis ihrer Kundenkenntnisse. Spotify bietet unter dem Label „Dein Mix der Woche" personalisierte Hörempfehlungen für alle Abonnenten seines Bezahldiensts an (Dunkel und Steinmann 2018).

12. Stärkere Individualisierung von Preisen

Es ergeben sich neue Möglichkeiten der leistungsbezogenen Preisdifferenzierung. Versioning kann auf Einzelkundenebene technisch dargestellt werden. Durch das Internet ergeben sich große Potenziale zur Individualisierung bzw. Personalisierung von Preisen („identity-based pricing").

13. Flexiblere und effizientere Preisgestaltung

Das Internet ermöglicht eine effiziente zeitliche Variation von Preisen bis hin zum Echtzeit-Pricing (Skiera et al. 2005, S. 286). Preisänderungskosten waren früher – relativ zur Gewinnsteigerung – so hoch, dass sich Preisvariationen teilweise nicht lohnten. In Webshops können Preise beliebig oft ohne zusätzliche Kosten angepasst werden. Dynamisches Pricing setzt sich in immer mehr Produktkategorien und Branchen durch.

14. Ausgangsbasis für Pricing-Innovation

Die steigende Bedeutung des Internet befeuert Pricing-Innovationen. Simon versteht darunter neue „Ideen, Systeme und Methoden, wie man sich über Preise informiert und wie man sie gestalten kann" (Simon 2015, S. 236). Geschäftsmodelle wie Online-Auktionen (eBay.com) oder Co-Shopping (Letsbuyit.com, Powershopping.de) sowie neue Preismodelle wie Customer Driven Pricing (CDP) sind erst mit dem Siegeszug der Digitalisierung entstanden. Kreative Preismodelle erlauben es Unternehmen, sich vom Wettbewerb abzuheben, ohne den Preis als solchen anzupassen. Sie sind ein eigenständiger Beitrag zur „value generation" für den Kunden. Innovative Preismodelle wie „value sharing", „pay as you go" oder „pay per use" werden in Kap. 5 detailliert beschrieben.

15. Zunehmende Professionalisierung der Entscheidungsprozesse von Kunden und Anbietern

Die Möglichkeiten zur Datenanalyse und Entscheidungsvorbereitung sind sowohl für Unternehmen als auch Kunden deutlich gestiegen. Auf beiden Seiten ist eine deutliche Professionalisierung zu beobachten. Der Zusammenhang erklärt sich wie folgt: Das Internet ist von Preistransparenz und Vergleichbarkeit geprägt. Dies versuchen Content-Anbieter, Händler und produzierende Unternehmen mit dynamischer Preisanpassung zu umgehen. Kunden reagieren durch die verstärkte Nutzung von Preisagenten und Preisvergleichsportalen (wie z. B. guenstiger.de, billiger.de, idealo.de, Deal Doktor etc.). Zahllose mobile Applikationen stehen den Nutzern zur Verfügung. Dies führt zu einem erhöhten Wettbewerbs- und Preisdruck für Onlinehändler, Hersteller von Produkten sowie Dienstleister. In der Reisebranche existieren Portale, die im Kundenauftrag Preisschwankungen bei Hotels und Flügen analysieren und automatisiert umsetzen. Die Initiative zum Kauf erfolgt digital unterstützt zum günstigsten Zeitpunkt.

16. Geschäftsmodellinnovation

Über den engeren Preisprozess (z. B. Preismodelle) hinaus befeuern die zunehmende Digitalisierung und das Internet Innovationen bei Leistungen, Prozessen und Gewinnmodellen (Sauberschwarz und Weiß 2018).

17. Gegenläufige Effekte auf den Gewinn

Die Erhöhung der Preistransparenz (und damit auch der Preiselastizität) führt zu einer Senkung der Preisobergrenze. Dies bewirkt tendenziell einen Druck auf die

Verkaufspreise. Auf der anderen Seite führen neue digitale Services und aufgewertete Produkte zu einer erhöhten Zahlungsbereitschaft. Sinkende Vertriebskosten bewirken zusätzlich einen positiven Margeneffekt und drücken die Preisuntergrenze. Welcher der einzelnen Effekte überwiegt – und wie sich demzufolge die Margen entwickeln – hängt vom Online-Geschäftsmodell, der Branche und den strukturellen Besonderheiten des digitalen Angebots ab.

Die skizzierten Zusammenhänge betreffen eine Vielzahl von Angeboten aus verschiedensten Branchen:

a. Digitale Leistungen, bei denen eine automatisierte Distribution über das Internet sehr früh erfolgte (Software, Musik, Bücher, Zeitungen, Bankleistungen, Beratungsdienstleistungen und Medieninhalte)
b. Physische Produkte, die digital erweitert werden (Autos, Häuser, Haushaltsgeräte wie Kühlschränke und Waschmaschinen etc.)
c. Digitale Serviceelemente physischer Produkte (z. B. die vorbeugende Instandhaltung mithilfe von Sensorik im Maschinenbau)
d. Produkte, die für elektronische Transaktionen scheinbar weniger begünstigt sind; hierzu zählen frische Produkte wie Lebensmittel, Designerkleidung und erklärungsbedürftige Produkte (wie z. B. komplexe Versicherungen)

In der jüngeren Vergangenheit hat sich gezeigt, dass sich durch die Digitalisierung auch für Produkte der vierten Kategorie große Potenziale ergeben. Prinzipiell sind alle Produkte über das Internet absetzbar.

2.3 Entwicklungsphasen der Digitalisierung

Die im Rahmen dieses Buchs beschriebenen Aspekte der Digitalisierung beziehen sich auf Pricing-relevante Unternehmensprozesse. Digitalisierung umfasst die Verlagerung eines immer größeren Anteils von Daten und Prozessen des Preismanagements in die digital vernetzte Sphäre:

1. Informationsströme, die zuvor analog organisiert wurden (z. B. die Erstellung von Papierdokumenten wie Preislisten), können nun digital abgewickelt werden (z. B. die Kommunikation von Preisen auf Webshops).
2. Prozesse (wie die Messung von Zahlungsbereitschaften, die Abrechnung komplexer Preismodelle oder die Verhandlung von Preisen) werden teilweise oder vollständig automatisiert.

Digitalisierung ist ein fortwährender Prozess, der die Wirtschaftsentwicklung seit über 30 Jahren massiv beeinflusst (Ochsenkühn 2017). Besondere Bedeutung für das

Preismanagement haben die verschiedenen Phasen der Internetevolution. Die Entwicklung kann in kurzen Stichworten wie folgt zusammengefasst werden:

- Phase 1 – Entstehung des Internet: Vernetzung von Menschen (z. B. über Mailsysteme). 1995 kamen in Unternehmen erstmals stationäre Internetverbindungen zum Einsatz.
- Phase 2 – E-Commerce: Distribution von digitalen Inhalten und physischen Produkten über das Internet.
- Phase 3 – Interaktives Internet: Erstellung von Webinhalten durch Nutzer. Zu den benutzergenerierten Informationen („user-generated content") gehören Videos auf Portalen wie YouTube, Beiträge in Blogs, Informationen auf Wikis (z. B. Wikipedia) sowie Kommentare von Nutzern in Webshops. Kernmerkmal dieser Evolutionsstufe ist eine stärkere Integration von Konsumenten und Nutzern in die Wertschöpfungsprozesse von Unternehmen.
- Phase 4 – Mobiles Internet (M-Commerce): Mit der Einführung des iPhone durch Apple im Jahr 2007 wurden mobile Datenverbindungen massentauglich. Internettransaktionen verlagerten sich in den Folgejahren zunehmend von der stationären (E-Commerce) auf die mobile Ebene (M-Commerce).
- Phase 5 – Internet der Dinge: Die Vernetzung und Kommunikation von Maschinen untereinander („machine-to-machine communication") beschreibt die technische Entwicklung der jüngeren Vergangenheit. Im Jahr 2017 waren bereits mehr als 8 Mrd. internetfähige Endgeräte weltweit mit dem Netz verbunden (Jansen 2017). Unternehmensprozesse sowie die Interaktionen mit Marktpartnern (Lieferanten, Kunden, Absatzmittlern) basieren auf einem globalen System von Computernetzwerken, Sensoren, Antriebselementen und Geräten, die das Internet-Protokoll nutzen. Die Entwicklung ist hoch dynamisch. Einer der Vorreiter dieser Entwicklungsstufe ist das Technologie- und Dienstleistungsunternehmen Bosch. Bereits 2017 waren zahlreiche Bosch-Produkte internetfähig. Die Palette digitalisierter Produkte reicht von der Bohrmaschine für Heimwerker über Waschmaschinen und Kühlschränke bis hin zu Autoteilen für den After-sales-Bereich. Das Technologieunternehmen ist einer der führenden Anbieter im Bereich der vernetzten Autos, der intelligenten Gebäudetechnik sowie von online interagierenden Haushaltsgeräten. Bis 2020 möchte Bosch jedes neu entwickelte elektronische Produkt vernetzen (Flaig 2017). In vielen Branchen entstehen neue Geschäftsmodelle rund um das Internet der Dinge. Vernetzte Produkte sind die Basis für Mehrwertservices für den Kunden. Insbesondere traditionell hardwarelastige Unternehmen vollziehen mit diesem ganzheitlichen Ansatz den Wandel vom Produkt- zum Serviceanbieter (Sauberschwarz und Weiß 2018). Ein Beispiel hierfür ist die vorbeugende Instandhaltung im Maschinenbau. Eine mit Sensoren ausgestattete Maschine analysiert mithilfe von Algorithmen ihren Zustand. Sie kann darauf basierend die eigene Instandhaltung und Wartung veranlassen (Lietzmann 2018). Bei Bosch etwa kommen Softwarelösungen zum Einsatz, die Kunden frühzeitig erkennen lassen, wann deren Maschinen gewartet werden müssen (Giersberg

2.3 Entwicklungsphasen der Digitalisierung

2018a). Im digitalen Zukunftsmarkt der vernetzten Autos ist BMW einer der Vorreiter. Die Modelle des Premiumherstellers sind schon seit Jahren mit Sensoren ausgestattet. Das Datenvolumen sowie die Zahl der global verknüpften Endgeräte werden weiter drastisch zunehmen. Die Anzahl der online vernetzten Geräte wird schon bis 2020 auf etwa 20,5 Mrd. steigen (Lietzmann 2018; Lindinger 2018; Jansen 2017).

- Phase 6 – Künstliche Intelligenz (KI): Während es in der Evolutionsphase des Internets der Dinge v. a. um die Vernetzung von Hardware geht, arbeiten Unternehmen im Zuge des nächsten Technologiesprungs an intelligenten, selbstlernenden Systemen. Kern der künstlichen Intelligenz sind Maschinen, die selbstständig Probleme bearbeiten können (Wirminghaus et al. 2018; o. V. 2018h; Capital-Redaktion 2018; Marx 2018). Zwei Entwicklungen mit hoher Relevanz für die Marktbearbeitung von Unternehmen sind Spracherkennung und Übersetzungsdienste. Computersysteme generieren Wissen aus großen Datenmengen und können auf dieser Basis Vorhersagen treffen. Lernfähige Maschinen werden eine nahezu unbegrenzte Menge an Daten auswerten können, die über das Internet der Dinge eingespeist werden. „Machine learning" kann zukünftig im Sinn der Effizienzsteigerung und besseren Marktausschöpfung für das Pricing und für Vertriebsprozesse genutzt werden. Als Ergebnis lassen sich beispielsweise Muster im Konsumentenverhalten und in den Zahlungsbereitschaften erkennen. Bei allen standardisierten Abläufen kann selbstlernende Hardware die Wertschöpfung unterstützen (Joho 2018). Ausgewählte Beispiele hierfür sind:
  - Preisanalyse und -monitoring: Einfache Analysen, die für die Preisoptimierung hilfreich sind (wie z. B. SWOT-Einschätzungen), können von Computerprogrammen übernommen werden. Insbesondere der Analyse- und Monitoringbereich im Pricing wird stark automatisiert werden. Selbstlernende Maschinen assistieren die Pricing-Experten.
  - Preisimplementierung: Intelligente Maschinen nehmen regelbasierte Preisanpassungen vor. Kognitive Assistenzsysteme sind die technologische Basis hierfür. Die Erstellung von Preislisten kann zukünftig verstärkt von Algorithmen im Rahmen künstlicher Intelligenz gesteuert werden.

Künstliche Intelligenz bewirkt – über den engeren Pricing-Prozess hinaus – auch Veränderungen bei Geschäftsmodellen:

- Maschinelles Lernen ist die Basis für die Entwicklung neuer Produkte, die den Alltag von Konsumenten unterstützen. Ein Beispiel hierfür sind digitale Sprachassistenten. Diese befinden sich in Smartphones (wie Siri von Apple) oder in vernetzten Lautsprechern (wie Alexa von Amazon und der HomePod von Apple).
- Die zunehmende Marktdurchdringung sprachgesteuerter Digitalassistenten wie Alexa oder Siri ist die technologische Basis für neue digitale Dienste. Über die Möglichkeiten des „Voice Commerce" können automatisiert kundenspezifische Angebote generiert werden. Diese basieren auf den sprachgesteuerten Suchanfragen des Kunden (Rottwilm 2018b).

- Sprachassistenten halten immer mehr Einzug in weitere Hardwaresektoren. Die Mercedes-Benz User Experience (MBUX) funktioniert über Sprachsteuerung. Schon bald wird kein Auto mehr ohne einen smarten Sprachassistenten zu verkaufen sein (Pander 2018).
- Machine-learning-Systeme ermöglichen darüber hinaus auch innovative Angebote. Ein Beispiel hierfür ist die personalisierte Empfehlung von Musik. Auf Basis der bisherigen Wahlentscheidungen der Nutzer sind individuell zugeschnittene Musikvorschläge ableitbar. Proaktive, digitalisierte Angebote basieren auf der Einschätzung des selbstlernenden Systems, dass der Kunde bestimmte Titel voraussichtlich präferieren würde, auch wenn er sie noch nie zuvor gehört hat (Albert und Schultz 2018). Das skizzierte Geschäftsmodell eines persönlichen Musikkanals führt zu neuen Erlösquellen und darauf basierenden Preismodellen. Für die Preismodellierung bieten sich verschiedene Varianten an – vom Abonnement über ein Pay-per-Hit bis zum Bundling.
- Auch im B2B-Segment wird künstliche Intelligenz zunehmend zur Ableitung proaktiver Angebote genutzt. Ein Beispiel hierfür bietet der Weltmarktführer im Cloud Computing, Amazon Web Service (AWS). Aus dem Nutzungsverhalten der Kunden leitet der Internetkonzern mithilfe intelligenter Algorithmen ab, wie sich der Bedarf seiner Geschäftskunden künftig entwickeln wird. AWS kann seine Rechensysteme schon heute an Wünsche anpassen, die seine Nutzer voraussichtlich morgen haben werden (Rottwilm 2018b).

Parallel zu den skizzierten technischen Evolutionsstufen der Digitalisierung lassen sich auch auf Unternehmens- und Branchenebene deutliche Muster erkennen. Große Hardwarekonzerne wie IBM und Softwarefirmen wie Microsoft waren die Treiber der Digitalisierung bis in die 1990er-Jahre hinein. Die Zeit von 1985 bis 1995 – kurz vor Etablierung des Internets – war durch eine enorme Dominanz des Softwaremarktführers Microsoft geprägt. Mit der Penetration des stationären Internets sowie des Mobilfunks Ende der 1990er-Jahre entwickelten sich Handyfirmen (Nokia), Netzbetreiber (Deutsche Telekom, Vodafone) sowie Internetprovider (AOL, Yahoo) zu den Vorreitern der technologischen Entwicklung. Die Marktpotenziale des vernetzten Haushalts wurden von zwei Unternehmen, für die ich als Berater tätig war, bereits vor der Jahrtausendwende systematisch überprüft. Es fehlte allerdings die geeignete Hardware und Software, um die von den Nutzern vor fast 20 Jahren wertgeschätzten digitalen Services des Smarthomes umsetzen zu können. Mit der Einführung des ersten Smartphones durch Apple im Jahr 2007 und der schnellen Penetration von Apps begann eine sukzessive Verlagerung der Wertschöpfung vom Hardware- in den Softwarebereich. Der Mobile Commerce kam zum Durchbruch. Das Smartphone war der wichtigste Treiber des digitalen Wandels in der vergangenen Dekade. Das Geschäftsmodell der Plattformen entwickelte sich parallel hierzu. Beide Entwicklungen gingen Hand in Hand: Denn die Plattformen der digitalen Marktführer Apple, Amazon, Google und Facebook wurden im Lauf der letzten Jahre zunehmend mobil genutzt (Armbruster 2018a). Neue Geschäftsmodelle der Sharing Economy wie Airbnb, Uber und MyTaxi feierten in den letzten Jahren erste Erfolge.

Künstliche Intelligenz treibt derzeit eine Vielzahl von Unternehmen verschiedenster Branchen an. Es geht im Kern um automatisierte Lösungen für den Nutzer – von der Einkaufsplanung über die Geldanlage bis zum Transport (autonomes Fahren). Autohersteller verfolgen mit der Vision des selbstfahrenden Autos das nachhaltigste Projekt im Rahmen der künstlichen Intelligenz.

2.4 Digitalisierung und Wettbewerbsdynamik

Keine Branche bleibt von der Innovationsdynamik des digitalen Zeitalters unberührt. Etablierte Unternehmen sehen sich in ausgewählten Teilen ihrer Wertschöpfungskette zunehmend von branchenfremden Unternehmen mit neuen digitalen Lösungen konfrontiert. Ausgewählte Beispiele für die „business migration":

1. Die dominierenden Wettbewerber im E-Commerce sind längst keine reinen Händler mehr. Amazon oder Alibaba sind Datenkonzerne, die mithilfe der künstlichen Intelligenz neue digitalisierte Services kreieren (Schütte 2017). Amazon – als Online-Händler für Endkundenprodukte gestartet – expandiert horizontal (neue Produktsegmente) und vertikal (neue Wertschöpfungsprozesse). Im Zuge der horizontalen Geschäftserweiterung bietet Amazon Business Produkte für Unternehmen im Umfang von mehr als 100 Mio. Artikeln an – ein unmittelbarer Angriff auf den Großhandel. Die vertikale Expansion transformiert Amazon in ein Logistikunternehmen, das seine Geschäftsprozesse kontinuierlich digitalisiert und zukünftige Lieferprozesse revolutioniert.
2. Aufgrund von technologischen und rechtlichen Veränderungen migrieren Online-Händler wie Alibaba und Amazon zunehmend auch in den Finanzdienstleistungsmarkt. Damit werden sie zu neuen Konkurrenten für etablierte Banken und Kreditkartenanbieter (Rottwilm 2018a). Durch den Einstieg in das Finanzdienstleistungsgeschäft gewinnen die Online-Marktführer in der westlichen (Amazon) und östlichen Hemisphäre (Alibaba) weitere Daten über das Ausgabeverhalten und die Einkommen ihrer Kunden. Diese Daten können im Kerngeschäft wertschöpfend genutzt werden (Hirn 2018; Rottwilm 2018b).
3. Carsharing-Anbieter sind eine Alternative zu traditionellen Autovermietungen (Heckel und Ermisch 2018; o. V. 2018f). Anbieter von Ridesharing konkurrieren mit traditionellen Taxibetrieben, aber auch mit Busunternehmen und der Bahn. Umgekehrt gilt aber auch: Innovative Sharing-Modelle (wie Uber im Bereich der Fahrdienste) werden durch den Zukunftsmarkt der selbstfahrenden Pkw attackiert und möglicherweise selbst schnell obsolet sein. Digitale Geschäftsmodelle im Bereich der Mobilität führen zu einem verstärkten Wettbewerb von Autobauern, Verkehrsunternehmen (wie Mietwagenfirmen) und Versicherungen. Als zukünftiger Weltmarktführer bei Mobilitätsdiensten sieht sich ein branchenfremdes Unternehmen: Der Telekommunikations- und Medienkonzern Softbank aus Japan (Fritz et al. 2018).

4. Softwarehersteller sehen sich völlig neuen Konkurrenten gegenüber. Früher konkurrierte man ausschließlich auf der Produktebene. Durch neue Geschäftsmodelle (Software-as-a-Service) und daraus resultierende Erlösmodelle (z. B. Erlöse durch den Verkauf von Kontakten) erweitert sich der Wettbewerbsradius. Heute steht man auf der Kontaktebene mit vielen unterschiedlichen Anbietern im Wettbewerb – hierzu gehören u. a. Internetsuchmaschinen und Medienunternehmen. Bei der Vermietung von Software im B2B-Segment hat der als reiner Internethändler gestartete Marktführer Amazon alle Technologieunternehmen hinter sich gelassen. Amazon entwickelt sich immer mehr zu einem Softwareunternehmen.

Zwei Daten belegen die enorme Wettbewerbsdynamik im Zuge der Digitalisierung:

- Im Jahr 2007 waren die fünf – an der Marktkapitalisierung gemessen – größten Firmen der Welt noch ausschließlich Energieunternehmen (Ausnahme: Microsoft). Zehn Jahre später konstituieren sich die Top Fünf aus Konzernen, deren Geschäftsmodell auf Digitalisierung basiert: Apple, Google, Microsoft, Amazon und Facebook (Rottwilm 2018b).
- Einer Studie norwegischer Forscher zufolge waren 90 % aller global verfügbaren Daten im Jahr 2017 nicht älter als zwei Jahre (Jauernig 2017).

Daten sind die Grundlage der Geschäftsmodelle von Unternehmen im Zeitalter von Cloud Computing, dem Internet der Dinge und künstlicher Intelligenz. Entscheidend für die fünf größten Technologieunternehmen sind Größe und Marktanteile. Oberstes Ziel war und ist es, dominante Marktstellungen aufzubauen und zu schützen. Die daraus resultierende Marktmacht führt zu einer herausragenden „pricing power". So hat Apple in kurzer Zeit den Musikvertrieb transformiert und eine starke Stellung in der Musikbranche eingenommen.

Apple verfolgt wie kein anderer Technologiekonzern die Technik des „lock-in" – die Bindung von Nutzern durch das Angebot eines integrierten Hardware-, Software- und Servicestandards. Der Einfluss des Technologiekonzerns war bereits vor zehn Jahren so groß, dass sich Netzbetreiber wie T-Mobile zu Beginn der Marktpenetration des iPhones ihre Preise diktieren ließen. Zusätzlich mussten sie einen signifikanten Anteil ihrer Einnahmen an Apple abtreten. Selbst Google – Quasimonopolist bei Suchmaschinen – zahlt Apple Milliarden, um in dessen Kernprodukt iPhone Standardsuchmaschine bleiben zu dürfen (Beuth 2016). In der Summe über alle kontrollierten Marktpartner bietet das Geschäftsmodell von Apple ein besonders prägnantes Fallbeispiel für den Aufbau von Preismacht.

In der Medienindustrie hat Facebook in der jüngeren Vergangenheit immer mehr Werbeanteile gewonnen, obwohl der Plattformanbieter nicht einmal eigene Inhalte offeriert. Für das 2004 gegründete Unternehmen war das Wachstum der Nutzerzahlen lange Zeit wichtiger als der Umsatz (Simon und Fassnacht 2008, S. 519). Netzeffekte sind im Fall von Facebook die entscheidende Voraussetzung zur Förderung der Werbeeinnahmen.

2.4 Digitalisierung und Wettbewerbsdynamik

Gleiches gilt für die Google-Mutter Alphabet. Beide haben im wichtigsten Werbemarkt der Welt – den USA – Anteile gewonnen. Alle anderen werbetreibenden Unternehmen verloren an Boden gegenüber den Oligopolisten (Schmidt 2016).

Ein weiteres Erfolgsbeispiel für ein innovatives digitales Geschäftsmodell bietet eine scheinbar traditionelle Branche: Das Fernbusgeschäft. Flixbus hat innerhalb von wenigen Jahren eine marktbeherrschende Stellung aufgebaut. Der heutige Marktführer definierte Fernbusreisen bei seinem Markteintritt im Jahr 2011 nicht als Infrastrukturgeschäft. Die Vision von Flixbus lautete in einem Satz zusammengefasst: Im Zeitalter digitalen Marketings ist die Bustouristik ein Netzwerkgeschäft! Kundendaten – und nicht Fahrzeuge – stellen die erfolgskritische Ressource dar. Die daraus resultierende Kernkompetenz ist die Umsetzung der gewonnenen Kundeninformationen im Routenangebot, der Streckenplanung, der Preisgestaltung etc. Flixbus wurde mit diesem Geschäftsmodell zum dominierenden Internetmarktplatz für Reisende. Flixbus ist kein Busunternehmen. Es besitzt keine eigenen Fahrzeuge. Das Unternehmen betreibt eine Online-Plattform, über die Kunden Tickets digital buchen können. Die Anzahl und Qualität der Kontaktmöglichkeiten ist der zentrale Value-to-Customer. Deshalb war es zu Beginn der Marktpenetration von erfolgskritischer Bedeutung, möglichst schnell möglichst viele Verbindungen aufzubauen. Über ständig steigende Marktanteile und dadurch bedingte Economies of Scale konnte Flixbus die Konkurrenz mit Penetrationspreisen aus dem Markt drängen. Auf dem heimischen Fernbusmarkt ist die Plattform nach starken Marktkonsolidierungen inzwischen nahezu konkurrenzlos. Der Marktanteil beträgt in Deutschland über 90 % – Flixbus ist faktisch Monopolist (Kluge 2018; Schlesiger 2018a). Die Lehren aus dem Erfolgsbeispiel von Flixbus sind folgende:

1. Der Marktanteil als Zielgröße spielt in digitalisierten Branchen eine zentrale Rolle. Der Anbieter mit dem größten Marktanteil erreicht sehr oft die günstigste Kostenposition. Aufgrund dieser dynamischen Beziehungen hat der Marktanteil einen eigenständigen Wert als Determinante des zukünftigen Gewinnpotenzials.
2. Hohe Marktanteile beeinflussen alle drei Gewinntreiber positiv. Fixkostendegressionen und verbesserte Preisdurchsetzungspotenziale führen zu einem doppelt positiven Gewinneffekt. Die gestiegene Marktmacht führt zusätzlich zu größeren Potenzialen auf der Absatzseite und damit einem Mengeneffekt. So besitzt Flixbus auf Basis seiner Monopolstellung im Fernbusmarkt hervorragende Chancen zur Ausweitung seines Geschäftsmodells in Richtung Mobilitätskonzern (Schlesiger 2018b).
3. Marktanteilsorientierte Faustregeln sind insbesondere in dynamischen Märkten und für innovative Geschäftsmodelle hoch relevant. Im Kern ist die Strategie von Amazon im Online-Handel vergleichbar mit dem Ansatz von Flixbus, auch wenn die beiden Geschäftsmodelle, die relevanten Wettbewerber etc. sehr unterschiedlich sind.
4. Auch in anderen digitalisierten Branchen (wie z. B. der Fahrradbranche) stammen die Innovationstreiber nicht aus dem Stammsektor, sondern aus der Digitalwirtschaft. Sie sind im Kern Datenexperten. Ein Beispiel hierfür ist das Bike-Sharing, in das der asiatische Technologiekonzern Tencent massiv investiert (Hecking 2018b).

2.5 Geschäftsmodelle als Ausgangspunkt des digitalen Pricing

Digitalisierung wird vielfach auf ein Mittel zur Prozessoptimierung reduziert oder als IT-Initiative gesehen. Diese Fehlinterpretationen gelten auch für das Pricing. Auf das Preismanagement bezogen wird Digitalisierung konzeptionell oft auf Themen wie automatisierte Preisbildung oder das Pricing für Online-Kanäle limitiert.

Im Folgenden wird aufgezeigt, dass es bei der digitalen Transformation weniger um ein IT-Phänomen oder ein Instrument zur Produktivitätssteigerung geht. Digitalisierung ist kein Projekt, sondern ein ganzheitlicher Prozess. Im Kern geht es um

1. die Bedienung ungelöster oder technologisch bislang nicht umsetzbarer Kundenbedürfnisse,
2. die schnelle Identifizierung und agile Umsetzung neuer Geschäftschancen,
3. eine technologisch unterstützte Innovation im weitesten Sinn.

Digitalisierung ermöglicht neue Geschäftsmodelle, zusätzliche Erlösquellen, eine stärkere Einbindung von Kunden in Unternehmensprozesse, innovative Preismodelle etc. Sie beeinflusst alle Aspekte des Preismanagements und ermöglicht Innovation über die einzelnen Stufen des Pricing-Prozesses hinweg.

Um neue Geschäftsmöglichkeiten und deren Auswirkungen auf das Preismanagement zu verstehen, ist eine definitorische Abgrenzung sehr wichtig. Ausgangspunkt für das digitale Pricing ist das Geschäftsmodell. Ein Geschäftsmodell ist eine strukturierte Darstellung der Werteschaffung und Werteabschöpfung eines Unternehmens (Wirtz 2011; Bieger und Reinhold 2011; Paulus 2016). Es visualisiert die logischen Zusammenhänge, wie ein Unternehmen Werte für Zielkunden erzeugt und durch die Monetarisierung der Werte Gewinne erwirtschaftet. Ein Geschäftsmodell beantwortet vier Fragen (Osterwalder und Pigneur 2010):

1. Wer sind unsere Kunden?
2. Welche für den Kunden relevanten Werte möchten wir schaffen?
3. Wie erstellen wir die Leistungen im Rahmen der Wertschöpfungsprozesse?
4. Wie schöpfen wir die geschaffenen Werte ab?

Ein Geschäftsmodell basiert auf vier Komponenten (Abb. 2.1).

1. Zielkunden
2. Nutzen (Customer Value Proposition)

2.5 Geschäftsmodelle als Ausgangspunkt des digitalen Pricing

Abb. 2.1 Vier Dimensionen eines Geschäftsmodells. (Osterwalder und Pigneur 2010)

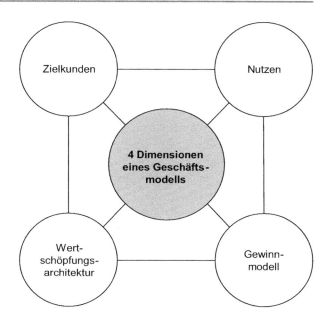

Eine Innovation des Geschäftsmodells kann durch die Schaffung neuer Werte für den Kunden entstehen (Value Innovation). Neue – digitalisierte – Produkte und Services werden auf die individuellen Bedürfnisse von Nutzern zugeschnitten. Sie bedienen bisher ungelöste Kundenprobleme. Mehrwerte für den Kunden gehen oft weit über die reine Angebotsleistung hinaus. Online-Händler wie Amazon konnten Kunden verschiedene Zusatznutzen bieten, die vor der Einführung von Webshops im Markt so nicht vorhanden waren. Die einfache Bedienung und Nutzung des Online-Shops für Kunden ist einer der zentralen Erfolgsfaktoren von Amazon. Rezensionen von Nutzern auf der Plattform von Online-Händlern sowie personalisierte Inhalte sind zwei weitere entscheidende Werttreiber, durch die Kunden gebunden werden. Durch das Angebot personalisierter Empfehlungen wurde Amazon vom reinen Händler zum Dienstleister. Diesen Servicegedanken transferiert der Technologiekonzern zunehmend auch in bisher unbediente Branchen. Seine zukünftigen Bankleistungen werden v. a. jene Amazon-Nutzer ansprechen, die bisher über kein eigenes Bankkonto verfügen. Diesen Stammkunden wird über die Ausweitung der Leistungspalette ein Mehrwert geboten (Rottwilm 2018b).

3. Architektur der Wertschöpfung (Operating Model)
Im Zuge der Gestaltung des Nutzenversprechens sind folgende Fragen zu beantworten:

- Auf Grundlage welcher Kompetenzen und Ressourcen entsteht der Nutzen für unsere Kunden?
- Mit welchen Wertschöpfungspartnern arbeiten wir zusammen?

- Wer übernimmt welche Prozesse in welchen Teilen der Wertschöpfungskette (Entwicklung, Produktion, Anwendungstechnik, Logistik etc.)?
- Wie gestalten wir die Schnittstellen zu unseren Kunden und Lieferanten?

Zahlreiche interne und externe Prozesse (Vertriebssteuerung, Angebotsdarstellung, Kundendienst etc.) sind unmittelbar relevant für das Preismanagement. Neue Wege in der Architektur der Wertschöpfung sind einer der Treiber von innovativen Geschäftsmodellen (Operational Innovation). Auf der dritten Ebene des Geschäftsmodells können z. B. neue – digitalisierte – Prozesse kreiert werden, um einen zusätzlichen Kundennutzen zu schaffen. Ein für das digitale Pricing zentrales Beispiel ist die Einführung eines Onlineshops. Ein Exempel für innovative Wertschöpfungsprozesse ist die Beschleunigung von Lieferungen durch automatisierte Prozesse. Eine Variante hiervon ist die Auslieferung durch Drohnen oder selbstfahrende Roboter.

4. Gewinnmodell
Dieses bezieht sich auf die beiden wesentlichen Eckpfeiler Umsatz und Kosten. Die relevanten Fragen bei der Ausgestaltung des Profitmodells lauten:

- Wie verdienen wir Geld?
- Wie schöpfen wir die für den Kunden geschaffenen Werte ab?
- Welche Leistungen (Produkte oder Services) haben Gewinnpotenzial?
- Resultieren aus unseren digitalen Angeboten neue Erlösquellen?
- Welche Potenziale ergeben sich aus der Erlösstruktur für unser Preismodell?

Innovation bezüglich der vierten Säule des Geschäftsmodells bedeutet die Kreation neuer Wege, wie der geschaffene Wert in Gewinne umgewandelt werden kann (Profit Model Innovation). Die Monetarisierung von Werten ist der Kern der Value Extraction. Mithilfe neuer Erlösquellen und Preismodelle kann der zusätzlich geschaffene Nutzen besser monetarisiert – d. h. in Gewinne umgewandelt – werden (Osterwalder und Pigneur 2010).

2.6 Vom Geschäftsmodell über das Erlösmodell zum Preismodell

Das zentrale Geschäftskonzept der digitalen Ökonomie ist das Plattformmodell. Eine Plattform besteht im Kern aus mindestens drei Marktteilnehmern:

1. Anbietern,
2. Nachfragern,
3. dem Plattformbetreiber, der mithilfe digitaler Technologien als Vermittler zwischen Anbieter und Nachfrager agiert.

Airbnb vermittelt als Plattform zwischen Vermietern (als Anbieter) und Nachfragern, die eine Unterkunft suchen. Uber führt als Mobilitätsvermittler Taxifahrer und Fahrgäste

2.6 Vom Geschäftsmodell über das Erlösmodell zum Preismodell

zusammen, die ohne die Plattform nicht – oder nur mit deutlich größerem Aufwand – zueinander gefunden hätten. Der besondere Vorteil der Plattformen für private Nutzer besteht in der Reduzierung des Suchaufwands und der drastischen Senkung von Transaktionskosten. Oft sind die Leistungen kostenlos und werden über Werbung finanziert. Ihren Firmenkunden bieten die großen digitalen Plattformen die Chance, Werbung zu personalisieren und zu kontextualisieren. Gewinne verschieben sich im Geschäftsmodell der Plattform von den Produzenten in Richtung der Plattformbetreiber. Eine Besonderheit von digitalen Plattformmodellen ist, dass sie sehr oft skalieren. Dies gilt jedoch nicht immer. Es gibt wenige Ausnahmen von dieser Regel, was am Beispiel von Spotify im weiteren Verlauf des Buchs aufzuzeigen ist. Die Aussage, dass digitale Vernetzung immer Skalierbarkeit bedeute, ist kritisch zu sehen. Das Beispiel von Spotify zeigt, dass dies unter Gewinnkriterien nicht immer der Fall ist (Hajek 2018). Im weiteren Verlauf stelle ich am Beispiel des Streaminganbieters Spotify dar, dass es in der Plattformökonomie durchaus Geschäftsmodelle gibt, die nicht auf Skalierungsvorteilen aufsetzen können.

Praxisbeispiel 1: Marktplätze

Elektronische Marktplätze sind digitalisierte Vertriebsplattformen, die einen zeitlich und regional uneingeschränkten Handel ermöglichen. Marktplätze haben sowohl für digitale als auch für materielle Güter hohe Relevanz. Verschiedenste Produkte werden über das Internet gehandelt. Ein wichtiges Erfolgskriterium für Marktplätze ist eine kritische Masse an Teilnehmern. Netzeffekte erklären, warum große Plattformen (wie Amazon, eBay, Alibaba etc.) das Geschäftsmodell der Marktplätze dominieren. Marktplätze wie Amazon und eBay erwirtschaften den höchsten Anteil am Online-Umsatz in Deutschland. Im Detail lassen sich verschiedene Varianten dieses Geschäftsmodells unterscheiden:

1. Consumer-to-Consumer-Netzwerke wie eBay. Auf dem weltgrößten Internetflohmarkt kann jeder private Nutzer seine Produkte anbieten. Käufer sind Privatkunden.
2. Re-Commerce-Plattformen. Hierbei geht es um Marktplätze, die den Handel gebrauchter Gegenstände über das Internet unterstützen. Konsumelektronik wie Mobiltelefone und Tablet-PC sowie Bücher, Compact Discs und Computerspiele werden online verkauft. Pioniere des Re-Commerce sind u. a. Momox für Bücher sowie reBuy für PC-Spiele.
3. Business-to-Consumer-Marktplätze wie Amazon. Der Weltmarktführer im Online-Handel nutzt seine Plattform auch zum Vertrieb der Nischenprodukte von Drittanbietern.

Die Erlösmodelle von Marktplatzbetreibern sind vielfältig. Consumer-to-Consumer-Plattformen basieren im Wesentlichen auf einer direkten Kompensation durch den Kunden. Der Nutzer zahlt für die Angebotsdarstellung bzw. die eigentliche Transaktion. Hieraus resultieren verschiedene Preismodelle: Fixe Teilnahmegebühren, variable Vermittlungsbeiträge oder eine Kombination beider Ansätze.

eBay verbindet beide Preismodelle und verdient damit auf zweifache Weise:

1. Über eine Fixgebühr für das Listen der Angebote
2. Über Einnahmen pro Transaktion (entweder als absoluter Betrag oder prozentual vom Erlös bezahlt)

Dominierende Business-to-Consumer-Plattformen nutzen ihre Marktmacht strategisch aus – sie diktieren die Regeln des Geschäfts und setzen hohe Handelsspannen durch. Amazon Marketplace kassiert von seinen Partnern eine Provision in Höhe eines festgelegten Prozentsatzes vom Verkaufspreis. Aus Sicht der Partnerunternehmen erfolgt eine Verlagerung von früher notwendigen Marketing- und Werbebudgets hin zu Transaktionsgebühren (Provisionen).

Im Zuge der Festlegung der Provisionen geht der weltgrößte Onlinehändler differenziert auf das Geschäftsmodell (Branche, Produktspezifika etc.) des Partnerverkäufers ein. Die Höhe der Transaktionsgebühren bemisst sich u. a. nach der Art und dem Wert des Produkts. Das Preismodell des Onlinehändlers reflektiert die Marge und teilweise auch die Umlaufgeschwindigkeit der Partnerprodukte (Salden et al. 2017).

Praxisbeispiel 2: Long-Tail-Geschäftsmodell

Viele Anbieter digitaler Plattformen, so z. B. Apple (iTunes) oder Amazon, haben ihr Sortiment um eine Vielzahl an Nischenprodukten ausgebaut. Das Geschäftsmodell wird als Long-Tail-Business bezeichnet (Brutscher 2015). Das Portfolio besteht einerseits aus Fokusprodukten, die nahezu überall im Netz erhältlich sind. Diese schnell drehenden Angebote sind einem harten Preis- und Margendruck ausgesetzt. Demgegenüber stehen selten gekaufte Nischenprodukte. Diese werden von der Mehrheit der Kunden nicht wahrgenommen bzw. nur von wenigen Nachfragern als interessant empfunden. Aus Pricing-Sicht bietet das Long-Tail-Geschäftsmodell Möglichkeiten zur Differenzierung. Viele Online-Händler sprechen insbesondere Neukunden mit sehr attraktiven Preisen für beliebte Artikel oder Zugprodukte an. Selten gekaufte Nischenprodukte werden zur Abschöpfung von Profitpotenzialen genutzt. Das Pricing für das Long-Tail-Modell entspricht unter Profitaspekten prinzipiell dem im Einzelhandel bekannten Phänomen des Lockvogelangebots. Das Sortiment besteht u. a. aus Zugartikeln – Produkte, an denen das Unternehmen nichts oder kaum etwas verdient. Auch wenn die Margen nahe null oder negativ sind: Die Zugprodukte sind sehr wichtig für das Sortiment. Denn sie locken Kunden in den Shop. Letztliches Ziel des Anbieters ist der Verkauf profitabler Komplementärprodukte. Die Philosophie der Quersubventionierung gewinnt im Internet an Bedeutung, nicht zuletzt vor dem Hintergrund der enormen Portfoliogrößen von Online-Händlern. Insbesondere im Internet sind Kunden an einer Reduktion ihrer Such- und Beschaffungskosten interessiert. Sie konzentrieren Einkäufe verschiedener Artikel auf einen Anbieter (One-Stop-Shopping). Der Sortimentsverbund eines großen Onlinehändlers ist ein eigenständiger Werthebel für den Kunden – er bedient das Kernbedürfnis Convenience. Mit einer

2.6 Vom Geschäftsmodell über das Erlösmodell zum Preismodell 43

Preissenkung für einen Fokusartikel zieht der Online-Shop neue Kunden an. Diese kaufen oft zusätzlich weitere Produkte aus dem Portfolio.

Zielsetzung des Online-Händlers ist es, den größtmöglichen Deckungsbeitrag für das Sortiment insgesamt zu erzielen. Für das einzelne Produkt bedeutet dies:

1. Der Preis ist umso niedriger anzusetzen, je mehr ein Artikel zum Deckungsbeitrag des Sortiments beisteuert. Geringere Deckungsbeiträge beim Hauptprodukt können in Kauf genommen werden, wenn der Rückgang durch höhere Margen bei Nebenprodukten überkompensiert wird.
2. Der optimale Preis eines Artikels kann sogar unterhalb der Grenzkosten liegen. Dieser Zusammenhang des „loss leadership" gilt u. a. für Sonderangebote. Dort wird bewusst ein niedriger bzw. negativer Stückdeckungsbeitrag beim Sonderangebotsartikel akzeptiert, um Kunden auf die Plattform zu locken.
3. In Online-Shops mit starken Verbundwirkungen sind Verkäufe von Produkten unterhalb der Grenzkosten betriebswirtschaftlich zu rechtfertigen. Entscheidend für die Preisbeurteilung der Zugprodukte ist, dass die realisierte Quermarge den Zielvorgaben entspricht.

Für das Gesamtsortiment resultiert aus dieser Mischkalkulation ein aus preispsychologischer Sicht interessanter Effekt: Wenige preisgünstige Artikel im Sortiment (objektive Dimension) sind ausreichend, um ein ganzes Geschäft bzw. einen Online-Shop günstig erscheinen zu lassen (subjektive Wahrnehmungsdimension). Online-Händler können durchaus mit einigen Artikeln in einen aktiven Preiswettbewerb auf Vergleichsportalen einsteigen, solange auskömmliche Margen bei den zusätzlich gekauften Artikeln erwirtschaftet werden.

Das Long-Tail-Geschäftsmodell bei digitalen Gütern weist allerdings einen wesentlichen Unterschied im Vergleich zu traditionellen Produkten auf. Variantenvielfalt ist in klassischen Produktbranchen wie dem Maschinenbau ein wesentlicher Komplexitätstreiber. Im Unterschied zu digitalen Angeboten führt eine erhöhte Variantenzahl bei physischen Produkten nicht zwingend zu positiven Effekten für Gewinn und Kundenbindung. Im Gegenteil:

1. Die Variantenanzahl und das Unternehmensergebnis sind negativ korreliert.
2. Variantenvielfalt ist auch aus Kundensicht nur sehr selten wirklich relevant.

Die Definition des Geschäftsmodells kann grundsätzlich auf drei verschiedenen Wegen erfolgen:

1. Produktorientiert
2. Kompetenzenbasiert
3. Bedürfnisorientiert

Die relevanten Fragen lauten: Was bieten wir an? Was können wir? Was benötigen unsere Kunden?

Das Bedürfnis des Kunden ist die Geschäftsbasis! Eine produktorientierte Geschäftsdefinition ist demgegenüber zu eng. Hierfür sprechen im Wesentlichen zwei Argumente:

1. Ein Kunde zahlt nie für ein Produkt, sondern letztlich immer nur für die Befriedigung eines Bedürfnisses. Die vom Kunden wahrgenommene Problemlösung bestimmt dessen Entscheidungsprozess.
2. Die Wahrnehmung von Produkten durch den Kunden ist dynamisch. Wichtigkeiten, Prioritäten und Präferenzen verschieben sich. Etablierte Produkte sind durch Veränderungen dieser Bedürfnisstrukturen potenziell gefährdet. Im Zeitalter der Digitalisierung gilt dies noch stärker als früher. Angebote können technisch sehr schnell überholt sein. Oder sie werden potenziell von Wettbewerbslösungen verdrängt, die den Kundennutzen besser bedienen. Kunden entscheiden immer wieder aufs Neue über den Fortbestand des Unternehmens (Carlzon 1992; Stauss 1991).

Beispiel 1: Autotelefon

Fest installierte Autotelefone sind innerhalb von wenigen Jahren fast obsolet geworden. Die entscheidende Ressource in digitalen Mobilitätskonzepten wurde die Konsole im Auto. Sie dient als Nutzeroberfläche und zentrale Schnittstelle zu digitalen Services. Mobiltelefonie, Navigationsdienste, Musikleistungen und viele weitere Services können flexibel integriert werden. Die bedienten Kundenbedürfnisse sind Einfachheit, Flexibilität und Integration. Die technische Entwicklung verläuft progressiv: Sprachassistenz wird in Zukunft Standard sein. Start-ups wie das chinesische Unternehmen Byton transferieren das zentrale Endgerät im Auto in eine Plattform, über die man Kunden zusätzliche Leistungen und digitale Services anbieten kann (Eckl-Dorna 2018).

Beispiel 2: Handys

Konzerne wie Siemens, Motorola und Nokia waren vom enormen Entwicklungstempo der Mobilfunkbranche schlichtweg überfordert. Siemens geriet Anfang des Jahrtausends durch eine undifferenzierte Strategie in einen primär über den Preis geführten Verdrängungswettbewerb. Nokia verpasste den Technologiesprung des mobilen Internets. In der Zeit von Juni 2007 (Einführung des ersten iPhone durch Apple) bis Ende 2011 verlor der finnische Handykonzern die Hälfte seines weltweiten Marktanteils. Nach dem Absturz in der relativen Marktposition (von 51 % auf 27 %) folgten Anfang 2012 weitere drastische Rückgänge bei den drei zentralen KPI des Pricing: Umsatz, Absatz und Durchschnittspreise verfielen um jeweils zweistellige Prozentsätze. Nokias Verluste beschränkten sich allerdings nicht auf das Premiumsegment der Smartphones. Mit Niedrigpreishandys in den Schwellenländern verlor der finnische Konzern sogar noch stärker. Der Markenwert von Nokia, der lange Zeit Premiumpreise erlaubte, erodierte aufgrund des rapiden technologischen Wandels und der Veränderung der Bedürfnisstrukturen schnell (Eisenlauer 2018; o. V. 2018c). Nokias Absturz basiert im Kern auf einem Wahrnehmungsproblem: Man ignorierte die Veränderung der Kundenbedürfnisse. Auch das Verhalten der Wettbewerber (allen voran Apple) wurde falsch eingeschätzt. Erst Anfang 2018 zeichneten sich die ersten Indizien für eine Umkehr des Negativtrends bei Nokia ab (Eisenlauer 2018).

Es gibt unzählige weitere Beispiele für den Zusammenhang, den eine Analyse erfolgreicher Geschäftsmodelle in verschiedensten Branchen offenlegt:

1. Die Kundenakzeptanz ist der entscheidende Faktor zur Erklärung des Erfolgs bzw. des Scheiterns von Geschäftsmodellen.
2. Gescheiterte Unternehmen vernachlässigten die Kundenperspektive beim Design ihres Geschäftsmodells.
3. Wertgenerierung und Werteabschöpfung waren in keinem ausgewogenen Verhältnis.
4. Unternehmen laufen Gefahr, neue Trends zu verpassen. Die Abschöpfung der Gewinne in etablierten Märkten und auf bestehenden Technologieplattformen steht sehr oft im Fokus. Microsoft verfolgte das bewährte Geschäftsmodell für sein Windows-Betriebssystem auch dann noch, als Google die Wertschöpfung bei Software bereits konsequent in Richtung Services verschob. Das auf Lizenzierungen basierende Erlösmodell erweiterte Microsoft erst, nachdem man enorme Anteile an Google und andere Wettbewerber im Bereich der Open-Source-Software verlor. Das Cloud Computing dominiert heute nicht das Softwareunternehmen Microsoft, sondern der ehemalige Buchhändler Amazon.

Nutzt man diese Erkenntnisse vorausschauend, bleibt festzuhalten: Selbst die scheinbar unangreifbaren Geschäftsmodelle von Technologiekonzernen wie Facebook und Google sind von neuen technologischen Entwicklungen bedroht. Die zunehmend bedeutende Sprachsteuerung verändert das Werbegeschäft tiefgreifend. Die lange Zeit vorherrschende Dominanz von Google oder Facebook im stationären und mobilen Werbegeschäft könnte von Wettbewerbern wie Amazon abgelöst werden (o. V 2018a, c, f). Mit seinem digitalen Sprachassistenten Alexa kontrolliert Amazon eine erfolgskritische Schnittstelle, die sowohl die Wertgenerierung als auch die Monetarisierung signifikant beeinflusst. Die Schnittstelle steuert

- die Recherche von Informationen und Angeboten im Netz,
- den Online-Kauf von Nutzern über die eigene Plattform und
- die Generierung von Werbeerlösen.

Bereits heute ziehen zahlreiche Nutzer den Sprachassistenten Alexa der lange Zeit dominanten Suchmaschine Google vor (Postinett 2018c).

2.7 Wertschöpfung durch Daten und datengetriebene Geschäftsmodelle

In einer digitalen Ökonomie stehen Informationen im Zentrum der Wertschöpfung. Die wirtschaftliche Nutzung neuer Technologiesprünge wie Internet der Dinge und künstliche Intelligenz erfordert historische Informationen sowie aktuelle physikalische und ökonomische Daten. Die technologische Entwicklung manifestiert sich in ökonomischen Statistiken: Über mehrere Jahrzehnte hinweg entfiel die höchste Bewertung im S&P 500 Aktienindex in USA auf jene Unternehmen, die physische Güter produzierten oder als Absatzmittler anboten (z. B. Pharmaindustrie, Handel etc.). Heute stehen Technologieentwickler (z. B. Softwareunternehmen) sowie Plattformbetreiber (Social Media-Firmen, Online-Händler etc.) an der Spitze der Marktkapitalisierung (Rottwilm 2018b). Im Fall erfolgreicher Endgerätehersteller (Apple, Nintendo etc.) dient die Hardware immer mehr als Wertschöpfungsbasis für innovative Softwareangebote und digitale Dienstleistungen. Das Resultat all dieser Entwicklungen: Physische Assets und Güter verlieren in den Geschäftsmodellen tendenziell an Bedeutung. Der Handel mit Daten trägt heute schon mehr zum globalen Wachstum bei als der Austausch von Gütern. Daten sind die Kernressource der wertvollsten Unternehmen der Welt (Meckel 2018). Der Erfolg von Technologiekonzernen wie Apple, Amazon, Google, Facebook und Microsoft basiert auf einem digitalen Geschäftsmodell. Zwei wesentliche Treiber der Datenökonomie stehen im Fokus:

1. Multioptionalität: Derselbe Datenpunkt ist für eine Vielzahl von Wertschöpfungsoptionen nutzbar. Mit hochwertigen Informationen können bestehende Dienstleistungen verbessert, neue Produkte entwickelt und kreative neue Services erstellt werden. Es besteht die Möglichkeit der Mehrfachvermarktung von Daten. Der Preis für Daten ergibt sich aus den Wertschöpfungsoptionen, die Geschäftskunden und private Nutzer aus den Informationen realisieren können. Demgegenüber stehen physische Güter, die nur einmal verkauft bzw. vermietet werden können. Die Zahlungsströme bei traditionellen Produkten sind durch physische Grenzen beschränkt!
2. Netzwerkeffekte: Erfolgskritisch ist die Menge und Qualität der verfügbaren Daten. Je umfangreicher die Datensätze von Unternehmen, desto größer deren Wertschöpfungsoptionen. Durch die Verknüpfung von Informationen steigen deren Nutzwert und das Potenzial für vernetzte Lösungen überproportional. Große Technologiekonzerne wie Google, Facebook, Alibaba, Softbank und Amazon verfügen diesbezüglich über einen Wettbewerbsvorteil, der von neuen Anbietern kaum einzuholen ist. Denn die Systeme kleinerer Firmen lernen – auf einer deutlich niedrigeren Informationsbasis startend – sprichwörtlich zu langsam dazu (Kharpal 2016; Lietzmann 2018; Pander 2018).

Der Wert von Daten, die Geschwindigkeit der Marktbearbeitung und Netzwerkeffekte bedingen sich. Ziel muss es sein, möglichst schnell möglichst viele wertschöpfende Datenquellen zu erschließen. Je schneller die Marktpenetration, desto

2.7 Wertschöpfung durch Daten und datengetriebene Geschäftsmodelle 47

- größer das Netzwerk an Nutzern,
- größer der Umfang von Daten,
- höher das Potenzial zur Kontrolle der Datenströme,
- größer der Wert von Daten und
- größer die Pricing-Potenziale.

Die Herausforderung im Pricing umfasst in diesem Fall zwei Dimensionen:

1. Das Pricing der Daten als Werttreiber
2. Die Optimierung von Preisen für innovative Services, die auf Basis der Daten generiert werden

Beide Erlösquellen bedingen einander, denn Daten (Dimension 1) sind die Grundlage für digitale Services (Dimension 2), die neue, hochwertige Daten generieren. Der Wert von Kundendaten kann prägnant am Beispiel von Suchmaschinenbetreibern beschrieben werden. Eine Suchmaschine wie Google oder Baidu koordiniert Werbekunden (Unternehmen) und Informationsnutzer (Geschäfts- und Privatkunden). Kundeninformationen sind die entscheidende Ressource im Rahmen des Geschäftsmodells. Je mehr Nutzer die Suchmaschine verwenden, desto mehr Daten besitzen Google oder Baidu. Von entscheidender Bedeutung ist: Die Kundendaten bestimmen den Nutzen beider Zielgruppen von Google. Sowohl Werbekunden als auch Suchmaschinennutzer profitieren von der Quantität und Qualität der Informationen. Kundendaten sind ein Hebel, um die Ergebnisse der Suchanfragen zu optimieren (und bestimmen dadurch den Wert für den Nutzer). Gleichzeitig erhöhen sie den Wert der Plattform für die Werbekunden. Je größer der Marktanteil der Suchmaschine, desto größer ist die Nachfrage von Werbekunden, die ihre Anzeigen auf der Plattform platzieren. Eine Ausweitung der Nachfrage wiederum stärkt die Verhandlungsposition des Suchmaschinenanbieters zur Preisgestaltung für Werbeanzeigen. Innerhalb der Gruppe der Suchmaschinennutzer existieren verschiedene Segmente mit unterschiedlichem Wert. Die Daten von wohlhabenden Kunden sind wertvoller als die Profile von Nutzern mit geringem Einkommen. Das Einkommen der Nutzer korreliert mit ihrem Einkaufsbudget und ihrer Zahlungsbereitschaft. Als Werbezielgruppe sind Vielverdiener folglich überdurchschnittlich attraktiv.

Erfolgreiche Unternehmen differenzieren sich durch Daten, den daraus entstehenden Ideen und der Umsetzung über digitale Geschäftsmodelle. Zwei Einflussfaktoren erklären digitale Geschäftsmodellinnovationen:

1. Eine kundenzentrierte Geschäftsdefinition. Diese bedient bisher ungelöste Kundenprobleme oder reagiert auf eine Veränderung von Nutzerbedürfnissen.
2. Technologische Veränderungen

Beide Innovationstreiber lassen sich am Beispiel der Automobilindustrie und zwei weiterer Branchen skizzieren.

Praxisbeispiel 1: Datengetriebene Geschäftsmodelle

Die enormen Potenziale der digitalen Transformation manifestieren sich insbesondere im Bereich der Mobilität. Neue Geschäftsideen der deutschen Premiumhersteller BMW und Mercedes basieren auf einem tieferen Verständnis des Value-to-Customer von Pkw-Nutzern. Für einen signifikanten Teil der Kunden ist Mobilität wichtiger als der Besitz eines Fahrzeugs. Neue Verkehrskonzepte wie Car- und Ridesharing befeuern das Geschäft der OEM: „Menschen wünschen sich einen einfachen Zugang zu Mobilität über das eigene Fahrzeug hinaus" (Heckel und Ermisch 2018). Aus dieser veränderten Definition des Kundenbedürfnisses resultiert ein neues Geschäftsmodell. Kunden sollen Autos nicht mehr nur kaufen oder leasen dürfen. Sie können auf flexible Mietmodelle umsteigen, die deren zeitlich und kontextual unterschiedlichen Bedürfnisse weitaus besser bedienen. Als einfaches Preismodell bietet sich ein Abonnement an. Während der individuellen Laufzeit ist ein Wechsel zwischen verschiedenen Fahrzeugen möglich. Autobauer entwickeln sich mit diesem neuen Geschäftsmodell weg vom reinen Verkauf von Fahrzeugen hin zum Angebot von umfassenden Mobilitätsdienstleistungen. Im Folgenden werden fünf wesentliche Säulen der digitalen Transformation in der Automobilbranche skizziert. Zu den relevanten Dimensionen gehören Daten, digitale Services, Zielgruppen und Partner, strategische Erfolgsfaktoren sowie Erlösmodelle.

a. Daten: Über das Internet der Dinge wird eine enorme Menge an nutzungsbezogenen Daten generiert. Die von Fahrzeugsensoren, Scannern und Kameras erfassten Informationen umfassen Verbrauch, Entfernung, Reifendruck, Lenkbewegung, Beschleunigung, Bremsverhalten etc. Über integrierte Navigationssysteme und die Sensoren werden detaillierte Bewegungsprofile erstellt. Kartendienste werden mit Echtzeitdaten aktualisiert.

b. Digitale Services: Aus den Bewegungsdaten resultieren zahlreiche innovative Services für den Endkunden. Digitale Mobilitätsinformationen, die mit Standorten und aktualisierten Navigationskarten verknüpft sind, assistieren bei der Parkplatzsuche. Ergänzend bietet sich eine individuelle Parkhausreservierung auf Knopfdruck an. Pkw-Nutzern können während ihrer Fahrt personalisierte Einkaufsvorschläge (Standort, Preisaktionen etc.) unterbreitet werden. Zeitpunkt- und wetterabhängig lassen sich günstige Termine in der nächsten Waschstraße koordinieren. Diese sind auf die Auslastung der Anlage und mögliche zeitliche Preisdifferenzierungen des Betreibers abgestimmt. Aus der kundenindividuellen Nutzung oder Ablehnung dieser Angebote können Erkenntnisse für verbesserte Serviceangebote in der Zukunft gezogen werden (Eckl-Dorna 2018; Fasse 2018; Meyer 2018).

c. Wertschöpfungs- und Erlöspartner: Die Interessengruppen der Fahrzeug- und Bewegungsdaten sind vielfältig. Die Liste umfasst u. a. Original Equipment Manufacturer (OEM), Autohändler, Teilehersteller und Reifenlieferanten.

2.7 Wertschöpfung durch Daten und datengetriebene Geschäftsmodelle

Abschleppdienste, Sensorenhersteller, Anbieter von Verkehrsinformationen sowie Softwarefirmen kommen hinzu. Auch für Dienstleister sind die Mobilitäts- und Standortdaten eines Autos von erheblichem Nutzen. An vorderster Stelle stehen die Finanzdienstleister (Reiche 2018a). Zur Interessengruppe aus dem Servicebereich gehören weiterhin Parkhausbetreiber, Werkstattbetriebe, Einzelhandelsunternehmen, Gastronomie und Hotelgewerbe.

d. Strategische Erfolgsfaktoren: Wer die Nutzer- und Bewegungsdaten kontrolliert, wird den zukunftsträchtigen Markt für Mobilitätsservices langfristig dominieren. Eine entscheidende Voraussetzung für den Erfolg von Mobilitätsplattformen ist eine kritische Größe. Dies erklärt die Zusammenarbeit der zwei großen deutschen Premiumhersteller BMW und Daimler. Mit ihren selbst entwickelten Mobilitätsangeboten stehen die deutschen Autobauer in unmittelbarer Konkurrenz zu Softbank aus Japan. Ziel des Technologiekonzerns Softbank ist der Aufbau einer globalen Plattform, die die komplette Wertschöpfungskette der digitalisierten Mobilität abdeckt (Fritz et al. 2018).

e. Monetarisierung und Erlösmodelle: Wie monetarisiert man die neuen datenbasierten Services mithilfe innovativer Erlös- und Preismodelle optimal? Das ist die Kernfrage aller beteiligten Unternehmen. Erfolgskritisch für die Abschöpfung der Mehrwerte ist der Zugang zu den Nutzern. Dies begünstigt all jene Unternehmen, die über einen direkten Kundenkontakt verfügen (z. B. Autohersteller, Versicherungen oder Werkstattbetreiber). Erlösquellen sind u. a. Werbung und Vermittlungsprovisionen für Mehrwertservices. Um Netzwerkeffekte zu fördern, könnten Autonutzer auch für die proaktive Übermittlung von zusätzlichen Daten incentiviert werden. Die Nutzung von Fahrassistenzsystemen, Spurhaltern, Parkhilfen und zahlreichen anderen digitalisierten Services kann von Versicherungen zukünftig mit niedrigeren Prämien gefördert werden.

Start-ups wie Byton definieren das zukünftige Geschäftsmodell Auto als ein Smart Device auf Rädern (Eckl-Dorna 2018). Über die zentrale Schnittstelle sollen Kunden Apps zukünftig herunterladen können. In Analogie zum Erlösmodell des App Store von Apple möchte Byton als Betreiber der Plattform an diesen Transaktionen mitverdienen. Zentrale Voraussetzung ist die direkte Geschäftsbeziehungen zu Kunden. Ein Umweg über Händler scheidet aus (Eckl-Dorna 2018).

Praxisbeispiel 2: Datengetriebene Geschäftsmodelle

Die Herbert Kannegiesser GmbH ist Weltmarktführer für Großwäschereitechnik. Das Unternehmen produziert Anlagen für industrielle Wäschereien. Endkunden sind Hotels oder Krankenhäuser. Die Geschäftsgrundlage des Anbieters von Wäschereitechnik hat sich in den vergangenen Jahren massiv gewandelt. Die Kundenanforderungen in puncto Leistung und Wirtschaftlichkeit (Life Cycle Costs) sind deutlich anspruchsvoller geworden. Der Wettbewerbs- und Preisdruck für Wäschereidienstleister hat sich somit deutlich erhöht. Fatal wäre es, diesem Druck mit einseitigen Preismaßnahmen zu begegnen (Wocher 2017). Die strategische Lösung lautet in Stichpunkten:

1. Automatisierung von Wertschöpfungsprozessen, stärkere Vernetzung mit Kundenprozessen
2. Wandel vom Maschinenbauer zum Lösungsanbieter
3. Deutliche Ausweitung des Angebots um Software- und Serviceleistungen, Angebot eines Komplettpakets bestehend aus Maschinen, Softwarepaketen und Beratung

Die Architektur der Wertschöpfung basiert auf Software und Daten. Wäscheteile sind über Funkchips mit dem Netz verbunden. Aus der Analyse der Statusinformationen kann der Einsatz von Ressourcen optimiert werden (Capital-Redaktion 2018). Der Kundennutzen wird auf zweifache Weise signifikant gesteigert: Kunden werden bei der Erhöhung ihrer Produktivität unterstützt und die Nutzentransparenz der Kunden wird deutlich gefördert. Mit diesem innovativen Geschäftsmodell kann sich das Unternehmen dem zunehmenden Preis- und Kostendruck entziehen.

Praxisbeispiel 3: Datengetriebene Geschäftsmodelle

Digitale Technik führt auch bei Aufzügen zu völlig neuen Geschäfts-, Erlös- und Preismodellen. Innovative Unternehmen wie der Aufzug- und Fahrtreppenhersteller Schindler erweitern ihre Geschäftsdefinition. Sie definieren sich nicht mehr als Hersteller von Geräten, sondern als umfassender Lösungsanbieter (Sauberschwarz und Weiß 2018). Automatisierte Fehlermeldungen von defekten Aufzügen oder Fahrtreppen resultieren in deutlich schnelleren Reparatur- und Wartungsleistungen. Im Zuge der Weiterentwicklung der künstlichen Intelligenz melden Aufzüge bereits drohende Fehler, bevor sie ausfallen. Hinzu kommt das Angebot von Diensten über den kompletten Transportprozess des Kunden hinweg. Ein Beispiel hierfür ist die Schaltung von Informationen für Endkunden in den Aufzugtüren. Den Kunden kann über alle digitalen Dienstleistungen hinweg eine deutliche Erhöhung der Zeiteffizienz und einer Verbesserung des Serviceerlebnisses geboten werden. Die Mehrwertservices können über kreative Preismodelle abgeschöpft werden, die auf das Nutzungsverhalten verschiedener Kundensegmente zugeschnitten sind (Buttlar und Fahrion 2018; Lietzmann 2018).

2.8 Das Drei-Ebenen-Modell des digitalen Pricing

Professionelles Preismanagement für digitale Produkte muss zwingend beim übergeordneten Geschäftsmodell ansetzen (Ebene 1). Die Festlegung von Preisen für Produkte ist nicht ausreichend für die Gewinnoptimierung, erfolgskritisch für das digitale Pricing ist die Berücksichtigung aller vier Komponenten des Geschäftsmodells (Abb. 2.2). Das Erlösmodell (Ebene 2) definiert die Umsatzquellen (d. h. die zu bepreisenden Leistungen)

2.8 Das Drei-Ebenen-Modell des digitalen Pricing

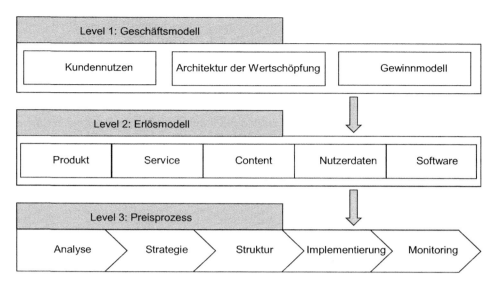

Abb. 2.2 Das Drei-Ebenen-Modell des digitalen Pricing im Detail

und den Zahler (Erlöspartner). Daraus leiten sich die Kernentscheidungen innerhalb des Pricing-Prozesses (Ebene 3) ab: Strategie, Preisstrukturen und -modelle bis zu konkreten Preisniveaus.

Erlösmodelle und Geschäftsdefinitionen werden in Werken zum Preismanagement oft ignoriert. Damit wird aber eine bedeutende Herausforderung bei der Profitoptimierung außer Acht gelassen. Denn bei der viel diskutierten digitalen Transformation geht es im Kern um vier pricing-relevante Herausforderungen:

1. die Definition neuer Nutzenversprechen,
2. neue Produktarchitekturen und digitale Dienstleistungen,
3. innovative Erlös- und Preismodelle,
4. technologiegetriebene Veränderungen des Preismanagementprozesses.

Alle drei Ebenen – Geschäftsdefinition, Erlösmodell und Preisprozess – müssen aus der Kundenperspektive gesehen und optimiert werden. Zu den Elementen des dreistufigen Digitalisierungssystems gehören der Kundennutzen, das System der Wertschöpfung, das Gewinnmodell, die Erlösquellen, die einzelnen Elemente eines Preismodells etc. Das entscheidende Kriterium im Zusammenhang mit dem Drei-Ebenen-Modell der Digitalisierung ist Konsistenz. Je besser die einzelnen Module auf den Kunden ausgerichtet sind und je stimmiger die Relationen der einzelnen Elemente innerhalb des Drei-Ebenen-Systems, desto höher ist der Markterfolg.

Das Zusammenspiel der drei Dimensionen kann am Beispiel von Amazon beschrieben werden. Ein wichtiges Element des Geschäftsmodells von Amazon ist der digitale Assistent Alexa (Postinett 2018c; Armbruster 2018b; Jacobsen 2018). Der Sprachassistent ermöglicht eine Fülle von Dienstleistungen für den Nutzer. Er beantwortet mithilfe des digitalisierten Lautsprechers Echo Fragen des Nutzers, ordert über das Online-Portal Waren, steuert das Abspielen von Musik und kontrolliert Haushaltsgeräte wie Licht oder Heizung. Mit der Softwarelösung erschließt Amazon folglich eine Fülle von Erlösquellen im Bereich der digitalen Services. Wenn Kunden zukünftig mit ihrem digitalen Assistenten das Musiksystem sowie Kaffeemaschine, Kühlschrank oder Heizung steuern wollen, werden im Rahmen des Internets der Dinge permanent Daten gesendet. Sämtliche ansteuerbaren und vernetzten Geräte müssen ständig in Bereitschaft („always on") sein. Hierdurch ergibt sich eine unmittelbare Auswirkung auf Preismodelle und die Höhe der Preise. Je nach Kundensegment und Nutzungsdetails (Zeit, Ort, Anwendung, Kontext etc.) können die wahrgenommenen Nutzen dieser digitalen Services sehr unterschiedlich ausfallen. Die daraus resultierenden Zahlungsbereitschaften gilt es optimal abzuschöpfen. Voraussetzung hierfür ist ein professioneller Analyse- und Optimierungsprozess, der aus folgenden Schritten besteht:

1. Quantifizierung des Kundennutzens für einzelne Anwendungen
2. Segmentspezifisches Design der digitalen Services
3. Festlegung der daraus resultierenden Erlösquellen
4. Entscheidung bezüglich Preismodell und Preisniveau der Services

Das Erlösmodell von Amazon für elektronische Bücher basiert auf dem digitalen Geschäftsmodell des Angebots von Inhalten („provision of content"). Die Geschäftsdefinition wird von Jeff Bezos wie folgt beschrieben: „Wir wollen mit den Geräten kein Geld verdienen. Gewinn machen wir, nachdem das Gerät verkauft wurde. Wenn Kunden Bücher, MP3s oder Filme kaufen!" (o. V. 2013). Amazon definiert die Wertelieferung an den Kunden primär über Inhalte. Hardware hat zweite Priorität. Elektronische Geräte wie der E-Book-Reader sind der Hebel für das profitable Kerngeschäft mit digitalem Content. Inhalte (wie z. B. E-Books) sind der wichtigste Erlöstreiber und werden tendenziell zu profitablen Preisen verkauft (Abb. 2.3). Hardware (z. B. Lesegeräte für elektronische Bücher) wird teilweise sogar unterhalb der variablen Kosten angeboten. Der E-Book-Reader Kindle Fire wurde in den USA zu Kampfpreisen unterhalb von 100 Dollar offeriert. Auf diesem Preisniveau ist das Produktgeschäft nicht profitabel.

Das Erlösmodell von Google für sein Hardwareangebot folgt den gleichen Prinzipien wie Amazons Endgerätegeschäft. Google definiert Hardware (wie z. B. das Smartphone Pixel) primär als einen Hebel für das profitable Folgegeschäft mit Software, Dienstleistungen und Anwendungen. Endgeräte sollen Anwender dazu bringen, Google-Services zu nutzen. Gewinne resultieren im Wesentlichen aus der Nutzung von Online-Services. Die Profitabschöpfung wird durch die Häufigkeit, die Intensität sowie die Zeitdauer der Nutzung determiniert.

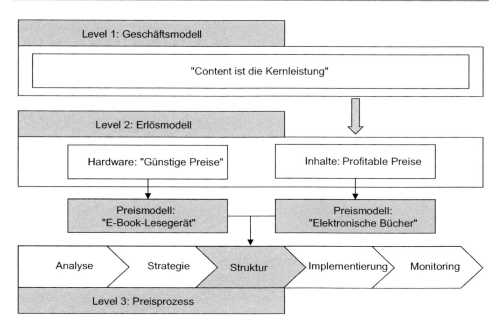

Abb. 2.3 Das Drei-Ebenen-Modell des digitalen Pricing am Beispiel Amazon

2.9 Abgrenzung: Erlösmodelle

Das Erlösmodell eines Unternehmens ist ein zentrales Element des Gewinnmodells und operationalisiert dieses auf Basis der folgenden Fragen:

a. Womit wollen wir Umsätze generieren, mit welchen Leistungen?
b. Welche Einnahmen stammen aus welchen Quellen?
c. Sind einzelne Erlösquellen kombinierbar? Oder möchten wir Produkte, Services, Software etc. getrennt voneinander anbieten und abrechnen?
d. Auf welchen Ebenen der Wertschöpfungskette möchten wir Umsätze generieren?
e. Wer sind unsere Erlöspartner? Von wem beziehen wir Umsätze?
f. Ist es möglich, völlig neue Erlösquellen zu erschließen? Wie müsste unser Angebot verändert werden, damit wir neue Umsatzpotenziale abschöpfen können?

Traditionelle Erlösquellen von Unternehmen sind:

1. Verkauf von Produkten (z. B. Pkw-Hersteller).
2. Vermietung von Gütern im Rahmen einer Dienstleistung (z. B. Mietwagenfirmen).
3. Leasing (z. B. Maschinenbau).

Vermietungsmodelle gewinnen mit zunehmender Digitalisierung in zahlreichen Branchen an Bedeutung (Skiera und Lambrecht 2007). Ein Beispiel hierfür ist das Cloud Computing, die Vermietung von IT-Dienstleistungen über das Internet (Postinett 2018c; Armbruster 2018b; Jacobsen 2018).

Eine wichtige Unterscheidung von Erlösen bezieht sich auf deren Herkunft (Zerdick et al. 1999, S. 25):

1. Direkte Erlöse: Umsätze werden mit den Nutzern der Leistung generiert.
2. Indirekte Erlöse: Umsätze werden mit Marktpartnern erwirtschaftet, die ein wirtschaftliches Interesse an der Nutzung der Leistung durch den Konsumenten haben.

Das Erlösmodell von klassischen Medienunternehmen basiert auf beiden Quellen:

- Direkte Erlöse aus dem Vertrieb von Produkten (z. B. Zeitschriften) an Endkunden
- Indirekte Erlöse aus dem Verkauf von Werbefläche an Unternehmen

Die Nutzung von Informationsgütern (z. B. elektronischen Büchern) umfasst nicht selten vier miteinander verbundene Erlösquellen:

- Content
- Digitale Services
- Hardware
- Software

Apple verkauft seine Geräte (u. a. iPhone und iPad), die dazu passenden Inhalte sowie die begleitenden Services als Teil eines umfassenden Ökosystems (Meyer 2018). Auch mit Softwareleistungen (wie z. B. dem Verkauf von zusätzlichen Speicherkapazitäten) wird zunehmend Geld verdient o. V. (2018e). Über alle vier zentralen Erlösquellen profitiert der Konzern gleich mehrfach von der zunehmenden Digitalisierung.

Fallbeispiel Musikstreaming: Spotify

Das Geschäftsmodell des Weltmarktführers für Musikstreaming ist nicht profitabel. Die Abgaben von Spotify an die Musikkonzerne (Labels) und die Künstler sind so hoch, dass der Streamingdienst seit Jahren Verluste hinnehmen muss. Anders formuliert: Das Gewinnmodell ist nicht zukunftsfähig. Im Jahr 2017 wurde trotz eines Umsatzes in Höhe von 4,1 Mrd. EUR ein Minus von über 300 Mrd. EUR erwirtschaftet (Rest und de Souza Soares 2018). Ein Ausweg aus den Verlusten ist über Skalierungseffekte nicht möglich. Damit unterscheidet sich Spotify von den anderen großen digitalisierten Konzernen. Spotifys Kosten wachsen mit der Nutzerzahl, da die Abgaben an die Labels pro Musikstream zu zahlen sind. Im Unterschied dazu zahlt der Videostreamingdienst Netflix Fixpreise (pauschale Abgaben) für fremde

Inhalte. Netflix produziert darüber hinaus viele Inhalte auch selbst. Die Konsequenz daraus: Netflix profitiert von Economies of Scale! Die Erlös-Kosten-Schere öffnet sich im Zuge des Nutzerwachstums (Kerkmann 2018; Hecking 2018a). Im Fall von Spotify wird sich der Effekt nie einstellen – es sei denn man setzt an den Strukturen des Geschäftsmodells an. Da die Kostenstruktur kaum signifikant beeinflussbar sein wird, muss Spotify zwingend an einer zweiten Säule des Gewinnmodells – den Erlösquellen – ansetzen. Die Frage lautet, ob Gewinne zukünftig durch die Erschließung anderer Umsatzquellen realisiert werden können. Ausgangsbasis und Grundvoraussetzung für die Neudefinition des Erlösmodells ist die Analyse der Wertschöpfungsprozesse. Der Prozess der Wertgenerierung kann anhand von Wertschöpfungsketten abgebildet werden. Jede Wertschöpfungskette beginnt mit der Definition des Kundennutzens und der darauf basierenden Erstellung einer Leistung. Der Nutzen für die Endkunden ist im Fall von Spotify bereits sehr hoch. Dies belegen die enormen Wachstumszahlen und der relativ hohe Anteil von zahlenden Abonnementkunden in der Premiumversion (Postinett 2018b). Daraus resultiert eine entscheidende Frage: Wer sind weitere Beteiligte in der Wertschöpfungskette? Musiker, Plattenfirmen (Labels) und Konzertveranstalter. Alle Beteiligten können aus dem riesigen Datenschatz von Spotify zusätzlichen Nutzen ziehen (Dunkel und Steinmann 2018). Mit dem einzigartigen Wissen über Nutzerpräferenzen könnte Spotify sowohl Labels als auch Künstlern einen direkten Zugang zu den Fans eröffnen. Als eines von zahlreichen Beispielen neuer Wertschöpfungsmöglichkeiten sei folgendes genannt: Tourneeplanungen von Künstlern können auf Basis der umfangreichen Datenanalysen genauer zugeschnitten werden. Spotify hat volle Transparenz darüber, welche Künstler und Titel in welchen Ländern besonders oft gehört werden. Dieser Mehrnutzen für die Wertschöpfungspartner ist über entsprechende Erlös- und Preismodelle monetarisierbar. Die Erlösbasis würde damit deutlich ausgeweitet. Spotify wäre in der Lage, sowohl mit Endnutzern als auch Künstlern, Veranstaltern sowie Musiklabels Umsätze zu erzielen. (Dunkel und Steinmann 2018).

2.10   Leistungen und Erlösquellen im Internet

Das Internetgeschäft von Unternehmen lässt sich in vier wesentliche Leistungen einteilen (Simon und Fassnacht 2008). Diese Leistungen und die daraus resultierenden Erlösquellen sind Gegenstand des folgenden Abschnitts.

1. Content: Das Geschäftsmodell Content basiert auf dem Verkauf von digitalen Produkten, Dienstleistungen und Rechten. Digitale Inhalte haben die größte Bedeutung als Leistung im Internetgeschäft. Zentral für das Preismanagement ist die Abgrenzung zwischen:
   - Paid Content: Inhalte, für die Nutzer einen Preis zu zahlen haben
   - Free Content: Durch Online-Werbung finanzierte Inhalte

Der Erlöspartner im ersten Fall ist der Nutzer. Im zweiten Fall werden Umsätze mit Werbekunden erzielt. Beide Erlösquellen werden oft kombiniert genutzt. Kostenpflichtige digitale Produkte (Paid Content) beziehen sich auf ein breites Portfolio von Informationsgütern:

- das elektronische Buch eines Online-Buchhändlers,
- elektronische Zeitungs- oder Zeitschriftenartikel von Verlagen,
- Musikdownloads,
- online bereitgestellte Filme und Lehrangebote,
- Softwareleistungen.

Zu den Anbietern kostenfreier Informationen (Free Content) gehören Plattformen wie YouTube oder Wikipedia. Die Angebote basieren in beiden Fällen auf der Content-Generierung durch den Kunden.

2. Commerce: Das Geschäftsmodell Commerce besteht aus elektronischen Transaktionen mit Produkten oder Dienstleistungen. Man unterscheidet drei Varianten und damit verbundene Unternehmensformen:
   - Reine Internethändler
   - Hersteller und Versandhändler, die über mehrere Kanäle vertreiben. Sie nutzen die Potenziale des Onlinehandels ergänzend zum stationären Vertrieb. Internetkunden zahlen für den Erwerb eines Produkts, z. B. für den Kauf einer CD in einem Online-Musikgeschäft. Der Vertrieb erfolgt über das Medium Internet. Im Gegensatz zum Content-Geschäft ist ein physischer Transport des Produkts erforderlich.
   - Online-Dienstleister. Diese bieten ihren Kunden ein Portal zum Online-Kauf von Dienstleistungen wie Bahn- und Flugtickets, Konzertkarten oder Reisen. Für die Buchung von Tickets oder Eintrittskarten werden Vermittlungsprovisionen verlangt.

3. Context: Die Leistung besteht aus der Aggregation und Verteilung von Informationen. Navigationshilfen und Suchmaschinen wie Google zählen zu diesem Geschäftsmodell. Erlöse werden aus zwei Quellen generiert: aus Werbung sowie aus der Vermittlung von Kontakten zu Drittanbietern. In den Kontext passende Online-Angebote von Wertschöpfungspartnern (Seiten, Links, Informationen etc.) werden an einer passenden Stelle einer Internetseite präsentiert (z. B. auf einer Suchmaschine wie Google). Ziel aus Sicht des Partnerunternehmens ist das Anklicken der Seite durch den Internetnutzer. Bei jeder derartigen Vermittlungsleistung erhält der Anbieter der Suchmaschine bzw. Navigationshilfe eine Vergütung.

4. Connection: Dieses Geschäftsmodell bezieht sich auf das Angebot einer Plattform für den Informationsaustausch im Netz. Beispiele hierfür sind soziale Netzwerke (Facebook), Karriereplattformen (LinkedIn; Xing) oder Partnervermittlungsportale (Parship). Die verkaufte Leistung sind Kontakte. Am Schluss der Wertschöpfungskette steht der Werbekunde bzw. der Kontaktbezieher als Nutzer. Drei mögliche Erlösquellen resultieren aus dieser Geschäftsdefinition:
   - Direkte Umsätze für das Angebot der Kontaktvermittlung, Mitgliedsbeiträge der zahlenden Mitglieder (Erlöspartner: Nutzer)

2.10 Leistungen und Erlösquellen im Internet

- Indirekte Umsätze über die Schaltung von Werbeanzeigen (Erlöspartner: Werbekunden)
- Provisionserlöse aus der Vermittlung von Kunden an andere Unternehmen (Erlöspartner: Unternehmen)

Einige Community-Plattformen wie z. B. soziale Netzwerke basieren auf kostenlosen Mitgliedschaften. Der freie Zugang ermöglicht ein rasantes Wachstum über Netzeffekte. Werbeerlöse stellen die Haupteinnahmequelle dar. Für Karriereportale und Partnervermittlungsplattformen sind hingegen zahlende Mitglieder die wichtigste Umsatzquelle. In der Regel werden verschiedene Erlösquellen parallel genutzt. So offerieren viele Unternehmen sowohl Content- als auch Commerce-Leistungen. Ein Beispiel hierfür sind Verlage, deren Erlösgenerierung auf dem Vertrieb von gedruckten und elektronischen Büchern basiert (Paulus 2016). Eine der wesentlichen Herausforderungen bei der Optimierung von Erlösmodellen ist die Beachtung der Interdependenzen zwischen den einzelnen Umsatzquellen. Die Erlöskomponenten stehen teilweise in Konflikt zueinander. Beispiel: Je mehr digitale Inhalte auf einem Portal gegen Bezahlung angeboten werden, desto weniger Nutzer wird die Website anziehen. Mit sinkender Reichweite sinken die Erlöse aus dem Verkauf von Kontakten. Umgekehrt gilt: Je mehr Nutzer ein Portal aufweist, desto höher ist aufgrund des Netzwerkeffekts die Attraktivität der Internetplattform für Werbekunden. Facebook ist ein besonders prägnantes Beispiel hierfür. Aber auch beim lukrativen Werbegeschäft gibt es einen Trade-off. Denn Werbung wird in aller Regel vom Konsumenten als störend empfunden. Insofern generieren zahlreiche Werbeinblendungen zwar höhere Erlöse über den Verkauf von Kontakten (z. B. Bannerwerbung), aber niedrigere Umsätze aus dem Vertrieb von Produkten (Content und Commerce). Ziel ist die Optimierung des Gesamtumsatzes über alle potenziellen Erlösquellen. Ein Beispiel hierfür ist die Medienbranche. Zeitungsverlage wie das Wall Street Journal (http://www.wsj.com) erwirtschaften Umsätze mit der Distribution von aktuellen Nachrichten, aber auch mit dem Verkauf von Werbefläche. Schwankungen auf dem Werbemarkt können über das Content-Geschäft aufgefangen werden. Andererseits dienen die Werbeumsätze als ein Puffer gegen einen möglichen Rückgang der Kundenzahl im Produktgeschäft.

Das Online-Auktionshaus ricardo.de (http://www.ricardo.de/) setzte lange auf drei Erlösquellen gleichzeitig – den Vertrieb von Produkten, Kontakten und Informationen:

- Produkte werden durch Versteigerungen verkauft.
- Im Rahmen der Onlineauktionen wird Werbung geschaltet.
- Die Auktionen werden zur Erhebung von Informationen über die Zahlungsbereitschaften von Konsumenten genutzt.

Auch wenn die Geschäftsdefinition mit dem Kundennutzen starten muss: Kompetenzen und Ressourcen sind zwingend einzubeziehen. Die Fähigkeiten des Unternehmens sind oft der limitierende Faktor bei der Ausweitung oder Neudefinition von

Geschäftsmodellen (Meyer 2018). Das Geschäftsmodell des Verkaufs von Kontakten erfordert völlig andere Kompetenzen als die Wertschöpfung beim Verkauf von Online-Produkten oder Informationen.

Die Auswahl des Erlösmodells eines Unternehmens ist maßgeblich davon abhängig, welche Stufen der Wertschöpfungskette es übernimmt. Die Entscheidung ist abhängig von

- den Anforderungen verschiedener Stufen,
- den erforderlichen Ressourcen und Kompetenzen,
- der Höhe der auf den einzelnen Wertschöpfungsstufen erzielbaren Erlöse,
- den Machtpositionen der verschiedenen Marktteilnehmer,
- der Zielsetzung des Risikoausgleichs im Sinn einer Portfoliobetrachtung,
- dem Zugang zu den Endkunden.

Wenn ein Online-Buchhändler beispielsweise die gesammelten Kundendaten verkaufen möchte, so befindet er sich auf der Wertschöpfungskette für den Verkauf von Informationen. Aufgrund des direkten Kundenkontakts erlangt er Informationen über die Präferenzen der einzelnen Personen. Dies ermöglicht es ihm, detaillierte Nutzerprofile zu erstellen und zu vermarkten (Paulus 2016). Wichtig ist eine Gesamtbetrachtung und integrierte Optimierung. Um langfristig profitable Erlösquellen zu erschließen, kann die Übernahme von Stufen der Wertschöpfungskette erforderlich sein, die mit Blick auf finanzielle Zielsetzungen kurzfristig nicht attraktiv erscheinen. Ein Beispiel für derartige Wechselwirkungen bietet das dynamische Geschäftsmodell von Amazon. Das margenarme Musikstreaming des Technologiekonzerns hat einen positiven Einfluss auf das profitable Geschäftsmodell des Sprachassistenten Alexa. Die Musiknutzung spielt bei Voice-Control-Systemen eine zentrale Rolle. Da durch die Übernahme der neuen Wertschöpfungsstufe (Musikstreaming) das Wachstum im profitablen Wertschöpfungsmodell Sprachdienste unterstützt wird, ist die Gesamtkonstellation für Amazon insgesamt optimal.

Herausragende Bedeutung hat die Machtposition eines Unternehmens innerhalb der Wertschöpfungskette. Die Stellung innerhalb der Wertkette ist letztlich ausschlaggebend dafür, wer in welchem Ausmaß Erlöspotenziale abschöpft. In digitalisierten Branchen ist der unmittelbare Kontakt zum Endkunden erfolgskritisch. Wertschöpfungsstufen, die nahe am Endkunden sind, weisen tendenziell ein hohes Potenzial auf, Erlöse durch den Verkauf von Kontakten oder Informationen über den Nutzer zu erzielen. Online-Buchhändler wie Amazon haben eine sehr gute Ausgangsposition zur Erlösgenerierung. Basis für diese Machtposition ist das sehr breite Angebot und der direkte Kontakt zu den Lesern.

Erlösmodelle unterliegen einer starken Dynamik. Die relative Bedeutung einzelner Erlösquellen kann sich im Zeitverlauf verschieben. Ursächlich hierfür sind u. a. Veränderungen von Kundenanforderungen, eine Neudefinition des Geschäftsmodells, technologische Trends oder der Markteintritt neuer Konkurrenten.

2.10 Leistungen und Erlösquellen im Internet

Fallbeispiel: Erlösquellen bei Smartphones

Vor dem Hintergrund der stetigen technischen Aufwertung von Smartphones wird der Anteil von Software an der Gesamtleistung immer größer. Das Geschäft im Mobilfunk hat sich in den letzten Jahren massiv verschoben. Die Wertschöpfungsanteile verlagern sich von der Geräteherstellung stärker zum Verkauf von Software und verbundenen Dienstleistungen (Eisenlauer 2017; Fröhlich 2018a, b; Hohensee 2018; Jacobsen 2018; Kharpal 2016; Obermeier 2018; o. V. 2018b, e; Schlieker 2018).

Fallbeispiel: Erlösquellen bei Spielekonsolen

Gewinne werden insbesondere mit Software und Sonderservices erwirtschaftet. Der Hardwareverkauf ist aufgrund des intensiven Wettbewerbs- und Preisdrucks teilweise sogar mit Verlusten verbunden. So hat Microsoft mit einer Version seiner X-Box innerhalb von fünf Jahren von der Markteinführung (2002) bis zur Marktaufgabe (2006) in den USA Verluste hinnehmen müssen. Das Gesamtdefizit betrug 4 Mrd. Dollar. Im Online-Segment werden Umsätze zunehmend durch den Verkauf von virtuellen Produkten mit innovativen Preismodellen generiert. Eine weitere Einkommensquelle der Spieleanbieter ist Werbung.

Fallbeispiel: Erlösquellen bei Filmen

Die Medienbranche bietet ein Beispiel für den Wandel des Nutzungsverhaltens, eine hohe Dynamik in den Wettbewerbsstrategien und eine dadurch bedingte Veränderung von Erlösmodellen (Ahlig 2018; Harengel 2017). Einem breiten Spektrum frei empfangbarer TV-Sender stehen Bezahlangebote wie Sky (Pay-TV) oder Netflix (Streaming) gegenüber. Hinzu kommt ein enorm vielfältiges Angebot an Videoinhalten (YouTube etc.). Die Präferenzen der Nutzer im TV- und Medienmarkt haben sich – auch im Zuge der Angebotsausweitung – deutlich gewandelt. Individualisierung und Exklusivität sind die beiden überragenden Kundenwünsche. Eine freie Auswahl und eine flexible Nutzung der gewünschten Inhalte sind die Kernanforderungen. Streaminganbieter wie Netflix, Disney, Amazon etc. investieren immer stärker in die Produktion eigener Inhalte. Sie werten ihre Videodienste mit hochwertigen Eigenproduktionen auf. Nur hierdurch kann dem Kunden die gewünschte Exklusivität geboten werden. Nur so wird eine nachhaltige Differenzierung vom Wettbewerb erzielt. Preismodelle entwickeln sich in Richtung des Abonnements individueller Kanäle, die den Interessen der Nutzer entsprechen (Mansholt 2018).

Mit Blick auf das Geschäftsmodell – und hierbei insbesondere das Operating Model – gilt: Neue Erlösquellen können unter bestimmten Voraussetzungen erschlossen werden. Hierzu gehören folgende Konstellationen:

1. Wenn es gelingt, einen für den Kunden wichtigen Standard zu entwickeln. Der Softwareanbieter Adobe konnte mit dem kostenfreien Produkt Acrobat Reader eine breite Kundenbasis aufbauen. Mit der Basissoftware zum Lesen von PDF-Dokumenten

definierte Adobe den Marktstandard. Die hohe Verbreitung des kostenlosen Basisguts sorgte durch indirekte Netzeffekte für eine höhere Nachfrage nach Komplementärgütern. Über den Verkauf der Erstellungssoftware wurden Umsätze generiert (Buxmann et al. 2008, S. 123; o. V. 2018c; Simon und Fassnacht 2008).

2. Wenn eine Schnittstelle zu den Kunden kontrolliert (bzw. dominiert) werden kann. Schnittstellen haben eine enorm hohe Bedeutung im Rahmen der Digitalisierung. An Schnittstellen können Erlöse aus mehreren Erlösquellen gleichzeitig erzielt werden. Ein Beispiel hierfür bietet das Fernbusgeschäft mit seiner enormen Relevanz von Netzwerkeffekten. Die entscheidende Schnittstelle in diesem dynamischen Markt ist der Zugang zu den Endkunden, den Flixbus von seinen Subunternehmern (den Busbetreibern) übernahm. Bei der Ausweitung seines Geschäftsmodells in Richtung Bahngeschäft nutzt Flixbus diese Schnittstelle. Die Zugtickets können über die gleichen Vertriebskanäle wie die Busfahrkarten vertrieben werden. Die Züge werden in das bestehende Datennetz der Fernbusse integriert (Kluge 2018; Schlesiger 2018a).

3. Falls eine Ressource eine für den Kunden unverzichtbare Position im Wertschöpfungssystem besetzt. Im Fall von Apple nimmt das Vertriebsportal eine zentrale Position im Wertschöpfungssystem ein. Zur Verdeutlichung dieses Zusammenhangs werden das Geschäftsmodell und die Strategie von Apple im Folgenden beschrieben.

Fallbeispiel: Erlösquellen von Apple

Kern des Geschäftsmodells von Apple sind physische Produkte (Hardware). Zu den bedeutenden Produktlinien zählen iPhone und iPad, Apple Watch, Apple TV und Mac (Kerkmann 2018). Die Umsatzbedeutung von Inhalten (Online-Produkten) und Dienstleistungen für den Technologiekonzern ist in der jüngeren Vergangenheit deutlich gestiegen. Kunden, die sich ein neues Hardwaremodell kaufen, bekommen automatisch Zugang zu digitalen Inhalten (Apps) und Services. Zu den Dienstleistungen gehören der Musikdienst Apple Music und der Bezahldienst Apple Pay. Den Zugang zu den Wachstumstreibern Inhalte und Services erlangte Apple mithilfe einer Öffnungsstrategie (Meyer 2018). Das offene Geschäftsmodell basiert auf Wertschöpfungskooperationen mit externen Dienstleistern (Open Value Innovation). Enge Partnerschaften über die komplette Wertschöpfungskette des stationären und mobilen Internets wurden sukzessive zu einem überbetrieblichen Wertschöpfungssystem entwickelt. Im Fokus standen die Entwicklungsleistungen Dritter. Dieses einzigartige Ökosystem führte zu folgenden Auswirkungen auf die Erlösmodelle und das Pricing von Apple:

1. Der Online-Shop App Store bietet Besitzern von Apple-Hardware die Möglichkeit, aus einer Vielzahl von Apps für die verschiedenen Endgeräte (wie iPhone oder iPad) zu wählen (Meyer 2018).

2. Die Applikationen stammen größtenteils nicht von Apple selbst, sondern von unabhängigen Programmierern. Die Produkte der Wertschöpfungspartner ergänzen die Kernprodukte des Technologiekonzerns.

2.11 Ausgewählte Erlösmodelle im Überblick

3. Durch die Öffnung gegenüber seinen Wertschöpfungspartnern entstanden neue Erlöspotenziale für Apple. Denn jedes weitere komplementäre Produkt verstärkt den Wert des Kernangebots und erhöht damit die Zahlungsbereitschaft der Kunden.
4. Auf Basis seiner Machtposition verpflichtet Apple seine Wertschöpfungspartner, die Anwendungen ausschließlich über den Online-Shop zu verkaufen.
5. Für die Listung der Anwendungen zahlen die Erlöspartner eine jährliche Gebühr. Für jede verkaufte Applikation erhält Apple einen deutlich zweistelligen Prozentsatz der Umsatzerlöse der Wertschöpfungspartner als Provision.
6. Die Dienste stellen für Apple ein zunehmend bedeutendes Geschäft dar. Im Geschäftsjahr 2017 erwirtschaftete die Sparte einen Umsatz von 37 Mrd. Dollar. Damit stellt die Serviceeinheit – gemessen am Umsatz – den zweitwichtigsten Geschäftsbereich dar (Kharpal 2016; Kerkmann 2018).

Auch Google erschloss den Wachstumsmarkt des mobilen Internets mithilfe einer Öffnungsstrategie. Das Geschäftsmodell von Google Maps basiert auf einer besonders intensiven Wertschöpfung durch die Öffentlichkeit (Open Value Innovation). Die Angebote der Wertschöpfungspartner ergänzen die Kernprodukte von Google. Zu den Komplementärleistungen Dritter gehören z. B. Ortsinformationen für den Kartendienst Google Maps (Dämon 2016; Schütte 2017).

2.11 Ausgewählte Erlösmodelle im Überblick

Erlösmodell 1: Freier Content; Erlösgenerierung über Werbung oder den Verkauf von Informationen

Werbe- oder informationsfinanzierte Erlösmodelle basieren darauf, dass die Nutzer nicht für die digitalen Leistungen des Unternehmens zahlen. Die Erlösgenerierung erfolgt über den Verkauf von Werbung oder von Informationen (Abb. 2.4):

- Der Suchmaschinenanbieter Google bietet seine Leistung – Informationsrecherche im Internet – kostenlos an. Google erstellt aus den Suchanfragen der Nutzer Interessenprofile. Umsätze erwirtschaftet der Suchmaschinenbetreiber aus dem Verkauf dieser Kundenprofile an Werbetreibende. Nur auf Basis der hochprofitablen Werbeerlöse kann das Unternehmen seinen Nutzern Suchanfragen gratis offerieren. Im Geschäfts- und Erlösmodell von Google gilt: Der Nutzer ist das eigentliche Produkt. Werbungtreibende Unternehmen sind die zahlenden Kunden (Hackhausen 2013). Eine weitere Erlösquelle von Google sind Zahlungen von Unternehmen und Privatpersonen für die bevorzugte Nennung bei Suchanfragen (Premiumsuchergebnisse).
- Vergleichsplattformen (wie Verivox) bieten Preisinformationen kostenlos an. Die Finanzierung erfolgt über den Verkauf von Werbeflächen und Werbelinks (Simon und Fassnacht 2008).

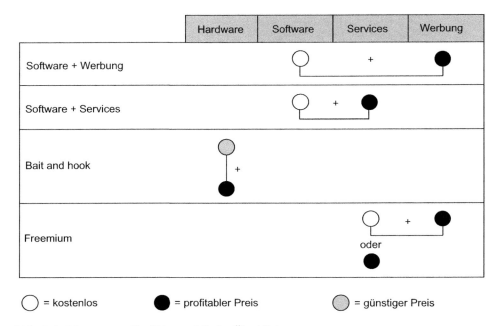

Abb. 2.4 Vier ausgewählte Erlösmodelle im Überblick

- Einige Internetserviceprovider wie Microsoft (http://www.hotmail.com) oder GMX (http://www.gmx.net) basierten ihr Erlösmodell ebenfalls auf der Vermittlung von Kontakten. Erlöse wurden im Gegensatz zu Wettbewerbern wie T-Online nicht über die Bereitstellung von E-Mail-Accounts erzielt. Werbung ist die zentrale Erlösquelle.
- Im mobilen Internet erzielt Google Erlöse durch kontextspezifische Werbung. Um das mobile Werbegeschäft zu entwickeln, bot Google sein Betriebssystem Android den Handyherstellern kostenlos an. Android erreichte im M-Commerce über das Kostenlosmodell einen Weltmarktanteil von über 80 % (Hackhausen 2013; Hauck 2014).
- Bei Facebook stellen Werbeerlöse die Haupteinnahmequelle dar. Der Verkauf von Werbeplätzen trägt zu 98 % zu den Firmenumsätzen bei. Im Jahr 2017 wurden 88 % der Werbeeinnahmen des 2004 gegründeten Unternehmens über Anzeigen auf Mobilgeräten erwirtschaftet (Postinett 2018c).

Der Vorteil des werbefinanzierten Erlösmodells ist das enorme Netzwerkpotenzial; über den kostenlosen Zugang zum digitalen Angebot kann sehr schnell eine große Anzahl an Nutzern gewonnen werden. Marktanteilszuwächse und eine dadurch bedingte Attraktivität des Portals setzen die Basis für eine schnelle Vergrößerung der Werbeerlöse. Das wesentliche Risiko des Free-Modells besteht in der Fixierung auf eine Einnahmequelle – die Erlöse resultieren primär aus Werbung. Dies führt zu einer großen Abhängigkeit vom Werbemarkt und dessen Preisentwicklung.

2.11 Ausgewählte Erlösmodelle im Überblick

Erlösmodell 2: Freier Content; Erlösgenerierung über den Verkauf von Komplementärprodukten oder Services

Grundlage des Follow-the-free-Modells ist das kostenlose Angebot eines Basisprodukts. Hierdurch schafft man Netzwerk- und Lock-in-Effekte unter den Anwendern. Mit dem Verkauf von Komplementärangeboten werden Umsätze generiert (Zerdick et al. 1999). Ein Beispiel hierfür bieten Anbieter von Open-Source-Software (z. B. Red Hat Linux im B2B-Segment). In diesem Softwaresegment ist die Kernleistung kostenfrei. Umsätze resultieren aus ergänzenden Dienstleistungen wie Beratung, Implementierung, Dokumentation und Wartung (Buxmann und Lehmann 2009). Diese produktbezogenen Dienstleistungen sind mit hohen Gewinnmargen verbunden.

Erlösmodell 3: „Bait and hook"

„Bait and hook" basiert auf der erlösseitigen Verknüpfung von zwei Produkten, die vom Kunden zusammen verwendet werden („tied products"). Produktübergreifende Beziehungen bestehen in verschiedensten Branchen, insbesondere in B2B-Märkten (Jensen und Henrich 2011). Die Anschaffung eines Hauptprodukts (z. B. einer Maschine) zieht im Lauf der Zeit Käufe weiterer Produkte (z. B. Ersatzteile) nach sich. Wird von einem Produkt mehr verkauft, steigt auch der Absatz des anderen Produkts. Bei solchen komplementären Produktbeziehungen ist die Kreuzpreiselastizität negativ. Preissenkungen des Basisprodukts führen zu Absatzsteigerungen bei dem verbundenen Produkt. Von einer fixen Komplementarität spricht man im Fall fest definierter Einsatzverhältnisse (z. B. Auto – Autoreifen). Die Quantität des gekoppelten Produkts kann auch variabel sein.

Eine für das Pricing sehr wichtige Verknüpfung besteht aus einem dauerhaft nutzbaren Gebrauchsprodukt und einem in regelmäßigen Abständen konsumierten Verbrauchsgut. Beispiele hierfür sind folgende Produktverbindungen:

- Kopierer und Papier
- Rasierer und Rasierklinge
- Drucker und Patrone
- Wasserentkalker und Wasserfilter

Die wiederverwendbare Basiskomponente (z. B. ein Wasserentkalker) wird sehr günstig angeboten. Dies motiviert die Kunden zur Nutzung der hochpreisigen Angebotskomponente (z. B. Wasserfilter). Das konsumierte – und regelmäßig nachzukaufende – Produkt wird relativ teuer verkauft (o. V. 2018g). Ein Rasierer von Gillette wird zu einem geringen Einstiegspreis angeboten. Der Gewinn für den Händler oder den Onlineshop entsteht v. a. durch den nachgelagerten Verkauf von Rasierklingen. Der Erfolg von Gillette basiert zu großen Teilen auf einer konsequenten Umsetzung dieses Erlösmodells. Der Durchschnittspreis von Einwegklingen konnte über die sukzessive Ausweitung der Produktlinie deutlich nach oben getrieben werden. Der Übergang von der Version Sensor Excel über das System Mach 3 bis hin zu Fusion (mit fünf Klingen) war mit einer Erhöhung des Preises um den Faktor

3 verbunden. Gleichzeitig hat Gillette mit einem Weltmarktanteil von etwa 70 % eine dominante Wettbewerbsposition (Gassmann 2016). Ziel ist die Profitoptimierung für den Produktverbund. Es geht auch im Fall von Gillette um den optimalen Mix aus Marge und Menge (Marktanteil). „Tying" wird auch in Industriegüterbranchen eingesetzt. Bei Anlagegütern hat der Anschaffungspreis des Hauptprodukts im Vergleich zu den Folge-transaktionen eher geringe Bedeutung. Der Wert der Folgeprodukte und -dienstleistungen liegt oft um ein Vielfaches über dem Einstandspreis. Für Folgeprodukte und die Weiter-belieferung durch Zusatzteile sind profitable Preise erzielbar. Ziel ist ein optimales Gesamtergebnis. Insofern kann der Abschluss des Erstgeschäfts zu nicht kostendeckenden Preisen gerechtfertigt werden. Ein weiteres Fallbeispiel für das Bait-and-hook-Modell sind Beratungsdienstleistungen. Basisseminare werden sehr günstig angeboten. Ziel ist es, die Fixkosten zu decken und das Kundeninteresse mit der Darstellung von Kompetenzen zu wecken. In der Preispsychologie wird dies mit dem Begriff Einstiegeffekt beschrieben (Kopetzky 2016). Persönliche Beratungen und vertiefende Seminare können mit Premium-preisen verrechnet werden.

Erlösmodell 4: Freemium

Grundsätzliche Idee des Freemium-Konzepts ist die Kombination aus kostenlosen und kostenpflichtigen Angebotsteilen („Basis for free, Premium for fee"). Freemium ist ein zweistufiges Erlösmodell. Ein wesentlicher Teil des Angebots (z. B. eine Standarddienst-leistung) wird kostenfrei zur Verfügung gestellt. Die kostenlose Einstiegsvariante ist für den Nutzer mit einer eingeschränkten Funktionalität verbunden. Erweiterungen der Basisversion (z. B. über Premiumfeatures) sind kostenpflichtig. Der Begriff Freemium kombiniert zwei Aspekte: Free (kostenlose Basisleistungen) und Premium (gegen Auf-preis). Die Basisversion wird mit den Erlösen der verkauften Premiumservices quer-finanziert.

Das Freemium-Modell ist mit der Entwicklung des Internets entstanden. Im Content-Bereich haben Service-Provider wie T-Online schon zum Jahrtausendwechsel mit Produktdifferenzierungen gearbeitet. Der Kunde hatte die Wahl zwischen kosten-losen Standardinformationen und verbesserten Angeboten gegen Bezahlung. Bezahl-programme (Paid Content) basierten auf Zahlungsbereitschaften der Nutzer für erweiterte Leistungen. Aus der Kombination beider Ansätze entstand das Freemium-Modell. Mit der Weiterentwicklung der Informationstechnologie und zunehmender Durchdringung der Digitalisierung hat sich Freemium in zahlreichen Branchen zu einem sehr erfolgreichen Erlösmodell entwickelt. Zweistufige Erlösmodelle haben insbesondere für digitale Leistungen wie Software, Content, Videospiele, Kontaktplattformen etc. hohe Relevanz. Kostenpflichtiger Premium-Content basiert auch heute noch auf den Kern-argumenten des Mehrwerts von Zeitvorsprung (Aktualität der Informationen), guter Zusammenfassung und mehr Inhalten (Detailtiefe).

2.11 Ausgewählte Erlösmodelle im Überblick

Fallbeispiel Musikstreaming: Spotify

Der weltgrößte Musikstreaming-Anbieter Spotify arbeitet mit einem zweistufigen Erlösmodell. Nutzer der Free-Variante müssen das Einspielen von Werbeunterbrechungen zwischen den einzelnen Songs in Kauf nehmen. Die kostenpflichtige Premiumversion zum Preis von monatlich fast 10 EUR berechtigt zum Download von mehr als 36 Mio. Songs aus den Datenbanken der Musiklabels (Albert und Schultz 2018; Hajek 2018). Der Pionier für gestreamte Musik startete mit seiner App im Oktober 2008. Ende 2017 zählte Spotify rund 159 Mio. Nutzer weltweit. Darunter etwa 71 Mio. zahlende Abonnementkunden. Anders als Spotify bietet der größte Konkurrent Apple Music keinen Gratisdienst (Postinett 2018a). Im Fall von Apple Music handelt es sich folglich um ein einstufiges Erlösmodell. Am Beispiel von Spotify lässt sich belegen, dass Freemium kein Preismodell, sondern ein Erlöskonzept ist. Denn für den kostenpflichtigen Premiumerlösbaustein bieten sich verschiedenste Preismodelle an, so z. B. „pay per stream" oder Flatrate. Die klare Trennung zwischen Erlös- und Preismodell wird an späterer Stelle noch genauer beleuchtet.

Karrierenetzwerke wie XING und LinkedIn offerieren eine kostenlose Basismitgliedschaft sowie ein kostenpflichtiges Premiumangebot. Die Premiumversion bietet attraktive Zusatzservices. In Abhängigkeit der Vertragslaufzeit zahlt der Kunde einen unterschiedlich hohen monatlichen Grundbetrag für die erweiterten Funktionalitäten. Im Fall von Kontaktplattformen geht es um verbesserte Interaktionsmöglichkeiten. Einige Partneragenturen verfolgen eine Variante des Freemium-Konzepts. Im Rahmen einer Promotion bieten sie eine zeitlich befristete freie Mitgliedschaft an. Die vom Anbieter vorgenommene Differenzierung zwischen Premiumangebot und Basisangebot wird vom Kunden zu Beginn der Nutzung zunächst nicht wahrgenommen. Nach Ablauf der Promotionsphase ist dem Nutzer eine Interaktion mit den Netzwerkmitgliedern nicht mehr erlaubt. Durch dieses für den Kunden unerwartete Ereignis steigt die Bereitschaft zum Kauf der Premiumversion signifikant an. Varianten des Freemium-Modells sind Konzepte wie „free to play" und „pay to win".

Pricing-Herausforderungen beim Freemium-Modell

1. Attraktives Basisangebot: Eine breite Kundenbasis für das kostenlose Angebot muss erreicht werden. Durch einen ausreichenden Nutzen im werbefinanzierten Basismodell zieht man zahlreiche Kunden an. Mit zunehmendem Netzeffekt und dem Erreichen der kritischen Nutzermasse sinkt dann auch die Hemmschwelle, für das erweiterte Angebot zu bezahlen.
2. Wahrgenommene Zusatzwerte in der Premiumversion: Die zweite Kernherausforderung beim Freemium-Modell ist der Aufbau von Zahlungsbereitschaften für die Premiumangebote. Attraktive Produktfeatures müssen in den kostenpflichten Leistungsteil integriert werden. Es geht darum, die richtigen Payment-Trigger zu schaffen. Payment-Trigger sind Anreize für den Kunden, die kostenpflichtigen Premiumdienste eines Anbieters zu nutzen. Ein erfolgreicher Werttreiber bei

Karrierenetzwerken ist u. a. die Funktion „Wer war auf meinem Profil?". Im Fall von Spotify ist es u. a. die sofortige Verfügbarkeit von neuen Alben oder Songs. Behält man die Neuheiten für eine längere Zeit den Premiumkunden vor, so lassen sich Nutzer der Gratisvariante eher zum Abschluss eines Abonnements bewegen.

3. Optimale Monetarisierung der Vielnutzer: Das Preismodell muss Anreize für eine Steigerung der Nutzungsintensität setzen. Der maximal zahlbare Preis sollte nicht gedeckelt werden, denn die Zahlungsbereitschaft von Vielnutzern ist oftmals deutlich größer als bei Durchschnittskunden. Die Preisaufschläge für die echten Werttreiber (Zusatzleistungen) müssen richtig gesetzt werden, um diese Profitpotenziale abzuschöpfen. Dies gilt insbesondere für Branchen mit emotional aufgeladenen Produkten oder Dienstleistungen.

Der Markterfolg und die Profitabilität des Freemium-Modells lässt sich durch zentrale Indikatoren (KPI) messen. Zu diesen gehören u. a.

- Prozentzahl an Kunden, die die kostenpflichtige Variante des Services nutzen (Payer-Conversion-Rate)
- Durchschnittspreis pro Kunde („average revenue per paying user")
- Kündigungsrate von Probeabonnenten

Ein Spezialfall des Freemium-Modells ist in der Servicesparte von Apple zu beobachten. Eine der Serviceleistungen mit Erlöspotenzial ist der Speicherplatz für die Hardwareprodukte (wie z. B. das iPhone). Der kostenlose BasicCloud-Service bietet lediglich fünf Gigabyte Speichervolumen. Apps und Nachrichtenspeicher geraten bei dieser Free Version schnell an ihre Kapazitätsgrenzen. Zusätzliches Speichervolumen in der iCloud im Umfang von 50 Gigabyte wird als Premium Version für 99 Cent monatlich verkauft (o. V. 2018d, e). Das Abonnement für den begrenzten Speicherplatz ist eine dauerhafte Einnahmequelle im Portfolio von Apple. Das Erlösmodell aus Hardware (iPhone oder iPad) und Service (Speicherplatz) ist eine Hybridform aus „Tying" und einer Freemium-Komponente bei dem gekoppelten Angebotsteil des Speichervolumens.

Literatur

Ahlig, E. (2018). Welcher ist der beste Streaming-Dienst für mich? https://www.bild.de/unterhaltung/tv/netflix/und-co-bild-checkt-die-streaming-dienste-53921980.bild.html. Zugegriffen: 2. Mai 2018.

Albert, A., & Schultz, S. (2018). Börsengang. Das ist der Streaming-Pionier Spotify. Spiegel. http://www.spiegel.de/wirtschaft/unternehmen/spotify-boersengang-das-ist-der-streaming-pionier-a-1200522.html. Zugegriffen: 2. Mai 2018.

Armbruster, A. (2018a). Giganten unter Druck. Frankfurter Allgemeine Woche, 6, 39.

Armbruster, A. (2018b). Giganten unter Druck. Frankfurter Allgemeine Zeitung. http://www.faz.net/aktuell/finanzen/die-naechste-billion-dollar-wette-laeuft-diesmal-amazon-15564030.html. Zugegriffen: 2. Mai 2018.

Literatur

Beuth, P. (2016). Googles geheimer Milliardendeal mit Apple. Zeit. https://www.zeit.de/digital/mobil/2016-01/google-zahlt-apple-eine-milliarde-suchmaschine. Zugegriffen: 2. Mai 2018.

Bieger, T., & Reinhold, S. (2011). Innovative Geschäftsmodelle: Konzeptionelle Grundlagen, Gestaltungsfelder und unternehmerische Praxis. In Bieger et al. Innovative Geschäftsmodelle, (S. 13–70). Berlin: Springer.

Bontis, N., Chung, H. (2000). The evolution of software pricing: From box licenses to application service provider models. Internet Research, 10(3), 246–255. https://www.emeraldinsight.com/doi/abs/10.1108/10662240010331993. Zugegriffen: 2. Mai 2018.

Brutscher, C. (2015). Long Tail – Business Model unter der Lupe. E-Business. https://ebusiness2020.wordpress.com/2015/06/18/long-tail-businessness-model-unter-der-lupe/. Zugegriffen: 2. Mai 2018.

Burfeind, S. (2018). Datenschutz. Verkaufe dich selbst! https://www.wiwo.de/futureboard/datenschutz-verkaufe-dich-selbst/20652936.html. Zugegriffen: 2. Mai 2018.

Buttlar, H., & Fahrion, G. (2018). Interview: „Auf den Baustellen wird das Material knapp". https://www.capital.de/wirtschaft-politik/auf-den-baustellen-wird-das-material-knapp. Zugegriffen: 2. Mai 2018.

Buxmann, P., Diefenbach, H., & Hess, T. (2008). Die Software-Industrie: Ökonomische Prinzipien – Strategien – Perspektiven. Berlin: Springer.

Buxmann, P., & Lehmann, S. (2009). Preisstrategien von Softwareanbietern. Wirtschaftsinformatik, 2009(6), 519–529.

Capital-Redaktion. (2018). Glossar - Künstliche Intelligenz. https://www.capital.de/wirtschaft-politik/glossar-kuenstliche-intelligenz. Zugegriffen: 2. Mai 2018.

Carlzon, J. (1992). Alles für den Kunden: Jan Carlzon revolutioniert ein Unternehmen. Frankfurt a. M.: Campus.

Corsten, H. (1988). Betriebswirtschaftslehre der Dienstleistungsunternehmungen. München: Oldenbourg Verlag.

Dämon, K. (2016). Digitalisierung: Gabriels Digitalisierungsbefehl ist realitätsfremd. Wirtschaftswoche. https://www.wiwo.de/erfolg/management/digitalisierung-digitale-unternehmen-sind-facebook-applegoogle/13364934-2.html. Zugegriffen: 2. Mai 2018.

Dunkel, M., & Steinmann, T. (2018). Musikbranche und Spotify: "Die Welt wird nicht mehr wie früher". https://www.capital.de/wirtschaft-politik/musikbranche-und-spotify-die-welt-wird-nicht-mehr-wie-frueher. Zugegriffen: 2. Mai 2018.

Eckl-Dorna, W. (2018). Ein Smart Device auf Rädern - das ist das Neue. http://www.manager-magazin.de/unternehmen/autoindustrie/elektroauto-china-startup-byton-soll-alsluxusmarken-alternative-starten-a-1204351-4.html. Zugegriffen: 2. Mai 2018.

Eisenlauer, M. (2017). Kein Supercycle. Schadet das iPhone X Apple? Bild. https://www.bild.de/digital/smartphone-und-tablet/apple/iphone-x-hype-54276620.bild.html. Zugegriffen: 2. Mai 2018.

Eisenlauer, M. (2018). VON 89 BIS 749 EuRO – Kult und Klasse - das sind Nokias Neue. https://www.bild.de/digital/smartphone-und-tablet/mobile-world-barcelona/nokia-neuheiten-54924600.bild.html. Zugegriffen: 2. Mai 2018.

Fasse, M. (2018). Mobilitätsdienste: Daimler und VW fordern Uber heraus, Handelsblatt. http://www.handelsblatt.com/unternehmen/industrie/mobilitaetsdienste-daimler-und-vw-fordern-uber-heraus/20760266.html. Zugegriffen: 2. Mai 2018.

Flaig, I. (2017). Bosch denkt Mobilität neu. Stuttgarter Nachrichten. https://www.stuttgarter-nachrichten.de/inhalt.autozulieferer-bosch-denkt-mobilitaet-neu.66e3024f-e042-425ea84ac0ddd9444b34.html. Zugegriffen: 2. Mai 2018.

Fritz, M., Hohensee, M., Berke, J., Maier A., Schlesiger, C., & Deuber, L. (2018). Softbank: Weltherrscher der Mobilität. https://www.wiwo.de/unternehmen/handel/zukunftsbranche-softbank-weltherrscher-der-mobilitaet/21046126.html. Zugegriffen: 2. Mai 2018.

Fröhlich, C. (2018a). Phil Schiller - Dieser Mann soll den Apfel glänzen lassen, Stern. https://www.stern.de/digital/smartphones/phil-schiller-interview--es-gibt-keine-preis-obergrenze-fuer-dasiphone-7776804.html. Zugegriffen: 2. Mai 2018.

Fröhlich, C. (2018b). 1000 Euro für ein Telefon. Wozu braucht man überhaupt noch ein teures Smartphone? Stern. https://www.stern.de/digital/smartphones/smartphones-fuer-1000-euro---wozu-braucht-man-die-eigentlich-noch--7894046.html. Zugegriffen: 2. Mai 2018.

Gassmann, M. (2016). Das große Geschäft mit dem Männerbart. Welt.https://www.welt.de/wirtschaft/article157279974/Das-grosse-Geschaeft-mit-dem-Maennerbart.html. Zugegriffen: 2. Mai 2018.

Giersberg, G. (21. April 2018). Die Fabrik von morgen. Frankfurter Allgemeine Zeitung, 93, 19.

Hackhausen, J. (2013). Apple vs. Google: Das epische Duell der Internetriesen. Wirtschaftswoche. https://www.wiwo.de/finanzen/boerse/apple-vs-google-das-epische-duell-der-internetriesen/8535404.html. Zugegriffen: 2. Mai 2018.

Hajek, S. (2018). Streamingdienst Börsengang. So funktioniert die Erfolgsformel von Spotify. https://www.wiwo.de/technologie/digitale-welt/streamingdienst-boersengang-groesserer-datenschatz-als-apple-und-netflix/21121318-2.html. Zugegriffen: 2. Mai 2018.

Harengel, P. (2017). Streaming und Fernsehen. Radikaler Umbruch: Wie wir TV-Sender, Netflix und Amazon zum Umdenken zwingen. Focus. https://www.focus.de/digital/experten/mediennutzung-streaming-wie-nutzer-tv-sender-netflix-und-amazon-zum-umdenken-zwingen_id_7751533.html. Zugegriffen: 2. Mai 2018.

Hauck, M. (2014). Geschäftsmodelle von Google und Facebook. Daten für Milliarden. Süddeutsche Zeitung. http://www.sueddeutsche.de/digital/geschaeftsmodelle-von-google-und-facebook-daten-fuer-milliarden1.2270247. Zugegriffen: 2. Mai 2018.

Heckel, M., & Ermisch, S. (2018). Turo: Der nächste Carsharing-Anbieter greift an. http://gruender.wiwo.de/turo-der-naechste-carsharing-anbieter-greift-an/. Zugegriffen: 2. Mai 2018.

Hecking, M. (2018a). Warum Spotify trotz Horror-Verlusten an die Börse geht. Tech-Wette für die Massen. http://www.manager-magazin.de/finanzen/boerse/spotify-boersengang-des-streaming-dienstes-trotz-horror-verlusten-a-1201045-2.html. Zugegriffen: 2. Mai 2018.

Hecking, M. (2018b). Uber kommt jetzt mit dem Fahrrad Kampfzone Innenstadt - warum Techfirmen die Städte mit E-Bikes fluten. http://www.manager-magazin.de/unternehmen/it/was-uber-tencent-und-alibaba-mit-bike-sharing-wollen-a-1202146.html. Zugegriffen: 2. Mai 2018.

Hirn, W. (2018). Digital-Supermächte streiten um Weltherrschaft: Jack Ma gegen Jeff Bezos - Duell der Giganten. http://www.manager-magazin.de/magazin/artikel/e-commerce-kampf-um-die-weltherrschaft-zwischen-amazon-und-alibaba-a-1202347.html. Zugegriffen: 2. Mai 2018.

Hofer, M. B., & Bastgen, J. (2017). Wenn ein hoher Preis den Absatz steigert. Sciam. http://www.sciam-online.at/wenn-ein-hoher-preis-den-absatz-steigert/. Zugegriffen: 2. Mai 2018.

Hohensee, M. (2018). iPhone X: Apple enttäuscht und begeistert zugleich. https://www.wiwo.de/unternehmen/it/iphone-x-apple-enttaeuscht-und-begeistert-zugleich/20919524.html. Zugegriffen: 2. Mai 2018.

Jacobsen, N. (2018). Amazon-Quartalsbilanz: Jeff Bezos nimmt den Börsenthron ins Visier. Absatzwirtschaft. http://www.absatzwirtschaft.de/amazon-quartalsbilanz-jeff-bezos-nimmt-den-boersenthron-ins-visier-131351/. Zugegriffen: 2. Mai 2018.

Jansen, J. (2017). 8,4 Milliarden vernetzte Geräte im Internet der Dinge. FAZ. http://www.faz.net/aktuell/wirtschaft/netzwirtschaft/digitalisierung-8-4-milliarden-vernetzte-geraete-im-internet-der-dinge-14865654.html. Zugegriffen: 2. Mai 2018.

Jauernig, H. (2017). So investieren Sie in „Big Data" (mit allen Risiken). Manager Magazin. http://www.manager-magazin.de/magazin/artikel/trend-investing-big-data-rush-a-1154808-3.html. Zugegriffen: 2. Mai 2018.

Jensen, O., & Henrich, M. (2011). Grundlegende preisstrategische Optionen auf B2B-Märkten. In C. Homburg & C. Totzek (Hrsg.), Preismanagement auf B2B-Märkten (S. 75–104).

Literatur

Joho, K. (2018) Künstliche Intelligenz. Wie Manager KI zu ihrem Werkzeug machen. Wirtschaftswoche. https://www.wiwo.de/erfolg/management-der-zukunft/kuenstliche-intelligenz-wie-manager-ki-zu-ihrem-werkzeug-machen/20907208.html. Zugegriffen: 2. Mai 2018.

Katz, M., & Shapiro, C. (1985). Network externalities, competition, and compatibility. American Economic Review, 1985(75), 424–440.

Kerkmann, C. (2018). Spekulation um Megadeal. Kauft Apple wirklich Netflix? Wirtschaftswoche. https://www.wiwo.de/unternehmen/it/spekulation-um-megadeal-kauft-apple-wirklich-netflix/20808824.html. Zugegriffen: 2. Mai 2018.

Kharpal, A. (2016). Apple captures record 91 percent of global smartphone profits: Research. https://www.cnbc.com/2016/11/23/apple-captures-record-91-percent-of-global-smartphone-profits-research.html. Zugegriffen: 2. Mai 2018.

Kluge, S. (2018). Verbraucher fahren auf Flixbus ab. Wirtschaftswoche. https://www.wiwo.de/unternehmen/dienstleister/brandindex-verbraucher-fahren-auf-flixbus-ab/21031196.html. Zugegriffen: 2. Mai 2018.

Kopetzky, M. (2016). Preispsychologie. In vier Schritten zur optimierten Preisgestaltung. Berlin: Springer Gabler.

Lange, K. (2018). Coba-Vorstand Michael Reuther zur Digitalisierung. „Mit Smart Data zu expandieren, ist die Königsdisziplin". Manager Magazin. http://www.managermagazin.de/unternehmen/industrie/digitalisierung-immittelstand-michael-reuther-ueber-smart-data-nutzung-a-1203288.html. Zugegriffen: 2. Mai 2018.

Lietzmann, P. (2018). Digital-Chef Klaus Helmrich. Siemens testet Fabriken vorher am Computer – und verzehnfacht dadurch die Produktion. https://www.focus.de/finanzen/news/unternehmen/mindsphere-in-der-cloud-siemens-testet-fabriken-am-computer-und-verzehnfacht-dadurch-produktion_id_8786168.html. Zugegriffen: 23. Apr. 2018.

Lindinger, M. (2018). Digitale Flut. Frankfurter Allgemeine Woche, 6, 60.

Mansholt, M. (2018). Warum beim Streaming-Krieg der Kunde verliert. Stern. https://www.stern.de/digital/homeentertainment/netflix--warum-beim-streaming-krieg-der-kunde-verliert7703198.html. Zugegriffen: 2. Mai 2018.

Marx, U. (28. Februar 2018). Künstliche Intelligenz macht der Industrie Beine. Frankfurter Allgemeine Zeitung, 99, 20.

Meckel, M. (2018). Die echten Handelskriege werden längst um Daten geführt. https://www.wiwo.de/politik/ausland/schlusswort-die-echten-handelskriege-werden-laengst-um-daten-gefuehrt/21142272.html. Zugegriffen: 2. Mai 2018.

Meyer, A. (1992). Dienstleistungs-Marketing: Erkenntnisse und praktische Beispiele. Augsburg: FGM.

Meyer, J. U. (2018). Zu radikal, zu innovativ, zu schnell. Woran Tesla scheitern könnte. Manager Magazin. http://www.manager-magazin.de/unternehmen/autoindustrie/tesla-woran-der-elektroautobauer-scheitern-koennte-a-1203806.html. Zugegriffen: 2. Mai 2018.

Obermeier, L. (2018). Kaum jemand will das Galaxy S. 9 – Warum sich Samsung und Apple verzockt haben. Focus. https://www.focus.de/digital/handy/schlechte-verkaufszahlen-bei-smartphones-kaum-jemand-will-das-galaxy-S.9-kaufen-warum-sich-samsung-und-apple-verzockt-haben_id_8609160.html. Zugegriffen: 2. Mai 2018.

Ochsenkühn, A. (2017). Das Internet frisst seine Kinder. Chancen und Risiken der Digitalisierung. Obergriesbach: Amac-Buch Verlag.

Osterwalder, A., & Pigneur, Y. (2010). Business model generation: A handbook for visionaries, game changers, and challengers. New Jersey: Wiley.

o. V. (2013). Fakten-Check Amazon. So tickt der Online-Gigant. Bild. https://www.bild.de/geld/wirtschaft/amazon/amazon-fakten-check-so-tickt-der-online-gigant-29196630.bild.html. Zugegriffen: 2. Mai 2018.

o. V. (2018a). Softwareriese Microsoft baut um - Windows-Chef geht. Wirtschaftswoche. https://www.wiwo.de/unternehmen/it/softwareriese-microsoft-baut-um-windows-chef-geht/21129384.html. Zugegriffen: 2. Mai 2018.

o. V. (2018b). US-Softwarekonzern: Adobe gelingt deutliches Plus bei Umsatz und Gewinn. Handelsblatt. http://www.handelsblatt.com/unternehmen/it-medien/us-softwarekonzern-adobe-gelingt-deutliches-plus-bei-umsatz-und-gewinn/21078512.html. Zugegriffen: 2. Mai 2018.

o. V. (2018c). Künstliche Intelligenz vor dem Durchbruch: Roland-Berger-Chef prophezeit: Facebook und Google droht ähnliches Schicksal wie Nokia. Focus. https://www.focus.de/finanzen/news/kuenstliche-intelligenz-vor-dem-durchbruch-roland-berger-chef-prophezeit-facebook-und-google-droht-aehnliches-schicksal-wie-nokia_id_8329799.html. Zugegriffen: 2. Mai 2018.

o. V. (3. Februar 2018d). Der Preis des iPhone X rettet Apple die Bilanz, Frankfurter Allgemeine Zeitung, S. 23.

o. V. (2018e). Einnahmen mit Cloud-Anwendungen. Wie Apple mit Ihrem iPhone-Speicherplatz Geld macht. Manager Magazin. https://www.focus.de/digital/computer/apple/apple-das-geschaeft-mit-zu-geringem-speicher_id_8456497.html. Zugegriffen: 2. Mai 2018.

o. V. (2018f). Nach Ausstieg bei DriveNow Sixt greift BMW und Daimler mit eigenem Carsharing an. Manager Magazin. http://www.manager-magazin.de/unternehmen/autoindustrie/sixt-nach-ausstieg-bei-drivenow-kommt-eigenes-carsharing-a-1198272.html. Zugegriffen: 2. Mai 2018.

o. V. (2018g). Die fiesen Tricks der Drucker-Preistreiber. Tinte so teuer wie nie. Bild. https://www.bild.de/bild-plus/digital/computer/drucker/warum-die-tinte-fuer-drucker-gerade-so-teuer-ist-54558240,view=conversionToLogin.bild.html. Zugegriffen: 2. Mai 2018.

o. V. (2018h). Technischer Fortschritt. Vormarsch künstlicher Intelligenz bringt Vorteile - und Sorgen. Wirtschaftswoche. https://www.wiwo.de/technologie/digitale-welt/technischer-fortschritt-vormarsch-kuenstlicher-intelligenz-bringt-vorteile-und-sorgen/20660530.html. Zugegriffen: 2. Mai 2018.

Pander, J. (2018). Wir wollen das Apple der Autos werden. Spiegel. http://www.spiegel.de/auto/aktuell/auto-start-up-byton-schneller-als-alle-anderen-a-1203947.html. Zugegriffen: 2. Mai 2018.

Paulus, M. (2016). Beschreibung und Weiterentwicklung eines Geschäftsmodells am Beispiel des DuMont Reiseverlags, pubiz. http://www.pubiz.de/home/marketingwerbung/marketingwerbung_artikel/datum/2016/05/25/beschreibung-und-weiterentwicklung-eines-geschaeftsmodells-am-beispiel-des-dumont-reiseverlags.htm?no_cache=1&tx_ttnews%5Bpage%5D=1. Zugegriffen: 2. Mai 2018.

Postinett. (2018a). Das nächste Netflix? Was Sie zum Börsengang von Spotify wissen müssen. Handelsblatt. https://www.wiwo.de/finanzen/boerse/das-naechste-netflix-was-sie-zum-boersengang-von-spotify-wissen-muessen/21019612.html. Zugegriffen: 2. Mai 2018.

Postinett, A. (2018b). Videostreamingdienst. Starke Ergebnisse von Netflix lassen Tech-Branche hoffen. Handelsblatt. https://www.wiwo.de/unternehmen/it/videostreamingdienst-starke-ergebnisse-von-netflix-lassen-tech-branche-hoffen/21181586.html. Zugegriffen: 17. Apr.2018.

Postinett, A. (2018c). Amazon macht Konzernchef Bezos zwölf Milliarden Dollar reicher. Wirtschaftswoche. https://www.wiwo.de/unternehmen/it/online-haendler-amazon-macht-konzernchef-bezos-zwoelf-milliarden-dollar-reicher/21220974.html. Zugegriffen: 2. Mai 2018.

Reiche, L. (2018). Versicherer verlangt Treuhänder für Autodaten. Allianz-Konzern legt sich mit Autoindustrie an. Manager Magazin. http://www.manager-magazin.de/unternehmen/autoindustrie/allianz-bmw-vw-daimler-sollen-autodaten-an-treuhaender-geben-a-1189162.html. Zugegriffen: 2. Mai 2018.

Rest, J., & de Souza Soares, P. A. (2018). Hohes Wachstum, keine Gewinne - gelingt Spotify der Börsen-Coup? http://www.manager-magazin.de/magazin/artikel/spotify-wird-das-unternehmen-den-eigenen-erfolg-ueberleben-a-1145729-5.html. Zugegriffen: 2. Mai 2018.

Rottwilm, C. (2018a). Online-Riese auf Expansionskurs Banken aufgepasst - Amazon will eigene Konten anbieten. Manager Magazin. http://www.manager-magazin.de/unternehmen/handel/

Literatur

banken-aufgepasst-amazon-will-eigene-konten-anbieten-a-1196672.html. Zugegriffen: 2. Mai 2018.

Rottwilm, C. (2018b). 3 Gründe, warum Amazon bald mehr wert ist als Apple. Manager Magazin. http://www.manager-magazin.de/finanzen/boerse/boersenwert-warum-amazon-apple-bald-ueberholen-wird-a-1205108.html. Zugegriffen: 2. Mai 2018.

Salden, S., Schaefer, A., & Zand, B. (2017). Der Kunde als Gott. Der Spiegel, 2017(50), 12–19.

Sauberschwarz, L., & Weiß, L., (2018). Schluß mit dem Digitalisierungstheater. Capital. https://www.capital.de/wirtschaft-politik/schluss-mit-dem-digitalisierungstheater. Zugegriffen: 2. Mai 2018.

Schlesiger, C. (2018a). Flixbus-Chef Engert: „Greyhound unterschätzt uns". https://www.wiwo.de/unternehmen/dienstleister/flixbus-chef-engert-greyhound-unterschaetztuns/20997610.html. Zugegriffen: 2. Mai 2018.

Schlesiger, C. (2018b). Flixtrain: jetzt greift Flixbus auf der Schiene an. https://www.wiwo.de/unternehmen/dienstleister/flixtrain-jetzt-greift-flixbus-auf-der-schienean/21036968.htmlF. Zugegriffen: 2. Mai 2018.

Schlieker, K. (23. Februar 2018). Smartphones werden teurer. Wiesbadener Tagblatt, S. 25.

Schmidt, H. (2016). Wirtschaft 4.0. https://www.youtube.com/watch?v=53VGXX4_Pvo. Zugegriffen: 2. Mai 2018.

Schütte, C. (2017). Kampf gegen Monopole: Geht es Amazon und Google an den Kragen? Manager Magazin. http://www.manager-magazin.de/magazin/artikel/monopole-trustbusters-ii-a-1178562.html. Zugegriffen: 2. Mai 2018.

Shapiro, C., & Varian, H. (1999). Information rules: A strategic guide to the network economy. Boston: Harvard Business School.

Simon, H. (2015). Preisheiten. Frankfurt a. M.: Campus.

Simon, H. (2016). Pricing in the new era of digitalization. Warsaw Conference. https://www.youtube.com/watch?v=hHT3bI3UkV8. Zugegriffen: 11. März 2016. Zugegriffen: 2. Mai 2018.

Simon, H., & Fassnacht, M. (2008). Preismanagement: Strategie – Analyse – Entscheidung – Umsetzung (3. Aufl.). Wiesbaden: Gabler.

Skiera, B., & Lambrecht, A. (2007). Erlösmodelle im Internet. In S. Albers & A. Herrmann (Hrsg.), Handbuch Produktmanagement (S. 869–886). Wiesbaden: Gabler.

Skiera, B., & Spann, M. (2002). Preisdifferenzierung im Internet. In M. Schlögel, T. Tomczak, & C. Belz (Hrsg.), Roadmap to E-Business (S. 270–284). Thexis: St. Gallen.

Skiera, B., Spann, M., & Walz, U. (2005). Erlösquellen und Preismodelle für den Business-to-Consumer-Bereich im Internet. Wirtschaftsinformatik, 47 (4), 285–294.

Stauss, B. (1991). Dienstleister und die vierte Dimension. Harvard Manager 13, 81–89.

Tacke, G. (2018). Digitalisierung: "Think big, start smart". Vortrag European Sales Conference 2018. 19. April 2018.

Wirminghaus, N., Buttlar, H. von, & Kreimeier, N. (2018). Künstliche Intelligenz – Hype oder Hoffnung? Bild. https://www.capital.de/wirtschaft-politik/kuenstliche-intelligenz-hype-oderhoffnung. Zugegriffen: 2. Mai 2018.

Wirtz, B. W. (2011). Business Model Management: Design – Instrumente – Erfolgsfaktoren von Geschäftsmodellen. Wiesbaden: Springer Gabler.

Wocher, M. (2017). GmbH-Chef Martin Kannegiesser: Rückzug auf Raten. Handelsblatt. http://www.handelsblatt.com/my/unternehmen/mittelstand/familienunternehmer/gmbh-chef-martin-kannegiesser-rueckzug-auf-raten/20372886.html?ticket=ST-377418-4c6d2Gm1IrItnGAGe-AIn-ap2. Zugegriffen: 2. Mai 2018.

Zerdick, A., Picot, A., Schrape, K., Artopé, A., Goldhammer, K., Lange, U., Vierkant E., López-Escobar E., & Silverstone R. (1999). Die Internet-Ökonomie: Strategien für die digitale Wirtschaft (2. Aufl.). Heidelberg: Springer.

Pricing-Prozess Teil 1: Analyse (Determinanten der Preisfindung)

3

3.1 Einführung in den Pricing-Prozess

Was bedeutet Professionalität im Preismanagement vor dem Hintergrund der beschriebenen Grundlagen?

Der herausragende Wertschöpfungsbeitrag des Preismanagements besteht in der Optimierung der Unternehmenszielerreichung. Oberstes Ziel muss es sein, einen Prozess der Value Extraction zu installieren, der das digitale Pricing als einen integrierten Managementansatz versteht. Dieser durchgängige Ansatz definiert alle Prozessschritte von der Zielpriorisierung bis hin zur Preisdurchsetzung und dem Monitoring der Zielerreichung. Der Pricing-Prozess ist einer der bedeutendsten Wertschöpfungsprozesse von Unternehmen. Er umfasst verschiedene Phasen, die je nach Branche im Detail unterschiedlich ausgestaltet sind (Schmidt-Gallas und Lauszus 2005; Roll et al. 2012; Homburg und Totzek 2011; Frohmann 2009a). Den folgenden Prozessansatz lege ich diesem Buch zugrunde: Analyse – Strategie – Struktur – Umsetzung – Monitoring (Abb. 3.1).

Der Prozess übersetzt die Strategie in konkrete Preisentscheidungen (Preispunkte, Differenzierungsansätze, innovative Preismodelle etc.). Diese bilden die Ausgangsbasis für die Gestaltung von Preisverhandlungen und die Durchsetzung von Preisen am Markt. Der Optimierung von Preisniveaus kommt als zentraler Prozessphase eine besondere Bedeutung für die Wertmonetarisierung zu. Dieses Buch wird aufzeigen, dass Preismanagement über die Festlegung von Preisen weit hinausgeht. Es geht u. a. auch um die Schaffung von Werten für den Kunden, z. B. durch die Einführung von kreativen Strukturen und Preismodellen. Erfolgreiche Unternehmen entwickeln ein stringentes System der Value Extraction. Sie leben einen Pricing-Prozess, dessen Elemente über alle Ebenen hinweg stimmig sind. Konsistenz aus Kundensicht ist der entscheidende Gradmesser zur Beurteilung des Pricing. Jede Preis- und Produktentscheidung sollte auf einer Messung des Kundennutzens basieren. Allerdings sind auch die Kosten und

© Springer Fachmedien Wiesbaden GmbH, ein Teil von Springer Nature 2018
F. Frohmann, *Digitales Pricing,* https://doi.org/10.1007/978-3-658-22573-5_3

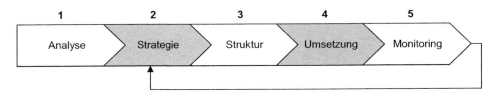

Abb. 3.1 Pricing-Prozess

die Wettbewerbsverhältnisse einzubeziehen (Buxmann und Lehmann 2009; Roll et al. 2012). Grundvoraussetzung für einen profitorientierten Preisprozess ist, dass die relevanten Informationen in der Analysephase entscheidungsoptimal aufbereitet werden. In vielen Unternehmen werden zwei Preisbildungsverfahren eingesetzt, die auf sehr einfachen Analysen basieren: Konkurrenzbezogenes Pricing und Kosten-plus-Ansatz.

3.2 Kosten

Bei der kostenorientierten Preissetzung wird eine Zielmarge auf die variablen Stückkosten aufgeschlagen. Ziel ist die Sicherstellung einer anvisierten Profitabilität (Diller 2008). Das Mark-up-Pricing ist die einfachste Preisbildungsmethode (Bertsch 1991; Buxmann und Lehmann 2009, S. 521; Roll et al. 2012). Die Problematik der Kosten-plus-Preisbildung besteht in folgenden Punkten (vgl. Simon 1992; Buchwald 2018; Homburg und Totzek 2011):

1. Die Ursache-Wirkung-Verhältnisse werden umgekehrt. Der Preis ist keine Funktion der Kosten. Preisveränderungen führen vielmehr zu Mengenkonsequenzen. Absatzveränderungen beeinflussen in der Folge die Kosten.
2. Bei der einseitigen Ausrichtung auf die eigenen Kosten bleibt der Markt unberücksichtigt. Die Nachfrageseite wird ignoriert.
3. Die Kosten sind für den Kundennutzen (und damit für den Maximalpreis) irrelevant! Preisbereitschaften resultieren aus den Kundenbedürfnissen. Interne Strukturdaten sind für den Markt völlig unerheblich.
4. Bei einer Vollkostenkalkulation führt ein Rückgang des Absatzes zu einer erhöhten Umlage von fixen Aufwendungen und damit zu einem höheren Preis. Eine Preiserhöhung als Reaktion auf einen Mengenrückgang verschärft das Absatzproblem.
5. Ein weiteres Problem des Kosten-plus-Pricing ist die Vernachlässigung der Wettbewerber.

Aus diesen Argumenten resultieren drei Risiken des Kosten-plus-Ansatzes mit Blick auf den Gewinn als wichtigste Zielgröße des Pricing:

a) Effizienzsteigerungen werden automatisch an den Kunden weitergegeben. Nutzenänderungen auf der Nachfrageseite finden keine Berücksichtigung. Durch die festen Aufschlagfaktoren reicht man Einsparungen bei den Herstellungskosten oder Einkaufskonditionen undifferenziert weiter. Potenzielle Gewinne werden auf diese Weise verschenkt.

b) Unternehmen verzichten auf Marge, wenn ihr Preis zu niedrig ist. Dies ist immer dann der Fall, wenn die Preisbereitschaft für Produkte über den Herstellungskosten plus Margenaufschlag liegt. Die Zahlungsbereitschaft der Kunden kann deutlich über die Kosten plus Zielmarge hinausgehen. Digitale Produkte sind ein prägnantes Beispiel hierfür. Die Preisbereitschaften liegen hier oft deutlich über den sehr niedrigen Erstellungskosten. Eine noch breitere Perspektive auf die wichtigsten Branchen und Unternehmen zeigt: Produkte werden im internationalen Vergleich qualitativ immer ähnlicher. Durch Dienstleistungen rund um das Produkt bestehen große Potenziale zur Differenzierung. Diese bereits seit Langem valide Strategie ist vor dem Hintergrund der Digitalisierung und der Chancen für digitale Services noch wichtiger geworden. Falls diese Zusatzwerte nicht professionell in den geforderten Preisen reflektiert werden, ist das Profitpotenzial verschenkt. Mit einem kostenbasierten Preismanagement ist das Abschöpfen von Mehrwerten nicht möglich.

c) Unternehmen verschenken Absatzmengen, wenn ihr Preis zu hoch ist. Zu hohe Kosten oder Margenerwartungen resultieren in einem Preis, der die Zahlungsbereitschaft der Kunden überschreitet. Dann gehen Volumina und Marktanteile an die Wettbewerber verloren.

Fakt ist: Es gibt keinen kausalen Zusammenhang zwischen den Kosten (bzw. den Margenerwartungen) und der Zahlungsbereitschaft der Kunden. Kernproblem beim Kosten-plus-Ansatz ist die reine Innenorientierung. Die Wirkung eines einseitigen Kostenfokus ist abzusehen: Entweder sind die Produkte zu teuer, da die Budgetvorstellungen der Kunden nicht berücksichtigt sind. Oder die Qualitätswahrnehmung der Kunden leidet durch eine zu niedrige Preispositionierung. Nur bei sehr großen Sortimenten und im Ersatzteil-Pricing hat das Mark-up-Pricing in adaptierter Form eine Berechtigung (Buchwald 2018). Aber auch in diesen Fällen sollten Aufschlagfaktoren nicht pauschal über das Portfolio verteilt werden. Eine produkt- oder produktgruppenspezifische Differenzierung der Zuschläge ist zur Gewinnausschöpfung zwingend erforderlich (Roll et al. 2012; Artz und Schröder 2011). Trotz der beschriebenen Nachteile: Kosteninformationen sind wichtig für das Pricing (Homburg und Totzek 2011). Als Preisuntergrenze sind interne Aufwendungen zwingend zu beachten, sofern ein Unternehmen Gewinne erzielen will. In investitionsintensiven Branchen müssen die Kostenimplikationen von Innovationen oder Produkterweiterungen in die Pricing-Überlegungen einbezogen werden. So kostet allein das neue OLED-Display als Werttreiber im iPhone X 93 € pro Gerät (Mansholt 2018a). Eine Betrachtung von Durchschnittskosten bei der Preisbildung ist allerdings unzulässig. Fixe und variable Bestandteile müssen getrennt werden. Nur die Kosten, die von der Preisentscheidung abhängig sind, dürfen in die Kalkulation einbezogen werden. Die Preisuntergrenze entspricht dem niedrigsten Preis, zu dem ein Produkt vertrieben werden kann, ohne Verluste zu erzielen (Simon 1992; Corsten 1988; Bertsch 1991; Diller 2008). Kurzfristig wird ein Gewinnbeitrag erwirtschaftet, wenn der erzielbare Preis über den variablen Stückkosten liegt. Denn auf kurze Sicht sind Fixkosten nicht veränderbar und somit nicht entscheidungsrelevant. Der gewinnoptimale Preis wird durch Fixkosten nicht beeinflusst. Nur die Kosten, die von der Preis-Angebot-Entscheidung abhängig sind (z. B. Vertriebskosten), dürfen folglich in die Preiskalkulation einbezogen werden. Zu den nicht beeinflussbaren Sunk Costs gehören etwa Ausgaben für Forschung und Entwicklung sowie die Kosten der Markteinführung.

Langfristig muss der Preis allerdings sowohl variable als auch fixe Kosten der Produktion bzw. Dienstleistungserstellung decken. Betrachten wir den Markt für Videostreaming. Um ihre Position auszubauen, investieren die marktführenden Anbieter wie Netflix, Disney und Amazon massiv in eigene Inhalte (Postinett 2018). Im Content-Geschäft sind Investitionen in Milliardenhöhe erforderlich, um die Kundenanforderungen zu bedienen und gleichzeitig die erfolgskritische Masse zu erreichen. Langfristig orientierte Investitionen in zweistelliger Milliardenhöhe für Lizenzen und Produktionen müssen über entsprechende Preiserhöhungen finanziert werden. Die Preisuntergrenze entspricht folglich den Vollkosten.

> **Fallbeispiel Media Markt und Saturn**
>
> Media Markt und Saturn investieren massiv in Digitalisierung und führen im Lauf des Jahres 2018 elektronische Preisschilder in allen deutschen Filialen ein (Mitsis 2018; Firlus 2018). Die Kosten in Höhe von 100 Mio. € sind entsprechend der skizzierten Entscheidungsregel auf lange Sicht im Pricing zu reflektieren.
>
> Viele Angebotssektoren – darunter Dienstleistungen und digitale Güter – zeichnen sich durch sehr niedrige Grenzkosten und hohe Fixkosten aus (Bertsch 1991; Buxmann und Lehmann 2009, S. 521; Roll et al. 2012). Sobald die Kapazitäten in Branchen wie Medien, Telekommunikation, Finanzdienstleistungen sowie Informationstechnologie einmal aufgebaut sind, sind die Grenzkosten für die Erstellung einer weiteren Leistungseinheit marginal. Dies gilt insbesondere für digitale Angebote.
>
> Die Gewinnauswirkung einer Absatzmengenänderung ist umso größer, je höher sich das Verhältnis von fixen zu variablen Kosten darstellt. Bedingt durch einen hohen Fixkostenanteil führt schon eine geringe Steigerung des Volumens bzw. der Auslastung zu einer deutlichen Profitveränderung (Simon 1992).

3.3 Wettbewerb

Beim wettbewerbsorientierten Pricing erfolgt die Preisfestlegung mit direktem Bezug zu den Konkurrenten (Roll et al. 2012; Simon und Fassnacht 2008, 2016; Skiera und Spann 2002; Corsten 1988; Simon und Dolan 1997). Beobachtbar sind defensive Ansätze (etwa eine Orientierung am Preisführer) oder aktive Preisstrategien (z. B. eine konsequente Unterbietung der Benchmarks im Rahmen einer Nischenstrategie). Die wettbewerbsorientierte Preisermittlung spielt für digitale Produkte eine wichtige Rolle:

1. Eine wettbewerbsorientierte Preisbildung ist eng an Marktanteilszielsetzungen angelehnt. Oft geht es um die Erreichung von Marktanteilszuwächsen durch Unterbietung der Wettbewerber. Die Gewinnung eines hohen Marktanteils ist bei digitalen Angeboten von entscheidender Bedeutung. Netzeffekte und daraus resultierende Lock-in-Wirkungen bei Kunden sind die entscheidenden Argumente hierfür (Buxmann und Lehmann 2009).
2. Die Konkurrenzbeobachtung wird im Zuge der Digitalisierung erleichtert. Wettbewerbsorientiertes Pricing ist aus technologischen Gründen einfacher umsetzbar als früher.
3. Bei digitalen Gütern ist in der jüngeren Vergangenheit eine Verschärfung des Preiswettbewerbs zu beobachten. Viele moderne Branchen – insbesondere die durch Digitalisierung am stärksten betroffenen – sind durch oligopolistische Strukturen geprägt. Das Preisgeschehen wird von wenigen starken Wettbewerbern bestimmt – die Oligopolisten teilen den Großteil des Markts unter sich auf. Das Cloud Computing dominieren Amazon, Microsoft und Google. Zwei Drittel des Markts für Online-Werbung wird allein von Facebook und Google abgedeckt (Schmidt 2016). Beide vereinten 2017 mehr als 60 % der weltweiten Werbeeinnahmen auf sich. Amazon, Google und Apple beherrschen den Wachstumsmarkt der persönlichen Sprachassistenten. Amazon erreichte Anfang 2018 mit seinem digitalen Assistenten Alexa knapp 75 % Marktanteil in diesem Schlüsselsektor (Salden et al. 2017; Schütte 2017).
4. Markanteilsziele, Preiswettbewerb und Konzentrationstendenzen wirken sich massiv auf die Branchengewinne aus. In vielen digitalisierten Branchen sind nur die marktanteilsstarken Unternehmen profitabel. So herrscht z. B. in der Smartphone-Industrie ein deutliches Ungleichgewicht bei der Verteilung der Gewinne. Apple erwirtschaftet mit seinem iPhone etwa 80 % des Branchengewinns. Samsung ist ebenfalls sehr profitabel. Bei den weiteren Herstellern fällt die Profitabilität deutlich ab (o. V. 2018a; Jacobsen 2018; Dämon 2016). Konzentrationstendenzen sowie das Streben nach Größe und Marktmacht werden in digitalisierten Branchen in Zukunft weiter zunehmen (Knop 2018). Der Preis spielt in diesem Verdrängungswettbewerb als Wettbewerbsparameter auch in Zukunft eine exponierte Rolle.
5. Die Preisaktion eines Unternehmens beeinflusst den Marktanteil der anderen Konkurrenten in oligopolistisch geprägten Branchen oft spürbar. Je nach Beurteilung der

Hintergründe und der eingetretenen Absatzeffekte reagieren die Wettbewerber mit preislichen Gegenmaßnahmen. Diese Konkurrenzreaktion hat Rückwirkungen auf die Volumen- und Gewinnsituation des Preisinitiators. Der Aktionstag Black Friday in Deutschland im November 2017 bietet zahlreiche Beispiele hierfür. In vielen Produktkategorien herrschte eine enorme Wettbewerbs- und Preisdynamik im Vorfeld der Rabattaktion. Zu beobachten war dies u. a. an der Preisentwicklung der Spielekonsole Playstation 4 von Sony. Unmittelbar vor dem eigentlichen Aktionstag senkten drei Online-Händler ihren Angebotspreis sehr stark ab. Anlass war eine Aktion des Einzelhandeldiscounters Aldi, der im Vorfeld des „Black Friday" die Playstation 4 zu einem sehr niedrigen Preis von 299 € anbot. Die erwähnten Konkurrenten sahen sich offensichtlich dazu gezwungen, auf den Kampfpreis des Discount-Händlers zu reagieren (Rieken 2017).

Aber auch bei Preiserhöhungen reagieren Wettbewerber. Als Beispiel hierfür sei der Markt für Videostreaming genannt. Milliardenschwere Investitionen für Lizenzen im Content-Geschäft müssen über entsprechende Preiserhöhungen finanziert werden. Der Marktführer Netflix übernahm Anfang 2018 die Initiative. Amazon folgte unmittelbar mit Preisanhebungen für seine Prime-Mitglieder. Das monatliche Abo für Premiumkunden wurde von 10,99 US\$ auf 12,99 US\$ heraufgesetzt, was einer Erhöhung um 18 % entspricht (Postinett 2018; Mansholt 2018b).

Im Folgenden schauen wir genauer auf die Wirkung von Preissenkungen. Dabei wird deutlich, dass wettbewerbsorientierte Preisansätze in fixkostenintensiven Branchen sehr riskant sind. Denn die Kostenstrukturen führen nicht selten dazu, dass Wettbewerber mit unausgelasteten Kapazitäten auf Preissenkungen zurückgreifen. Gefährdet sind insbesondere die Hersteller von Massenprodukten. Eine Preisreduzierung führt in hart umkämpften Märkten dann oft zu einer gefährlichen Spirale. Die Folgen sind (Simon und Fassnacht 2008):

- Die Anbieter unterbieten sich fortlaufend gegenseitig.
- Nur sehr selten schlagen sich die Preissenkungen in deutlich höheren Stückzahlen nieder.
- Am Ende findet sich die Branche insgesamt auf einem niedrigeren Preisniveau bei nahezu unveränderten Marktanteilen wieder.
- Dieser Automatismus treibt nicht selten alle Wettbewerber in die Verlustzone. Denn die reduzierte Marge wird oft nicht durch eine ausreichende Menge kompensiert.

Preiskriege werden häufig in der Annahme forciert, dass die Gewinne nach einer Marktbereinigung die Verluste des Preiskampfs übertreffen. Die Beispiele verschiedenster Branchen wie Telekommunikation, Lebensmitteleinzelhandel, Luftverkehr und viele andere zeigen, dass diese Annahme falsch ist. Preiskriege ziehen sich oft deutlich länger hin als ursprünglich erwartet. Das Ergebnis sind dauerhaft niedrigere Gewinne für alle Wettbewerber. In vielen Fällen wurden durch Preiskriege ganze Industrien nachhaltig geschwächt.

3.3 Wettbewerb

Im B2B-Sektor ist die Zementindustrie ein abschreckendes Beispiel. In dieser Branche dauerte es viele Jahre, bis die Unternehmen nach einem Preiskrieg wieder das frühere Gewinnniveau erreicht hatten (Simon 2015a). Weitere Beispiele für heftige Preiskämpfe lieferten in der Vergangenheit Speicherchips (Intel und AMD), Spielekonsolen (Microsoft und Sony) und Buchhandel (Wal-Mart und Amazon). Lebensmitteldiscounter (Aldi und Lidl) sowie Drogeriemärkte (Rossmann) unterboten sich Anfang 2018 gegenseitig heftig (Schuldt 2018; o. V. 2018b; Hielscher und Firlus 2018).

Von entscheidender Bedeutung für den Erfolg eines wettbewerbsorientierten Pricing ist es, an welchem Konkurrenten man sich orientiert. Es geht um die Definition des relevanten Wettbewerbs. Der relevante Wettbewerb aus Anbietersicht wird durch die Auswahl der Kunden definiert. Nur die Kundenperspektive ist im Rahmen des Pricing relevant. Im Zuge seiner Kaufentscheidung vollzieht der Nachfrager zwei Selektionsschritte. Im ersten Prozessschritt zählt die Bekanntheit der Anbieter. Im zweiten Selektionsschritt geht es um Akzeptanz- und Präferenzaspekte aus der Perspektive des Nutzers. Unter Einbeziehung von Mindestanforderungen an Qualität, Image etc. sowie Preisobergrenzen stehen danach nur noch relativ wenige Anbieter im direkten Wettbewerb zueinander. Diese Anbieter und deren Produktalternativen werden als Relevant Set oder Evoked Set bezeichnet (Buchwald 2018). Ohne eine klare Abgrenzung des relevanten Wettbewerbs kommt es möglicherweise zu teuren Fehlentscheidungen. Vor dem Hintergrund der zunehmenden Digitalisierung besteht ein besonderes Risiko in einer zu engen Marktdefinition und der Ignoranz von möglichen Konkurrenten. Denn in der jüngeren Vergangenheit wurden zahlreiche Unternehmen mit Angriffen branchenfremder Wettbewerber konfrontiert. Das Stammgeschäft von Microsoft mit Softwarelizenzen wurde von Googles Gratiskonzept für Google Docs unmittelbar getroffen. Auf den Angriff durch Open-Source-Software reagierte Microsoft kurzfristig mit Preissenkungen. Mittelfristig musste das Geschäftsmodell neu ausgerichtet werden. Neben Lizenzen (für installierte Software) erweiterte der Marktführer sein Portfolio um Online-Services auf Basis internetbasierter Software (Buxmann und Lehmann 2009).

> **Als Zwischenfazit kann festgehalten werden**
> Konkurrenzbezogenes Pricing und Kosten-plus-Preisbildung sind in der Praxis von hoher Relevanz. Kosten und Wettbewerbspreise sind als Einflussfaktoren wichtig. Die Verfahren sollten allerdings nie isoliert eingesetzt werden, denn beide greifen zu kurz. Zusätzlich zu den Kosten und Wettbewerbsüberlegungen muss die Kundenperspektive berücksichtigt werden. In wettbewerbsintensiven Märkten kann immer nur das abgeschöpft werden, was an Wert für den Kunden generiert wird. Insofern ist es unabdingbar, die Wertewahrnehmung der Kunden zu kennen. Eine profitorientierte Preisbildung muss alle relevanten Einflussfaktoren berücksichtigen: Konkurrenzangebote und eigene Kosten, aber auch Kundenanforderungen und Preisbereitschaften.

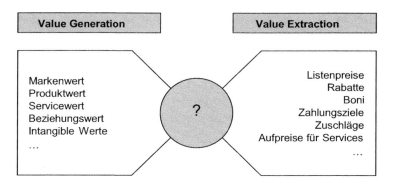

Abb. 3.2 Preis und Wert. (In Anlehnung an Simon 1992)

3.4 Kunden

Wertorientiertes Preismanagement richtet Preisstrukturen und -niveaus am Kundennutzen aus. Denn die Preisbereitschaft der Kunden ist immer der Spiegel des wahrgenommenen Werts (Simon 1992, 2015b; Abb. 3.2).

Die Kernfrage aus Managementsicht lautet: Welchen Nutzen verbindet der Kunde mit unserer Angebotsleistung und wie hoch ist seine hieraus resultierende Zahlungsbereitschaft? Ziel ist es, den Mehrwert der eigenen Produkte in der Preisfindung zu berücksichtigen. Die entscheidende Aufgabe im Vorfeld einer jeden Preis- und Produktentscheidung besteht in der Messung der Wertwahrnehmung. Wertorientiertes Pricing (Value-based Pricing) erfordert eine differenzierte Analyse der Kunden und des Wettbewerbs. Der Aufwand ist höher als beim Cost-plus-Pricing oder einer Anpassung an die Konkurrenz (Frohmann 2009b). Insbesondere für Unternehmen, die ihre Preise traditionell per Aufschlag auf die Herstellungskosten festgelegt haben, kann die Anwendung des Value-based Pricing zu deutlichen Gewinnsteigerungen führen. Im Kap. 5 wird methodisch detailliert aufgezeigt, wie der nutzenorientierte Ansatz zur systematischen Profitoptimierung genutzt werden kann.

Literatur

Artz, M., & Schröder, M. (2011). Durchsetzung von Zielpreisen in dezentralen Landesgesellschaften über Transferpreise. In C. Homburg & C. Totzek (Hrsg.), Preismanagement auf B2B-Märkten (S. 237–261). Wiesbaden: Gabler.
Bertsch, L. H. (1991). Expertensystemgestützte Dienstleistungskostenrechnung. Stuttgart: Poeschel.
Buchwald, G. (2018). Pricing-Lexikon. Prof. Roll & Pastuch Management Consultants. https://www.roll-pastuch.de/de/unternehmen/pricing-lexikon. Zugegriffen: 2. Mai 2018.
Buxmann, P., & Lehmann, S. (2009). Preisstrategien von Softwareanbietern. Wirtschaftsinformatik, 6, 519–529.

Literatur

Corsten, H. (1988). Betriebswirtschaftslehre der Dienstleistungsunternehmungen. München: Oldenbourg.

Dämon, K. (2016). Digitalisierung: Gabriels Digitalisierungsbefehl ist realitätsfremd. Wirtschaftswoche online. https://www.wiwo.de/erfolg/management/digitalisierung-digitale-unternehmen-sind-facebook-applegoogle/13364934-2.html. Zugegriffen: 2. Mai 2018.

Diller, H. (2008). Preispolitik (4. Aufl.). Stuttgart: Kohlhammer.

Firlus, T. (2018). Künstliche Intelligenz im Handel. Der Code weiß, was Sie morgen kaufen möchten. https://www.wiwo.de/unternehmen/handel/kuenstliche-intelligenz-im-handel-luxusindustrie-probiert-ki-aus/20961980-2.html. Zugegriffen: 2. Mai 2018.

Frohmann, F. (2009a). Erfolgreiche Preisstrategien und Produktpositionierung (Lektion 1). In Strategisches Preismanagement. Schriftlicher Lehrgang in 13 Lektionen (2. Aufl.).

Frohmann, F. (2009b). Der Neuproduktmanager. Management Circle Seminar.

Hielscher, H., & Firlus, T. (2018). Rabattaktion bei Aldi. Beginnt jetzt ein neuer Preiskampf mit Lidl? https://www.wiwo.de/unternehmen/handel/rabattaktion-bei-aldi-beginnt-jetzt-ein-neuer-preiskampf-mit-lidl/20872504.html. Zugegriffen: 2. Mai 2018.

Homburg, C., & Totzek, C. (2011). Preismanagement auf Business-to-Business-Märkten: Zentrale Entscheidungsfelder und Erfolgsfaktoren. In C. Homburg & C. Totzek (Hrsg.), Preismanagement auf B2BMärkten (S. 15–69). Wiesbaden: Gabler.

Jacobsen, N. (2018). Apple: Das iPhone X ist eine Verkaufsbremse – Trotzdem soll das Nachfolgemodell noch teurer werden. Handelsblatt online. http://www.handelsblatt.com/technik/it-internet/apple-das-iphone-x-ist-eine-verkaufsbremse-trotzdem-soll-das-nachfolge-modell-noch-teurer-werden/21178402.html. Zugegriffen: 2. Mai 2018.

Knop, C. (2018). Die Jagd auf unser digitales Ich, Frankfurter Allgemeine Zeitung, Nr. 47, S. 22.

Mansholt, M. (2018a). Smartphone-Konkurrenz. iPhone X verkauft sich schlechter als gedacht – Das stellt Samsung vor Probleme. Stern online. https://www.stern.de/digital/smartphones/iphone-x-verkauft-sich-schlechter-als-gedacht—und-stellt-samsung-vor-probleme-7869276.html. Zugegriffen: 2. Mai 2018.

Mansholt, M. (2018b). Warum beim Streaming-Krieg der Kunde verliert. Stern online. https://www.stern.de/digital/homeentertainment/netflix—warum-beim-streaming-krieg-der-kunde-verliert7703198.html.

Mitsis, K. (2018). Kein Preis-Chaos mehr bei Media Markt: Elektro-Riese plant langersehnten Schritt. http://www.chip.de/news/Kein-Preis-Chaos-mehr-Media-Markt-und-Saturn-planen-langersehnten-Schritt_134574723.html. Zugegriffen: 2. Mai 2018.

o. V. (2018a). Aldi greift Drogerien an. Jetzt reagieren Rossmann und dm. Focus Online. https://www.focus.de/finanzen/news/unternehmen/aldi-greift-drogerien-an-jetzt-reagieren-rossmann-und-dm_id_8341282.html. Zugegriffen: 2. Mai 2018.

o. V. (2018b). Einnahmen mit Cloud-Anwendungen. Wie Apple mit Ihrem iPhone-Speicherplatz Geld macht. Manager Magazin Online. https://www.focus.de/digital/computer/apple/apple-das-geschaeft-mit-zu-geringem-speicher_id_8456497.html. Zugegriffen: 2. Mai 2018.

Postinett, A. (2018). Online-Videodienst: Die Welt schaut Netflix, Handelsblatt Online. https://www.wiwo.de/unternehmen/it/online-videodienst-die-welt-schaut-netflix/20875584.html. Zugegriffen: 2. Mai 2018.

Rieken, S. (2017). Schnäppchenjagd am Black-Friday. Wie stark fallen die Preise wirklich? https://www.zdf.de/verbraucher/wiso/schnaeppchen-am-black-friday-100.html. Zugegriffen: 2. Mai 2018.

Roll, O., Pastuch, K., & Buchwald, G. (Hrsg.). (2012). Praxishandbuch Preismanagement. Strategien – Management – Lösungen. Weinheim: Wiley.

Salden, S., Schaefer, A., & Zand, B. (2017). Der Kunde als Gott. Der Spiegel, 50, 12–19.

Schmidt, H. (2016). Wirtschaft 4.0. https://www.youtube.com/watch?v=53VGXX4_Pvo. Zugegriffen: 2. Mai 2018.

Schmidt-Gallas, D., & Lauszus, D. (2005). Mehr Markt. Bonn.

Schuldt, S. (2018). Einzelhandel: Aldi und dm starten nächsten Preiskampf – Diesmal mit Marken-Parfüm. https://www.stern.de/wirtschaft/news/aldi-und-dm-starten-naechsten-preiskampf---diesmal-koennte-douglasverlierer-sein-7857280.html. Zugegriffen: 2. Mai 2018.

Schütte, C. (2017). Kampf gegen Monopole: Geht es Amazon und Google an den Kragen? Manager Magazin Online. http://www.manager-magazin.de/magazin/artikel/monopole-trustbusters-ii-a-1178562.html. Zugegriffen: 2. Mai 2018.

Simon, H. (1992). Preismanagement: Analyse – Strategie – Umsetzung (2. Aufl.). Wiesbaden: Gabler.

Simon, H. (2015a). Preisheiten. Frankfurt a. M.: Campus.

Simon, H. (2015b). Confessions of the pricing man. Göttingen: Copernicus.

Simon, H., & Dolan, R. J. (1997). Profit durch Power Pricing: Strategien aktiver Preispolitik. Frankfurt a. M.: Campus.

Simon, H., & Fassnacht, M. (2008). Strategie – Analyse – Entscheidung – Umsetzung (3. Aufl.). Wiesbaden: Gabler.

Simon, H., & Fassnacht, M. (2016). Strategie – Analyse – Entscheidung – Umsetzung (4. Aufl.). Wiesbaden: Gabler

Skiera, B., & Spann, M. (2002). Preisdifferenzierung im Internet. In M. Schlögel, T. Tomczak, & C. Belz (Hrsg.), Roadmap to e-business (S. 270–284). Thexis: St. Gallen.

Pricing-Prozess Teil 2: Strategie 4

4.1 Von der Unternehmens- und Wettbewerbsstrategie zur Preisstrategie

Die Unternehmensstrategie und die aus ihr abgeleiteten Wettbewerbsstrategien einzelner Sparten sind grundlegend für das Preismanagement. Eine gewinnorientierte Unternehmenssteuerung setzt voraus, dass die Preisstrategie in die Gesamtstrategie eines Unternehmens eingebunden ist. Pricing muss sich an übergeordneten Vorgaben orientieren. Die Ursachen hierfür lauten stichpunktartig wie folgt:

1. Jede Preisentscheidung eines Unternehmens umfasst sechs Dimensionen. Der Preis ist ein Betrag, den ein Käufer für ein bestimmtes Volumen eines Produkts bezahlt – Region, Vertriebskanal und Zeitpunkt kommen als Dimensionen hinzu.
2. Der Preis ist ein strategisches Instrument, mit dessen Hilfe sich Unternehmen im Wettbewerbsumfeld positionieren. Die Grundsatzfrage der Positionierung in der Preis-Leistungs-Wahrnehmung der Kunden betrifft sowohl die Ebene des Gesamtunternehmens, die Dimension einzelner Sparten wie auch Produktlinien und Produkte.
3. Auf allen Strategieebenen geht es um die Festlegung der strategischen Stoßrichtung für verschiedene Fokussegmente (Produkte, Regionen, Abnehmergruppen oder Vertriebskanäle des Unternehmens). Im Kern reflektiert die Strategiedefinition also die verschiedenen Dimensionen des Pricing. Der Preis ist damit per definitionem Bestandteil des Strategieprozesses eines Unternehmens.
4. Pricing liefert einen wichtigen Beitrag zur Erschließung der Erfolgspotenziale eines Unternehmens. Preise sind Spiegelbild der Leistungen. Preisforderungen reflektieren die internen Kosten, die Anforderungen der Kunden, die Konkurrenzsituation und nicht zuletzt die unternehmerischen Ziele.

© Springer Fachmedien Wiesbaden GmbH, ein Teil von Springer Nature 2018
F. Frohmann, *Digitales Pricing,* https://doi.org/10.1007/978-3-658-22573-5_4

5. Ein zentraler Bestandteil der Strategieentwicklung ist die Zieldefinition. Das Management legt im Rahmen der Budgetplanung fest, wie sich Absatzmengen (Marktanteile) und Margen in den folgenden Perioden auf den einzelnen Planungsebenen entwickeln sollen. Die Zielpriorisierung erfolgt für Geschäftsbereiche, Produktlinien und Fokusprodukte. Kundensegmente, Regionen und Vertriebskanäle sind als Preisdimensionen Bestandteil der Zielfestlegung auf Produktebene.

Die Kernelemente der Preisstrategie sind auf den verschiedenen **Ebenen der strategischen Planung** in unterschiedlichen Detaillierungsniveaus und Zeitintervallen zu klären. Es geht um die strategische Positionierung des Unternehmens, von Geschäftsbereichen und Produktlinien bis hin zu einzelnen Produkten.

Konzerne wie Apple, Amazon, Siemens oder Microsoft definieren zunächst eine übergeordnete Unternehmensstrategie. Die Corporate Strategy umfasst langfristige Grundsatzentscheidungen zur Erreichung der marktbezogenen Ziele des Unternehmens. Diese dienen der Kanalisierung der Strategien einzelner Geschäftsbereiche. Zentrale Fragen der Unternehmensstrategie lauten:

- In welchen Geschäftsfeldern wollen wir konkurrieren?
- Wie sollen zentrale Ressourcen auf die einzelnen Geschäftsbereiche verteilt werden?
- Welche Produkte bzw. Dienstleistungen sollen welchen Kundengruppen angeboten werden?

Für die einzelnen strategischen Geschäftsbereiche werden auf Basis der Corporate Strategy Wettbewerbsstrategien abgeleitet. Im Fall von Apple lauten diese Geschäftsfelder wie folgt: iPhone, iPad-Tablet, Mac-Computer, das Dienste-Geschäft und die Computer-Uhr Apple Watch.

Die Geschäftsbereichsstrategien (Beispiel Apple Service) dienen als unmittelbare Vorgaben für die verschiedenen Produktlinien und Produkte innerhalb der Organisationseinheiten (u. a. der Streamingdienst Apple Music, der Online-Speicher iCloud sowie der Bezahldienst Apple Pay). Kernherausforderung der strategischen Planung für alle Bereiche ist eine leistungs- und preisseitige Ausrichtung im Wettbewerb (Abb. 4.1).

In diesem Kapitel werden die unterschiedlichen Ebenen der strategischen Planung und deren Einfluss auf das Preismanagement skizziert.

4.2 Dimensionen der Preisstrategie

Die Preisstrategie definiert die zentralen Eckpfeiler für die Optimierung von Preisen. Auf Grundlage der Preisstrategie werden wichtige Richtlinien für das operative Preismanagement abgeleitet. Vier Strategiedimensionen lassen sich in folgenden beispielhaften Fragestellungen zusammenfassen:

4.2 Dimensionen der Preisstrategie

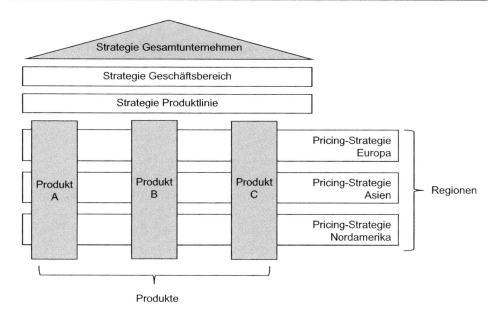

Abb. 4.1 Strategiedimensionen

1. Welche Ziele verfolgen wir?
   - Wie gewichten wir die konkurrierenden Ziele Marktanteil und Marge?
   - Welche Priorität nimmt die Umsatzoptimierung im Verhältnis zur Gewinnerzielung ein?
2. Wie wollen wir unsere Angebote preislich positionieren?
   - Auf welches Preis-Leistungs-Niveau im Vergleich zum Wettbewerb zielen wir?
   - In welchen Preislagen positionieren wir unsere Produkte und Dienstleistungen?
   - Welches Preisimage streben wir an?
3. Wie wollen wir uns im Preis-Leistungs-Wettbewerb verhalten?
   - Soll der Preis aktiv als Wettbewerbsparameter eingesetzt werden?
   - Wollen wir Preisführer sein, orientieren wir uns an den Wettbewerbspreisen oder verfolgen wir eine Nischenstrategie?
4. Welche Preisstruktur wählen wir?
   - Welcher Logik folgt unsere Preisfestlegung?
   - Wie stimmen wir Preise über das Leistungsportfolio ab?
   - Nach welchen Kriterien soll die Preisdifferenzierung erfolgen?
   - Wie stark wollen wir unsere Preise differenzieren?

Die Vorgehensweise bei der Strategiedefinition ähnelt der Navigation mit ihren drei Elementen Standortbestimmung, Zielbeschreibung und Festlegung der Route. Die korrespondierenden Fragen der Pricing-Strategie lauten: Wo stehen wir? Wo wollen wir hin? Wie kommen wir dahin? Im Kapitel zur Pricing-Analyse wurden die drei wesentlichen

Einflussfaktoren der Preisstrategie (Kosten, Wettbewerb, Kunden) kurz beschrieben. Diese dienen zur Bestimmung der Ausgangssituation (Wo stehen wir?). Der folgende Abschnitt skizziert die Zielbeschreibung (Wo wollen wir hin?). Danach werden verschiedene Routenoptionen (Wie kommen wir dorthin?) diskutiert.

Im Rahmen der Strategieentwicklung sind zahlreiche Aspekte zu berücksichtigen. Die notwendigen Abwägungen lassen sich auf vier übergeordnete Dimensionen und Fragen reduzieren:

- Attraktivität der Zielmärkte: Wo wollen wir konkurrieren?
- Eigene Leistung im Konkurrenzvergleich: Wie wollen wir konkurrieren?
- Unternehmenskompetenzen im Vergleich zum Wettbewerb: Welche Fähigkeiten sind erforderlich, um profitabel zu wachsen?
- Zielsetzungen: Welche Vorgaben resultieren aus den Budgetzielen für unser Pricing?

Für diese Detailfragen kann das umfassende Instrumentarium der strategischen Planung genutzt werden. Eine besonders effektive Planungsmethode ist der COMSTRAT-Ansatz (Abb. 4.2).

> **Methoden-Tipp: COMSTRAT**
>
> COMSTRAT (für „competitive strategy") ist ein Instrument zur Strategieableitung, das auf der fundierten Beantwortung der skizzierten Dimensionen und Fragen basiert (Simon und Gathen 2002). In einem Gesamtsystem werden integriert:

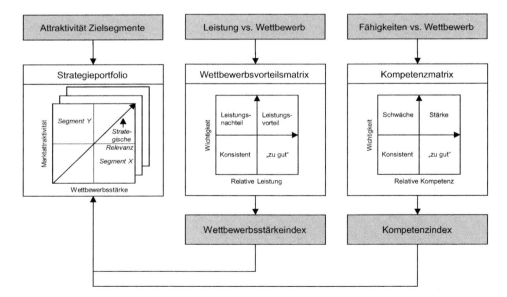

Abb. 4.2 COMSTRAT-Methode, Überblick. (In Anlehnung an Simon und Gathen 2002)

4.2 Dimensionen der Preisstrategie

- eine Bewertung der Attraktivität von Märkten (Frage 1),
- eine Wettbewerbsanalyse zur relativen Leistung (Frage 2),
- eine Unternehmensanalyse zu internen Kompetenzen (Frage 3),
- die Prioritäten der Marktbearbeitung, resultierend aus den Zielen des Unternehmens, der Geschäftsbereiche bzw. einzelner Produktlinien (Frage 4).

Die Anwendung der COMSTRAT-Methode basiert auf folgenden Erkenntnissen und Prämissen:

1. Strategie zielt auf Einzigartigkeit. Es geht darum, für den Kunden einzigartige Werte zu erzeugen.
2. Aus einer überlegenen strategischen Position resultiert eine überdurchschnittliche Rendite.
3. Eine Differenzierung von den Wettbewerbern erfordert einzigartige Kompetenzen.
4. Wettbewerbsvorteile und Kompetenzen beruhen auf der Kontrolle von Ressourcen.
5. Ressourcen umfassen Technologien, Know-how, Produkt- und Unternehmensmarken, den Zugang zu Rohstoffen etc. Vor dem Hintergrund der zunehmenden Digitalisierung bilden Daten als strategische Ressource eine Mindestvoraussetzung für den Markterfolg. Die Kontrolle und Anwendung von Daten erklärt den Erfolg von Amazon, Google, Facebook sowie von Flixbus, Schindler und zahlreichen anderen Unternehmen, die im weiteren Verlauf dieses Buchs dargestellt werden. Der herausragende Vorteil der COMSTRAT-Methode ist die einheitliche Bewertung der Geschäftsaktivitäten. Eine schrittweise Verdichtung der strategisch bedeutenden Informationen bildet die Grundlage für die strategische Prioritätensetzung.

Fallbeispiel: Ressourcen als Ausgangsbasis der Geschäftsmodelldefinition

Eine Fragestellung im Rahmen der COMSTRAT-Anwendung lautet: Welche Ressourcen und Kompetenzen besitzen wir im Unternehmen, die wir bisher noch nicht wertschöpfend genutzt haben? Aus einer kreativen und strukturierten Beleuchtung dieser Frage können sich Differenzierungschancen und profitable neue Erlösquellen ergeben. Amazon leitet aus dieser Kernfrage immer wieder neue Strategien ab. Ein Beispiel hierfür ist das B2B-Geschäftsmodell Amazon Web Services. Dessen Basis ist die für das B2C-Kerngeschäft entwickelte Wertschöpfungsstruktur (v. a. die Serverkapazitäten für den Online-Handel). Auf diesen einzigartigen Ressourcen aufsetzend entwickelte Amazon die Vermietung von IT-Leistungen. Im Jahr 2017 erwirtschafteten die Web Services einen Umsatz von 12 Mrd. US$ bei einem operativen Gewinn von 4 Mrd. US$. Das aus einzigartigen Ressourcen abgeleitete Zusatzgeschäft (AWS) ist heute die Cash Cow des Technologiekonzerns. Mit ihr wird das wachstumsstarke Kerngeschäft Internetversandhandel finanziert (Schütte 2017; o. V. 2018a).

Die Besonderheit der COMSTRAT-Methode besteht in der logischen Verknüpfung der strategierelevanten Fragestellungen in einem stringenten System (Simon und Gathen 2002). Eine typische Fragesequenz lautet:

1. Welche Segmente (Produkte, Regionen, Vertriebskanäle etc.) sind bezüglich unserer Zielvorgaben (u. a. Deckungsbeitrag und Marktanteil) am attraktivsten?
2. Welche Elemente unserer Unternehmensleistung würdigen die Kunden in diesen Geschäftsfeldern besonders?
3. Auf Basis welcher Kompetenzen und Fähigkeiten erstellen wir diese Leistungselemente?
4. Welche Ressourcen sind Grundlage für diese Kompetenzen und Fähigkeiten?

Projektskizze zur COMSTRAT-Methode
Zielsetzung

- Definition von Wettbewerbsstrategien für Geschäftsbereiche bzw. Produktlinien
- Integration von drei Strategiedimensionen in ein Gesamtsystem
- Segmentierung des Geschäfts in abgeschlossene Bereiche: Geschäftsbereiche, Produktlinien/Produkte, Regionen, Abnehmergruppen oder Vertriebskanäle des Unternehmens
- Die Segmentierung erfolgt i. d. R. auf der Basis von vier Dimensionen.

Beispiel: Innerhalb einer Produktlinie werden verschiedene Produkte (Dimension 1) positioniert. Die Wahrnehmung verschiedener Kundensegmente (Dimension 2) in einzelnen Regionen (Dimension 3) ist differenziert zu erfassen. Die Visualisierung der Produkte im Positionierungsdiagramm erfolgt anhand der wesentlichen Zielvorgaben. Die Zielerreichung der einzelnen Produkte in puncto Menge, Umsatz oder Profit (Dimension 4) wird grafisch abgetragen. Die Größe der Punkte visualisiert den relativen Beitrag der einzelnen Produkte zur Zielerreichung. Beispiel: Produkt W wird in Region X aus Sicht der Zielgruppe Y bewertet. Der Beitrag von Produkt W zur Erreichung des Gesamtziels beträgt Z Prozent.

Informationsbasis und Kennzahlen

- Nutzung von quantitativen Daten (Beispiel: Primärdaten zur Kundenwahrnehmung von Leistungen; Sekundärdaten zur Zielerreichung)
- Ergänzung um qualitative Expertenurteile des Managements (Beispiel: Einschätzung zu den Fähigkeiten der Organisation)
- Verdichtung der internen und externen Informationen anhand eines standardisierten Systems

4.2 Dimensionen der Preisstrategie

- Bewertung unterschiedlicher Geschäftsaktivitäten nach einheitlichen Messgrößen (z. B. wird die Marktattraktivität einheitlich anhand von Marktanteil und Deckungsbeitrag beurteilt)
- Verdichtung der Informationen zu Kennzahlen (Indizes für Marktattraktivität, Wettbewerbsstärke und Unternehmenskompetenzen)
- Visualisierung der Informationen durch grafische Strukturzusammenhänge (Wettbewerbsvorteilsmatrix, Kompetenzmatrix, Strategie-Portfolio)
- Identifikation von Chancen und Risiken auf Basis von quantitativen Daten

Index der Marktattraktivität
Zur Bestimmung des Attraktivitätsindex werden Marktsegmente quantitativ bewertet. Die Schritte lauten im Einzelnen:

1. Segmentierung der Geschäftsaktivitäten (z. B. Produkte) in homogene Bereiche
2. Auswahl von Kriterien der Attraktivität (z. B. Marktwachstum, Marktvolumen, Profitabilität, Wettbewerbsintensität)
3. Gewichtung der Attraktivitätsfaktoren
4. Beurteilung der Geschäftsaktivitäten (z. B. Produkte) anhand der Kriterien
5. Berechnung des Attraktivitätsindex als gewichteter Durchschnitt (Summe aus Wichtigkeit [Schritt 3] und Beurteilung [Schritt 4] pro Produkt)

Wettbewerbsvorteilsmatrix
Die Wettbewerbsvorteilsmatrix verdichtet zwei Dimensionen:

1. Anforderungen der Kunden an die Lieferanten
2. Beurteilung des eigenen Unternehmens im Vergleich zu seinen wichtigsten Konkurrenten

Die Wettbewerbsvorteilsmatrix zeigt anschaulich, welche Stärken das Unternehmen vom Wettbewerb differenzieren und wo Handlungsbedarf bei der Leistungspositionierung besteht (Abb. 4.3). Der Wettbewerbsstärkeindex aggregiert die Wichtigkeiten und die relative Leistung über alle Kaufentscheidungsparameter. Die Schritte sind:

1. Ermittlung des relevanten Konkurrenzumfelds (wichtigste Wettbewerber)
2. Identifikation der zu bewertenden Leistungsmerkmale aus Sicht der Kunden
3. Bewertung der Wichtigkeit der einzelnen Leistungsmerkmale durch Kunden
4. Wahrnehmung der Leistungsparameter aus Kundensicht (Beurteilung für alle relevanten Unternehmen)
5. Darstellung der Parameter in der Wettbewerbsvorteilsmatrix
6. Bestimmung des Wettbewerbsstärkeindex (gewichtetes Mittel der relativen Leistung als Indikator der Wettbewerbsposition)

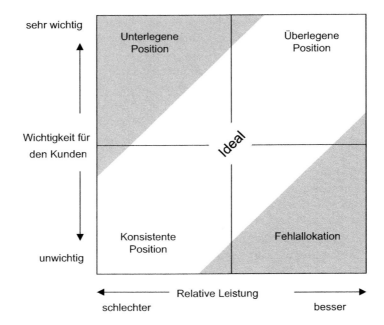

Abb. 4.3 Wettbewerbsvorteilsmatrix. (Simon 1992)

Kompetenzmatrix

Die Kompetenzmatrix wird methodisch analog zur Wettbewerbsvorteilsmatrix erstellt. Im Unterschied zur Wettbewerbsvorteilsmatrix, die Leistungsmerkmale aus Kundensicht verdichtet, visualisiert die Kompetenzmatrix Unternehmensmerkmale. Es geht um die Bestimmung der relativen internen Leistungsfähigkeit des Unternehmens im Wettbewerbsvergleich. Die Basis hierfür sind die zukünftigen Erfolgsvoraussetzungen und die derzeitigen Fähigkeiten der Organisation. Hierzu gehören u. a. Forschung-und-Entwicklung-Kompetenz, Vertriebskompetenz, Marktorientierung, digitales Know-how, Datenmanagement, Agilität, Verhandlungskompetenz der Vertriebsmitarbeiter und zahlreiche weitere Fähigkeiten. Die Messung der relativen Leistungsfähigkeit im Wettbewerbsvergleich erfolgt anhand eines Kompetenzindex. Dieser verdichtet interne Stärken und Schwächen in einer Kennzahl. Die Messung der Kompetenzstärke ist die Ausgangsbasis zur Identifikation der Fähigkeiten, die gezielt zu fördern sind, um strategische Zielsetzungen realisieren zu können. In der Kompetenzmatrix sind zwingend auch all jene Fähigkeiten einzubeziehen, die für das Management von digitalen Geschäftsmodellen relevant sind. So basiert das Geschäftsmodell von Spotify u. a. auf mehreren Hundert Datenspezialisten, die Kundendaten erfassen und nach Mustern auswerten. Dieses Know-how des Weltmarktführers ist eine einzigartige Ressource, auf deren Basis innovative digitale Services für seine Nutzer kreiert werden (Hajek 2018; Albert und Schultz 2018; Postinett 2018c).

Strategieportfolio

Das Portfolio visualisiert die beiden Kernfragen der Strategie (Wo konkurrieren? Wie konkurrieren?) auf zwei Dimensionen:

1. Attraktivität von Märkten (extern)
2. Stärke des Unternehmens (intern)

Die Dimension der Marktattraktivität beantwortet die Frage, in welchen Geschäftsfeldern die größte Wertschöpfung möglich ist. Die eigene Performance ist ein Indikator für die Wettbewerbsposition und für die Abschöpfung der geschaffenen Werte. Die Bewertungen der Marktattraktivität (vertikale Achse) und der Wettbewerbsposition (horizontale Achse) werden mithilfe des Portfolios visualisiert. Die beiden zentralen Strategiedimensionen sind für bestehende und neue Geschäftsaktivitäten darstellbar. Die Gesamtstärke des Unternehmens auf der horizontalen Dimension kann auch als Kombination aus zwei Bewertungen erfolgen: Wettbewerbsposition und Kompetenzstärke werden dann auf der horizontalen Achse aggregiert. Die Positionierung der Geschäftsaktivitäten in puncto Attraktivität und Stärke ist die Ausgangsbasis zur Simulation möglicher Wettbewerbsstrategien und zur Ableitung strategischer Entscheidungen. Aufgrund der quantitativen Datenbasis und der Integration aller relevanten Dimensionen besitzt die COMSTRAT-Methode eine deutlich höhere Praxisrelevanz als isolierte Strategiemethoden.

4.3 Pricing-Ziele

Preisstrategien haben eine herausragende Hebelwirkung auf die Zielerreichung des Unternehmens. Die Auswahl der Optionen im Pricing muss sich deshalb an der Zielsetzung des Unternehmens bzw. den Strategien einzelner Geschäftsbereiche orientieren. Die Herausforderung ist alles andere als trivial: Denn Unternehmen verfolgen mehrere Ziele (wie Gewinn, Marktanteil, Wachstum etc.), die sehr oft im Konflikt zueinander stehen. Zielsetzungen unterscheiden sich im Detail für Produktlinien, Regionen, Abnehmergruppen oder Vertriebskanäle. Auch für einzelne Branchen und Produktkategorien werden die Prioritäten im Pricing oft fundamental differenziert. Dies kann anhand von vier ausgewählten Sektoren und Angebotskategorien beispielhaft skizziert werden:

1. Bei digitalen Produkten hat die Erzeugung von Netzwerk- und Lock-in-Effekten höchste Priorität. Marktanteilsziele sind von herausragender Bedeutung. In vielen Fällen wird ein aktiver Verdrängungswettbewerb über den Preis geführt.
2. Dem stehen traditionelle Produktbranchen wie Automobil, Maschinenbau und die meisten Konsumgütersektoren gegenüber. Hier wird deutlich mehr Gewicht auf eine Ausbalancierung von Menge und Marge gelegt. Kernziel ist ein profitables Wachstum.

3. Im Commodity-Geschäft – bei austauschbaren Angeboten – müssen Preise flexibel gesetzt werden, um eine ausreichende Auslastung der Produktions- und Servicekapazitäten zu sichern.
4. Im Spezialitätensektor sind Margen wichtiger als Mengen – der Wert der Produkte ist durch optimale Preisaufschläge abzuschöpfen.

Die folgenden Fallstricke finden sich in der Unternehmenspraxis:

- Ziele werden nicht explizit formuliert.
- Eine Betrachtung des Gesamtzusammenhangs fehlt. Die Wechselwirkungen der Ziele in verschiedenen Unternehmensbereichen (Online-Angebote, Commodities, Services etc.) werden ignoriert.
- Es bestehen Inkonsistenzen über die verschiedenen Planungsebenen hinweg.
- Verschiedene Funktionsbereiche (Vertrieb, Controlling und Marketing) haben unterschiedliche Vorstellungen darüber, wo die Reise im Pricing hinführen soll.
- Zielkonflikte sind nicht transparent. Die notwendige Priorisierung ist dadurch schlichtweg nicht möglich.

Zielpriorisierungen sind zwingend notwendig, da mit dem Pricing sehr viele Stellhebel gleichzeitig bewegt werden: Preise haben Auswirkungen auf finanzielle Kennzahlen, auf das Unternehmensimage, auf Markenwerte sowie das Nachfrageverhalten und vieles mehr (Simon 1992). Beispiele für mögliche Ziele des Preismanagement sind:

- Menge pro Kunde erhöhen,
- Marktanteil steigern,
- Kundenloyalität sichern,
- Konkurrenten aus dem Markt drängen,
- verlorene Kunden zurückgewinnen,
- Einkaufsrate steigern,
- Gewinn erhöhen,
- neue Kunden anziehen,
- Preissensibilität verringern,
- Cross-Selling fördern,
- kurzfristige Auslastungstäler überbrücken,
- Transparenz verringern,
- Preiskriege vermeiden,
- Upgrading (Kauf höherwertiger Produkte) erleichtern,
- Preis pro Kunde erhöhen,
- Markenstrategie unterstützen,
- Markteintritt der Konkurrenz verhindern,
- Aufmerksamkeit der Kunden durch kreative Preiselemente steigern,
- Volatilität reduzieren.

4.3 Pricing-Ziele

Diese Aufzählung wurde bewusst ohne eine Kategorisierung oder logische Reihenfolge gewählt, um die Vielfalt möglicher Pricing-Ansätze zu verdeutlichen. Einige der oben genannten Ziele schließen sich gegenseitig aus. Vor dem Hintergrund der enormen Zielvielfalt ist das Risiko entsprechend groß, konfliktäre Beziehungen zwischen den einzelnen Ansätzen zu übersehen.

Methodentipp: Zielpriorisierung

Zur Aufdeckung der Zielgewichtungen einzelner Funktionsbereiche kann eine sehr einfache, aber effektive Methode genutzt werden. Ausgangsbasis ist ein Workshop mit allen im Pricingprozess involvierten Funktionsbereichen (Produktmanagement, Marketing, Vertrieb, Controlling, Kundendienst). In diesem Rahmen definiert jede Organisationseinheit zunächst alle Kriterien, die als Zielvorgaben einbezogen werden. Im zweiten Schritt bewertet jeder Workshopteilnehmer die relative Bedeutung jedes einzelnen Ziels mithilfe einer Konstantsummenskala. Die Frage lautet: An welchen Preiszielen orientiere ich mich in meiner Funktion? Es sind 100 % auf alle Ziele zu verteilen. Die Konstantsummenskala ist besonders gut zur Identifizierung von Zielkonflikten geeignet. Die Gewichtung mithilfe der Kardinalskala (von 0 bis 100 %) ist valider als eine Bewertung auf einer Intervallabstufung (z. B. 1 bis 5), da sie eine Abwägung forciert. Die Ergebnisse können mithilfe eines einfachen Excel-Tools im Workshop ausgewertet, visualisiert und zur Diskussion gestellt werden. Es empfiehlt sich eine Verknüpfung dieser Zieldiskussion mit der Expertenschätzung zur Preisoptimierung, die in Kap. 5 vorgestellt wird. Das Instrument der Zielpriorisierung ist eine hervorragende quantitative Unterstützung bei der Verzahnung der Strategiedefinition über die einzelnen Funktionen und Hierarchieebenen (Tacke 2014). Die Zielgewichtung im Pricing kann konsistent aus den Vorgaben der übergeordneten Hierarchie- und Planungsebenen abgeleitet werden. Widersprüchliche Zielansätze sind dann auszuschließen. Bei den strategischen Ansätzen des Preismanagements besteht ein besonderer Konflikt zwischen den Zielen Marge und Menge bzw. Marktanteil. Die Preisentscheider stehen hier vor einem grundsätzlichen Dilemma. Zur Erzielung hoher Margen sind hohe Preise notwendig. Diese bremsen jedoch das Wachstum eines Unternehmens. Sollen Mengensteigerungen forciert werden, empfehlen sich niedrigere Preise, die wiederum zulasten der Stückdeckungsbeiträge gehen. Die gleichzeitige Steigerung von Absatz (bzw. Marktanteil) und Stückdeckungsbeitrag (Marge) ist nur unter besonderen Umständen möglich (Simon 1992; Simon und Fassnacht 2008, 2016). Bei einer dynamischen Betrachtung ändern sich die Relationen der beiden Kernziele:

1. In Abhängigkeit von der Entwicklungsphase eines Unternehmens bzw. seiner Produkte kann die Konzentration auf kurzfristige Marktanteilsziele langfristige Gewinne befeuern.
2. Der relative Marktanteil eines Unternehmens bestimmt in digitalen Branchen dessen relative Kostenposition.

3. In dynamischen Wachstumsmärkten sind Marktanteile ein wichtiger Indikator für die Innovationskraft eines Unternehmens und den daraus resultierenden Kundennutzen.
4. Dominante Markstellungen sind einer der Hauptgründe für „pricing power" sowie die darauf basierende Fähigkeit zur Durchsetzung höherer Preise und Margen (Simon 2015a).
5. Die Zieloptionen einer maximalen Marktabschöpfung und einer schnellen Marktdurchdringung müssen im Vergleich zueinander bewertet und für jedes Unternehmen priorisiert werden.

Fallbeispiele: Amazon E-Books und Apple iPhone

Die Erzielung kurzfristiger Gewinne hat für Amazon untergeordnete Priorität. Der globale Marktführer unter den Online-Händlern verfolgt eine klar definierte Preisstrategie: Es geht um Marktanteilszuwächse und die Eroberung langfristig dominanter Marktpositionen (o. V. 2013, 2018a; Schütte 2017). Als Indikator hierfür dient die Verschiebung von Machtkonstellationen beim elektronischen Vertrieb von Büchern im US-Markt. Die Machtposition von Amazon ist aufgrund seines hohen Marktanteils und des direkten Endkundenzugangs enorm. Insbesondere kleinere Verlage bekamen die Einkaufsmacht des Online-Händlers in den Rabattverhandlungen der jüngeren Vergangenheit zu spüren.

Die Entwicklung von Apple zeigt, dass sich Prioritäten im Lauf des Lebenszyklus eines Produkts verschieben können. Das iPhone – die Cash Cow im Unternehmensportfolio von Apple – hatte in der jüngeren Vergangenheit mit zunehmenden Wachstumsproblemen zu kämpfen. Der Umsatz war im Jahr 2016 sogar leicht rückläufig. Die etablierten Märkte (z. B. Europa und USA) sind gesättigt. Vor dem Hintergrund stagnierender Marktanteile setzte Apple im Zuge seiner Produktlinienerweiterung auf eine drastische Erhöhung der Margen. Die neueste Version seiner Smartphones – das iPhone X – wurde im Herbst 2017 zu Preisen deutlich über 1000 EUR eingeführt. Bereits im Vorfeld der Markteinführung in Deutschland diskutierte man öffentlich sehr intensiv darüber, ob der außergewöhnlich hohe Preis akzeptiert würde. In sozialen Netzwerken wurde das Preis-Leistungs-Verhältnis scharf kritisiert. Die wahrgenommene Positionierung des iPhone X wird im weiteren Verlauf des Buchs noch genauer betrachtet (Kuhn und Berke 2018).

4.4 Wettbewerbsstrategien

Der Value-to-Customer als Ausgangsbasis des Pricing sollte aus Kundensicht gesehen werden. Ein Unternehmen kann nur erfolgreich sein, wenn es vom Kunden wahrgenommene Wettbewerbsvorteile besitzt. Es geht hierbei immer um einen Konkurrenzvergleich. Gute Leistungen bei wichtigen Parametern sind aus Kundensicht dann nicht ausreichend, wenn die Wettbewerber als noch besser wahrgenommen werden (Simon 1991a). Die Position im Verhältnis zur Konkurrenz wird durch zwei Faktoren bestimmt, durch

4.4 Wettbewerbsstrategien 95

1. die Leistung (den angebotenen Nutzen) und
2. den geforderten Preis (das ökonomische Opfer aus Sicht des Kunden).

Nutzen und Preis entscheiden über den Erfolg im Wettbewerb. Anders formuliert: Es gibt nur zwei Optionen für eine erfolgreiche Positionierung (Simon 1991a; Porter 1980). Der mögliche Wettbewerbsvorteil liegt

- auf der Leistungs-Nutzen-Seite (Leistungsdifferenzierung) oder
- auf der Preis-Kosten-Seite (Kostenführerschaft).

Leistungsdifferenzierung

Primäres Ziel der Differenzierungsstrategie ist es, dem Kunden durch eine einzigartige Leistung einen besonderen Kaufanreiz zu bieten. Die mögliche Wertepalette umfasst hierbei das Angebot im engeren Sinn, Zusatzservices, kommunikative Leistungen und den Vertrieb inklusive der Distributionskanäle (Porter 1980). Auch die Marke kann einen entscheidenden Beitrag zur Unterscheidung von den Wettbewerbern liefern. Viele Kunden sind bereit, für ein überlegenes Produkt oder für ein Markenimage mehr zu zahlen als für Konkurrenzangebote. Dementsprechend kann ein höherer Preis gefordert werden. Voraussetzung für eine Profitsteigerung ist, dass der Mehrnutzen für den Kunden (und damit die abschöpfbare Zahlungsbereitschaft) über den Zusatzkosten der höheren Qualität liegt. Die Bedeutung der einzelnen Werttreiber und die daraus resultierende Zahlungsbereitschaft unterscheiden sich je nach Branche, Produktkategorie, Kundensegment etc. Beispiele für eine Differenzierungsstrategie finden sich in allen Sektoren und Angebotskategorien. Im klassischen Produktgeschäft stehen dafür u. a. Porsche, Starbucks, Red Bull, Evian, Lindt, Montblanc, Miele, Gillette und Boss (Simon 2015a, b). Aufgrund ihrer Differenzierung gegenüber den Wettbewerbern setzen die genannten Unternehmen höhere Preise im Markt durch. In allen Beispielen ist das überlegene Markenimage im Vergleich zum Wettbewerb einer der Kerntreiber für höhere Durchschnittspreise, Margen und Gewinne.

Fallbeispiele

- Apple ist ein Paradebeispiel für die konsequente Umsetzung einer Differenzierungsstrategie im Bereich der Smartphones. Alle Wettbewerber zusammen erzielten mit Smartphones im Jahr 2016 weltweit einen Gewinn von 54 Mrd. US$. Mit einem Betrag von 45 Mrd. US$ entfiel ein Großteil des gesamten Branchengewinns auf das 2007 eingeführte Pionierprodukt iPhone (o. V. 3. Februar 2018i; Jacobsen 2018; Dämon 2016). Vor dem Hintergrund der technisch hervorragenden Produkte und des Markenimages können im Vergleich zum Wettbewerb deutlich höhere Preise durchgesetzt werden. Im Zuge der sukzessiven Erweiterung seiner Produktlinie (Versioning) baut Apple seine Premiumpreisstrategie zunehmend aus.

- Bei Tablets ist die Situation ähnlich. Die Apple-Geräte sind deutlich teurer als Tabletcomputer der Konkurrenz. So kostete das günstigste iPad Anfang 2018 in USA 329 US\$. Geräte der Konkurrenz waren für weniger als 200 US\$ verfügbar (Postinett 2018a).
- Die Bedeutung der Marke kann am Beispiel der Automobilindustrie beschrieben werden. Im Segment der Großraumlimousinen war Volkswagen (mit seinem Modell Sharan) im Vergleich zur baugleichen Version von Ford (Modell Galaxy) in der Vergangenheit deutlich erfolgreicher. Das Erfolgsmonitoring bezieht sich auf die beiden Kernziele im Pricing – Margen und Mengen. Volkswagen erzielte ein signifikantes Preispremium und konnte mit dem Sharan auch deutlich mehr Kunden als das Konkurrenzmodell gewinnen. Das Markenimage von Volkswagen ist für dieses Premium für Menge und Preis primär verantwortlich (Frohmann 2009a).
- Auch im Fall von Starbucks ist die überlegene Markenpositionierung einer der Werttreiber aus Sicht der Kunden (Simon 2015a). Starbucks ist mit seiner Differenzierungsstrategie und Premiumpreisen in einer Branche erfolgreich, deren Kernprodukt Kaffee lange Zeit als klassisches „commodity" galt.
- Auch Evian (Mineralwasser) und Montblanc (Kugelschreiber) gelingt eine Differenzierung in Produktkategorien, die als Massenware einem hohen Preisdruck ausgesetzt sind (Simon 2015a). Das Beispiel zeigt: Die Wahrnehmung von Kunden kann auch bei scheinbar austauschbaren Produkten im Sinn einer Differenzierung vom Wettbewerb beeinflusst werden. Dieser Prozess muss kreativ gesteuert werden. Wird die aktive Beeinflussung der Kundenwahrnehmung vernachlässigt, besteht die Gefahr, dass eine Branche in einen reinen Preiswettbewerb abrutscht.
- In digitalisierten Branchen manifestiert sich Leistungsdifferenzierung aus Sicht der Kunden besonders in den Attributen schneller und einfacher/komfortabler. Beide Werttreiber zusammen – besonders schnelle Lieferung und überragender Komfort über den kompletten Such- und Bestellprozess hinweg – erklären die ungebrochene Dominanz von Amazon im weltweiten Online-Handel.

Kostenführerschaft

Diese Strategieoption basiert auf dem Wettbewerbsvorteil eines niedrigeren Preises (Porter 1980). Auf der Grundlage von signifikanten Kostenvorteilen kann ein Unternehmen seinen Kunden deutlich günstigere Preise als vergleichbare Wettbewerber anbieten. Aufgrund der niedrigen Kostenbasis erwirtschaftet man dennoch attraktive Margen. Wichtig hierbei ist: Niedrige Preise allein sind nicht der Schlüssel zum Erfolg. Gewinne mit Niedrigpreisen erwirtschaften nur Unternehmen, deren gesamtes Geschäftsmodell konsequent auf Effizienz fokussiert ist (Simon 2015a). Beispiele hierfür finden sich in zahlreichen Branchen. Grundlage der Niedrigpreise von Dell im PC-Markt waren Effizienzvorteile im Rahmen des Built-to-Order-Modells (Simon 2015b, S. 54). Im Luftverkehr implementierte Southwest in den USA Ende der 1960er-Jahre als erste Airline diesen Strategieansatz (Dirlewanger 1969; Doganis 1991;

Meyer 1992; Pompl 1991; Frohmann 1994). Ryanair übertrug die Kostenführerschafts-strategie auf den europäischen Markt und ist sowohl Profitabilitäts- als auch Marktführer unter den Low-Cost-Airlines. Das Segment der Billigflüge ist in den letzten Jahren über-proportional gewachsen, befeuert von den Dauerniedrigpreisen von Ryanair, Easyjet und weiteren Low-Budget-Airlines. Innerhalb von Europa entfielen im Jahr 2017 48 % der Flüge auf das Low-Cost-Segment (Machatschke 2018, S. 52).

In den letzten Jahren konnten sich das Kostenführermodell und die daraus resul-tierende Preisstrategie in fast allen Branchen durchsetzen. Zahlreiche Konsumgüter-unternehmen übernahmen den strategischen Ansatz von Aldi, dem Pionier dieser Geschäftsvariante im Lebensmitteleinzelhandel. Und auch in Industriegüterbranchen (u. a. im Maschinenbau) finden sich immer mehr Low-Cost-Ansätze, mit denen besonders preisfokussierte Segmente angesprochen werden (Simon 2015b). Der skiz-zierte Strategieansatz von Porter (Leistungsdifferenzierung vs. Kostenführerschaft) entspricht im Kern einem deutlich früher kreierten volkswirtschaftlichen Modell. Das Konzept der komparativen Kostenvorteile von David Ricardo bezieht sich auf den Han-del zwischen Nationen. Länder erhöhen Ricardo zufolge ihren Wohlstand, wenn sie sich auf die Güter spezialisieren, die sie sehr günstig oder besonders gut herstellen kön-nen. Es geht in der Strategie folglich um die klassische Abwägung zwischen niedrigen Kosten (über Effizienz in der Wertschöpfung) und hohen Nutzen (über Innovation und Leistungsdifferenzierung). Simon zeigte bei einem Vergleich beider Strategieansätze auf, dass die Strategieoption der Kostenführerschaft mit einem erhöhten Wettbewerbs-risiko verbunden ist. Ein zentraler Erfolgsfaktor sind Economies of Scale – d. h. Kosten-vorteile in der Wertschöpfung über hohe Volumina. Die grundlegenden Zusammenhänge der Kostenführerstrategie sind den Besonderheiten von digitalen Gütern sehr ähnlich: Volumen, Marktanteile sowie eine kritische Masse im Wettbewerb sind die zentralen Stellhebel für langfristige Profitabilität. In allen Märkten, in denen Low-Cost-Anbieter aktiv sind, gelingt es i. d. R. nur zwei bis maximal drei Anbietern dauerhaft profitabel zu konkurrieren (Simon 2015a, b). Dies gilt für den Einzelhandel, für Telekommunikations-branchen (u. a. Mobilfunk), für Tourismusunternehmen (Airlines, Hotels) und auch für Finanzdienstleister. Für die restlichen Unternehmen ergibt sich schlichtweg keine Möglichkeit, die kritische Masse zu erreichen, die für ein profitables Überleben not-wendig ist. Simon zeigt auf, dass Kostenführer deutlich öfter im Markt gescheitert sind, als Unternehmen, die sich über Wettbewerbsvorteile auf der Leistungsseite positionieren. In Summe existiert über alle Branchen hinweg eine größere Zahl dauerhaft erfolgreicher Premiumanbieter im Vergleich zu Niedrigpreisunternehmen (Simon 2015a, b).

Als Zwischenfazit lässt sich für die wettbewerbsstrategische Positionierung festhalten
1. Die Wahl des Geschäftsmodells und der Wettbewerbsstrategie schränkt die Spielräume im Preismanagement entscheidend ein. Die langfristige Positionierungsentscheidung gibt den Rahmen für alle nachgelagerten Preis-maßnahmen vor.

2. Kostenstrukturen eines Unternehmens bestimmen seine preisliche Wettbewerbsfähigkeit und damit die Überlebenschancen entscheidend mit (Simon 1992).

3. Niedrigpreisstrategien sind nur für Kostenführer geeignet. Denn ein Preisvorteil ist dauerhaft nur dann aufrechtzuerhalten, wenn das Unternehmen effizienter wirtschaftet. Ansonsten können Konkurrenten mit Preissenkungen leicht nachziehen (Simon 1992).

4. Höhere Preise funktionieren nur über das Angebot echter Werte und Mehrnutzen, für die entsprechende Zahlungsbereitschaften im Markt vorhanden sind. Attraktive Innovationen und überlegene Qualität können nur auf Basis entsprechender Investitionen in Forschung und Entwicklung, Vertrieb etc. realisiert werden.

5. Die Auswirkungen der globalen Digitalisierung werden auch in den Budgets für Forschung und Entwicklung reflektiert. Das Ranking der Unternehmen mit dem höchsten Investitionsanteil hat sich im Zuge der digitalen Transformation deutlich verschoben. Die volkswirtschaftlich bedeutendste Branche (der Automobilsektor) dominierte die Budgets für Forschung und Entwicklung lange Zeit. Volkswagen belegte fünf Jahre hintereinander Platz 1 bei den weltweiten Forschung-und-Entwicklung-Budgets. Im Jahr 2017 änderte sich das Ranking signifikant. Amazon belegte erstmals die Position des globalen Budgetspitzenreiters (o. V. 2017). Weitere Vorreiter der Digitalisierung (Google, Facebook, Apple etc.) folgten auf den Plätzen (Schütte 2017).

6. Ausgehend von Value-to-Customer-Überlegungen sollten nur echte Werttreiber angeboten werden. Technologische Meisterleistungen, die kein Kunde bezahlen will, werden vom Markt genauso abgestraft wie qualitativ unzureichende Billiglösungen.

7. Der Preis ist ein fundamentaler Bestandteil der Kommunikation zum Kunden. Das Markenversprechen wird vom Preis-Leistungs-Verhältnis reflektiert. Preise müssen konsistent zum Markenimage gestaltet werden.

8. Da Wettbewerbsvorteile auf einzigartigen Fähigkeiten basieren, ist es wichtig, diese Kernkompetenzen und Ressourcen zu schützen. Es muss verhindert werden, dass andere Marktteilnehmer (Konkurrenten, Partner, Absatzmittler, Kunden etc.) die eigenen Ressourcen ersetzen und Kompetenzen imitieren können.

9. Plattformen verschieben die Wertschöpfung innerhalb eines Markts, aber auch zwischen Staaten. Vor der Digitalisierung wurde die Wertschöpfung und Wertmonetarisierung deutlich öfter innerhalb eines Landes gebündelt. Beim Kauf eines Produkts oder der Inanspruchnahme einer Dienstleistung eines deutschen Unternehmens konnten die Erlöse auch von den jeweiligen inländischen Anbietern eingefahren werden. Durch die enorme Dominanz großer Plattformen (z. B. Facebook, Alibaba, Tencent, Baidu, Amazon etc.) verschieben sich die Erlösströme. Denn bei jeder Transaktion über eine internationale

4.4 Wettbewerbsstrategien

Plattform fließen die Umsatzerlöse in das Land des Plattformbetreibers. Da deutsche Unternehmen in den großen globalen Plattformen nicht vertreten sind, erfolgt eine deutliche Verlagerung der Wertschöpfung nach Nordamerika und Asien (Schmidt 2016; Rest 2018).

10. In digitalisierten Geschäftsmodellen nähern sich die beiden Optionen Leistungsdifferenzierung und Kostenführerschaft tendenziell stärker an. Skalierungseffekte (über die Kostenstruktur) und hoher Kundennutzen (über neue digitale Services) schließen sich prinzipiell nicht aus. Die Gesamtprofitabilität – und hier schließt sich der Kreis zum ersten Kapitel – hängt von der spezifischen Konstellation der drei Profithebel (Preis, Menge und Kosten) ab. So gelingt es Spotify, dem Weltmarktführer im Musikstreaming, hohen Kundennutzen und relativ günstige Preise zu kombinieren. Aufgrund seines Wertschöpfungsmodells und der hohen Abgabenzahlungen ist die für eine dauerhafte Profitabilität notwendige Skalierung jedoch nicht gegeben.

Fallbeispiel Apple

Die Kontrolle seines Wertschöpfungssystems hat für Apple größte strategische Priorität. Der Technologiekonzern zwingt seinen Marktpartnern (Lieferanten, Kunden, Wertschöpfungspartnern) strikte Regeln auf. Programmierern von Applikationen für Apple-Endgeräte ist untersagt, Kernfunktionen des Wertschöpfungsmodells zu imitieren. Hierzu gehört u. a. das Abspielen von Musikdateien. Kern der Strategie von Apple ist eine optimale Kombination aus Öffnung und Abschottung. In der Leistungserstellung erfolgt eine maximale Öffnung für seine Wertschöpfungspartner. Gleichzeitig schottet Apple seine Ressourcen und Kompetenzen konsequent ab. Mit dem strikten Schutz der Ressourcen kontrolliert der Technologiekonzern u. a. seine marktbeherrschende Stellung mit den digitalen Services (wie dem Verkauf von Musikdateien). Der Servicebereich ist der unter Gewinnaspekten zweitwichtigste Sektor im Apple-Portfolio (Kharpal 2016; Kerkmann 2018).

Nicht wenige Unternehmen betreiben „overengineering". Ihre Produkte enthalten viel mehr Eigenschaften, als die Kunden benötigen bzw. zu zahlen bereit sind. Eine ausgeprägte Innenorientierung kommt hinzu. Man ignoriert, dass es nie um objektive Leistungen geht. Nur die Kundenperspektive zählt! Wettbewerbsvorteile werden immer subjektiv wahrgenommen (Simon 1991a, b). Sie werden oft durch Kommunikationsmaßnahmen und daraus resultierende Imagepositionen gestützt.

Trotz technisch identischer Produkte können durch überlegene Markenwerte oft deutliche Preisprämien realisiert werden. Diese Aussagen gelten für alle Angebotskategorien, darunter auch scheinbare „commodities". Selbst Rohstofflieferanten, Energieversorger und Anbieter angeblich austauschbarer Produkte können sich über ein einzigartiges Markenimage vom Wettbewerb abheben. Die herausragende Besonderheit der Marke als

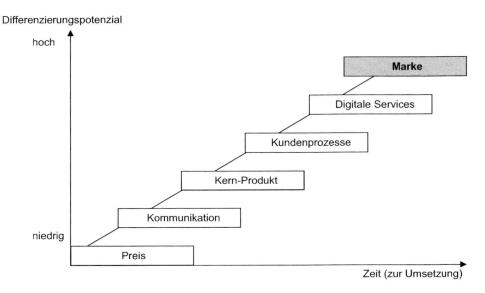

Abb. 4.4 Dauerhaftigkeit von Wettbewerbsparametern. (In Anlehnung an Simon 1991a)

Wettbewerbsparameter ist die Dauerhaftigkeit des Wettbewerbsvorsprungs. Preismaßnahmen können in wenigen Sekunden von Wettbewerbern pariert werden (Simon 1992). Im Gegensatz dazu sind Imagepositionen nur langfristig veränderbar (Abb. 4.4).

Zusammenfassend noch zwei wesentliche Erkenntnisse aus meinen zahlreichen Projekten in verschiedensten Branchen:

1. Die Suche nach Differenzierungsmöglichkeiten ist eine kreative Aufgabe. Kleinste Unterschiede in der Performance des Angebots gegenüber dem Wettbewerb können hohe Relevanz im Markt erlangen. So ist bei Brillengestellen das Gewicht ein für viele Kunden kaufentscheidendes Argument.
2. Ohne einen strategischen Wettbewerbsvorteil ist das langfristig profitable Überleben nicht zu sichern. Nicht selten resultieren Positionierungsdilemmata nicht aus einem technisch-objektiven Leistungsnachteil (und entsprechend unzureichenden Preisbereitschaften), sondern aus Wahrnehmungsdefiziten.

4.5 Strategische Segmentierung und Positionierung

Unabhängig von ihrer spezifischen Ausgestaltung umfassen Wettbewerbsstrategien immer die Produkt- und Kundendimension. Ausgangspunkt ist die Definition des Preises (Simon 1992). Demzufolge gibt es zwei zentrale Ansatzpunkte, um geschaffene Werte abzuschöpfen: Das Produkt und den Kunden. Vereinfacht ausgedrückt existieren

4.5 Strategische Segmentierung und Positionierung

mindestens so viele strategische Preispunkte wie es Produkte (P) und Kundensegmente (K) in einem Unternehmen gibt. Wenn man alle anderen Preisdimensionen (Vertriebskanal, Region etc.) zunächst einmal ausblendet, ergeben sich P-mal K-Preislagen. Diese müssen optimal gesetzt und über die einzelnen Planungsebenen (z. B. Sparte, Produktlinie) hinweg aufeinander abgestimmt werden. Die Fragestellung der Preissegmentierung und Positionierung betrifft

- die Auswahl von Zielsegmenten (Kundendimension) und
- die angebots- und preisseitige Ausrichtung im Wettbewerbsumfeld (Produktdimension).

Segmentierung und Positionierung umfassen die Entscheidung, mit welchen Preis-Leistungs-Kombinationen man welche Segmente bedienen will. Die Kernanforderungen im Pricing lauten folglich

- Märkte segmentieren und
- Angebote und Preise differenzieren.

Diese Fragestellung setzt auf den grundlegenden Wettbewerbsstrategien (Leistungsdifferenzierung oder Kostenführerschaft) auf, geht aber über diese noch hinaus.

Ein Anstoß für eine Ausweitung der Marktbearbeitung kann aus der fundierten Messung von Kundenanforderungen resultieren. Marktanalysen ergeben gewöhnlich ein differenziertes Bild – in fast allen Branchen existieren verschiedene Kundensegmente. Diese sind durch deutliche Unterschiede in ihren Leistungsanforderungen und Zahlungsbereitschaften gekennzeichnet. In einer solchen Situation nur ein Produkt anzubieten, führt zu zwei negativen Effekten:

1. Für einen Teil der Kunden ist der Preis zu niedrig. Sie wären bereit, für mehr Qualität auch mehr zu bezahlen; dem Unternehmen gehen Margen verloren.
2. Für einen anderen Teil der Kunden übersteigt der Preis die Zahlungsbereitschaft. Sie werden nicht kaufen; dem Unternehmen gehen Mengen verloren (Simon und Fassnacht 2008, 2016).

Die verschiedenen Ansprüche können so nicht befriedigt werden. Dieses Dilemma lässt sich durch gezielte Produkt- und Preisdifferenzierung beheben. Segmentierung und Positionierung bauen auf den Kundenanforderungen auf und sind die strategischen Antworten auf eine Differenzierung der Kundenwünsche. Die Perspektive der Segmentierung und Positionierung kann wie folgt für die einzelnen Hierarchieebenen unterteilt werden:

1. Die Sicht eines Unternehmens, das seine Geschäftseinheiten im Zuge der Corporate Strategy im Verhältnis zu den Konkurrenten ausrichtet
2. Die Perspektive eines Geschäftsbereichs, der seine verschiedenen Produktlinien im Zuge seiner Wettbewerbsstrategie leistungsbezogen und preislich positioniert

3. Eine Produktlinie, die verschiedene Teilsegmente mit einzelnen Produkten in verschiedenen Preislagen differenziert bedient (Abb. 4.5).

Die methodische Vorgehensweise der Segmentierung und Positionierung basiert auf der Ausrichtung von Produkten in einem Preis-Leistungs-Portfolio. Ausgangsbasis sind die Anforderungen und Preisbereitschaften der Kunden. Simon unterscheidet fünf grundlegende Preislagen (Simon und Dolan 1997; Simon und Fassnacht 2008; Simon 2015b).

Die Extrempunkte möglicher Preispositionierungen sind Ultraniedrigpreise (am unteren Ende) und Luxuspreise (am oberen Rand). Deutlich häufiger findet man Hochpreisanbieter und Niedrigpreisanbieter. Viele Unternehmen positionieren sich in einer mittleren Preislage, die den typischen Massenmarkt bedient (Simon und Fassnacht 2016; Abb. 4.6).

Die Marktbearbeitung kann auf ein bestimmtes Segment beschränkt oder auf mehrere Zielgruppen ausgerichtet werden. Hoch- und Niedrigpreisstrategien sind parallel einsetzbar. Die meisten Unternehmen arbeiten mit mehreren Angeboten in diversen Teilmärkten. Sie richten ihr Produktangebot im Preis-Qualitäts-Spektrum differenziert aus. Viele Firmen bedienen die spezifischen Kundenanforderungen dreier unterschiedlicher Segmente differenziert (Homburg und Totzek 2011).

1. Bei ihrem Premiumprodukt steht die Qualität des Leistungsangebots im Vordergrund. Auf Sonderangebote und Preisaktionen wird bewusst verzichtet, um die hochwertige Markenpositionierung nicht zu verwässern.

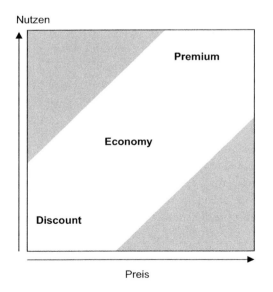

Die Perspektive der Segmentierung und Positionierung unterscheidet sich für die einzelnen Hierarchieebenen:

1. Die Sicht eines Unternehmens: Ausrichtung von Geschäftseinheiten im Zuge der „Corporate Strategy"

2. Die Perspektive einer Sparte: Leistungsbezogene und preisliche Positionierung von Produktlinien

3. Aus Sicht einer Produktlinie: Differenzierte Bedienung verschiedener Teilsegmente mit Produkten in verschiedenen Preislagen

Abb. 4.5 Grundsatzfrage der Preisstrategie

4.5 Strategische Segmentierung und Positionierung

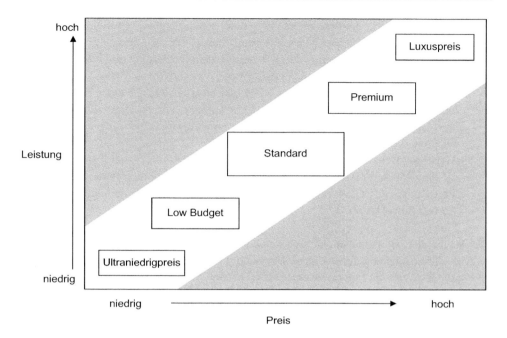

Abb. 4.6 Segmentierung und Positionierung. (In Anlehung an Simon 2015b)

2. Niedrigpreisangebote sind gemessen an der Leistung im Wettbewerbsvergleich besonders günstig. Der Preis spielt im Marketingmix die entscheidende Rolle.
3. Mit einem Mediumpreisangebot decken sie den mittleren Preis-Leistungs-Radius eines Markts ab. Das Normalpreissegment (Mittelklassesegment) ist zwischen Discountpreisen und Premiumpositionierung angesiedelt.

Die skizzierte Ausrichtung erfolgt je nach Unternehmensgröße mit

- verschiedenen Sparten innerhalb eines Konzerns oder
- mehreren Marken innerhalb einer Sparte oder
- mehreren Produkten bzw. Marken innerhalb einer Produktlinie.

Fallbeispiele
1. Der **Volkswagen-Konzern** ist mit mehreren Geschäftseinheiten im Automarkt vertreten. Vier Marken decken einen Großteil des automobilen Wettbewerbsradius in puncto Leistung und Preis ab:
   - die Premiummarke Audi,
   - die im mittleren Segment führende Stammmarke Volkswagen und
   - die preisgünstiger positionierten Sparten Seat und Skoda.

Innerhalb der vier Sparten findet sich eine sehr granulare Produkt- und Preisdifferenzierung. Die Ansprache unterschiedlicher Kundensegmente erfolgt z. B. innerhalb einer Modellfamilie durch Leistungsdifferenzierung und innerhalb eines Automodells durch unterschiedliche Ausstattungsvarianten.

2. Die Strategie der Passagiersparte von **Lufthansa** basiert auf einer Positionierung im Premiumsegment. Diese wird mit der Kernmarke erzielt. Parallel hierzu partizipiert Lufthansa mit den Zweitmarken Germanwings und Eurowings am Billigflugsegment, das preisbewusste Reisende anspricht.

3. **Mercedes-Benz Cars (MBC)** ist das Geschäftsfeld der Daimler AG für die Pkw-Marken Mercedes-Benz und Smart. Mit einem großen Portfolio an Modellen (u. a. C-, E-, GLS- und S-Klasse) deckt MBC verschiedene Untergruppen des Automobilmarkts ab.

Preissegmentierung und Positionierung sind eine komplexe Problemstellung, für die jeweils individuelle Lösungen gefunden werden müssen. Der Einsatz hoch entwickelter Methoden ist unerlässlich, um die Potenziale einer differenzieren Marktbearbeitung systematisch ausschöpfen zu können. Dies gilt für alle notwendigen Teilschritte wie Datenerhebung, Analyse und Entscheidungsunterstützung. Bei der Preissegmentierung und Positionierung können multivariate Verfahren wertvolle Unterstützung liefern (Backhaus et al. 1990; Green und Tull 1982). Hierzu zählen folgende Methoden und Zielsetzungen (Abb. 4.7).

1. Conjoint Measurement: Erhebung der Kundenanforderungen
2. Analytic Hierarchy Process (AHP): Bestimmung von Wichtigkeiten der Kaufkriterien
3. Faktorenanalyse: Identifizierung der übergeordneten Entscheidungsparameter der Kunden
4. Clusteranalyse: Ermittlung von Kundensegmenten
5. Diskriminanzanalyse: Aufdeckung der Merkmale, mit denen man Segmentunterschiede erklären kann
6. Multidimensionale Skalierung (MDS): Positionierung von Angeboten aus Kundensicht

Die Entscheidungsunterstützung erfolgt fallspezifisch mithilfe der jeweils geeigneten statistischen Verfahren. Je nach Problemstellung werden auch mehrere Methoden im Verbund eingesetzt.

Umsetzungstipp

1. Die Zusammenstellung homogener Marktsegmente erfolgt mithilfe einer Clusteranalyse. Die Clusteranalyse ist ein Verfahren zur Gruppenbildung. Sie identifiziert homogene Teilmengen aus einer heterogenen Gesamtheit von Nachfragern.
2. Um die Segmente zu unterscheiden, bietet sich die Diskriminanzanalyse an. Die Diskriminanzanalyse ist ein Verfahren zur Aufdeckung jener Gruppenmerkmale, die die Unterschiede zwischen einzelnen Zielgruppen erklären. Eine Kombination von soziodemografischen und verhaltensbezogenen Merkmalen ist zu empfehlen.

4.5 Strategische Segmentierung und Positionierung

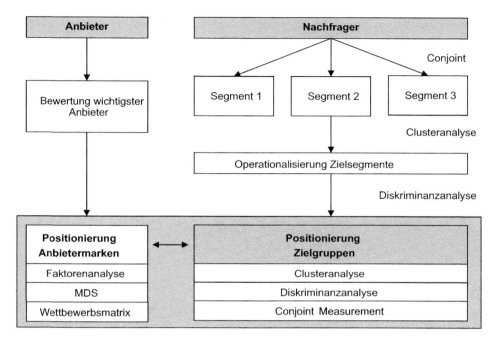

Abb. 4.7 Multivariate Analyseverfahren im Überblick

3. Besondere Bedeutung für das Preismanagement hat die Benefitsegmentierung. Diese erfolgt auf Basis der subjektiven Nutzenwahrnehmung von verschiedenen Angeboten. Zur Messung des Nutzens stehen Methoden wie etwa Conjoint Measurement zur Verfügung. Mit dem Conjoint Measurement können die Nutzenwerte verschiedener Serviceleistungen ermittelt werden.
4. Ein erster Indikator für die Unterschiede zwischen Kunden resultiert aus der Messung der relativen Wichtigkeiten einzelner Produktmerkmale. Sehr oft unterscheiden sich die Wichtigkeiten der Merkmale zwischen den Segmenten; man würde Profitpotenziale verschenken, wenn das Unternehmen auf einen Durchschnittskunden abzielt. Vor dem Hintergrund unterschiedlicher Präferenzen verschiedener Kundengruppen sind die Serviceleistungen zu differenzieren. Ob und wie zusätzliche Serviceleistungen separat bepreist werden sollen, ergibt sich aus der Strategie. Besteht das primäre Ziel darin, Mengen und Marktanteile auszubauen? Oder gilt es Margen zu sichern, indem kostenintensive Services mit einem Preisschild versehen werden?
5. Eine hervorragende Methode zur Preissegmentierung und Positionierung ist die multidimensionale Skalierung (MDS; Abb. 4.8). Die multidimensionale Skalierung dient zur

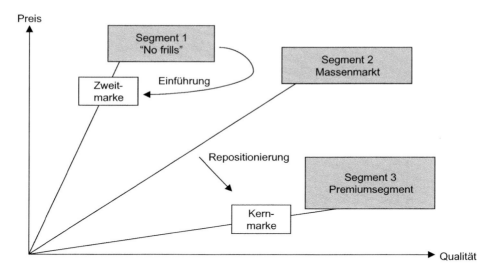

Abb. 4.8 Projektskizze: Ergebnis einer multidimensionalen Skalierung

- Erhebung von Anforderungen und Präferenzen der aktuellen und potenziellen Kunden,
- Erfassung der Kundenwahrnehmung aller relevanten Wettbewerber und
- Visualisierung der Wettbewerberpositionen aus Kundensicht.

Die MDS ist zur Strukturierung von Märkten hervorragend geeignet. Das Ergebnis der MDS ist die Positionierung von Produkten in der Wahrnehmungslandkarte der Kunden.

Eine zentrale Aufgabe bei der Entwicklung von Segmentstrategien ist die Identifikation und Beschreibung der Kundengruppen. Der Wettbewerb innerhalb eines Preissegments ist grundsätzlich stärker als zwischen den verschiedenen Zielgruppen. Von entscheidender Bedeutung ist es, die Besonderheiten der Preissegmente auf der Basis von quantitativen Daten klar beschreiben zu können. Die folgenden preisrelevanten Kriterien kommen bei der Marktsegmentierung gewöhnlich zum Einsatz (Abb. 4.9):

- Preisbereitschaft (der Maximalpreis einer Person für ein Produkt);
- Preissensitivität (als Maß dafür, wie ein Kunde auf Preisänderungen reagiert),
- Preiseinstellung (diese kann z. B. durch die Frage erhoben werden, ob ein bestimmter Preis als hoch, angemessen oder niedrig empfunden wird.

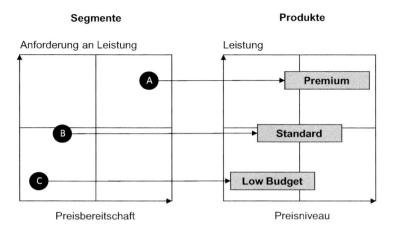

Abb. 4.9 Segmentierung und Positionierung auf der Basis von Preisbereitschaften

4.6 Wettbewerbsvorteilsmatrix

Die Wettbewerbsvorteilsmatrix ist eine der drei Säulen der bereits skizzierten COMS-TRAT-Methode. Als ein sehr hilfreiches Instrument für das strategische Pricing kann sie auch als singuläre Methode eingesetzt werden. Die relative Performance aus Kundensicht wird mithilfe dieses Tools anschaulich dargestellt. Die wahrgenommene Unternehmensleistung im Konkurrenzvergleich wird bezüglich unterschiedlich wichtiger Angebotsparameter visualisiert. Über reine Produktmerkmale hinaus sind auch Serviceaspekte, die Marke und intangible Werte einzubeziehen. Die beiden Dimensionen der Wettbewerbsvorteilsmatrix (Wichtigkeit und relative Leistung) werden wie folgt gemessen:

1. Relative Leistung ist die eigene Leistung dividiert durch die Performance des stärksten Wettbewerbers. Alternativ kann auch eine Gruppe von Wettbewerbern als Vergleichsmaßstab zur Messung der Unternehmensleistung dienen. Als Indikator dient die vom Kunden wahrgenommene Leistung für jedes einzelne Merkmal. Dies erfordert eine entsprechende Datenerhebung im Markt. Eine interne Abschätzung durch Branchenexperten ist parallel hierzu zu empfehlen.
2. Wichtigkeit ist die relative Wichtigkeit der Angebotsparameter für die Kaufentscheidung. Als Methode zur Messung eignen sich Conjoint Measurement, Analytic Hierarchy Process (AHP) oder eine direkte Abfrage auf einer Intervallskala.

In der Wettbewerbsvorteilsmatrix (Abb. 4.10) wird jedes einzelne Entscheidungsmerkmal aus Kundensicht gesondert ausgewiesen. Auf der horizontalen Achse trägt man die wahrgenommene Leistung eines Anbieters ab. Die vertikale Dimension reflektiert die Bedeutung der Kaufkriterien.

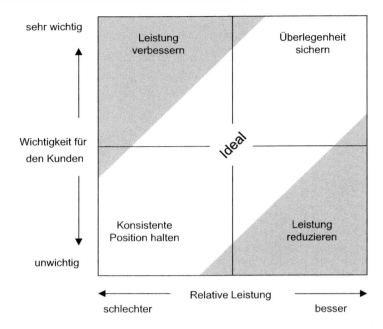

Abb. 4.10 Wettbewerbsvorteilsmatrix. (Simon 1992)

Wesentliche Zielsetzung des Matrixkonzepts ist die Identifikation strategischer Stärken und Schwächen. Die Wichtigkeit eines Parameters aus Kundensicht und die relative Leistung des Unternehmens bei diesem Angebotsmerkmal sind aufeinander abzustimmen. Aus der Analyse ergeben sich verschiedene Handlungsempfehlungen (Simon 1991a):

1. Wettbewerbsvorteile bei den besonders wichtigen Kaufkriterien ausbauen!
2. Weniger gute Leistungen bei unwichtigen Merkmalen unter Konsistenzaspekten akzeptieren!
3. Technologische Meisterleistungen bei weniger wichtigen Features vermeiden!
4. Qualitativ unzureichende Leistungen bei wichtigen Merkmalen dringend beheben!

Erfolgskritisch ist eine dynamische Betrachtung: Wichtigkeiten verschieben sich im Zeitablauf. Dies ist in der Erhebungsphase in der Diskussion mit den Kunden strukturiert zu erfassen. Wenn Kaufkriterien (Lieferzeit, Design etc.) in Zukunft an Bedeutung gewinnen, geht ein vom Kunden wahrgenommener Leistungsvorteil stärker in die Gesamtentscheidung ein. Stärken bei diesen Merkmalen sollten in der Kommunikation hervorgehoben werden.

4.6 Wettbewerbsvorteilsmatrix 109

Wettbewerbsvorteilsmatrix und Preis

Die Wichtigkeit des Preises ergibt sich grafisch durch die vertikale Positionierung im Vergleich zu allen anderen Entscheidungsparametern des Kunden. Das Feedback der Kunden zur Relevanz des Preises reflektiert dessen Potenzial als Wettbewerbsparameter. Eine Aussage zur Wettbewerbsposition erfordert zwingend die Einbeziehung der zweiten Dimension; erst aus dem Vergleich der Leistungsprofile konkurrierender Firmen können valide Schlussfolgerungen gezogen werden.

Wichtigkeiten werden häufig nicht richtig interpretiert. Die Relevanz der Kaufkriterien spiegelt die generellen Anforderungen von Nutzern im Rahmen einer Produktkategorie wider. Die relativen Wichtigkeiten haben somit keinen Bezug zu einem spezifischen Wettbewerber. Produktqualität, Serviceaspekte etc. rangieren sehr oft vor dem Preis. Wenn sich konkurrierende Produkte bei Merkmalen mit herausragender Wichtigkeit allerdings nicht wahrnehmbar unterscheiden, verändert sich das Gesamtbild. Kunden ziehen dann das jeweils nächstwichtigere Merkmal bei ihrer Abwägung heran (Simon 1992). In diesen Fällen gibt der Preis den Ausschlag. In der Regel spielt der Preis nicht von vornherein eine herausragende Rolle. Vielmehr ist es den Wettbewerbern nicht gelungen, sich bei noch wichtigeren Leistungsparametern spürbar von der Konkurrenz abzuheben. Diese Konstellation findet sich regelmäßig bei austauschbaren Produkten (Commodities). Im schlimmsten Falle unterscheiden sich die Konkurrenten auf keinem der Leistungsmerkmale wahrnehmbar – der Weg in den reinen Preiswettbewerb ist damit vorgezeichnet.

Die richtige Einschätzung der relativen Bedeutung des Preises im Vergleich zu den Nutzenparametern (Qualität, Marke, Service etc.) ist eine der wichtigsten Voraussetzungen für den Unternehmenserfolg. Der Niedergang einiger Unternehmen geht auf die Fehleinschätzung von Preiswirkungen zurück.

> **Fallbeispiele**
>
> Der Baumarktkette Praktiker wurde die sehr einseitige Fokussierung auf den Preis zum Verhängnis. Über viele Jahre hinweg – ab 2007 – versuchte sich Praktiker mit einer einfachen Preiswerbung abzuheben: „20 Prozent auf alles". Mit den Einheitsrabatten erhöhte Praktiker seine Bekanntheit massiv, erzielte jedoch über die Jahre hinweg immer größere Verluste. Kein anderer Baumarkt wurde als so preisgünstig wahrgenommen wie Praktiker. Das Problem dabei: Der Preis spielt bei vielen Kunden nur eine nachgelagerte Rolle. Professionelle Handwerker und Heimwerker bevorzugen bei Werkzeugen sehr oft Premiumprodukte, wie der Erfolg von Bosch mit seinen Power Tools beweist. Die Fehleinschätzungen des Preises und eine falsche Rabattstrategie erklären den Misserfolg von Praktiker (Simon 2013; Schüür-Langkau 2013). Im Jahr 2013 musste die Baumarktkette Konkurs anmelden. Ganz anders stellt sich die Situation in der deutschen Lebensmittelbranche dar. Präferenzen und Preisbereitschaften sind hier deutlich differenzierter – es existiert ein sehr großes Kundensegment, das preisgünstige Lebensmittel präferiert (Schuldt 2018; Reiche 2018; o. V. 2018j). Die Positionierung über günstige Preise ist eine profitable Strategieoption; sie erklärt den dauerhaften Erfolg von Aldi und Lidl.

4.7 Strategisches Verhalten im Wettbewerb

Im digitalen Wettbewerb müssen Unternehmen stets mit Konkurrenten rechnen, die mit neuen Geschäftsmodellen bisher nicht bediente Kundenanforderungen abdecken. Dies kann u. a. auch die Bearbeitung eines neuen Segments bzw. die Besetzung einer neuen Preislage zur Folge haben. Neue Geschäftsdefinitionen der Wettbewerber können zu veränderten Erlösmodellen führen. Es ist folglich möglich, dass Wettbewerber Preise fordern, die mit dem eigenen Unternehmensdesign (d. h. den eigenen Kostenstrukturen, der Positionierung etc.) nicht kompatibel sind.

Als aktuelles Beispiel bietet sich der Musikmarkt an. Spotify ist mit Abstand Weltmarktführer unter den Streamingdiensten. Der Pionier arbeitet mit einem Freemium-Erlösmodell. Das Geschäftsmodell von Spotify basiert primär auf dem Musikstreaming. Es gibt keinen Risikoausgleich im Rahmen eines Geschäftsbereichsportfolios. Bei dem Streamingnewcomer Amazon stellt sich die Geschäftsdefinition vor dem Hintergrund des breiten Unternehmensportfolios anders dar. Amazon Music Unlimited unterbot Anfang 2018 mit Monatspreisen von 7,99 EUR (für das Prime-Segment) seine stärksten Wettbewerber (Ballein 2017). Spotify und Apple verlangten zu diesem Zeitpunkt jeweils 9,99 EUR im monatlichen Abonnement.

Im Vorfeld möglicher Reaktionen sollte folglich das Geschäftsmodell der Wettbewerber valide eingeschätzt werden. Es geht bei diesen Überlegungen nicht zwingend um Profitziele. Relevant ist immer die übergeordnete Strategie. Diese umfasst neben finanziellen Zielsetzungen (Gewinn, Marge etc.) i. d. R. auch marktorientierte Kriterien (wie Marktanteil, Image, Kundenzufriedenheit etc.). Dieses wettbewerbsstrategische Denken erfordert einen deutlichen Mehraufwand bei der Analyse und Entscheidungsunterstützung. Die Potenziale zur Risikoabschätzung haben sich durch die Digitalisierung deutlich erhöht. Szenarioanalysen und Simulationen des Wettbewerbsverhaltens können mithilfe von IT-Tools deutlich systematischer als bisher genutzt werden. Darüber hinaus liefern Preisvergleichsplattformen einen effizienten Überblick über die Preise der Wettbewerber. „Price crawler" dienen u. a. dazu, im Vorfeld einer geplanten Aktion auszuloten, welche Wettbewerber eigene Preisschritte mitgehen würden. Im Rahmen der bereits skizzierten Rabattaktion Black Friday wurden diese Preissuchmaschinen von einigen Herstellern genutzt, um die Reaktionen von Konkurrenten auf eigene Preisvariationen zu simulieren (Rieken 2017).

Im Sinn der Spieltheorie ist es erfolgskritisch, beim wettbewerbsorientierten Pricing mehrere Schritte im Voraus zu denken. Die Spieltheorie dient als ein strategischer Denkansatz, um Reaktionen der Konkurrenten zu prognostizieren. Hierzu versetzt man sich gedanklich in deren Lage. Entscheidende Bedeutung hat die Beantwortung der Frage, welche Reaktionen auf die eigenen Maßnahmen für die Konkurrenten optimal wären. Eine zuverlässige Beantwortung dieser Frage setzt eine Vielzahl von Informationen voraus. Hierzu gehören mögliche Ziele der Wettbewerber, deren Kosten- und Kapazitätssituation sowie die finanzielle Lage der Konkurrenten. Ziel im Sinn eines Data Mining

4.7 Strategisches Verhalten im Wettbewerb

ist es, alle Wettbewerbsinformationen zu nutzen, um zukünftige Optionen anhand realistischer Szenarien durchzuspielen. Quantitative Szenarien sind datenbasierte Zukunftsbilder, die denkbare Entwicklungen beschreiben. Die Szenarien sind mehrdimensional, da für die Gedankengänge des Wettbewerbers dessen Annahmen über unsere Reaktion relevant sind.

Im Zuge der Szenarioentwicklung sollten die Potenziale der künstlichen Intelligenz genutzt werden (Joho 2018). In kurzer Zeit können alle denkbaren Optionen durchgespielt werden. Dadurch ergibt sich eine deutlich größere Lösungsvielfalt als bei einer primär intuitiven Planung durch das Management. Eines von zahlreichen Instrumenten zur Professionalisierung und Dynamisierung des Szenarioprozesses sind „tipping points". Hierbei handelt es sich um Daten (zu Ereignissen, wirtschaftlichen Kenngrößen oder Trends), die ungewisse Ereignisse mit Auswirkung auf die Wettbewerbsszenarien abdecken. „Tipping points" erlauben eine klare Definition, an welchen Punkten sich ein Szenario entscheidend ändert. Dies ist der Fall, wenn sich wesentliche Determinanten der Strategie über einen vorher definierten Grenzwert hinaus entwickeln. Diese Form der Szenarioplanung erlaubt es, flexibel und rational auf signifikante Veränderungen reagieren zu können. Zu den für die Preisstrategie relevanten „tipping points" gehören z. B. die Prognosen zum Wirtschaftswachstum oder eine Veränderung der strategischen Zielsetzung der Wettbewerber (Sprenger 2018; Schmidt 2015; Student 2017).

Preiskämpfe lassen sich mit einem spieltheoretischen Modell, dem Gefangenendilemma, einfach erklären (Jensen und Henrich 2011; Abb. 4.11). Im Originalkonzept bekommen zwei Gefangene getrennt voneinander verschiedene Angebote. Im Kern geht es um die Abwägung zwischen Konfrontation und Kooperation. Das beste Ergebnis für beide (das geringste Strafmaß) tritt ein, wenn die Konkurrenten kooperieren. Entscheidend für den gemeinsamen Erfolg der Kontrahenten ist, dass sie die gleichen Ziele verfolgen. Dies erklärt die hohe Relevanz des Modells für das konkurrenzorientierte Pricing. Das geringste Strafmaß bedeutet in der Sprache des Preismanagements den höchsten Profit für beide Wettbewerber. Wir gehen von folgender Ausgangssituation für zwei Unternehmen aus: Beide Wettbewerber positionieren sich in der gleichen Preislage. Der Ausgangspreis beträgt 20 EUR. Unternehmen A plant eine Preiserhöhung auf 22,50 EUR. Falls Wettbewerber B nicht mitziehen würde, gerät A mit dem höheren Niveau in eine sehr schlechte Gewinnposition. Ein Teil der Kunden kauft nun beim deutlich günstigeren Unternehmen B. Der Mengenverlust von A übersteigt seinen Margengewinn. Folgt B allerdings dem Initiator auf 22,50 EUR, steigen die Gewinne der beiden Oligopolisten im Vergleich zur Ausgangssituation. Kunden haben bei erneuter Preisgleichheit keinen Anreiz zum Wechsel. Insofern bleiben die Mengen bei deutlich gestiegenen Margen gleich. Die entscheidende Frage aus Sicht von Unternehmen A lautet, ob es Wettbewerber B diese strategische Weitsicht zutraut. Falls A davon ausgehen muss, dass Wettbewerber B eine andere Strategie verfolgt, wird das Unternehmen den Preis bei 20 EUR belassen.

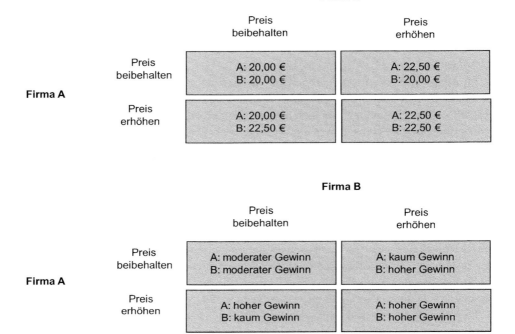

Abb. 4.11 Spieltheoretische Analyse als Ausgangspunkt des Wettbewerbs-Pricing. (In Anlehnung an Simon 1992)

Die Gefangenenproblematik im spieltheoretischen Modell lässt sich auf zwei Ursachen zurückführen:

1. Keiner der beiden Häftlinge kennt die Absichten des jeweils anderen.
2. Es gibt keine Möglichkeit, sich abzusprechen.

Insofern neigt zunächst jeder zur Konfrontation. Im Fall eines Preiskampfs im Wirtschaftsleben sind die Unternehmen sprichwörtlich die Gefangenen: Sie müssen die Auswahlentscheidung der Kunden zur Kenntnis nehmen, können deren Ausgang aber oft nicht exakt abschätzen. Zwei Informationen sind von größter Relevanz:

- Transparenz über die Ziele der Konkurrenten
- Informationen zu den Preisen der Konkurrenten

Zum ersten Punkt: Im Preiswettbewerb kennt kein Unternehmen die genauen Absichten der Gegenseite. Der zweite Punkt – der Informationsstand bei Preisen – variiert beträchtlich in Abhängigkeit von der Preisbildungsform in der Branche. In Sektoren mit Preisbindung

4.7 Strategisches Verhalten im Wettbewerb

oder Meldesystemen (Verlagserzeugnisse, Pharma, Tankstellen etc.) herrscht nahezu vollständige Preistransparenz. Im Fall des Aushandelns von Preisen (z. B. bei industriellen Zulieferern oder im Projektgeschäft) sind die Preise und Konditionen der Konkurrenz allerdings nur schwer in Erfahrung zu bringen. Darüber hinaus besteht in fast allen Branchen aus gesetzlichen Gründen keine Möglichkeit, sich offiziell preislich abzustimmen. Das Kartellrecht unterbindet dies. Die Folge der enormen Unsicherheit: Sobald ein Unternehmen preislich aktiv wird, senken Wettbewerber oft quasi reflexartig die Preise, um ihre Marktposition zu halten. Nicht immer sind Preiskriege ausschließlich auf mangelnde Disziplin und fehlendes strategisches Denken zurückzuführen. Es gibt auch branchenbedingte Gründe für eine Preiserosion. Zu den wichtigsten Ursachen zählen

1. Überkapazitäten,
2. fehlendes Marktwachstum,
3. geringe Differenzierung der Produkte.

Die schnelle Qualitätsangleichung neuer Produkte und Dienstleistungen ist einer der wichtigsten Triebkräfte für heftigen Preiswettbewerb. Viele Produkte (inklusive die begleitenden Services) sind für die meisten Kunden austauschbar – oft ist dann der Preis das entscheidende Auswahlkriterium.

Preiskriege entstehen häufig in gesättigten Märkten, in denen Wachstum nur noch über Verdrängung des Wettbewerbs möglich ist. Aber auch in Wachstumsmärkten können ambitionierte Expansionsziele der Konkurrenten einen intensiven Preiswettbewerb befeuern. So ist Amazon zwar mit großem Abstand Marktführer im Cloud Computing. Mit zunehmender Reife des Markts nimmt die Konkurrenz durch Wettbewerber wie Microsoft (Nummer 2) und Google (drittstärkster Anbieter) allerdings massiv zu (o. V. 2018b).

Es gibt Möglichkeiten, aus dem Gefangenendilemma auszubrechen und dem Risiko eines Preisverfalls zu entkommen. Eine Reihe von möglichen Maßnahmen wird in der Literatur beschrieben (Wübker 2006). Die Wichtigste soll hier kurz skizziert werden. Der Grad der Austauschbarkeit – und damit der Abhängigkeit von Konkurrenzpreisen – ist vom Unternehmen v. a. angebotsseitig beeinflussbar. Der Preisspielraum nach oben ist umso größer, je besser diese Differenzierung gelingt. Vor allem in digitalisierten Märkten ist die Nutzendifferenzierung über eine Nischenstrategie vielversprechend. Einer der Vorreiter einer digitalen Nischenstrategie ist das Musikhaus Thomann. Mit einem Sortiment von 84.000 Artikeln ist der Online-Versandhändler zum Marktführer in Europa aufgestiegen (Salden et al. 2017, S. 15). Thomanns Erfolg ist u. a. durch die konsequente Bedienung der sehr anspruchsvollen Kundenanforderungen im Online-Handel von Musikinstrumenten zu erklären. Mit klaren Wettbewerbsvorteilen bezüglich Warenverfügbarkeit, Fachwissen zu Musik und internationale Hotline besetzt das mittelständische Unternehmen erfolgreich eine Nische im Online-Geschäft. Dies zeigt: Die beste Strategie besteht in der Vermeidung von direktem Preiswettbewerb und in der Konzentration auf eine Steigerung des Kundennutzens. Eine Nischenstrategie kann gezielt als Mittel zur Vermeidung von unerwünschten Konkurrenzreaktionen eingesetzt werden. Nischenmarken können sich dem Preiswettbewerb teilweise entziehen. Die Potenziale zur Differenzierung steigen im Zuge der Digitalisierung stetig. Nicht selten wird das komplette Geschäftsmodell neu ausgerichtet. Zur Entscheidungsunterstützung können die oben skizzierten Methoden genutzt werden. Der COMSTRAT-Ansatz identifiziert methodisch exakt jene Geschäftsfelder, in denen das Unternehmen auf Basis von Wettbewerbsvorteilen und tragfähigen Kompetenzen langfristig profitabel agieren kann.

Die Anpassung an einen Preisführer ist eine weitere Lösung zur Stabilisierung des Wettbewerbs (Homburg und Totzek 2011; Jensen und Henrich 2011). Wichtig in diesem Zusammenhang ist eine klare definitorische Abgrenzung von Preisführerschaft. Drei Fälle müssen klar voneinander getrennt werden.

- Fall 1: Eine unter Profitaspekten relevante Form der Preisführerschaft basiert auf einem großen Marktanteil bzw. einer Marktführerschaft. Der Preisführer steuert seine wesentlichen Konkurrenten in Richtung stabiler Preise bzw. höherer Profitabilität. Eine solche Form der Preisführerschaft war Anfang 2018 im Markt für Videostreaming zu beobachten. Der globale Marktführer Netflix initiierte eine signifikante Preiserhöhung, die vom Konkurrenten Amazon zeitnah mit einer vergleichbaren Anhebung beantwortet wurde (Postinett 2018b).
- Fall 2: Eine andere Variante der Preisführerschaft im Sinn der Spieltheorie resultiert aus Nutzenvorteilen und damit zusammenhängenden Preispremia. Ein Beispiel hierfür ist der Smartphonemarkt, in dem Apple als Preisführer einen Großteil der Branchengewinne erwirtschaftet. Durch die kontinuierliche Ausweitung seiner Produktlinie erschließt Apple sukzessive höhere Preislagen. Für Wettbewerber wie Samsung bietet sich hierdurch die Möglichkeit zur Bedienung neuer Preissegmente.

In den ersten beiden Fällen besteht die Rolle der Preisführerschaft darin, der gesamten Branche Orientierung und Berechenbarkeit zu vermitteln. Der Preisführer beeinflusst das Marktpreisniveau wesentlich und kann damit zur Profitabilität der Branche beitragen (Simon 1992).

- Fall 3: Eine diametral entgegengesetzte Form der Preisführerschaft besteht in der Positionierung als preisgünstigster Anbieter der Branche. Marktmacht und Economies of Scale sind für die Beeinflussung der Konkurrenten relevant. Im Vergleich zu den ersten beiden Varianten ist die Intention eine andere. Wettbewerber sollen gezielt davon abgehalten werden, preislich mitzuziehen. Die Preisführerschaft besteht bei dieser Variante in der Ambition, der preisgünstigste Anbieter der Branche zu sein. Ein Beispiel hierfür bietet der Lebensmittelhandel. Aldi ist Preisführer im Discountsegment. Für bestimmte Leitartikel reklamiert Aldi die Positionierung als preisgünstigster Anbieter und setzt diese kompromisslos durch. Eines der Kernelemente der Strategie von Aldi ist die konsequente Verteidigung der Preisführerschaft bei häufig gekauften Konsumgütern, die unter besonderer Preisbeobachtung der

4.7 Strategisches Verhalten im Wettbewerb

Konsumenten stehen. Angriffe auf seine Preisführerschaft beantwortet der Discounter mit drastischen Gegenmaßnahmen. Dies mussten sowohl Lidl (im Kernsortiment der Niedrigpreisanbieter) als auch Rossmann (bei Drogerieartikeln) mit deutlichen Margenverlusten erkaufen (Hielscher 2018; o. V. 2018h).

Moderne Medien und Softwaretools (Preisdatenbanken, Preisvergleichssysteme, Bots etc.) sowie Preismeldesysteme sind eine hervorragende technische Basis für eine erfolgreiche Preisführerschaft und darauf basierende Anpassungen der Konkurrenten. Auf Basis dieser Systeme sind die Preise für alle relevanten Wettbewerber weitestgehend frei einsehbar. Strategien können indirekt nachvollzogen werden und sind damit leicht und schnell kopierbar. Diese fast vollkommene Transparenz vereinfacht gemeinsame Aktionen in Richtung profitablerer Preise. Zwar scheitert dies in der Praxis oft an der mangelnden Vernunft einzelner Branchenteilnehmer. Das Beispiel des Videostreamings (Fall 1) zeigt allerdings, dass auch in dynamischen Märkten Anpassungen an einen strategisch weitsichtigen Preisführer möglich sind. Die zuletzt genannte Variante der Preisführerschaft (Fall 3) beinhaltet das enorme Risiko, dass ein preisaggressiver Wettbewerber die Rolle des kostengünstigsten Unternehmens infrage stellt. Auch dann, wenn ein Konkurrent bewusst mit den branchenimmanenten Standards bricht, kann die Stabilität des Wettbewerbs ausgehebelt werden. Nicht selten führt dies zu einem erbitterten Preiskrieg.

Fallbeispiel Einzelhandel Deutschland

Im Januar 2018 irritierte Aldi seine Wettbewerber mit Sonderangeboten für Markenartikel im Drogeriesektor. Im Standardsortiment des marktstarken Einzelhändlers gab es bis zu diesem Zeitpunkt keine temporären Rabattaktionen. Kernelement der Aldi-Strategie waren Dauerniedrigpreise. Mit der Kurskorrektur zielte Aldi direkt auf Drogerieketten wie DM und Rossmann. Der Aktion des Discounters folgten sehr schnelle Reaktionen der Wettbewerber: Lidl, Kaufland und Rossmann unterboten Aldi mit zeitlich befristeten Sonderangeboten. Das Risiko einer margenvernichtenden Preisspirale wird durch das folgende Zitat der Rossmann-Führung belegt (Hielscher 2018): „Vor Aldi brauchen wir uns nicht zu verstecken, wir können jede Preisaktion mitgehen."

Preiskriege sind zunehmend auch in Online-Branchen zu beobachten. Im Februar 2018 kündigte das Vergleichsportal Check24 ein 1000-EUR-Darlehen mit einem effektiven Zinssatz von minus 1,5 % an. Der Darlehensnehmer erhält einen Online-Kredit von 1000 EUR, zahlt aber nur 992 EUR zurück. Addiert man zu den Kreditkosten mögliche Ausfälle, den operativen Aufwand und das Werbebudget, ist die Aktion mit Kosten in Millionenhöhe verbunden. Motivation für dieses Verlustgeschäft ist der erbitterte Konkurrenzkampf, den Check24 seit Jahren mit seinem stärksten Konkurrenten Smava führt. Seit Smava 2015 erstmals einen Null-Prozent-Kredit einführte, unterbieten sich die beiden Kontrahenten regelmäßig. Die Zielsetzung von Check24 ist die gleiche wie im Fall von Aldi: „Die Botschaft, die wir aussenden wollen, ist ganz klar: Wir sind es, die dem Kunden grundsätzlich das günstigste Angebot am Markt bieten" (Dohms 2018).

Fazit zur Pricing-Strategie

1. Preisstrategien müssen im Zeitalter der Digitalisierung dynamisch gestaltet werden. Strategische Festlegungen beruhen auf Annahmen über die Zukunft. Es ist unmöglich, den Erfolg strategischer Entscheidungen verlässlich vorherzusagen, da sich die Einflussfaktoren sehr schnell verändern. Das Risiko kann verringert werden, indem Unternehmen nicht starr an einer Strategie festhalten. Immer dann, wenn sich signifikante Änderungen ergeben, muss die Strategie hinterfragt werden. Im Zeitalter der Digitalisierung stellt strategische Flexibilität eine Kernkompetenz dar, die insbesondere für das Preismanagement relevant ist.
2. Kurzfristig wirkende Fehler und langfristig strategische Fehlpositionierungen sind unbedingt zu vermeiden. Die Vermeidung gravierender Pricing-Fehler (wie im Fall von Praktiker) ist erfolgskritisch.
3. Eine datenbasierte Segmentierung ermöglicht eine optimale Positionierung und damit eine bessere Gewinnausschöpfung. Die Gewinnsteigerung ist tendenziell umso höher, je stärker differenziert wird. Dies wird im folgenden Abschnitt zur Preisdifferenzierung vertieft beschrieben.

4.8 Preisdifferenzierung

4.8.1 Grundlagen der Preisdifferenzierung

Preisdifferenzierung ist einer der wichtigsten Profithebel innerhalb des Pricing-Prozesses. Dies gilt insbesondere für digitale Leistungen. Preisdifferenzierung bedeutet einfach formuliert: Unterschiedliche Preise für getrennte Kundensegmente auf Basis gleicher – oder modifizierter – Produkte (Wübker 2006; Roll et al. 2012; Simon und Fassnacht 2008, 2016; Skiera und Spann 2002; Corsten 1988; Simon und Dolan 1997; Diller 2008). Durch Differenzierung lassen sich Marktchancen ausschöpfen und Gewinnpotenziale heben. Denn Einheitspreise sind nicht gewinnoptimal. Selbst bei einem – im Vergleich zu einfachen Heuristiken – optimierten Einheitspreis wird ein großer Teil des Gewinnpotenzials nicht gehoben. Nachfrager in allen Branchen unterscheiden sich in ihren Präferenzen und Preisbereitschaften. Je besser es gelingt, diese Unterschiede im Preis und im Angebot zu reflektieren, desto größer ist die Marktausschöpfung. Kunden werden nach bestimmten Kriterien in möglichst homogene Untergruppen aufgeteilt. Dadurch können die Zielgruppen mit differenzierten Preisen angesprochen werden. Übergeordnete Zielsetzung ist die Gewinnoptimierung durch die Ausnutzung der Unterschiede in den Präferenzen und Preiselastizitäten der Segmente (Wübker 2006; Roll et al. 2012; Simon und Fassnacht 2008, 2016; Skiera und Spann 2002; Corsten 1988; Simon und Dolan 1997). Sowohl für digitale Verbrauchsgüter als auch für Gebrauchsgüter ergeben sich aufgrund der skizzierten Besonderheiten enorme Potenziale zur Differenzierung von Preisen. Die Gewinnausschöpfung ist prinzipiell umso höher, je differenzierter das Pricing gestaltet ist. Dies kann bis zu individuellen Preisen für jeden einzelnen Nachfrager führen. Beispiele für individuelle Preissetzungen finden sich in Verhandlungssituationen (etwa bei Immobilien,

4.8 Preisdifferenzierung

Gebrauchtautomobilen und besonders bei Industriegütern). Einzelkunden-Pricing war in zahlreichen Branchen allerdings lange Zeit weder praktikabel noch ökonomisch sinnvoll. Gegen Individualpreise sprachen folgende Gründe (Simon 1992; Roll et al. 2012):

1. Die käuferindividuellen Preiselastizitäten waren bei Konsumgütern und Massenprodukten schwer zu messen.
2. Eine einzelkundenbezogene Preissetzung konnte organisatorisch und technisch nicht dargestellt werden.
3. Im Fall eines breiten Produktportfolios war der Arbeitsaufwand zu hoch, denn eine integrierte toolseitige Unterstützung fehlte lange Zeit.

Im Zuge der Digitalisierung des Pricing-Prozesses haben sich die technologischen und organisatorischen Voraussetzungen zur Abschöpfung von Pricing-Potenzialen deutlich verbessert. In diesem Abschnitt werden die Grundzüge der Preisdifferenzierung skizziert. Ein besonderer Schwerpunkt ist die Auswirkung der Digitalisierung auf die Preisindividualisierung.

Drei Formen der Preisdifferenzierung lassen sich unterscheiden (Wübker 2006; Roll et al. 2012; Simon und Fassnacht 2008, 2016; Skiera und Spann 2002; Corsten 1988; Simon und Dolan 1997):

1. Bei der Differenzierung ersten Grads fordert der Anbieter von jedem Kunden den individuellen Maximalpreis. Die gesamte Konsumentenrente wird monetarisiert. Die Konsumentenrente entspricht dem Betrag, den der Nachfrager einspart, wenn er einen Einheitspreis zahlt, der unterhalb seiner Preisbereitschaft liegt.
2. Die Preisdifferenzierung zweiten Grads ist für den Nachfrager mit Wahlmöglichkeiten verbunden. Der Anbieter zerlegt die Kunden in Segmente mit unterschiedlichen Maximalpreisen. Die Preisstruktur wird auf die Zielgruppen ausgerichtet. Verschiedene Produkt-Preis-Kombinationen sind im Angebot. Der Kunde entscheidet selbst, welche Variante er wählt. Er ist in der Kaufentscheidung frei, d. h. ein Wechsel zwischen den Segmenten ist möglich. Die Preisdifferenzierung mit Selbstselektion nimmt bei digitalen Gütern eine wichtige Rolle ein (Skiera und Spann 2002; Buxmann und Lehmann 2009).
3. Die Preisdifferenzierung dritten Grads verknüpft den Zugang zu verschiedenen Preisen unmittelbar an Kriterien. Der Kunde kann nicht frei wählen (Skiera und Spann 2002; Diller 2008). Ein Wechsel zwischen den Segmenten ist i. d. R. nicht möglich. Ein Beispiel im B2B-Segment sind Preisstrukturen, die sich an der Unternehmensgröße orientieren.

Simon zufolge beruht die Preisdifferenzierung auf Unterschieden in Nutzen und Maximalpreisen bezüglich dreier wesentlicher Dimensionen (Simon 1992):

a) Marktsegmente
b) Mengen
c) Produkte

Die für das digitale Pricing wichtigsten Varianten werden im Folgenden entlang dieser drei Grundformen der Preisdifferenzierung skizziert (Miller und Krohmer 2011; Abb. 4.12).

4.8.2 Varianten der Preisdifferenzierung

4.8.2.1 Preisdifferenzierung nach Marktsegmenten

Basis hierfür sind Unterschiede in Nutzenwahrnehmungen und Preisbereitschaften für das gleiche Angebot über verschiedene Dimensionen. Vier Dimensionen sind für digitale Leistungen besonders relevant: Nutzer, Region, Zeit und Vertriebskanal (Simon 1992). Demzufolge unterscheidet man die persönliche, regionale und zeitliche Preisdifferenzierung sowie die Staffelung von Preisen nach Vertriebskanälen. Die Vertriebskanaldifferenzierung wird mit zunehmender Digitalisierung immer wichtiger und steht in vielen Unternehmen derzeit im Fokus des Preismanagements. Für digitalisierte Märkte spielt das dynamische Pricing eine exponierte Rolle. Diese Variante wird ebenfalls in diesem Abschnitt kurz skizziert.

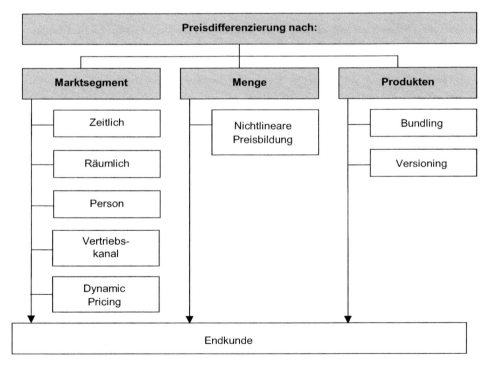

Abb. 4.12 Preisdifferenzierung (1). (Simon 1992)

Räumliche Preisdifferenzierung

Im Zuge einer regionalen Preisdifferenzierung werden für das gleiche Produkt in verschiedenen Gebieten unterschiedliche Preise festgesetzt. Preisvariationen in Abhängigkeit von Ländern, Regionen oder Vertriebsgebieten sind durch eine Vielzahl von Parametern zu begründen. Hierzu gehören regional bedingte Unterschiede in den Preiselastizitäten, der Nachfrage, den Wettbewerbsverhältnissen und den Logistikkosten sowie in den Wechselkursen und den Inflationsraten (Miller und Krohmer 2011). Die Immobilienbörse ImmobilienScout24 differenziert Preise auf ihrem Marktplatz nach Regionen. Kernkriterium ist die Varianz der Wertvorstellungen über die einzelnen Gebiete hinweg. So sind z. B. attraktive Immobilien in Ballungsregionen knapp – es herrscht eine hohe Nachfrage. Wer dort ein Haus oder eine Wohnung inserieren möchte, zahlt einen höheren Preis als ein Portalnutzer, der eine vergleichbare Immobilie in strukturschwachen Regionen einstellt. Prozesse und Methoden der internationalen Preissteuerung sind ein elementarer Bestandteil der Profitsicherung von global aufgestellten Unternehmen (Wübker 2006; Roll et al. 2012; Simon und Fassnacht 2008, 2016; Skiera und Spann 2002; Corsten 1988; Simon und Dolan 1997; Frohmann 2007). Dies gilt v. a. für produzierende Unternehmen in den klassischen Produktsektoren (Konsumgüter, Automobil, Maschinenbau etc.) mit Sitz in der Eurozone. Hier führen signifikante Preisunterschiede zwischen den einzelnen Euromärkten zum Risiko einer Preiserosion in hochpreisigen Ländern. Ein professionelles Pricing steuert dieser Entwicklung proaktiv entgegen. Ziel ist die Vermeidung zu großer Preisabstände zwischen den verschiedenen Regionalmärkten eines Unternehmens. Ein wichtiges Instrument zur Steuerung regionaler Unterschiede sind Preiskorridore. Ein Preiskorridor ist eine zentral definierte Grenze für die lokale Preisfindung (Pastuch 2018). Er definiert einen Preisrahmen, der von keinem Land verlassen werden darf. Die Autonomie der lokalen Vertriebsgesellschaften wird beschränkt, um bestehende Differenzen in den Regionalpreisen schrittweise zu reduzieren. Der Preisrahmen ist ein praktikabler Kompromiss zwischen Einheitspreisen und unabhängigen Landespreisen. Arbitragegeschäfte von Reimporteuren und Graumarkthändlern werden hierdurch minimiert.

Projektskizze Pedelecs

Präferenzen und Preisbereitschaften für elektronische Fahrräder (E-Bikes) waren Gegenstand eines internationalen Projekts des Verfassers im Jahr 2010. Potenzielle Nutzer des zu entwickelnden Produkts in verschiedenen Segmenten (Mountain Bikes, Trekking Bikes etc.) wurden mithilfe Conjoint-Measurement zu ihren Nutzenvorstellungen befragt. Die resultierenden Optimalpreise variierten für benachbarte Länder sehr stark. Je nach Produktsegment unterschieden sich die umsatzoptimalen Preise zwischen zwei Ländern der Eurozone um bis zu 30 %. Die Preisbereitschaften in der marktanteilsstärkeren Vertriebsregion des Unternehmens waren signifikant höher. Aufgrund der hohen Transparenz im Markt war eine internationale Koordination der Preislagen entsprechend der oben beschriebenen Methodik notwendig. Die Definition des Korridors wurde über ein digitales Entscheidungsunterstützungsmodell (Decision-Support-Tool) unterstützt.

Bei digitalen Angeboten kann räumliche Preisdifferenzierung technisch über Routing effizient unterstützt werden. Dies praktizieren Touristikanbieter wie z. B. Airlines, international aufgestellte Hotels etc. Die technologische Grundlage für die Preisdifferenzierung ist die Zuordnung der Internet-Protocol(IP)-Adresse zu geografischen Regionen. Nutzern einer – nach Regionen differenzierten – Website können variierende Angebote zu unterschiedlichen Preisen unterbreitet werden (Simon und Fassnacht 2008; Frohmann 2007).

Eine Spezialform der räumlichen Preisdifferenzierung ist „contextual pricing". Wertvorstellungen für dasselbe Produkt unterscheiden sich teilweise sehr stark je nach Lokalität und Umgebungsbedingungen des Konsums. Aus psychologischer Sicht verändern sich Preisbereitschaften je nach der örtlichen Umgebung des Kunden sowie dem Kontext der Nutzung (Trevisan 2015). Insbesondere Konsumgüterhersteller schöpfen diese Unterschiede in den Wertvorstellungen durch z. T. drastische Preisdifferenzierungen ab. Stationäre Händler nutzen „geofencing", um Kunden kontextbezogen individuelle Angebote zu unterbreiten. „Geofencing" basiert auf der technischen Möglichkeit, Endgeräte von Kunden (z. B. Smartphones) über Ortungssensoren zu lokalisieren. Pushnachrichten zu aktuellen Angeboten erhält der Kunde nur dann, wenn er in der Nähe eines stationären Geschäfts unterwegs ist. Die Schnittstelle zu den Smartphones seiner Kunden ist für den Einzelhändler eine sehr wichtige Ressource als Basis für kundenspezifische Preisangebote (Forster 2018).

Zeitliche Preisdifferenzierung

Die zeitbezogene Preisdifferenzierung zielt primär auf die unterschiedlich hohe Zahlungsbereitschaft der Kunden zu verschiedenen Zeitpunkten ab (Skiera und Spann 2002). Preisunterschiede für gleiche Leistungen können beispielsweise an der Tageszeit, dem Wochentag oder der Saison ausgerichtet werden. In Dienstleistungssektoren kommt der zeitlichen Preisdifferenzierung eine herausragende Rolle zu. Bei Flugreisen kann jeder einzelne Sitzplatz zeitbezogen zu einem unterschiedlichen Preis verkauft werden. Eine stärkere Nachfrage zu späteren Abflugzeiten, während der Ferien oder zu bestimmten Buchungszeitpunkten rechtfertigt einen höheren Preis. Der zu zahlende Preis für den Kunden ist – allein bezogen auf die Dimension Zeit – von verschiedenen Fragen abhängig: Wie lange vor Abflug buche ich? An welchem Tag und zu welcher Uhrzeit bestätige ich die Buchung? An welchem Wochentag fliege ich? Zu welcher Uhrzeit findet die Flugreise statt? Welche Saison herrscht am Abflug- und Zielort vor? (Dirlewanger 1969; Doganis 1991; Meyer 1992; Pompl 1991).

Die zeitbezogene Preisdifferenzierung ist auch bei digitalen Gütern von besonderer Bedeutung. Identische Leistungen werden zu verschiedenen Zeitpunkten unterschiedlich wertgeschätzt und genutzt. Deshalb werden Preise für digitale Produkte u. a. auch nach ihrer Aktualität differenziert. Preisbestimmend ist die Sequenz der Veröffentlichung. Es geht um die Frage, mit welcher zeitlichen Verzögerung die Informationsgüter verschiedenen Kundensegmenten zur Verfügung gestellt werden (Skiera und Spann 2002). Die zeitliche Preisdifferenzierung ist im Internet leicht umsetzbar. Nachfragewirkungen

4.8 Preisdifferenzierung

zeitlich variabler Preise sind effizient erfassbar und können zur Optimierung herangezogen werden.

Folgende Effekte hat die zeitbezogene Preisdifferenzierung für den Anbieter (Roll et al. 2012; Simon und Fassnacht 2008, 2016; Skiera und Spann 2002; Corsten 1988; Simon und Dolan 1997):

1. Schwankungen der Nachfrage können entzerrt werden.
2. Ermäßigte Preise zu nachfrageschwachen Tageszeiten, Wochentagen oder Jahreszeiten bewirken eine Nachfragestimulation.
3. Höhere Preise in Stoßzeiten dienen der Ausschöpfung von relativ hohen Preisbereitschaften bei verstärkter Nachfrage.
4. Durch die Nachfrageglättung wird eine gleichmäßigere Kapazitätsauslastung erzielt. Die Ressourcenplanung wird gleichzeitig erleichtert.

Die zeitliche Preisdifferenzierung sollte mit großer Sorgfalt umgesetzt werden. Es bestehen zwei beträchtliche Risiken:

- Isolierte Aktionen können zu einer Kannibalisierung des Gesamtgeschäfts führen. Denn temporäre Preismaßnahmen haben durchaus Einfluss auf die Nachfrage und die Wettbewerbsverhältnisse in einem anderen Zeitintervall. Dieser Zusammenhang lässt sich am Beispiel des Singles Day in China im Jahr 2017 beschreiben. Am Tag der Rabattaktion, 11. November 2017, erzielten die Online-Händler Verkaufsrekorde. Alibaba, der größte Internethändler Chinas, verkaufte Waren im Wert von über 20 Mrd. EUR; 92 % der Einkäufe wurden per Smartphone getätigt. Entscheidend bei der Beurteilung dieser Online-Verkaufsaktion ist: Das Kaufverhalten vieler Kunden in China hatte sich schon lange vorher – in Antizipation der Rabattaktion – verändert. Viele Nutzer schoben geplante Käufe bis zum Aktionszeitraum auf. Der Nettoeffekt der Preismaßnahme ist unter Berücksichtigung dieser zeitlichen Arbitrageeffekte deutlich geringer (Salden et al. 2017, S. 16; Ankenbrand 17. Januar 2018).
- Kunden verändern ihr Planungs- und Kaufverhalten mit zunehmender Gewöhnung an Niedrigpreise und Rabatte. Vor allem im Online-Handel gibt es kaum noch ein Produkt, das nicht mit einem temporären Nachlass versehen wird. In vielen Produktkategorien und auch bei Services sind Kunden inzwischen so konditioniert, dass sie Preisabschläge erwarten und immer aktiver einfordern. Anders formuliert: Listenpreise sind immer weniger relevant. Mittelfristig besteht für den Handel die Gefahr, in eine Preisspirale abzurutschen. Im Abschnitt zur Preisoptimierung wird genauer beleuchtet, welche Negativdynamik sich mit der zunehmenden Automatisierung des Pricing entwickeln kann.

Nutzerbezogene Preisdifferenzierung

Preisstaffelungen werden an persönliche Kriterien des Kunden gebunden. Preisdifferenzierung nach Kundenmerkmalen trägt der Tatsache Rechnung, dass sich die

Zahlungsbereitschaften verschiedener Nutzer voneinander unterscheiden (Roll et al. 2012; Simon und Fassnacht 2008, 2016; Skiera und Spann 2002; Corsten 1988; Simon und Dolan 1998). Dies ist in Abb. 4.13 auf der rechten Seite vereinfacht dargestellt. Der bei einem Einheitspreis erzielte Gewinn wird durch das Rechteck im linken Teil der Abbildung visualisiert. Gewinnpotenziale in der Größenordnung der zwei kleineren Rechtecke im rechten Bildabschnitt können in diesem Fall nicht realisiert werden. Der prinzipiell abschöpfbare Gewinn wird bei Einheitspreisen in zweifacher Hinsicht verschenkt. Verluste entstehen auf beiden Seiten des Pricing-Hebels, bei Mengen und Margen (Abb. 4.13):

- Margenverlust: Bestimmte Kundenvolumina, die auch zu höheren Preisen realisierbar wären, werden nur zum Einheitspreis kontrahiert. Entsprechende Preisbereitschaften (in der Grafik P1) können nicht ausgenutzt werden.
- Mengenverlust: Potenzielle Kunden, deren Zahlungsbereitschaften unterhalb des Einheitspreises liegen (in der Grafik P3), wandern zur Konkurrenz ab. Mit den Preispunkten (P1 bis P3) werden die unterschiedlichen Maximalpreise von drei Kunden abgeschöpft (Simon 1992). Die Segmente lassen sich merkmalsbezogen einfach abgrenzen. Organisatorisch helfen hierbei immer stärker die im Zuge der Digitalisierung verfeinerten Kundendaten. Informationen zu Kunden werden mit zunehmender Frequenz aktualisiert.

Fallbeispiel: Preisdifferenzierung für Werbekunden im Internet

Die mit dem Internet verbundene Digitalisierung von Prozessen führt dazu, dass Werbebotschaften sehr viel zielgerichteter auf Nutzergruppen zugeschnitten werden können. Für Werbende sind große Plattformen wie Google und Facebook mit geringeren Streuverlusten und einer höheren Effizienz der Kommunikationskampagnen

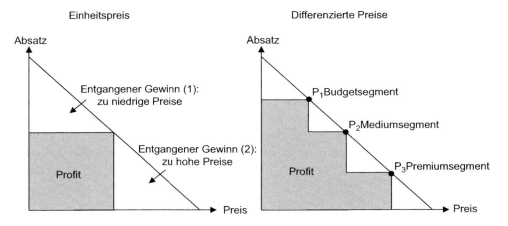

Abb. 4.13 Preisdifferenzierung (2). (In Anlehnung an Simon 1992)

4.8 Preisdifferenzierung

verbunden. Die wichtigste Herausforderung für den Plattformbetreiber besteht darin, den Mehrnutzen und die damit verbundene Zahlungsbereitschaft der Werbekunden optimal abzuschöpfen. Um den Umsatz zu optimieren, bieten sich für den Plattformanbieter (wie z. B. Facebook oder Google) verschiedene Formen der Preisdifferenzierung an. Eine sehr erfolgreiche Variante ist die Preisdifferenzierung nach Zielperson. Die Preislogik lautet: Je zielgerichteter die Ansprache der Nutzer, desto höher der Werbepreis. Bei Facebook beispielsweise können Werbekunden, die eine Anzeige schalten wollen, ihr Zielsegment nach Einkommen, Ausbildung und Interessen sehr spezifisch eingrenzen. Je genauer die Zielgruppe definiert wird (d. h. je fokussierter die Werbeanzeige), desto höher ist der Preis, den der Netzwerkanbieter fordert. Dies kann je nach Preismodell der Tausender-Kontaktpreis (TKP) oder der Cost-per-Click (CPC) sein.

Eine besondere Ausprägungsform der nutzerbezogenen Preisdifferenzierung ist das Customer-Driven Pricing (CDP). CDP basiert auf den technologischen Möglichkeiten der Digitalisierung und erfasst über eine Plattform, welchen Preis ein individueller Kunde maximal zu zahlen bereit ist (Simon 2015a, S. 258, b, S. 165). Es ist eine automatisierte Variante der Preisdifferenzierung ersten Grads, die in der Reisebranche erstmals breite Anwendung fand. Touristikkunden hinterlegen ihre Preisbereitschaften für Flüge, Pauschalreisen, Mietwagen oder Hotels direkt auf den Anbieterportalen (wie z. B. priceline.com). Ähnlich wie bei einer Auktion erhält der Kunde mit dem höchsten Maximalpreis den Zuschlag. Während bei Auktionen Preistransparenz besteht, gibt es diesen Informationsvorteil aus Kundensicht bei der CDP-Methode nicht. Durch die reduzierte Transparenz wird auch die Preiselastizität tendenziell abgeschwächt – dies fördert die Kaufbereitschaft. CDP bietet eine hervorragende technologische Basis für die Gewinnoptimierung, da die Konsumentenrente vollständig abgeschöpft wird.

Preisdifferenzierung nach Vertriebskanälen

Das gleiche Produkt wird in unterschiedlichen Kanälen zu verschiedenen Preisen angeboten (Roll et al. 2012; Simon und Fassnacht 2008, 2016; Skiera und Spann 2002; Corsten 1988; Simon und Dolan 1997). In zahlreichen Branchen existieren Preisdifferenzierungen zwischen direkten und indirekten Vertriebswegen. Online-Vertriebskanäle, die für den Anbieter mit niedrigeren Kosten verbunden sind, werden über Preisnachlässe für den Kunden attraktiver gestaltet. In vielen Sektoren finden sich die günstigsten Preise über alle Vertriebskanäle hinweg im Internet. Die deutliche Differenzierung zwischen Offline- und Online-Preisen ist einer der Hauptgründe für das massive Wachstum des Internets als Absatzweg. Im Jahr 2017 betrug der interaktive Internetumsatz in Deutschland 78 Mrd. EUR (o. V. 2018e). Der interaktive Handel umfasst neben dem klassischen Produktvertrieb auch den Online-Verkauf von Dienstleistungen wie Bahn- und Flugtickets, Konzertkarten oder Reisen. Das stärkste Wachstum verzeichneten Online-Versender, deren Kerngeschäft im stationären Handel liegt. Diese nutzen das Internet als zusätzlichen Distributionskanal.

Das Internet hat zu massiven Veränderungen im Pricing geführt. Zentrale Fragen im Rahmen des Multichannel-Managements lauten (Friesen und Heintze 2015):

- Wie wollen wir Vertriebskanäle preislich positionieren?
- Welche Kosten sind mit den einzelnen Kanälen verbunden?
- Welchen Nutzen offerieren wir dem Kunden?
- Soll eine Preisdifferenzierung vorgenommen werden?
- Wie hoch sollen die Preisunterschiede sein?

Ein Kernargument für niedrigere Online-Preise ist der Kostenvorteil der digitalen Vertriebskanäle. Hierbei werden Nutzenargumente vernachlässigt. Bei einer Vielzahl von Produkten ist das Internet mit einer höheren Bequemlichkeit bei der Bestellung verbunden. Hinzu kommen wertvolle Informationen von Nutzern, die als möglicher Anreiz für die Online-Bestellung eines Buchs oder Musikstücks dienen. Diese Nutzenvorteile und die daraus entstehenden Gewinnpotenziale bleiben vielfach noch ungenutzt. Es ist davon auszugehen, dass für Online-Bestellungen je nach Produktkategorie und Kundensegment zukünftig höhere Preise durchgesetzt werden (Schmidt 2016).

Probleme beim Channel Pricing können dann entstehen, wenn die Preisdifferenzen über die Vertriebskanäle zu groß ausfallen. Ursache der z. T. sehr hohen Preisunterschiede zwischen Online- und Offline-Kanälen sind signifikant höhere Margenanforderungen des stationären Handels. Entscheidende Bedeutung für die Preiskontrolle eines Unternehmens hat die aktive Steuerung des Pricing für die verschiedenen Distributionskanäle (Friesen und Heintze 2015). Bei der Konditionenvergabe müssen in diesem Zuge alle preisrelevanten Spezifika der einzelnen Kanäle berücksichtigt werden (z. B. die Funktionen des Kanals, aktuelle Margen sowie Profitabilitätsziele, die Kostenstrukturen und der Wettbewerb). Auch das Einkaufsverhalten der Kunden hat einen Einfluss auf die Preisabstufungen. So gilt z. B. für Onlineshops:

- Spontankäufe, die im stationären Handel höhere Margen erzielen, sind im Online-Vertrieb eher selten.
- Online-Kunden kaufen oft margenschwache Artikel, mit denen sich kaum Geld verdienen lässt.

Fallbeispiel Media Markt/Saturn

Eine exponierte Bedeutung für die Preisdifferenzierung nach Vertriebskanälen hat die Wahrnehmung der Kunden. Konsistenz aus Nutzersicht ist eine zentrale Anforderung an das Pricing von Multichannel-Händlern.

Media Markt und Saturn haben diese Erkenntnis im Februar 2018 zum Anlass genommen, die bisher deutlichen Preisunterschiede aufzuheben. Bei Elektronikprodukten werden die Preise zwischen Filiale und Internetshop zukünftig nicht mehr differenziert. Die bisher vorgenommene Preisdifferenzierung hat zu Irritationen bei

4.8 Preisdifferenzierung

Kunden geführt: Bestimmte Produkte wurden im Online-Shop günstiger als in der Filiale angeboten; bei anderen Elektronikartikeln war es hingegen genau umgekehrt (Mitsis 2018). Unabhängig von der Vereinheitlichung von Preisen über die Vertriebskanäle hinweg wird es auch weiterhin selektive Preisanpassungen mit Blick auf regionale Wettbewerbsaktionen geben. Die konkurrenzbezogenen Reaktionen erfolgen allerdings nur als temporäre und lokal begrenzte Aktionen in ausgewählten Filialen. Die Preisvereinheitlichung wird durch elektronische Regalschilder unterstützt. In allen deutschen Märkten von Media Markt und Saturn sind Preise zukünftig in Echtzeit anzupassen. Die Online-Preisniveaus werden entsprechend koordiniert.

Fallbeispiel Boss

Die Strategie von Boss als Premiumanbieter erfordert eine aktive Kontrolle des Preisniveaus über alle Vertriebskanäle. Im Premiumsegment der Textilbranche spielt die Qualitätsindikation des Preises eine wichtige Rolle. In der Kundenwahrnehmung besteht ein klarer Zusammenhang zwischen dem Preis eines Anzugs und dessen Qualität. Dies erklärt, warum Boss einer aktiven Beteiligung an den Rabattaktionen von Vertriebspartnern (z. B. Modehäusern) kritisch gegenübersteht. Die Qualitätswahrnehmung der Kunden soll durch Sonderangebote nicht kannibalisiert werden. Trotz des sehr restriktiven Umgangs mit Rabattaktionen gelang Boss in der Vergangenheit kein voller Preisdurchgriff auf den Markt. Ein signifikanter Teil der Originalware wurde in grauen Kanälen immer wieder zu hohen Rabatten verkauft (Weishaupt 2018; Hofer und Bastgen 2017). Eine derartige Preiserosion ist für Premiumgüter gefährlich. Eine stärkere Preiskontrolle ist in solchen Fällen nur über einen höheren Anteil von Eigenvertriebskanälen durchzusetzen. Beim Eigenvertrieb wird die Margenkontrolle allerdings mit deutlich höheren Fixkosten erkauft.

Eine besondere Ausprägungsform der kanalbezogenen Preisdifferenzierung findet sich bei Medienangeboten. Print-, Audio- oder Videoinhalte werden je nach Vertriebsweg preislich gestaffelt. So werden z. B. Filme in verschiedenen Kanälen (z. B. Kino, Mediathek, Bezahlfernsehen, Free TV, Streamingplattform etc.) im Zeitablauf zu unterschiedlichen Preisen veröffentlicht (Wirtz 2009).

Durch die Multidimensionalität von Preisen werden die verschiedenen Formen der Preisdifferenzierung oft komplementär angewandt. Im Medienbeispiel wird die kanalbezogene Differenzierung mit einer zeitlichen Preisstaffelung kombiniert.

Im Zuge der Digitalisierung verschwimmen die Grenzen zwischen traditioneller Distribution und dem Online-Handel zunehmend. Ein Beispiel hierfür bietet Alibaba – der Marktführer im E-Commerce in China – mit seinem New-Retail-Konzept. Alibaba-Kunden nutzen während des Einkaufs ihr Smartphone, um die Barcodes der gewählten Produkte selbst einzuscannen. Die Bezahlung erfolgt mithilfe der firmeneigenen Bezahl-App Alipay (Ankenbrand 2018; Hirn 2018).

Dynamisches Pricing

Dynamisches Pricing passt die Preise für Produkte, Dienstleistungen und Informationsgüter nach definierten zeitlichen Taktungen der aktuellen Marktsituation an. Zeitlich variierende Preise berücksichtigen sowohl Angebotsengpässe als auch Überkapazitäten. Auf E-Commerce-Plattformen erfolgen Preisanpassungen oft maschinell anhand definierter Algorithmen. Dabei werden neben der Angebots-Nachfrage-Relation zahlreiche weitere Faktoren einbezogen. Hierzu gehören Wettbewerbspreise, externe Einflüsse (z. B. Wetter, Großereignisse etc.) und Zeitaspekte. Tageszeiten und andere Zeitkriterien (Wochentag, Jahreszeit, Arbeitstag vs. Wochenende, Ferientermine) werden automatisiert hinterlegt (Salden et al. 2017; Simon 2015a; Pena 2017). Die entscheidenden Faktoren beim Dynamic Pricing sind Angebot und Nachfrage: Je höher die Nachfrage, desto höher der Preis (Haucap 2018).

Eine besondere Form des dynamischen Pricing – das Revenue Management – wurde bereits Ende der 1960er-Jahre von Fluggesellschaften entwickelt. American Airlines führte vor 50 Jahren ein weitestgehend automatisiertes Kapazitäts- und Preismanagement ein (Dirlewanger 1969; Doganis 1991; Pompl 1991).

Dies belegt, dass die Digitalisierung des Pricing in einigen Branchen schon vor Jahrzehnten begann. Digitales Pricing ist in diesen Sektoren kein neues Phänomen. Auch andere Touristikanbieter (Hotels, Mietwagenanbieter) sowie die Unterhaltungsbranche nutzen das Revenue Management schon lange systematisch. Reiseveranstalter dynamisieren ihre Angebote und Preise seit einigen Jahren. Die Komponenten einer Reise werden erst bei der Buchungsanfrage zusammengestellt. Der Preis der Reise schwankt je nach Nachfrage – er wird bei jeder Anfrage neu errechnet (Frohmann 2007).

Das Konzept stetig wandelnder Preise wird mit fortschreitender Technologisierung allerdings zunehmend professionalisiert und zeitlich immer enger getaktet. Durch die rasante Entwicklung der Informationstechnologie ist Dynamic Pricing zu einem der wichtigsten Hebel innerhalb des Preismanagementprozesses geworden. Dynamische Preisgestaltung in Abhängigkeit der Angebots- und Nachfrageentwicklung spielt insbesondere im Internet eine stetig steigende Rolle. Die häufigsten Preisänderungen sind im Bereich der Konsumelektronik und im Sektor Bekleidung/Schuhe zu beobachten (Salden et al. 2017).

Amazon – als Online-Marktführer in Deutschland – passt seine Produktpreise auf der Plattform bis zu acht Mal pro Tag an. Die Adaptionen erfolgen differenziert, je nach Produktkategorie, nach der Konkurrenzsituation, dem Abverkauf und der Tageszeit (Salden et al. 2017; o. V. 2013, 2018a).

Im Zuge immer professionellerer Preismanagementsoftware ist Dynamic Pricing allerdings nicht mehr nur im B2C-Segment, sondern verstärkt auch in B2B-Sektoren zu finden. Deutlich erhöht hat sich die Geschwindigkeit, mit der Unternehmen zahlreiche Faktoren in Betracht ziehen. Das Datenvolumen wächst progressiv und auch die Granularität der Informationen steigt stetig. Aktuelle Daten zu Angebotskapazitäten und

4.8 Preisdifferenzierung

Nachfragekonstellationen können mit detaillierten Informationen zu Präferenzen und Prioritäten der Nutzer kombiniert werden. Dynamic Pricing wird nicht nur durch die digitale Transformation, sondern teilweise auch durch Veränderungen der rechtlichen Rahmenbedingungen getrieben.

Fallbeispiel Tankstellen

Seit 2013 müssen Tankstellen ihre aktualisierten Preise an eine zentrale Meldestelle kommunizieren. Die täglichen Niveauanpassungen haben sich seitdem in puncto Anzahl und Ausmaß deutlich erhöht. Eine Studie aus dem Jahr 2017 belegt eindrucksvoll das Zusammenwirken von höherer Preistransparenz, zunehmender Marktmacht der Kunden und dem Druck auf den Durchschnittspreis. In vier untersuchten Städten haben die Mineralölkonzerne im Durchschnitt mehr als sechsmal am Tag ihre Preise geändert. Innerhalb einer Stadt waren im Tagesverlauf Preisschwankungen von mehr als 30 Cent je Liter zu beobachten. Je nach Tankstelle differierten die Preise über den Tag hinweg um bis zu 10 Cent je Liter. Basierend auf der Technologieunterstützung (spezielle Apps) und der gesetzlich vorgeschriebenen Angebotstransparenz nutzen Verbraucher die Preisunterschiede stärker aus als in der Vergangenheit. Tankvorgänge wurden gezielt auf die günstigsten Zeitpunkte (z. B. am späten Abend) verlagert. Durch das Ausnutzen der Preistäler konnten Autofahrer gemäß der Studie durchschnittlich mehr als 3 Cent je Liter einsparen (o. V. 2018c, d).

Fallbeispiel Luftverkehr

Im innerdeutschen Flugverkehr ist die Preisentwicklung eine gänzlich andere. Die enorm gestiegene Marktmacht von Lufthansa hat im Lauf des Jahres 2017 zu einer drastischen Erhöhung der Durchschnittspreise geführt. Bei innerdeutschen Flügen kontrollieren Lufthansa und Eurowings einen Anteil von fast 90 % des Markts. Die Preisbildung funktioniert bei Lufthansa Passage wie bei nahezu allen Airlines: Ist der Flugzeitpunkt noch weit entfernt und sind erst wenige Plätze verkauft, werden die Tickets günstig angeboten. Letzte freie Plätze kurz vor Abflug werden hingegen tendenziell zu Höchstpreisen verkauft (Dirlewanger 1969; Doganis 1991; Pompl 1991). Durch die reduzierte Branchenkapazität im Zuge des Air-Berlin-Konkurses waren die Lufthansa-Maschinen ab Mai 2017 deutlich stärker als gewöhnlich ausgelastet. Vor dem Hintergrund des Revenue-Management-Systems sind die Flugtickets in der Spitze um bis zu 50 % teurer geworden. Die Kapazitätslücke wurde Anfang 2018 durch Wettbewerber wieder geschlossen. Im März 2018 zeichnete sich erstmals wieder eine stabile Preisentwicklung ab (o. V. 2018f, g).

4.8.2.2 Mengenbezogene Preisdifferenzierung

Bei der mengenbezogenen Preisdifferenzierung ändert sich der Durchschnittpreis aus Kundensicht (Simon 2015a, S. 175 ff.). Der Preis pro Einheit sinkt mit steigender Abnahmemenge des Nutzers – er ist nichtlinear. Deshalb wird die Preisdifferenzierung nach der Menge auch als nichtlineare Preisbildung bezeichnet (Roll et al. 2012; Simon und Fassnacht 2008, 2016; Skiera und Spann 2002; Corsten 1988; Simon und Dolan 1997; Tacke 1989). Die nichtlineare Preisbildung gilt in erster Linie für den Variable Menge-Fall: Ein Kunde bezieht in einem bestimmten Zeitraum mehrere Einheiten eines Verbrauchsguts, einer Dienstleistung oder eines digitalen Angebots. Mit der mengenbezogenen Preisdifferenzierung werden Gewinnpotenziale abgeschöpft. Differenzierte Preise reflektieren die Unterschiede in den Preisbereitschaften. Der Vorteil des nichtlinearen Systems ist u. a. die Effizienz in der Umsetzung. Alle Kunden erhalten das gleiche Preisangebot. Jeder Kunde zahlt – entsprechend seiner tatsächlichen Nutzung – einen differenzierten Preis.

Die Tabelle in Abb. 4.14 zeigt die Abnahmemengen und Maximalpreise des Nachfragers eines digitalen Produkts. Als Prämissen für die Beispielrechnung gelten:

- Ziel des Unternehmens ist die Gewinnmaximierung.
- Die Grenzkosten betragen 2 EUR.

Fallbeispiel mengenbezogene Preisdifferenzierung

- Option 1: Das Unternehmen möchte mit Blick auf ein möglichst einfaches Pricing einen mengenunabhängigen Einheitspreis setzen. Ein Betrag von 6 EUR ist in dieser Konstellation gewinnoptimal. Drei Einheiten werden abgesetzt. Der Gewinn (Preis * Absatzmenge – Grenzkosten) beträgt 12 EUR. Alternative Preissetzungen führen zu niedrigeren Gewinnen. Bei einem Preis von 7 EUR werden nur zwei Einheiten abgesetzt. Mit einer Preisforderung von 4 EUR könnten vier Stück verkauft werden. In beiden Fällen ist der Gewinn (10 EUR bzw. 8 EUR) geringer. Beim Einheitspreis von 6 EUR entstehen für den Nachfrager Konsumentenrenten.

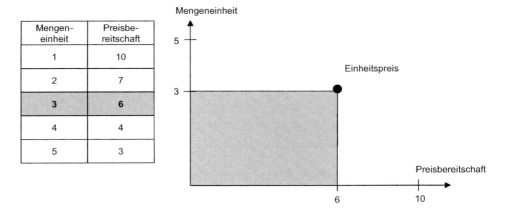

Abb. 4.14 Nichtlineare Preisbildung. (In Anlehnung an Simon 1992)

Die Konsumentenrenten betragen 4 EUR (10 EUR – 6 EUR) für die erste Einheit und 2 EUR (8 EUR – 6 EUR) für die zweite Einheit. Ein Margenpotenzial von 6 EUR wird folglich nicht ausgeschöpft. Hinzu kommt, dass der Nachfrager keine vierte und fünfte Einheit nutzt, denn der Einheitspreis liegt mit 6 EUR über den Maximalpreisen (4 EUR und 3 EUR) der zusätzlichen Mengen. Auch hier wird das im Markt steckende Gewinnpotenzial durch die Einheitspreissetzung nur unvollständig ausgeschöpft. Im Gegensatz zum ersten Fall (zu niedriger Preis) verzichtet man im zweiten Fall (zu hoher Preis) auf potenzielle Mehrmenge.

- Option 2: Beim nichtlinearen Pricing setzt man den Preis für jede Einheit gemäß dem jeweiligen Maximalpreis des Nutzers. Fünf Einheiten werden verkauft. Der Gewinn beträgt 20 EUR.

Das Beispiel zeigt: Bei einer Einheitspreissetzung werden Profitpotenziale nur teilweise genutzt. Grafisch gesprochen ergibt sich bezüglich der Gewinnfunktion immer nur ein Rechteck. Die nichtlineare Preisbildung ermöglicht hingegen prinzipiell die vollständige Ausschöpfung des Gewinndreiecks (Tacke 1989). Im skizzierten Beispiel ermöglicht dies eine deutliche Erhöhung von Umsatz und Gewinn.

Zwei Effekte tragen hierzu bei:

- Die Zahlungsbereitschaft wird vollständig monetarisiert.
- Eine neue Nachfrage mit Zahlungsbereitschaften unterhalb des Einheitspreises wird aktiviert.

Die beste Lösung besteht grafisch gesprochen darin, jedem Nachfrager einen Festbetrag entsprechend der individuellen Fläche des Gewinndreiecks abzuverlangen (Simon 2015a, S. 175 ff.). In der Praxis war dies organisatorisch lange nicht möglich. Im Zuge der Digitalisierung haben sich die Potenziale hingegen deutlich erhöht. Die nichtlineare Preisbildung findet sich in zahlreichen Ausprägungen:

- Mengenrabatte
- Zweiteilige Preise
- Mehrpersonenpreise (Gruppenpreise)
- Pauschalgebühren (Flatrates)
- Rabattformen wie im Jahresabonnement 15 % billiger, „buy two and get one free", ab 10 Stück 20 % Rabatt etc.

Wübker beschreibt eine interessante Variante der nichtlinearen Preisbildung: Die Preisstaffelung für Kreditkarten eines Finanzdienstleisters. Der Jahresbeitrag sinkt mit dem jährlichen Umsatzvolumen, das mit der Karte getätigt wird (Wübker 2006).

Mengenrabatte sind die bekannteste Form der nichtlinearen Preisbildung. Sie werden in verschiedenen Varianten eingesetzt (Pastuch 2018; Miller und Krohmer 2011). Beim durchgerechneten Mengenrabatt resultieren größere Abnahmemengen in höheren Preisnachlässen. Der tatsächlich zu zahlende Durchschnittspreis sinkt mit zunehmendem Volumen. Der Rabattsatz bezieht sich hierbei jeweils auf die gesamte Bezugsmenge des Nutzers. Ein einfaches Beispiel für eine durchgerechnete Discountstaffel („all units discount") lautet wie folgt: Der Preis eines Artikels beträgt 10 EUR. Ab einer Abnahmemenge von 100 Einheiten sinkt der Stückpreis für alle 100 Einheiten um 10 %. Beim angestoßenen Mengenrabatt gilt der Preisnachlass jeweils nur für ein definiertes Intervall. Beispiel: Der Preis eines Artikels beträgt 100 EUR. Ab einer Abnahmemenge von 100 Stück sinkt der Preis für jede weitere Einheit um 3 %, ab einer Abnahmemenge von 200 Stück um 4 % etc. Der Nachlass bezieht sich also nur auf das zusätzliche Volumen – und nicht auf die insgesamt gekaufte Menge. Durch die ansteigenden Rabattstufen wird ein effektiver Anreiz zur Steigerung des Kaufvolumens geschaffen. Der durchschnittliche Nachlass ist bei dieser Form insgesamt deutlich niedriger als der wahrgenommene zusätzliche Rabatt. Der aus Kundenperspektive unwesentliche Nachlassunterschied kann für den Anbieter – im Vergleich zum durchgerechneten Rabatt – zu einer starken Erhöhung des Gewinns führen. Wo immer möglich, sollten deshalb angestoßene Mengenrabatte vergeben werden (Simon 2015a, S. 191 f.). Bonusprogramme basieren auf einer speziellen Form des Mengenrabatts, die im Dienstleistungsbereich und im Einzelhandel besondere Bedeutung besitzt (Frohmann 1994). Sie sind Bestandteil übergeordneter Kundenbindungskonzepte (inklusive Kundenclubs und Kartensystemen) wie Payback oder Miles & More.

Mehrpersonen-Pricing ist eine weitere Variante der nichtlinearen Preisbildung, die sowohl in B2C-Märkten als auch in B2B-Sektoren genutzt wird. Eine Preisdifferenzierung nach der Zahl der Nutzer kennt man von Softwarelizenzen. Scaling-Modelle basieren auf Rabatten für zusätzliche Lizenzen. Insbesondere für Großkunden wird diese Form der Mengenrabatte als Kaufanreiz verbreitet genutzt. Ähnliche nichtlineare Modelle basieren auf Preisabschlägen in Abhängigkeit der Vertragsdauer (Laufzeit der Verträge) und des Umfangs der verfügbaren Daten. Bei der letztgenannten Variante wird ein preislicher Anreiz für die Migration auf höhere Datenvolumina gesetzt (Buxmann und Lehmann 2009). Eine besondere Variante des Mengenrabatts implementierte Aldi Anfang 2018. Der Mengenrabatt wurde mit sehr strikten Konditionen (Fencing) hinterlegt. Bedingung für den Preisnachlass war, dass Kunden einen Coupon einlösen, mindestens drei verschiedene Produkte kaufen und dafür mehr als 9 EUR ausgeben (o. V. 2018j).

4.8 Preisdifferenzierung   131

4.8.2.3 Preisdifferenzierung nach Produkten

Basis hierfür sind Unterschiede in den Wertschätzungen des Kunden für zumindest geringfügig unterschiedliche Angebote (Diller 2008). Zwei Fälle lassen sich unterscheiden:

1. Preisbündelung
2. Leistungsbezogene Preisdifferenzierung

Preisbündelung

Die Preisbündelung ist ein weiterer Hebel der Profitoptimierung. Hierbei werden verschiedene Produkte zu einem Bündel zusammengefasst und zu einem attraktiven Paketpreis verkauft. Das Angebot besteht aus wenigstens zwei unterschiedlichen Produkten oder Dienstleistungen (so z. B. einem Paket aus Reparaturleistungen und Ersatzteilen). Im Regelfall ist der Bündelpreis niedriger als der Preis der Einzelkomponenten (Homburg und Totzek 2011). Einer der Pionierfälle des Bundling ist das Pricing von Urlaubsreisen. Pauschalpreise für Flugreisen inklusive Hotel und Leihwagen stellen den Ursprung der Paketpreisbildung dar.

Fallbeispiel Microsoft Office Paket

Das Potenzial der Produktbündelung lässt sich anschaulich an den Office-Paketen von Microsoft verdeutlichen. Durch eine geschickte Kombination von Einzelleistungen zu Programmpaketen konnte das Softwareunternehmen seine Vormachtstellung von der Textverarbeitung (Word) und Tabellenkalkulation (Excel) auf Grafikprogramme (Power-Point) sowie Datenbankanwendungen (Access) ausdehnen. Der Absatz eines margenstarken – aber weniger gefragten – Nebenprodukts wie Access wurde durch das Bundling gesteigert. Durch die Preisbündelung von stark begehrten Produkten mit weniger attraktiven Angeboten gelang Microsoft eine Erhöhung des Deckungsbeitrags pro Kunde. Mit Marktanteilswerten von zeitweise über 80 % erzielte man so eine fast monopolartige Stellung bei den Office-Paketen. Die Programmpakete waren lange Zeit die Cash Cow im Portfolio des Softwareunternehmens.

In Abhängigkeit von der Art des Angebots werden zwei **Formen der Preisbündelung** unterschieden (Miller und Krohmer 2011): Reines Paket-Pricing („pure bundling") und gemischte Bündelung („mixed bundling").

Beim *„pure bundling"* werden die Produkte ausschließlich im Paket angeboten; ein Kauf der einzelnen Komponenten ist nicht möglich. Diese Form der Paketpreisbildung erfordert ein sehr beliebtes Fokusprodukt, das der Kunde in jedem Fall kaufen möchte. Anbieter, die bei ihrem Kernprodukt über eine entsprechende „pricing power" verfügen, können durch reine Preisbündelung den Abverkauf zusätzlicher Produkte anregen. Ein Beispiel für „pure bundling" sind patentgeschützte Ersatzteile, die nur im Paket mit wettbewerbsintensiven Komponenten vertrieben werden.

Beim „mixed bundling" besitzt der Kunde eine Wahlmöglichkeit. Er kann das Angebotspaket kaufen oder er bezieht die jeweiligen Produkte einzeln. Gemischte Bündelung findet sich in der Mehrzahl der Restaurants. Dort werden komplette Menüs zu einem günstigeren Preis angeboten. Zusätzlich bieten sich Kunden Speisen à la carte. Die Komponenten werden getrennt angeboten und einzeln abgerechnet. Entscheidend ist die Verteilung der Präferenzen auf die einzelnen Angebotskomponenten. Kunden, die spezielle Menüteile sehr stark schätzen und auf andere Komponenten verzichten möchten, bevorzugen den À-la-carte-Modus. Falls die Einzelkomponenten etwa gleich präferiert werden, ist das Bündelangebot die bevorzugte Alternative.

„Customized bundling" ist eine Variante der Paketpreisbildung mit besonderer Bedeutung für Informationsgüter. Innerhalb technischer Vorgaben des Anbieters können Nutzer selbst wählen, welche Produkte sie in das Bündel aufnehmen möchten. Der Anbieter setzt nur den Rahmen – über Preise und Angebotsumfänge (Buxmann und Lehmann 2009). Im Online-Handel gewinnt das „customized bundling" stetig steigende Bedeutung.

Fallbeispiel „customized bundling"

Beim Spezialmaschinenbauer Trumpf können Kunden Werkzeuge auf der Homepage konfigurieren. Über eine Million Varianten sind digital kombinierbar. Im Zuge der kundenindividuellen Konfiguration der Pakete wird der Preis online berechnet. Nach erfolgter Bestellentscheidung des Kunden erfolgt eine automatisierte Auftragsübermittlung. Die Werkzeugkomponente bzw. das Teilebündel wird unverzüglich produziert. Die Auslieferung kann nach wenigen Stunden erfolgen. Die Gesamtzeit zwischen Bestellung und Auslieferung konnte um den Faktor 10 reduziert werden. Vorgänge, die vor einigen Jahren noch vier Tage dauerten, wurden mithilfe des digitalen Wertschöpfungsmodells auf vier Stunden reduziert (Meckel und Seiwert 2016; Voss 2018).

Mit der Preisbündelung verfolgen Unternehmen verschiedene Ziele:

1. Umsatzsteigerung. Mehrumsätze beruhen auf zwei Nachfrageeffekten:
   - Cross Selling (Nachfrager, die vorher nur ein Produkt erworben haben, kaufen das Paket)
   - Akquisition von Neukunden
2. Schaffung von Markteintrittsbarrieren
3. Kosteneinsparungen (Economies of Scope: Produktionskostenvorteile durch den Auswahlverbund; Vertriebskostensenkung, u. a. bei Fakturierung und Lieferung)
4. Erhöhung der Kapazitätsauslastung

4.8 Preisdifferenzierung

5. Reduzierung der Preistransparenz im Markt. Bundling erschwert die Vergleichbarkeit von Angeboten. Je komplexer das Bündelangebot, desto geringer ist tendenziell die Preis-Leistungstransparenz. Die Rolle des Preises im Auswahlprozess des Kunden kann über die Paketbildung reduziert werden.
6. Reduzierung des Preisdrucks von Abnehmerseite. An die Stelle einer Rabattierung von Einzelprodukten treten attraktive Bündelangebote. Die Qualitätswahrnehmung von Einzelprodukten wird nicht durch offene Preiskonzessionen verwässert.
7. Beeinflussung der Kundenwahrnehmung. Aus preispsychologischer Sicht beeinflusst der Komplettpreiseffekt die Preissensitivität der Kunden. Komplettpreise wirken günstiger! Psychologisch nehmen Kunden mehrere kleine Preise stärker als einen Verlust wahr als einen Gesamtpreis, der der Summe der Einzelbeträge entspricht. Das Ganze (der Bündelpreis) wird vom Käufer als geringer wahrgenommen als die Summe seiner Teile (Kopetzky 2016, S. 11). Dieser verhaltensökonomische Effekt ist unabhängig vom objektiven Preisvorteil des Bündels gegenüber den Einzelpreisen.
8. Gewinnsteigerung. Das zentrale Ziel der Preisbündelung besteht in einer Ausschöpfung von Profitpotenzialen durch eine simultane Kostenreduktion und Umsatzsteigerung (Wübker 2004). Mit seinen Office-Paketen hat Microsoft einen höheren Gewinn realisieren können. Der Mehrabsatz (im Vergleich zur Einzelpreissetzung) überkompensiert den Margenverlust durch den Bündelrabatt. Interne Komplexitätsreduktionen und dadurch bedingte Kosteneinsparungen wirken parallel dazu positiv auf den Gewinn.

Zwei besonders wichtige Gestaltungsfaktoren bei der Preisbündelung sind

- die Komponenten des Bündels und
- das Niveau des Paketpreises.

Fallbeispiele Produktart

Die Teilleistungen des Bündels können ganz unterschiedlicher Art sein. In der **Softwareindustrie** kommen für die Produktart im Wesentlichen die Software als Kernangebot, ihre Wartung sowie weitere Supportleistungen in Betracht. Traditionell teilte sich der Umsatz eines Softwareherstellers in drei gleiche Teile auf: Lizenzen, Wartung und sonstige Services (Buxmann und Lehmann 2009). Die Leistungen aus diesen drei Bereichen können in verschiedenen Formen als Bündel angeboten werden.

In der **Telekommunikationsbranche** wurden Produkte für Festnetz, Mobilfunk und Internetzugang lange getrennt angeboten. Im Jahr 2006 legte der deutsche Marktführer mit T-Home Entertain erstmals ein Triple-Play-Produkt auf, das die gesamte Kommunikation in einem Breitbandanschluss zu monatlichen Pauschaltarifen bündelte. In der **Unterhaltungsindustrie** werden Musiktitel verschiedener Künstler als Compilation-Pakete verkauft. Die Kunden nehmen für den Preisvorteil in Kauf, bestimmte Songs im Paket zu erwerben, die sie kaum wertschätzen.

Das Stammkundenprogramm **Prime von Amazon** ist eine weitere Spezialform des Bundlings. Seit 2017 verknüpft Amazon sein Prime-Angebot mit einem Videostreaming-portal. Dieses wiederum besteht aus einem umfangreichen Angebot an gratis abruf-baren Inhalten in Kombination mit zahlungspflichtigen Filmen und Serien. Die Inhalte sind bei Amazon Prime zum Mitgliedsbeitrag von 69 EUR im Jahr oder 7,99 EUR pro Monat erhältlich. Kunden, die ein Prime-Abonnement nutzen, erhalten das Videoangebot kostenlos dazu. Amazon Prime Video ist für alle Prime-Mitglieder automatisch verfügbar (Ahlig 2018).

Derartige Bundlingmodelle sind insbesondere für Informationsgüter von hoher Rele-vanz. Etablierte Produkte können durch neue Applikationen (bzw. Formate) erweitert werden, um Kunden stärker zu binden. Amazon startete im Jahr 2013 mit einem spe-ziellen Bündelangebot in Deutschland. Dem Segment der Prime-Kunden wurden MP3-Versionen von Musiktiteln zusätzlich zum Offline-Produkt geboten. Wer ein Produkt (z. B. eine CD) erwirbt, bekommt die digitalen Versionen der Inhalte kosten-los dazu. Dieses Beispiel zeigt die Bedeutung eines konsistenten Pricing-Prozesses. Die übergeordnete Strategie (Digitalisierung; Ausbau des Content-Geschäfts) wird in konkrete Preismaßnahmen (hier Bundling von digitalem Content mit Produkten) trans-feriert. Einzelelemente des Geschäfts- und Erlösmodells sowie die Pricing-Logik werden bei Amazon ständig erweitert und verfeinert (Bezos 2013).

Auch in **B2B-Sektoren** wie dem Maschinen- und Anlagenbau wird Bundling als Wettbewerbsinstrument erfolgreich eingesetzt. Pakete aus Hardware, Software und Dienstleistungen führen zu einer Win-win-Situation für beide Parteien. Anbieter erzielen profitables Wachstum, denn durch geschicktes Bundling schöpfen sie die volle Zahlungs-bereitschaft der Kunden ab. Gleichzeitig nutzen sie Cross-Selling-Potenziale durch eine erhöhte Wertschöpfung für den Kunden. Im B2B-Geschäft besteht für Unternehmen somit die Chance, sich als Systemanbieter zu profilieren. Mit dem Angebot umfassender Kundenlösungen entgeht man dem Risiko eines verschärften Preiswettbewerbs. Die Vor-teile für den Einkäufer bestehen sowohl in dem geringeren Bündelpreis als auch in der Vereinfachung der Beschaffungsprozesse. Im Sinn eines One-Stop-Shopping kann der Geschäftskunde alle Leistungen aus einer Hand effizient beziehen. Die Bindung des Kunden wird hierdurch erhöht.

Die Höhe des Preises für das Bündel kann auf unterschiedliche Arten festgelegt werden.

- Bei einem additiven Paket entspricht der Bündelpreis der Summe der Einzelpreise.
- Subadditives Bundling ist der Normalfall. Es basiert auf Preisnachlässen gegenüber den Einzelpreisen (Diller 2008, S. 240–241; Buxmann und Lehmann 2009). So lag der Preis für das Bündel Microsoft Office traditionell deutlich unterhalb der Summe der Einzelpreise seiner Bestandteile.

4.8 Preisdifferenzierung 135

- Wird durch Bundling ein signifikanter Mehrwert generiert, ist ein Preisaufschlag gewinnoptimal. Ein Beispiel für superadditives Bundling sind Ersatzteilpakete im Maschinenbau oder der Automobilindustrie. Durch die Konfektionierung von Teilen für eine Standardreparatur sparen Kunden Suchkosten in erheblichem Umfang. Über die Kosteneinsparung hinaus führt die Bündelung auch zu Mehrnutzen. Die erhöhte Preisbereitschaft resultiert aus der Sicherheit, im Servicefall über alle benötigten Teile verfügen zu können.

Zwei besondere Herausforderungen für den Anbieter bestehen in

1. der intelligenten Zusammenstellung und
2. dem optimierten Pricing der Bündelkomponenten.

Herausforderung 1: Am Beispiel von Microsoft lässt sich ein wesentlicher Erfolgsfaktor des Bundlings beschreiben. Es bedarf eines attraktiven Fokusprodukts, das der Kunde erwerben möchte (Beispiel: Word und Excel). Darüber hinaus enthält das Paket margenstarke Zusatzprodukte, deren Absatz ohne Bündelung deutlich niedriger ausfallen würde (Power Point und Access).

Zwei Konstellationen müssen beim traditionellen Bundling (subadditiver Preis!) zusammenkommen:

- Vom Kunden stark präferierte Einzelkomponenten werden mit relativ unattraktiven Bestandteilen kombiniert. Nur dann ist die Bündelung für beide Seiten vorteilhaft!
- Die Absatzmenge kann insgesamt deutlich gesteigert werden. Nur dann rechnet sich der Margenverzicht bei der Bündelung für den Anbieter!

Als Bestandteil eines Bündels sind aus Herstellersicht insbesondere Komponenten mit attraktivem Kosten-Nutzen-Verhältnis von Interesse. Sie verursachen in der Wertschöpfung kaum Mehrkosten, sind für den Kunden aber mit einem deutlichen Zusatznutzen verbunden. Bündelungsstrategien sind umso vorteilhafter, je geringer die variablen Kosten der Komponenten sind. Daher hat die Preisbündelung für Informationsgüter eine besondere Bedeutung.

Herausforderung 2: Grundlage für die Gewinnmaximierung durch Preisbündelung sind unterschiedliche Preisbereitschaften für verschiedene Produkte eines Herstellers. Das folgende einfache Rechenbeispiel verdeutlicht dies.

Die Ausgangssituation lautet: Produkt A wird vom Kunden deutlich stärker präferiert als Produkt B. Die Zahlungsbereitschaft für A beträgt 11 EUR, der Maximalpreis für B ist aus Kundensicht nur 3 EUR. In der Ausgangssituation verlangt der Anbieter Einheitspreise in Höhe von 8 EUR (für A) und 5 EUR (für B). Die starke Präferenz für Produkt A zeigt sich in der Konsumentenrente von 3 EUR. Der Kunde wäre bereit, deutlich mehr zu zahlen. Im Gegensatz hierzu sieht er bei Produkt B aufgrund des zu hohen Einzelpreises von einem Kauf ab.

Die Entscheidung lautet: Der Bündelpreis wird vor dem Hintergrund dieser Nutzenunterschiede profitoptimal gesetzt. Die unausgeschöpfte Zahlungsbereitschaft bei Produkt A wird auf die andere Paketkomponente transferiert. Damit wird das Bündel interessant. In diesem Beispiel erfolgt die Abschöpfung durch einen Paketpreis von 12 EUR. Der Nachfrager kauft das Bündel (also zusätzlich zu Einzelprodukt A auch Produkt B). Im Vergleich zum Einzel-Pricing steigen Absatzmenge und Gewinn.

Methodentipp

Die Gewinnsteigerung gegenüber der Einzelpreisbildung setzt besonders detaillierte Informationen über das Nachfragerverhalten voraus. Eine fundierte Einschätzung der individuellen Maximalpreise für die Produkte als auch das Bündel ist unabdingbar. Denn die optimale Anzahl an Produkten in einem Bündel ist u. a. auch von Budgetbeschränkungen des Kunden abhängig. Es empfiehlt sich die Anwendung eines speziellen Conjoint-Measurement-Designs, mit dessen Hilfe die notwendigen Informationen zur Optimierung ermittelbar sind (Simon 1992). Der Fortschritt der Informationstechnologie bietet auch auf diesem Gebiet weitaus bessere Möglichkeiten zur Messung und Optimierung. Angebotskonfiguratoren – wie im Fall von Trumpf – bieten hervorragende Potenziale zur systematischen Messung von Preisbereitschaften.

Die Bündelung von Produkten kann durch Wettbewerbsgesetze eingeschränkt werden. Beispielhaft hierfür steht das Vorgehen der Europäischen Kommission im Jahr 1998 gegen Microsoft. Anlass war die Bündelung des Betriebssystems Windows mit dem Internet Explorer. Microsoft wurde beschuldigt, sein angebliches Monopol beim PC-Betriebssystem auszunutzen. Der Softwarekonzern musste die Koppelung des Internetbrowsers Explorer an Windows aufheben (Buxmann et al. 2008). Die Entkoppelung diente der Förderung des freien Wettbewerbs durch Konkurrenzprodukte (wie z. B. Mozilla Firefox oder Netscape).

Bereits im Jahr 1969 wurde IBM juristisch zu einer Entbündelung von Hard- und Software gezwungen. Die Weitergabe von Software durch einen Hardwarehersteller ohne zusätzliche Zahlungen der Kunden wurde als Wettbewerbsverzerrung geahndet.

Unabhängig von rechtlichen Rahmenbedingungen existieren auch inhaltliche Gründe für eine Entbündelung in bestimmten Konstellationen. Debundling bedeutet, einen bisherigen Einheitspreis (z. B. Bündelpreis für Hardware plus Dienstleistungen) in mehrere Komponenten aufzuspalten (Buxmann und Lehmann 2009; Kopetzky 2016). So werden z. B. Serviceleistungen vom Hauptprodukt entkoppelt und gesondert berechnet.

Vorreiter der Entbündelung waren die Telekommunikationsbranche und die IT-Industrie. Leistungen, die vormals nur im Paket erhältlich waren, wurden separat angeboten. Als ein Beispiel hierfür sei die Entbündelung des DSL-Anschlusses vom Festnetzanschluss genannt. Für Partitionierung sprechen u. a. auch preispsychologische Erkenntnisse. Durch das Aufteilen eines Paketpreises in Einzelkomponenten können Produkteigenschaften betont werden, die das Unternehmen vom Wettbewerb differenzieren. Wettbewerbsvorteile, die bei einem Pauschalpreis für den Kunden unbemerkt

4.8 Preisdifferenzierung

geblieben wären, werden durch Debundling zur Marktausschöpfung genutzt. Durch den Verkauf von Komponenten als eigenständige Produkte können neue Märkte erschlossen werden. In vielen Branchen verschieben sich die Wertschöpfungsanteile im Zeitablauf von Hardware in Richtung Software und Services. Beratung, Schulung und Supportleistungen sowie Softwareangebote gewinnen relativ zum Kernprodukt fast überall an Bedeutung. Traditionell wurden die Leistungen nicht gesondert in Rechnung gestellt, sondern mit einem Systempreis abgegolten.

Die Strategie der Entbündelung ist eine der wesentlichen Ursachen für den Erfolg von Amazon iTunes und der Streamingplattform Spotify. Dies zeigt ein Vergleich zum traditionellen Geschäftsmodell der Musikbranche. Im traditionellen Vertriebsmodell der Labels waren Kunden quasi gezwungen, komplette Alben (bzw. CD) zu kaufen, auch wenn sie nur bestimmte Songs wertschätzten. Im digitalen Geschäftsmodell von Amazon und Spotify ist der Kauf bzw. Download von Einzeltiteln möglich.

> **Fokusthema Preispsychologie (1): Mental Accounting (Abb. 4.15)**
> Kunden ordnen ihre Transaktionen verschiedenen mentalen Kontenklassen mit unterschiedlichen Preisvorstellungen zu (Thaler 1985; Kopetzky 2016, S. 30). Die Gesamtausgaben für Produkte, Dienstleistungen und digitale Angebote werden gedanklich auf thematisch unterschiedlichen Konten verbucht. Ein klassisches Beispiel im B2C-Sektor sind Urlaubsreisen. Im B2B-Geschäft verteilen sich die Investitionsausgaben für ein Industriegut auf verschiedene Zeitpunkte und Leistungen (Erstkauf, außerordentliche Reparaturen, Ersatzteile etc.).
>
> Über die Zeit erfolgt eine mentale Abschreibung der Beträge. Details geraten in Vergessenheit. Unter drei spezifischen Voraussetzungen werden die Einzelbeträge vom Kunden gedanklich nicht addiert:
>
> - Die Preise für ein Hauptprodukt und zusätzliche Nebenkosten werden separat ausgewiesen.
> - Dies können z. B. Versandkosten oder Servicegebühren im Online-Handel sein.
> - Die Zahlungen sind zeitlich versetzt.
> - Die Ausgaben werden unterschiedlichen Kategorien zugeordnet (z. B. Vergnügen, Sicherheit, Transport bei einer Reise).
>
> Diese Gesamtkonstellation beeinflusst beide Dimensionen der Kundenwahrnehmung signifikant – Preis und Nutzen.
>
> *Zum Preiseffekt:* Oft bewerten Kunden Nebenkosten mit geringerem Gewicht. Oder Zusatzkosten und Angebotsteile werden unabhängig vom Preis der Kernleistung wahrgenommen. Die Folge dieses preispsychologischen Effekts gilt für Produkte und Dienstleistungen gleichermaßen: Wenn Kunden nur einen Teil der Kosten in Betracht ziehen, nehmen sie die betreffenden Produkte als günstiger

Preisprozess		Herausforderung	Preispsychologie	
1.	Analyse			
2.	**Strategie**			
•	Preisdifferenzierung	Bündelung oder Entbündelung?	**1.**	**Mental Accounting**
3.	**Struktur**			
•	Produkt-Pricing	Gebrochene Preise oder glatte Preise?	2.	Preisschwelleneffekt
		Welche Preishöhe?	3.	Anchoring
•	Portfolio-Pricing	Welche Preis-Leistungs-Alternativen?	4.	Nudging
		Wie viele Preis-Leistungs-Alternativen?	5.	Kompromisseffekt
•	Preismodelle	Welche Zeit-Preis-Struktur?	6.	Preisniveaueffekt
4.	**Implementierung**			
•	Konditionensysteme	Welche Rabattvergabe?	7.	Gestaffelte Rabatte
•	Taktisches Pricing	Niveau und Frequenz der Preisanpassung?	8.	Asymmetrische Preisvariationen
5.	Preismonitoring			

Abb. 4.15 Preispsychologie

wahr. Ein aufgeteilter (partitionierter) Gesamtpreis wird im Vergleich zu einem Bündelpreis folglich als niedriger wahrgenommen (Kopetzky 2016, S. 11).

Zum Nutzeneffekt: Durch die separate Preisdarstellung einzelner Komponenten eines Produktbündels kann die Wertschätzung der Einzelleistungen gesteigert werden. Die Nutzenwahrnehmung des Produktbündels wird hierdurch ebenfalls erhöht.

Weitere Erkenntnisse in diesem Zusammenhang sind:

- Die zeitliche Reihenfolge von Kauf, Zahlung und Konsum beeinflusst die Kaufentscheidung und die Nutzungsintensität des Kunden. Falls die Zahlung vor dem Konsum stattfindet, entsteht ein interessanter Effekt: Die subjektive Preiswahrnehmung während des Konsums nimmt mit zunehmendem zeitlichen Abstand zur Zahlung ab. Je größer die zeitliche Distanz zwischen Zahlung und Nutzung, desto höher der psychologische Abschreibungseffekt. Preise geraten in Vergessenheit (Kopetzky 2016).
- Die Erinnerung gezahlter Preise hängt zusätzlich auch von der Zufriedenheit eines Kunden ab (Homburg et al. 2005). Mit zunehmender Kundenzufriedenheit sinkt die exakte Erinnerung an den gezahlten Preis. Unzufriedene Kunden

achten tendenziell deutlich stärker auf aktuelle und gezahlte Preise. Die Handlungsempfehlung für Unternehmen lautet in derartigen Konstellationen:
- Das Produkt in Bestandteile zerlegen und die Leistungen einzeln bepreisen!
- Die Einzelpreise für die Komponenten optimal setzen!
- Die Kundenzufriedenheit aktiv steuern!

Zur Reduktion des wahrgenommenen Preises über Entbündelung („price partitioning") ist eine genaue Analyse erforderlich. Von entscheidender Bedeutung ist eine umfassende Transparenz: Welche Kundentypen schätzen und nutzen welche Komponenten? Bankleistungen im Privatkundensegment dienen als prägnantes Beispiel. Ein Girokonto umfasst traditionell eine zweistellige Zahl an Preis- und Angebotskomponenten. Die monatliche Grundgebühr steht im Fokus der Privatkunden (Wübker 2004, 2006). Anhand des Preislevels der Kernleistung bewertet der Kunde die Preispositionierung des gesamten Produkts Girokonto. Andere Preisparameter sind dem Nutzer weitestgehend unbekannt und bieten folglich Preiserhöhungsspielräume.

Es geht bei der Partitionierung um zwei Dimensionen:

1. Vertikal: Über gedankliche Preiskategorien hinweg (z. B. Flugreise, Unterkunft, Ausflüge im Zielgebiet etc. bei einer Urlaubsreise). Für jedes mentale Konto sind folgende Kriterien aus Kundensicht zu analysieren:
   - Ausgabebereitschaft des Nutzers
   - Kurve des Verlustnutzens

Das Konzept des Verlustnutzens aus der Preispsychologie beschreibt das vom Kunden wahrgenommene Opfer durch die Zahlung des Preises. Der Verlustnutzen korreliert mit der Preiselastizität.

2. Horizontal: Innerhalb eines mentalen Kontos (z. B. die Unterkunft bei einer Urlaubsreise). Auf dieser Ebene sind die folgenden Fragestellungen entscheidend:
   - Welche Preiskomponenten zieht der Kunde zur Beurteilung des Preis-Leistungs-Verhältnisses heran?
   - Welchen Erlösbeitrag liefern die Komponenten?

Eine methodische Optimierung ist zu empfehlen. Alle Preis- und Angebotskomponenten sind bezüglich folgender Kriterien zu analysieren:
- Anzahl der Transaktionen einer Komponente
- Ertragsbeitrag der Komponenten
- Sensitivität des Kunden gegenüber Preiserhöhungen.

Eine optimale Lösung ist letztlich immer abhängig von den drei wesentlichen Determinanten des Pricing:

- den Kostenstrukturen,
- den Wettbewerbsangeboten,
- der Konstellation der Preisbereitschaften der Nachfrager.

Leistungsbezogene Preisdifferenzierung

Die meisten Firmen bieten ihre Produkte, Dienstleistungen und Informationsgüter in verschiedenen Qualitätsklassen und Preislagen an. Beim Produktlinien-Pricing werden die Preise für verschiedene Angebotskategorien differenziert gesetzt (Diller 2008; Simon und Wübker 2000). Die verschiedenen Qualitätsniveaus und Produktvarianten bedienen unterschiedliche Preislagen.

Die Gesamtmarktausschöpfung wird durch Produkt- und Preisdifferenzierung erhöht, da unterschiedliche Käufergruppen differenziert angesprochen werden. Die Kunden entscheiden individuell über die für sie optimale Produkt-Preis-Kombination. Gemäß ihren Präferenzen ordnen sie sich selbst verschiedenen Angebotspaketen und -preisen zu. Im Ergebnis lassen sich sowohl die Margen als auch die Mengen über das Gesamtportfolio steigern. Im Zusammenhang mit Produktdifferenzierung wird häufig auch von Versioning gesprochen (Buxmann und Lehmann 2009). Ein klassisches Beispiel stellen First-, Business- und Economy-Angebote in der Luftfahrtbranche dar. Die Veränderung der Grundleistung ist relativ gering. Dennoch ermöglicht die segmentspezifische Variation der Zusatzleistungen (Check-in, Verpflegung, Sitzabstand, Service an Bord etc.) eine enorme Preisdifferenzierung und dadurch bedingte Gewinnsteigerung.

Bei digitalen Gütern ist die angebotsunterstützte Preisdifferenzierung weit verbreitet. Die technischen Besonderheiten sowie die Kostenspezifika von Informationsgütern legen das Angebot unterschiedlicher Versionen nahe. Digitale Angebotsstrukturen sind durch zwei Kosteneffekte charakterisiert, die sich gegenseitig verstärken: Economies of Scale sowie Economies of Scope.

- *Economie of Scale* sind Kostendegressionen durch größere Stückzahlen. Die Durchschnittskosten von Informationsangeboten sinken mit steigender Absatzmenge.
- *Economies of Scope* bedeutet Kostenreduktion bei gleichzeitiger Herstellung mehrerer Versionen. Digitale Produkte wie Musikdateien, elektronische Bücher oder Software sind fast kostenfrei reproduzierbar und mit sehr geringem Aufwand veränderbar.

Es ist sehr leicht möglich, zwei oder mehr Qualitätsvarianten zu unterschiedlichen Preisen anzubieten. Mit qualitativ hochwertigen Versionen können Vielnutzer angesprochen werden. Die Premiumproduktversionen dienen dem Abschöpfen der höheren Wertschätzungen und Zahlungsbereitschaften. Die Zusatzfeatures der Premiumangebote rechtfertigen einen höheren Preis. Parallel dazu wird eine – auf das Notwendigste reduzierte – preisgünstige Version für weniger anspruchsvolle Segmente offeriert. Vor dem Hintergrund der Netzeffekte führen preiswerte Versionen zu einer größeren Marktdurchdringung. Auf diese Weise erfolgt die Abschöpfung segmentspezifischer Preisbereitschaften. Der Trade-off zwischen Marge und Menge wird somit überwunden. Damit kann über die einzelnen Versionen hinweg eine deutliche Erhöhung der Profitabilität im Portfolio erzielt werden.

Im Content-Geschäft sind Angebots-Preis-Variationen gängige Praxis. Ausführliche Versionen mit allen Details werden teurer verkauft als Kurzfassungen. Die angebotsseitige Differenzierung erfolgt zu Kosten, die deutlich unter den erzielbaren Mehrpreisen liegen. Bei digitaler Musik ist die Komprimierungsqualität der Versionen ein wichtiges Differenzierungskriterium. Über das Versioning von digitalen Musikstücken können unterschiedliche Zahlungsbereitschaften für verschiedene Komprimierungsniveaus effektiv abgeschöpft werden. Der Wert von digitalen Gebrauchsgütern wie z. B. elektronischen Fachbüchern für den Kunden ergibt sich primär durch den Umfang (Detailreichtum) und die Aktualität.

Ein weiteres Beispiel für Versioning liefert die Softwareindustrie. Der Ausgangspunkt der leistungsbezogenen Preisdifferenzierung ist bei Softwareherstellern ein qualitativ hochwertiges und umfangreiches Produkt. Anschließend werden bestimmte Funktionalitäten herausgenommen. Verschiedenen Kundensegmenten können somit spezifische Versionen angeboten werden (Shapiro und Varian 1999, S. 63; Buxmann et al. 2008). Microsoft praktizierte diese Technik bereits sehr früh mit seinem Betriebssystem Windows (Buxmann und Lehmann 2009). Als eines von mehreren Beispielen dient Windows Vista. Die Versionen Home Basic, Home Premium, Business und Enterprise unterschieden sich hinsichtlich Funktionsumfang und Preis signifikant. Am unteren und oberen Ende des Portfolios wurden die Varianten Starter und Ultimate positioniert.

Fallbeispiel Zweitmarkenstrategien
In vielen Branchen verlieren Premiummarken Marktanteile an Konkurrenten aus dem Low-Cost-Segment. Low-Cost-Leistungen umfassen preisgünstige Angebote von produzierenden Unternehmen und Dienstleistern sowie Eigenmarken des Handels. Um die Marktanforderungen besser reflektieren zu können, reagieren viele Premiumanbieter mit dem Angebot von preiswerten Kampfmarken. Im Rahmen von Zwei-System-Strategien arbeiten sie mit verschiedenen Marken mit jeweils unterschiedlicher Preispositionierung und differenzierten Services. Das Parallelangebot von Premiumprodukten und Low-Cost-Angeboten ist die strategische Antwort auf eine Differenzierung der Kundenwünsche (Homburg und Totzek 2011).

So müssen sich insbesondere deutsche Premiumhersteller in B2B-Sektoren auch Marktsegmenten mit einem niedrigeren Preisniveau öffnen, um ihr Überleben langfristig zu sichern. Dies resultiert insbesondere aus den unterschiedlichen Wachstumsraten der Segmente. Niedrigpreissegmente wachsen in vielen Branchen überproportional stark. Eine Beschränkung auf Premiumsegmente scheidet vor diesem Hintergrund aus. Denn Premiumnischen sind in vielen Industriegütermärkten zu klein. Wettbewerbsfähigkeit in den wachstumsträchtigen Niedrigpreislagen ist eine wichtige Verteidigungsstrategie für die Premium- und Mittelpreissegmente.

Lukrative Niedrigpreissegmente existieren nicht nur in den asiatischen Wachstumsmärkten. Auch in den westlichen Industrieländern verzeichnen Niedrigpreislagen ein starkes Wachstum.

Insbesondere in B2B-Sektoren differenzieren Premiumanbieter ihr Produktportfolio, um die Anforderungen verschiedener Segmente besser bedienen zu können. Angebote von Zweitmarken bzw. „less expensive alternatives" (LEA) nehmen nicht nur im Maschinenbausektor, sondern auch in anderen Industriegütersektoren zu. Eine Produktdifferenzierung in ein technologisches Spitzenprodukt und ein konsequent vereinfachtes Produktkonzept setzt eine Segmentierung auf der Basis von Kundenanforderungen voraus.

Im Maschinenbau differenzierte ein weltweit führender Anbieter von Fördertechnik seine Maschinen in zwei Ausstattungsvarianten: Eine Basisversion für preisbewusste Kunden und eine Premiumversion für das leistungsorientierte Segment. Die günstigere Basisversion bietet eine geringere Geschwindigkeit und eine niedrigere Hubleistung als die Premiumvariante. Dafür ist die Low-Cost-Version fast um ein Drittel günstiger. Ziel ist es, den differenzierten Kundenanforderungen gerecht zu werden. Ein bisher unbedientes Marktsegment mit geringeren Budgets und reduzierten Leistungsanforderungen wird mit der Basisvariante gezielt angesprochen. Ein Beispiel für einen Zweitmarkenansatz in der Chemieindustrie bietet die Low-Cost-Marke Xiameter von Dow Corning.

Apple führte die fünfte Generation seines iPhones im Jahr 2013 in zwei Varianten (C- und S-Version) ein. Der Preisabstand zwischen den beiden Versionen betrug 100 EUR. In sozialen Medien und in der Fachliteratur wurde intensiv diskutiert, ob der Preisvorteil der Kampfmarke (C-Version) in Höhe von 100 EUR zu gering sei (Maessen 2013). Dieses Beispiel führt uns zur Bewertung der Preispositionierung einer Low-Cost-Marke (LEA). Hierbei sind mehrere Kriterien einzubeziehen. Diese lassen sich mit folgenden Fragen am Beispiel von Apple zusammenfassen:

- Wird die Premiumvariante (S-Version) mit dem Low-Budget-Produkt (C-Version) kannibalisiert?
- Ist die Kampfmarke gegenüber preisgünstigen Wettbewerbern (v. a. asiatischen Smartphoneherstellern) konkurrenzfähig?
- Ist die preisgünstigere Version profitabel?

Folgende Prämissen und Ziele lagen der Preisdifferenzierung von Apple zugrunde (Maessen 2013):

1. Es ist strategisch sinnvoll, dem Segment der preissensitiven Kunden eine LEA anzubieten.
2. Der Preisabstand dient zur Erreichung des optimalen Gewinns über die Produktlinie.
3. Das preisliche und leistungsmäßige Wettbewerbsspektrum von Apple wird sinnvoll nach unten ausgeweitet

4.8 Preisdifferenzierung

4. Eine Verdrängung der Premiumversion 5S durch die 5C-Variante ist nicht zu befürchten. Der qualitative Unterschied ist aus Sicht der Premiumkunden in den entwickelten Märkten zu hoch, um eine Kannibalisierung befürchten zu müssen.
5. Mit dem anfangs relativ geringen Preisabstand von 100 EUR wird bewusst ein Preisspielraum offen gehalten. Damit wird ein strategisches Fenster geschaffen, um den 5C-Preis zukünftig absenken zu können.
6. Mehrere Szenarien begründen eine zukünftige Preissenkung der 5C-Variante. Eine weitere Reduzierung käme infrage, wenn das Wachstum in preisfokussierten Kundensegmenten (v. a. in asiatischen Märkten) forciert werden soll.

Eine Kampfmarke muss zwei Voraussetzungen erfüllen:

- preisbewusste Kunden gezielt ansprechen und
- hinter den Erwartungen von Premiumkunden zurückbleiben.

Insbesondere das zweite Kriterium wurde mit der C-Variante voll erfüllt. Die größten Gefahren im Zusammenhang mit dem Angebot einer LEA sind:

- *Kannibalisierung der Premiummarke:* Um eine Profitverwässerung der Kernmarke zu verhindern, sind die beiden Versionen aus Nutzersicht klar zu trennen. Mit Blick auf das Verhalten der Premiumkunden lassen sich für das Unternehmen folgende zwei Vorgaben ableiten:
  - Die Kampfmarke weniger wertvoll bzw. für den Kunden weniger leicht verfügbar machen!
  - Die Premiummarke durch Leistungsverbesserungen sukzessive aufwerten!
- *Mangelnde Schlagkraft der Kampfmarke:* Unternehmen aus verschiedenen Branchen haben ihr Premiumangebot in der Vergangenheit zu stark abgeschirmt. Die Kampfmarke verlor in der Folge an Schlagkraft und musste letztlich vom Markt genommen werden. Beispiele sind die Low-Cost-Marken Funtime (von Kodak) und Zocor MSD (von Merck).

Fazit: Mit dem Angebot von Preisalternativen können verschiedenste Zielsetzungen verfolgt werden. Drei beispielhafte Funktionen und Effekte des Versioning sind:

1. Der Einstieg eines Neukunden wird über besonders günstige Angebote (LEA) ermöglicht.
2. Der Preisdruck auf hochwertige Produkte kann durch das Angebot von kostengünstigeren Alternativen reduziert werden. Ein Wechsel von preisbewussten Kunden zur Konkurrenz wird dadurch verhindert. Zusätzlich können profitvernichtende Rabatte beim Premiumprodukt vermieden werden.
3. Die Migration des Kunden auf das nächst höhere Qualitätsniveau (Upgrading) wird durch attraktiv gestaffelte Preisstufen gefördert.

Die größte Herausforderung besteht in der optimalen Bedienung der Leistungsanforderungen und Zahlungsbereitschaften der verschiedenen Kundensegmente. Diese Unterschiede können profitoptimal abgeschöpft werden, in dem man

- in der obersten Preiskategorie sehr hohe Werte generiert und
- in der untersten Preislage einen bewusst sehr niedrigen Nutzen bietet.

Es geht um den optimalen Einklang der Leistungsminderung der Kampfmarke mit deren Preisvorteil. Preis und Leistungsumfang der LEA sind so lange anzupassen, bis der richtige Kompromiss im Rahmen der skizzierten Zielkonflikte gefunden ist. Nicht selten wird das leistungs- und preisseitige Spektrum sowohl nach oben als auch nach unten ausgeweitet. Zielsetzung ist die Optimierung des Gesamtgewinns innerhalb der Produktlinie.

4.8.3 Voraussetzungen für Preisdifferenzierungskonzepte

Sechs Kernbedingungen müssen erfüllt sein, damit sich der Gewinn durch Preisdifferenzierung signifikant erhöht (Simon 1992):

1. Kunden unterscheiden sich in ihren Präferenzen deutlich voneinander.
2. Die Preiselastizitäten einzelner Kunden sind bekannt.
3. Die Segmente können bezüglich klar definierter Kriterien identifiziert und angesprochen werden.
4. Die Trennung der Segmente ist durchsetzbar.

Ein unerwünschtes Wechseln durch den Kunden kann durch Fencing verhindert werden. Klare Abgrenzungslinien zwischen den einzelnen Kundengruppen werden gezogen. Nachfrager mit hohen und niedrigen Maximalpreisen sind zu trennen. Die wesentlichen Fencing-Instrumente zur Abschottung der Segmente sind Konditionen und Anwendungsbestimmungen von Preisen sowie Leistungsdifferenzierungen. Bei Dienstleistungen lassen sich Segmente tendenziell besser trennen als im Produktgeschäft. Einerseits sind Kunden sehr gut identifizierbar, da Serviceerstellung und Nutzung oft zusammenfallen. Andererseits besteht vielfach eine Kundenbindung über lange Zeit. Bei Produkten ist eine getrennte Bearbeitung bei der soziodemografischen Segmentierung problemlos möglich. Im Fall regionaler oder zeitlicher Differenzierungen besteht allerdings das Risiko von Arbitrageeffekten. Nachfrage kann gezielt verschoben werden, wodurch die Gewinnausschöpfung beeinträchtigt wird. Die Abschöpfung unterschiedlicher Preisbereitschaften ist dann nicht mehr vollständig möglich.

Bei Informationsgütern wird die Preisdifferenzierung durch Systeme für den digitalen Rechteschutz unterstützt. Zielsetzung des Digital Rights Management (DRM) ist die Kontrolle von Urheberrechten bzw. Verwertungsansprüchen an digitalen Leistungen.

4.8 Preisdifferenzierung 145

Dadurch kann die unerwünschte Nutzung und Weitergabe eingeschränkt werden. DRM-Systeme erleichtern den Schutz des geistigen Eigentums im Internet.

5. Segmentierung ist zu vertretbaren Kosten möglich.
Die Zusatzerlöse einer Preisindividualisierung müssen signifikant größer sein als die hierdurch anfallenden Kosten. Vielfach erfolgt die Segmentierung durch Selbstselektion der Kunden. Beispiele hierfür bieten Mobilfunkverträge, Sonderausstattungen im Pkw-Bereich oder Softwareleistungen. In Online-Branchen sind die Voraussetzungen noch günstiger. Hier kann die Identifizierung, Segmentierung und Ansprache von Kunden vollständig automatisiert werden.

6. Die Preisindividualisierung basiert auf Kriterien, die von den Kunden als gerecht angesehen werden.
Die Preisunterschiede dürfen nicht größer als die Nutzenunterschiede sein. Amazon ist vor einigen Jahren mit dem Versuch gescheitert, Preise nach den genutzten Internetbrowsern zu differenzieren. Der Widerstand der Nutzer und die negative öffentliche Aufmerksamkeit führten zu einer schnellen Korrektur der Preisdifferenzierungsmaßnahme.

In öffentlichen Medien wird im Rahmen der Digitalisierung diskutiert, wie weit Preisdifferenzierung in Online-Märkten gehen kann. So stellt sich die Grundfrage der Nutzerneutralität. Gefordert werden gleiche Preise für gleiche Angebote unabhängig vom verwendeten Endgerät oder Zugriffsort. Ungeachtet dieser Forderungen wurden die strikten Regeln zur Netzneutralität in den USA Ende 2017 abgeschafft. Internetprovider in den USA bietet sich aufgrund der Gesetzesänderung nun die Möglichkeit, bestimmten Datenströmen im Internet Vorrang zu geben. Der Zugang zu bestimmten Inhalten kann verteuert oder für Standardkunden möglicherweise sogar verhindert werden. Die Veränderung des Geschäftsmodells wird sich in neuen Preismodellen manifestieren. Vor allem Datentarifmodelle werden weiter ausdifferenziert. Kunden mit höheren Zahlungsbereitschaften können erhöhte Geschwindigkeiten geboten werden. Alternativ ist die Freischaltung von Inhalten (z. B. Musik oder Filme) gegen Abonnement eines speziellen Streamingkanals möglich. Für marktmächtige Anbieter führt die Aufhebung der Netzneutralität zu einer weiteren Stärkung ihrer Position. Kleineren Unternehmen wird die Marktbearbeitung erschwert.

Datengetriebene Geschäftsmodelle ermöglichen mehrdimensionale Preisdifferenzierungen (Skiera und Spann 2002, S. 279). Ein Beispiel hierfür ist eine simultane Preisdifferenzierung nach der Region, dem Nutzer und dessen Abnahmemengen. Unterschiedliche Preise je Person und Land werden durch ein nichtlineares Preismodell ergänzt. Ziel der mehrdimensionalen Preisdifferenzierung ist eine feinere Segmentierung auf Basis der skizzierten Preisdimensionen. Hierdurch können die vorhandenen Zahlungsbereitschaften noch besser abgeschöpft werden. Zu beachten ist jedoch, dass die Komplexität der Preisstruktur für den Käufer noch erfassbar ist.

> **Gesamtfazit Preisdifferenzierung**
> Die hohe Kunst des Pricing besteht in einer geschickten Differenzierung. Ziel der Preisdifferenzierung ist die Gewinnausschöpfung durch Ausnutzung von Unterschieden in den Präferenzen und Preiselastizitäten von Segmenten. Höhere Profite resultieren aus
>
> 1. der Abschöpfung relativ hoher Preisbereitschaften in bestimmten Konstellationen (Zeiten, Regionen etc.) mit erhöhter Nachfrage (Margeneffekt);
> 2. einer Nachfragestimulierung durch selektive Preissenkungen (Mengeneffekt) und
> 3. der gleichmäßigeren Auslastung der Kapazitäten durch gezielte Nachfragesteuerung (Kosteneffekt; Abb. 4.16).

Preisdifferenzierung ist speziell für digitale Güter von hoher Relevanz. Hierfür sprechen insbesondere folgende Gründe:

1. Aufgrund der geringen variablen Kosten digitaler Leistungen ist auch ein Verkauf an Kunden mit geringen Zahlungsbereitschaften profitabel.
2. Digitale Güter sind besonders einfach und kostengünstig veränderbar. Dies begünstigt Preisdifferenzierungsansätze. Unterschiedliche Nutzenvorstellungen verschiedener Segmente können preislich reflektiert werden.
3. Die Umsetzungskosten der Preisdifferenzierung sind im Internet deutlich geringer als in der Offline-Ökonomie.

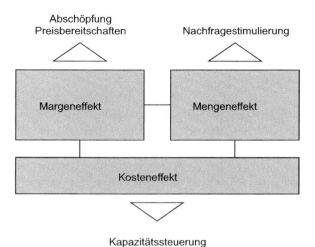

Abb. 4.16 Drei Effekte der Preisdifferenzierung

Führende Pioniere digitaler Geschäftsmodelle (wie Google, Amazon und Apple) differenzieren ihre Leistungen preislich v. a. nach dem gestifteten Nutzen. Preise werden nach allen sechs relevanten Dimensionen (Produkte, Personen/Kundensegmente, Zeiten, Mengen, Vertriebskanäle und Regionen) differenziert. Es ist sehr wichtig, die Prinzipien der Differenzierung zu verstehen. Nur so können aus der Fülle möglicher Ansätze die für das eigene Unternehmen geeigneten ausgewählt werden. Es sollten die Differenzierungsformen gewählt werden, die

a) am besten zum Geschäftsmodell passen,
b) die größten Profitpotenziale aufweisen und
c) ohne Friktionen effizient umsetzbar sind.

Wichtigstes Kriterium ist die Akzeptanz aus Kundensicht.

Literatur

Ahlig, E. (2018). Welcher ist der beste Streaming-Dienst für mich? https://www.bild.de/unterhaltung/tv/netflix/und-co-bild-checkt-die-streaming-dienste-53921980.bild.html. Zugegriffen: 2. Mai 2018.

Albert, A., & Schultz, S. (2018). Börsengang. Das ist der Streaming-Pionier Spotify. Spiegel Online. http://www.spiegel.de/wirtschaft/unternehmen/spotify-boersengang-das-ist-der-streaming-pionier-a-1200522.html. Zugegriffen: 2. Mai 2018.

Ankenbrand, H. (17. Januar 2018). Unglaubliche Dimensionen. Frankfurter Allgemeine Zeitung, S. 22.

Backhaus, K., et al. (1990). Multivariate Analysemethoden: Eine anwendungsorientierte Einführung. Berlin: Gabler.

Ballein, M. (2017). Amazon Music Unlimited im Test: Echte Konkurrenz für Spotify und Co.? https://www.focus.de/digital/amazon-music-unlimited-50-millionen-songs-jetzt-zwei-monate-kostenlos-testen_id_8668251.html. Zugegriffen: 2. Mai 2018.

Bezos, J. (2013). Founder Jeff Bezos discusses amazon business model mission. https://www.youtube.com/watch?v=mk0qTPqaFcw. Zugegriffen: 2. Mai 2018.

Buxmann, P., & Lehmann, S. (2009). Preisstrategien von Softwareanbietern. Wirtschaftsinformatik, 51(6), 519–529.

Buxmann, P., Diefenbach, H., & Hess, T. (2008). Die Software-Industrie: Ökonomische Prinzipien – Strategien – Perspektiven. Berlin: Springer.

Corsten, H. (1998). Betriebswirtschaftslehre der Dienstleistungsunternehmungen. München: Oldenbourg.

Dämon, K. (2016). Digitalisierung: Gabriels Digitalisierungsbefehl ist realitätsfremd. Wirtschaftswoche online. https://www.wiwo.de/erfolg/management/digitalisierung-digitale-unternehmen-sind-facebook-applegoogle/13364934-2.html. Zugegriffen: 2. Mai 2018.

Diller, H. (2008). Preispolitik (4. Aufl.). Stuttgart: Kohlhammer.

Dirlewanger, G. (1969). Die Preisdifferenzierung im internationalen Luftverkehr: Eine empirische Studie. Bern: Lang.

Doganis, R. (1991). Flying off course: The economics of international airlines. London: Routledge.

Dohms, H.-R. (2018). "Minus 1,5 Prozent": Irrer Preiskampf bei Online-Krediten. http://www.manager-magazin.de/unternehmen/banken/check24-minus-1-5-prozent-zinsen-fuer-kredit-ueber-1000-euro-a-1195327.html. Zugegriffen: 2. Mai 2018.

Forster, L. (2018). Ortung im Supermarkt: Wie Händler Smartphones für Werbung nutzen. https://www.wiwo.de/technologie/digitale-welt/ortung-im-supermarkt-wie-haendler-smartphones-fuer-werbung-nutzen/20981382.html%20,zuletzt%20zugegriffen%20am%2001.08.2017. Zugegriffen: 2. Mai 2018.

Friesen, M., & Heintze, F. (2015). Digital Pricing: Wie Hersteller der Preiserosion im Online-handel entgegenwirken können. Stuttgart: DMC Commerce Consultants GmbH.

Frohmann, F. (1994). Preispolitik im Luftreiseverkehr. Diplomarbeit, Johannes-Gutenberg-Universität Mainz.

Frohmann, F. (2007). Mit erfolgreichen Pricingstrategien Produkte optimal positionieren (Lektion 2). In Strategisches Preismanagement. Schriftlicher Lehrgang in 13 Lektionen. Management Circle.

Frohmann, F. (2008). Kompaktkurs Pricing. Management Circle Seminar.

Frohmann, F. (2009a). Erfolgreiche Preisstrategien und Produktpositionierung (Lektion 1). In Strategisches Preismanagement. Schriftlicher Lehrgang in 13 Lektionen. 2. Aufl.

Frohmann, F. (2009b). Der Neuproduktmanager. Management Circle Seminar.

Green, P. E., & Tull, D. S. (1982). Methoden und Techniken der Marketingforschung. Stuttgart: Schäffer-Poeschel.

Hajek, S. (2018). Streamingdienst Börsengang. So funktioniert die Erfolgsformel von Spotify. https://www.wiwo.de/technologie/digitale-welt/streamingdienst-boersengang-groesserer-datenschatz-als-apple-und-netflix/21121318-2.html. Zugegriffen: 2. Mai 2018.

Haucap, J. (27. April 2018). Die heimlichen Kartelle im Netz. Wirtschaftswoche. No. 18.

Hielscher, H, (2018). Rossmann nimmt Preiskampf auf. https://www.wiwo.de/unternehmen/handel/rossmann-nimmt-preiskampf-auf-vor-aldi-brauchen-wir-uns-nicht-zu-verstecken/20916618.html. Zugegriffen: 2. Mai 2018.

Hirn, W. (2018). Digital-Supermächte streiten um Weltherrschaft: Jack Ma gegen Jeff Bezos — Duell der Giganten. http://www.manager-magazin.de/magazin/artikel/e-commerce-kampf-um-die-weltherrschaft-zwischen-amazon-und-alibaba-a-1202347.html. Zugegriffen: 2. Mai 2018.

Hofer, M.B., & Bastgen, J. (2017). Wenn ein hoher Preis den Absatz steigert. Sciam Online. http://www.sciam-online.at/wenn-ein-hoher-preis-den-absatz-steigert/. Zugegriffen: 2. Mai 2018.

Homburg, C., & Totzek, C. (2011). Preismanagement auf Business-to-Business-Märkten: Zentrale Entscheidungsfelder und Erfolgsfaktoren. In C. Homburg & C. Totzek (Hrsg.), Preismanagement auf B2BMärkten (S. 15–69). Wiesbaden: Gabler.

Homburg, C., et al. (2005). Do satisfied customers really pay more? A study of the relationship between customer satisfaction and willingness to pay. Journal of Marketing, 69, 84–96.

Jacobsen, N. (2018). Apple: Das iPhone X ist eine Verkaufsbremse – trotzdem soll das Nachfolgemodell noch teurer werden. Handelsblatt online. http://www.handelsblatt.com/technik/it-internet/apple-das-iphone-x-ist-eine-verkaufsbremse-trotzdem-soll-das-nachfolge-modell-noch-teurer-werden/21178402.html. Zugegriffen: 2. Mai 2018.

Jensen, O., & Henrich, M. (2011). Grundlegende preisstrategische Optionen auf B2B-Märkten. In C. Homburg & C. Totzek (Hrsg.), Preismanagement auf B2B-Märkten (S. 75–104). Wiesbaden: Gabler.

Joho, K. (2018). Künstliche Intelligenz. Wie Manager KI zu ihrem Werkzeug machen. Wirtschaftswoche online. https://www.wiwo.de/erfolg/management-der-zukunft/kuenstliche-intelligenz-wie-manager-ki-zu-ihrem-werkzeug-machen/20907208.html. Zugegriffen: 2. Mai 2018.

Kerkmann, C. (2018). Spekulation um Megadeal. Kauft Apple wirklich Netflix?; Wirtschaftswoche online, https://www.wiwo.de/unternehmen/it/spekulation-um-megadeal-kauft-apple-wirklich-netflix/20808824.html. Zugegriffen: 2. Mai 2018.

Literatur

Kharpal, A. (2016). Apple captures record 91 percent of global smartphone profits: Research. https://www.cnbc.com/2016/11/23/apple-captures-record-91-percent-of-global-smartphone-profits-research.html. Zugegriffen: 2. Mai 2018.

Kopetzky, M. (2016). Preispsychologie. In vier Schritten zur optimierten Preisgestaltung. Wiesbaden: Springer Gabler.

Kuhn, T., & Berke, J. (2018). Ende des Smartphone-Booms. Wie sich die Hersteller der Zeitenwende stellen. https://www.wiwo.de/technologie/gadgets/ende-des-smartphone-booms-wie-sich-die-herstellerder-zeitenwende-stellen/21006764.html. Zugegriffen: 2. Mai 2018.

Machatschke, M. (2018). Pink panter. Wizz air. Manager Magazin, 5, 50–53.

Maessen, A. (2013). Was Sie von Apples Preispolitik lernen können. Harvard Business Manager. http://www.harvardbusinessmanager.de/blogs/iphone-5-die-intelligenz-der-apple-strategie-a-929071.html. Zugegriffen: 2. Mai 2018.

Meckel, M., & Seiwert, M. (2016). Interview: Maschinenbauer Trumpf: Veränderung ist wichtiger als Wachstum. Wirtschaftswoche online. https://www.wiwo.de/unternehmen/mittelstand/hannovermesse/maschinenbauer-trumpf-veraenderung-ist-wichtiger-als-wachstum/13357928.html. Zugegriffen: 2. Mai 2018.

Meyer, A. (1992). Dienstleistungs-Marketing: Erkenntnisse und praktische Beispiele, Augsburg. Wiesbaden: FGM.

Miller, K., & Krohmer, H. (2011). Ausgewählte Entscheidungsfelder des Preismanagements auf B2B-Märkten. In C. Homburg & C. Totzek (Hrsg.), Preismanagement auf B2B-Märkten (S. 105–126). Wiesbaden: Gabler.

Mitsis, K. (2018). Kein Preis-Chaos mehr bei Media Markt: Elektro-Riese plant langersehnten Schritt. http://www.chip.de/news/Kein-Preis-Chaos-mehr-Media-Markt-und-Saturn-planen-langersehnten-Schritt_134574723.html. Zugegriffen: 2. Mai 2018.

o. V. (2013). Fakten-Check Amazon. So tickt der Online-Gigant. Bild online. https://www.bild.de/geld/wirtschaft/amazon/amazon-fakten-check-so-tickt-der-online-gigant-29196630.bild.html. Zugegriffen: 2. Mai 2018.

o. V. (2017). Forschung und Entwicklung: Amazon gibt am meisten für Forschung aus. Zeit Online. https://www.zeit.de/wirtschaft/unternehmen/2017-10/forschung-entwicklung-amazon-volkswagen-abstieg-budget. Zugegriffen: 2. Mai 2018.

o. V. (2018a). Google, Facebook, Amazon – Der Gegenwind nimmt zu. Manager Magazin Online. http://www.manager-magazin.de/unternehmen/artikel/datenschutz-widerstand-gegen-facebook-google-und-amazon-waechst-a-1185889.html. Zugegriffen: 2. Mai 2018.

o. V. (2018b). Microsoft: Cloud Computing treibt Umsatz und Gewinn an. Microsoft übertrifft Erwartungen. Manager Magazin Online. http://www.manager-magazin.de/finanzen/boerse/microsoft-cloud-computing-treibt-umsatz-und-gewinn-an-a-1205139.html. Zugegriffen: 2. Mai 2018.

o. V. (2018c). PREISKAMPF AN DER ZAPFSÄULE. So sparen Sie bis zu 30 Cent pro Liter. Bild Online. https://www.bild.de/geld/wirtschaft/benzinpreis/30-cent-pro-liter-sparen-55115990.bild.html. Zugegriffen: 2. Mai 2018.

o. V. (17. März 2018d). Der Spritpreis schwankt immer öfter. Frankfurter Allgemeine Zeitung, 29.

o. V. (2018e). Zweistelliges Wachstum in 2017 und weiterhin gute Perspektiven im E-Commerce. Bevh. https://www.bevh.org/presse/pressemitteilungen/details/datum/2018/januar/artikel/zweistelliges-wachstum-in-2017-und-weiterhin-gute-perspektiven-im-e-commerce/. Zugegriffen: 2. Mai 2018.

o. V. (2018f). Lufthansa will ihren Höhenflug weiter treiben, Wirtschaftswoche Online. https://www.wiwo.de/unternehmen/dienstleister/profit-steigern-lufthansa-will-ihren-hoehenflug-weiter-treiben/21069664.html. Zugegriffen: 2. Mai 2018.

o. V. (2018g). Passagierzahl gestiegen, aber … Lufthansa enttäuscht Anleger mit stabilen Preisen. Manager Magazin Online. http://www.manager-magazin.de/unternehmen/industrie/lufthansa-aktie-schmiert-ab-wegen-stagnierender-ticketpreise-a-1197369.html. Zugegriffen: 2. Mai 2018.

o. V. (2018h). „Vor Aldi brauchen wir uns nicht zu verstecken, wir können jede Preisaktion mitgehen." Focus Online. https://www.focus.de/finanzen/news/unternehmen/aldi-greift-drogerien-an-jetzt-reagieren-rossmann-und-dm_id_8341282.html. Zugegriffen: 2. Mai 2018.

o. V. (3. Februar 2018i). Der Preis des iPhone X rettet Apple die Bilanz. Frankfurter Allgemeine Zeitung, 23.

o. V. (2018j). Aldi greift Drogerien an. Jetzt reagieren Rossmann und dm. Focus Online. https://www.focus.de/finanzen/news/unternehmen/aldi-greift-drogerien-an-jetzt-reagieren-rossmann-und-dm_id_8341282.html. Zugegriffen: 2. Mai 2018.

Pastuch, K. (2018). Pricing-Lexikon. Prof. Roll & Pastuch Management Consultants. https://www.roll-pastuch.de/de/unternehmen/pricing-lexikon. Zugegriffen: 2. Mai 2018.

Pena, N. (2017). Ecommerce pricing strategies – The good, the bad and the ugly, paymotion, in Ecommerce, marketing, pricing. https://www.paymotion.com/ecommerce-blog/pricing-strategies-good-bad-ugly/. Zugegriffen: 2. Mai 2018.

Pompl, W. (1991). Luftverkehr: Eine ökonomische Einführung. Berlin: Springer.

Porter, M. E. (1980). Competitive strategy. New York: Free Press.

Postinett, A. (2018a). Neues Tablet: Apple geht mit neuem iPad auf Schülerfang. Wirtschaftswoche Online. https://www.wiwo.de/unternehmen/it/neues-tablet-apple-geht-mit-neuem-ipad-auf-schuelerfang/21120890.html. Zugegriffen: 2. Mai 2018.

Postinett, A. (2018b). Das nächste Netflix? Was Sie zum Börsengang von Spotify wissen müssen. Handelsblatt Online. https://www.wiwo.de/finanzen/boerse/das-naechste-netflix-was-sie-zum-boersengang-von-spotify-wissen-muessen/21019612.html. Zugegriffen: 2. Mai 2018.

Postinett, A. (2018c). Videostreamingdienst. Starke Ergebnisse von Netflix lassen Tech-Branche hoffen 17. April 2018, Handelsblatt Online. https://www.wiwo.de/unternehmen/it/videostreamingdienst-starke-ergebnisse-von-netflix-lassen-tech-branche-hoffen/21181586.html. Zugegriffen: 2. Mai 2018.

Reiche, L. (2018). Kein Frieden im Preiskampf. Edeka weitet Boykott gegen Nestlé aus. Manager Magazin Online. http://www.manager-magazin.de/unternehmen/handel/edeka-nestle-boykott-ausgeweitet-und-trifft-jetzt-30-prozent-der-umsaetze-a-1201491.html. Zugegriffen: 2. Mai 2018.

Rest, J. (2018). Kleine Haie. Manager Magazin, 5, 38–42.

Rieken, S. (2017). Schnäppchenjagd am Black-Friday. Wie stark fallen die Preise wirklich? https://www.zdf.de/verbraucher/wiso/schnaeppchen-am-black-friday-100.html. Zugegriffen: 2. Mai 2018.

Roll, O., Pastuch, K., & Buchwald, G. (Hrsg.). (2012). Praxishandbuch Preismanagement. Strategien – Management – Lösungen. Weinheim: Wiley.

Salden, S., Schaefer, A., & Zand, B. (2017). Der Kunde als Gott. Der Spiegel, 2017(50), 12–19.

Schmidt, H. (2015). Die Tipping-Points der Digitalisierung. https://netzoekonom.de/2015-11/03/dietipping-points-der-digitalisierung/. Zugegriffen: 2. Mai 2018.

Schmidt, H. (2016). Wirtschaft 4.0. https://www.youtube.com/watch?v=53VGXX4_Pvo. Zugegriffen: 2. Mai 2018.

Schuldt, S. (2018). Einzelhandel: Aldi und dm starten nächsten Preiskampf – Diesmal mit Marken-Parfüm. https://www.stern.de/wirtschaft/news/aldi-und-dm-starten-naechsten-preiskampf—diesmal-koennte-douglasverlierer-sein-7857280.html. Zugegriffen: 2. Mai 2018.

Literatur

Schütte, C. (2017). Kampf gegen Monopole: Geht es Amazon und Google an den Kragen? Manager Magazin Online. http://www.manager-magazin.de/magazin/artikel/monopole-trustbusters-ii-a-1178562.html. Zugegriffen: 2. Mai 2018.

Schüür-Langkau, A. (2013). Preisstrategien. Nur billig reicht nicht. Springer Professional. https://www.springerprofessional.de/preiswahrnehmung/pricing/preisstrategien-nur-billig-reicht-nicht/6598600. Zugegriffen: 2. Mai 2018.

Shapiro, C., & Varian, H. (1999). Information rules: A strategic guide to the network economy. Boston: Harvard Business School.

Simon, H. (1991a). Wettbewerbsstrategien. Working Paper 03-1991, Johannes Gutenberg-Universität Mainz.

Simon, H. (1991b). Simon für Manager. Düsseldorf: Econ.

Simon, H. (1992). Preismanagement: Analyse – Strategie – Umsetzung (2. Aufl.). Wiesbaden: Gabler.

Simon, H. (2013). Der Fall Praktiker: Der Preis als Sargnagel. etailment. https://etailment.de/news/stories/Der-Fall-Praktiker-Der-Preis-als-Sargnagel-15023. Zugegriffen: 2. Mai 2018.

Simon, H. (2015a). Preisheiten. Frankfurt a. M.: Campus.

Simon, H. (2015b). Confessions of the pricing man. Göttingen: Copernicus GmbH.

Simon, H., & Dahlhoff, D. (1998). Target Pricing und Target Costing mit Conjoint Measurement. Controlling, 10(2), 92–96.

Simon, H., & Dolan, R. J. (1997). Profit durch Power Pricing: Strategien aktiver Preispolitik. Frankfurt a. M.: Campus.

Simon, H., & Fassnacht, M. (2008). Preismanagement. Strategie – Analyse – Entscheidung – Umsetzung (3. Aufl.). Wiesbaden: Gabler.

Simon, H., & Fassnacht, M. (2016). Preismanagement. Strategie – Analyse – Entscheidung – Umsetzung (4. Aufl.). Wiesbaden: Gabler.

Simon, H., & Gathen, A. von der. (2002). Das große Handbuch der Strategieinstrumente: Werkzeuge für eine erfolgreiche Unternehmensführung. Frankfurt: Campus.

Simon, H., & Wübker, D. (2000). Mehr-Personen-Preisbildung: Eine neue Form der Preisdifferenzierung mit beachtlichem Gewinnsteigerungspotenzial. Zeitschrift für Betriebswirtschaft, 70(6), 729–746.

Skiera, B., & Spann, M. (2002). Preisdifferenzierung im Internet. In M. Schlögel, T. Tomczak, & C. Belz (Hrsg.), Roadmap to E-Business (S. 270–284). St. Gallen: Thexis.

Sprenger, R. (2018). Führung: Diven raus, Dialog rein. Wirtschaftswoche online. https://www.wiwo.de/erfolg/management/fuehrung-diven-raus-dialog-rein/21046114.html. Zugegriffen: 2. Mai 2018.

Student, D. (2017). Wer alles flexibel hält, führt sein Unternehmen nicht. Manager Magazin Online. http://www.manager-magazin.de/unternehmen/artikel/burkhard-schwenker-wie-unternehmen-besser-planen-a1171459.html. Zugegriffen: 2. Mai 2018.

Tacke, G. (1989). Nichtlineare Preisbildung: Höhere Gewinne durch Differenzierung. Wiesbaden: Gabler.

Tacke, G. (2014). From good to great – Achieving pricing excellence in competitive markets. Essen: Vortrag bei Evonik Industries AG.

Thaler, R. H. (1985). Mental accounting and consumer choice. Marketing Science, 4, 199–214.

Trevisan, E. (2015). An introduction to behavioral economics/pricing. https://www.youtube.com/watch?v=8_W5y8sp2bc. Zugegriffen: 2. Mai 2018.

Voss, M. (2018). Digital Heroes. Vorbild Amazon: Maschinenbauer Trumpf verkürzt Produktionszeit von 4 Tagen auf 4 Stunden. Focus Online. https://www.focus.de/finanzen/news/digital-heroes-vorbild-amazonmaschinenbauer-trumpf-verkuerzt-produktionszeit-von-4-tagen-auf-4-stunden_id_8854203.html. Zugegriffen: 2. Mai 2018.

Weishaupt, G. (2018). Die neue Sachlichkeit bei Hugo Boss. Handelsblatt online. http://www.handelsblatt.com/my/finanzen/maerkte/aktien/aktie-unter-der-lupe-die-neue-sachlichkeit-bei-hugoboss/14889158.html?ticket=ST-8118344-eKTCMKh3vHJYAP2OdqEt-ap2.

Wirtz, B. W. (2009). Medien- und Internetmanagement. Wiesbaden: Gabler.

Wübker, G. (2004). Professionelle Preisfindung: Wege aus der Ertragskrise. Göttingen.

Wübker, G. (2006). Power Pricing für Banken: Wege aus der Ertragskrise. Frankfurt a. M.: Campus.

Pricing-Prozess Teil 3: Struktur

5

5.1 Preisoptimierung

5.1.1 Methoden zur Ermittlung des optimalen Preises

Aus einem professionellen Pricing ergeben sich große Optimierungspotenziale für die Gewinne von Unternehmen. Im folgenden Kapitel wird aufgezeigt, wie man das optimale Preis-Nutzen-Verhältnis methodisch treffen kann. Optimal umfasst den bestmöglichen Kompromiss aus Kunden- und Unternehmenssicht.

Zur Gewinnoptimierung werden Daten zum Kundenverhalten benötigt:

- historische Informationen,
- aktuelle Beobachtungen oder
- Prognosen.

Im Mittelpunkt der Optimierung stehen

- tatsächliche oder prognostizierte Absatzmengen bei unterschiedlichen Preisen und
- Zahlungsbereitschaften für Produkte, Dienstleistungen und Informationsgüter.

Folgende Methoden bieten sich zur Datenerhebung an (Klarmann et al. 2011):

1. Beobachtung
   - Preisexperimente
   - Ökonometrische Analyse von Marktdaten
   - social Listening

© Springer Fachmedien Wiesbaden GmbH, ein Teil von Springer Nature 2018
F. Frohmann, *Digitales Pricing,* https://doi.org/10.1007/978-3-658-22573-5_5

2. Befragung
   - Kundenbefragung
     Direkte Befragungen (u. a. Price Sensitivity Measurement)
     Conjoint Measurement
     Fokusgruppen
   - Expertenschätzung

Das folgende Kapitel skizziert die einzelnen Methoden sowie deren Vor- und Nachteile. Es wird aufgezeigt, in welchen Entscheidungssituationen welche Ansätze genutzt werden können. Erkenntnisse der Preispsychologie sind zwingend einzubeziehen. Denn ob ein Angebot als teuer oder günstig wahrgenommen wird, ist zu einem großen Teil von psychologischen Faktoren abhängig.

Die Abb. 5.1 gibt einen Überblick über die Beobachtungsmethoden zur Ermittlung des optimalen Preises.

5.1.1.1 Beobachtung

Preisexperimente

Diese Methode zur Preisoptimierung gewinnt im Zuge der Digitalisierung stark an Bedeutung. Durch das Internet bieten sich heute vielfältige Möglichkeiten zur Erforschung des Käuferverhaltens. Ohne Aufwand ist es möglich, unterschiedliche

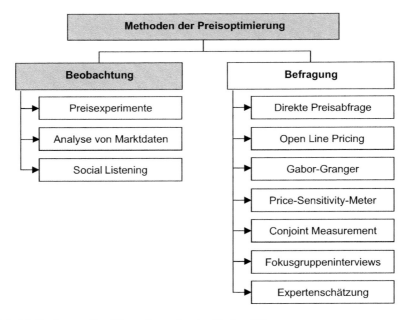

Abb. 5.1 Methoden zur Ermittlung des optimalen Preises (1)

5.1 Preisoptimierung

Preise nach verschiedenen Preisdimensionen (Kunde, Zeit, Region, Vertriebskanal etc.) zu differenzieren und zu publizieren. Alternative Preise können auf Online-Portalen bezüglich deren Akzeptanz getestet werden. Die Wirkung auf Absätze und Marktanteile wird anhand des Verhaltens der Käufer erfasst. Der Online-Handel bietet eine vollständig automatisierte Information zu:

- Identitäten von Internetkäufern
- Besuchen auf Onlineshops (Verweildauer, Suchprozess etc.)
- Klickverhalten der Nutzer
- Gekauften Artikeln
- Kaufzeitpunkten
- Der Nutzung von Services (Zeitpunkt, Frequenz, Häufigkeit etc.)
- Gezahlten Preisen
- Kaufraten im Zeitverlauf

Die skizzierten Kennzahlen lassen sich mithilfe von Analysetools einfach messen und auswerten. Informationen zu Abbrüchen von Suchprozessen oder Kaufablehnungen werden ebenso integriert (Jacobs 2018; Wirminghaus et al. 2018; o. V. 2018h). Online-Händler nutzen die erkannten Muster im Kundenverhalten zur kontinuierlichen Optimierung von Sortimenten und Preisen. Preisexperimente sollten allerdings nicht nur zur Testung von Zahlungsbereitschaften und Preisniveaus genutzt werden. Unterschiedliche Strukturen und Preismodelle können ebenfalls effizient auf ihre Wirkung im Markt überprüft werden. Gerade bei Informationsgütern hängt der wahrgenommene Nutzen von einer Vielzahl von Determinanten ab. Neben der Datenaktualität und dem Detaillierungsgrad der Informationen ist im Content-Geschäft auch das Format ein entscheidender Werttreiber. Eine Möglichkeit zur Testung der Akzeptanz verschiedener Formate besteht darin, den Preis für die einzelnen Varianten gleich zu lassen. Unterschiede in der Präferenz sind dann eindeutig dem Format zuzuordnen. Die britische Zeitung Independent wechselte als erstes renommiertes Medium auf eine kleinere Version. Der Entscheidung ging ein intensiver Akzeptanztest (A/B-Testing) voraus. Man verkaufte zwei Formatversionen parallel, mit dem gleichen Inhalt zum gleichen Preis. In dieser Experimentanordnung verkaufte sich das kleinere Format sogar besser. Das A/B-Testing ist eine sehr effiziente Methode zur Überprüfung der Kundenakzeptanz verschiedener Varianten. Zahlreiche Unternehmen in verschiedenen Branchen nutzen diese Methode systematisch (Welbers 2018). Besondere Bedeutung hat die systematische Versionentestung in Online-Branchen (z. B. Software und Webdesign). Die technologischen Potenziale zur Messung des Kundenverhaltens verbessern sich im Zuge der Digitalisierung stetig. Das Internet der Dinge bietet zahlreiche neue Möglichkeiten. Ein Beispiel aus dem Einzelhandel: Zur Ortung von Kunden und zur Erfassung ihres Verhaltens werden in stationären Läden sog. Beacons eingesetzt. Diese für den Kunden nicht wahrnehmbaren Bluetooth-Sender sind u. a. in elektronische Preisschilder integriert. Das Nutzungsverhalten der Kunden kann hierdurch in Echtzeit gemessen werden.

Abwägungsprozesse (Länge, Ergebnis etc.) sowie Laufwege und Beschaffungsverbunde des Kunden werden genauestens analysiert (Firlus 2018a). Die Messmöglichkeiten gehen bis auf das Niveau von Mimik und Gestik. Ein intelligenter Spiegel erfasst per Gesichtserkennung die Präferenzen und Entscheidungsprozesse der Kunden.

In Kombination mit soziodemografischen Daten und den Einstellungen der Nutzer entsteht ein viel umfassenderes Bild, als es die klassische Preisforschung bisher liefern konnte. Die erfassten Präferenz- und Verhaltensmuster werden für passgenaue Angebote und Empfehlungen genutzt. Die Akzeptanz von Preisen, Infos zu Kreuzpreiselastizitäten, die Präferenz für bestimmte Verpackungen und viele andere Erkenntnisse lassen sich für das Sortiments-Pricing nutzen (Macho 2018). Mithilfe der künstlichen Intelligenz ist es möglich, Mausbewegungen der Kunden im Onlinehandel zu interpretieren. So kann z. B. analysiert werden, ob ein Kunde trotz bereits vollzogener Zusammenstellung eines Warenkorbs den Kauf kurzfristig abzubrechen droht. Aus historischen Verhaltensmustern und dem Verlauf aktueller Bestellvorgänge werden automatisiert Maßnahmen abgeleitet (Firlus 2018a). Die Verhaltenssteuerung des Kunden wird durch diese technischen Möglichkeiten deutlch professionalisiert.

Fallbeispiel Angebotskonfigurator

In zahlreichen Branchen können Kunden digital unterstützt Leistungspakete zusammenstellen. Im Rahmen der individuellen Auswahl von Leistungen sind online auch Zahlungsbereitschaften zu hinterlegen. Als Fallbeispiel sei der Onlinejuwelier 123gold genannt, der die Chancen der Digitalisierung schon sehr früh nutzte. Mit einem online bedienbaren Angebotskonfigurator kreierte der Juwelier einen signifikanten Wettbewerbsvorteil. Traditionell konnten Kunden nur aus wenigen verfügbaren Modellen einer Kollektion wählen. Dies änderte 123gold im Jahr 2002 mit dem ersten digitalisierten Konfigurator. Auf Basis des Angebotstools können Kunden individuelle Trauringe online gestalten. Zahlreiche Parameter des Ringdesigns sind variierbar. Die auf dem Portal dargestellten Ringvarianten hängen im Einzelfall unmittelbar von der Preisobergrenze des Kunden ab. Die Konfiguration reduziert sich folglich immer stärker auf jene Preis-Leistungs-Varianten, die zum Anforderungsprofil des Interessenten passen. Das online spezifizierte Budget wird beim Angebotsdesign einbezogen (Salden et al. 2017; Schwab 2017). Bei jeder Veränderung des Designs werden dem Nutzer entsprechende Preisveränderungen automatisch angezeigt. Aus dem Auswahlverhalten des Kunden über die verschiedenen Varianten hinweg erkennt das System Präferenzmuster. Die Möglichkeit zur Optimierung eines individualisierten Produkts in puncto Preis-Leistungs-Verhältnis ist ein eigenständiger Wertbeitrag für den Nutzer. Ein Kernprinzip professionellen Preismanagements wird mit derartigen Angebotskonfiguratoren automatisiert hinterlegt: Es geht um Trade-offs! Höhere Leistungen erfordern höhere Preise. Preissenkungen sind aus Sicht des Anbieters nur dann vertretbar, wenn damit auch Leistungsreduzierungen für den Kunden verbunden sind. Für den Nutzer geht es in den seltensten Fällen nur um den Preis – für ihn zählt letztendlich das individuell optimale Preis-Leistungs-Verhältnis.

Hier – bei der optimalen Bedienung von Kundenbedürfnissen – muss Digitalisierung ansetzen! Zwei zentrale Werthebel für den Kunden werden mit einem Konfigurator bedient: Bequemlichkeit und Schnelligkeit.

Ökonometrische Analyse von Marktdaten

In vielen Märkten sind standardisierte Informationen zur Preisoptimierung nutzbar. Die Ableitung der Preiselastizität kann aus historischen Daten zu Absätzen und Preisen aller Wettbewerber erfolgen. Diese Daten werden mithilfe ökonometrischer Regressionsverfahren in Preisabsatzfunktionen transformiert. Im Online-Handel findet sich eine hervorragende Informationsbasis, die Aufschlüsse über Preiswirkungen erlaubt. In einigen Sektoren werden Preismeldesysteme genutzt. Die standardisierte Übertragung von Umsätzen und Absatzmengen erfolgt in diesen Fällen an einen gemeinsamen Verband. Eine Sonderform der Marktdatenerfassung stellen Online-Auktionen dar. Online-Portale nutzen Auktionen zur systematischen Erhebung von Zahlungsbereitschaften der Interessenten. Auch das älteste Auktionshaus der Welt, Sotheby's, erweitert seine Versteigerungen zur Prognose von Preisbereitschaften auf der Basis von künstlicher Intelligenz (o. V. 2018i).

Im Zuge der Digitalisierung sind die Bedingungen zur Messung von Preiswirkungen auf Absatz, Umsatz und Gewinn auch bei klassischen Produkten (z. B. Benzin) deutlich besser geworden. Hierbei ist zu berücksichtigen, dass verschiedene Störgrößen (saisonale Effekte, Wettbewerbsaktionen etc.) die Preiselastizitätsmessung beeinflussen können. Bei der Erfassung von Wirkungszusammenhängen geht es um Kausalität. Ursache-Wirkungs-Relationen sind von reinen Korrelationen klar zu trennen.

„Social listening"

Social-Media-Plattformen (wie z. B. Facebook) gewinnen eine immer stärkere Bedeutung zur Konditionierung von Konsumenten und zur Beeinflussung von Kaufentscheidungen. Mit zunehmender Relevanz von sozialen Medien für das Preismanagement wird es immer wichtiger zu wissen, was Menschen im Netz über Produkte, Marken und Preise eines Unternehmens kommunizieren. Auch Aussagen von Kunden zu direkten Wettbewerbern können für die eigene Zielpositionierung effizient genutzt werden. Social-Media-Monitoring wird für die preisbezogene Marktforschung in Zukunft immer wichtiger. Unternehmen erhalten vertiefte Einblicke in den Markt und bekommen zeitnahe Informationen zur Wertschätzung ihrer Produkte. Aussagen zum relativen Preis-Leistungs-Verhältnis werden in sozialen Medien von zahlreichen Nutzern sehr klar getroffen. Daran gekoppelt finden sich immer wieder Wünsche und Verbesserungsvorschläge der Kunden, die für die Weiterentwicklung der Angebote und das Preismanagement genutzt werden können.

Die Bedeutung von „social listening" zeigte sich im Zuge der Einführung des iPhone X durch Apple besonders deutlich. Ab November 2017 wurden offizielle Meldungen von Online-Zeitschriften wie focus.de oder spiegel.de durch unzählige Kommentare zur Preispositionierung der neuen iPhone-Version ergänzt. Die deutliche Überschreitung der Preisschwelle von 1000 EUR bei Smartphones kommentierte ein überwiegender Teil der

Nutzer als nicht gerechtfertigt. Immer wieder wurde betont, dass die Leistung von Apple in keinem angemessenen Verhältnis zum Preis steht (o. V. 2013, 2018a; Eisenlauer 2012; Schütte 2017). Der Begriff „social listening" – also das Zuhören im Netz – beschreibt anschaulich, worauf es in Zukunft deutlich stärker als bisher ankommen wird: Alle qualitativen und quantitativen Informationen zur Wahrnehmung von Kunden sind gezielt zu nutzen. Die kostenlosen Informationen im Netz können als Ergänzung und Validierung von Marktforschungsmethoden sowie Sekundärstatistiken effizient genutzt werden. Sie sind oft der beste Frühindikator für die tatsächliche Wirkung im Markt. Die Frühindikation von „social listening" lässt sich am Fallbeispiel des Apple Smartphone hervorragend belegen. Überwiegend negativen Nutzerkommentaren in den Monaten ab November 2017 folgten ab Februar 2018 zunehmend offizielle Meldungen, dass Apples Preisforderung die Zahlungsbereitschaften der meisten Kunden übersteigt (o. V. 2013, 2018a, c; Eisenlauer 2012; Schütte 2017).

Die Streamingplattform Spotify analysiert Kunden selbst dann, wenn diese keine Musik hören. Schlagworte zu Musik – und damit die Präferenzen und Interaktionen der Hörer – werden auf sozialen Medien (Facebook, Twitter, Blogs) täglich millionenfach erfasst (Hajek 2018; Albert und Schultz 2018).

5.1.1.2 Befragung

Die Abb. 5.2 gibt einen Überblick über die Befragungsmethoden zur Ermittlung des optimalen Preises.

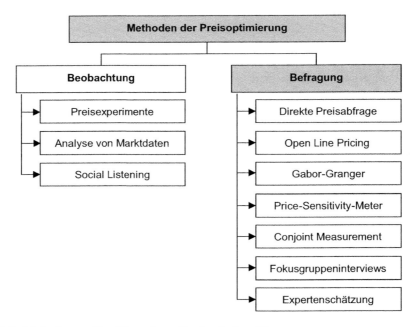

Abb. 5.2 Methoden zur Ermittlung des optimalen Preises (2)

Kundenbefragungen/Direkte Preisabfrage

Die direkte Preisbefragung ist eine simple Methodik, um die Zahlungsbereitschaft im Rahmen eines Kundeninterviews zu ermitteln. In der einfachsten Variante werden Nachfrager direkt befragt, wie sie auf bestimmte Preise oder Preisänderungen reagieren (Simon und Fassnacht 2008, S. 113, 2016, S. 126; Drewes et al. 2010). Eine übliche Fragetechnik lautet: Wie viel sind Sie maximal bereit, für das Produkt auszugeben? Der Befragte gibt nur seine Preisbereitschaft an. Aus diesen Antworten erfolgt die Ableitung von Preisabsatzfunktionen (Pastuch 2018). Die direkte Preisabfrage hat einige Vorteile. Die Methode

1. überfordert den Befragten nicht,
2. erfordert im Vergleich zu komplexeren Verfahren deutlich weniger Zeit,
3. ist sehr einfach in der Auswertung,
4. ermöglicht die Testung mehrerer Produkte innerhalb eines Interviews.

Den Vorteilen stehen allerdings auch einige gravierende Nachteile entgegen:

1. Durch die Fragetechnik wird die Aufmerksamkeit des Kunden stark auf den Preis gelenkt. Das Preisbewusstsein wird hierdurch atypisch erhöht.
2. Der Preis wird isoliert betrachtet. Eine Abwägung des Preis-Leistungs-Verhältnisses findet nicht statt.
3. Die Beantwortung von Preisfragen stimmt oft nicht mit dem tatsächlichen Verhalten der Kunden überein.
4. Die Prestigewirkung von Preisaussagen muss bei der Interpretation der Ergebnisse beachtet werden.
5. Befragte können das Ergebnis sehr einfach manipulieren. Problematisch ist die Methode immer dann, wenn Kunden ein Interesse daran haben, den zukünftigen Preis nach ihren Vorstellungen zu beeinflussen.
6. Für neue Produktkategorien, bei denen noch keine Ankerpreise vorliegen, ist die direkte Fragetechnik eher problematisch.

Aufgrund der gravierenden Nachteile ist der direkte Befragungsansatz nur eingeschränkt für das Preismanagement geeignet (Pastuch 2018). Es besteht das Risiko von preislichen Fehlentscheidungen. Eine ausschließliche Nutzung der direkten Methode ist insofern nicht zu empfehlen. Erweiterte Methoden wie Open Line Pricing oder Price-Sensitivity-Meter basieren auf dem Grundprinzip der direkten Preisabfrage. Sie wandeln diese mehr oder weniger stark ab, um die Validität der erhobenen Daten signifikant zu erhöhen.

Open Line Pricing (OLP) ist eine sehr einfache Marktforschungsmethodik zur Ermittlung von Zahlungsbereitschaften (Roll 2018). Die Befragung bezieht sich auf Preisspannen, die potenzielle Kunden für ein Produkt erwarten. Der Vorteil gegenüber der direkten Preisabfrage liegt in der differenzierten Angabe von zwei Preispunkten. Durch den Bezug zu einem Preisband ergibt sich eine intensivere Auseinandersetzung mit der Fragestellung der maximalen Zahlungsbereitschaft. Die OLP-Methode ist eine gestützte Befragung. Durch die Vorgabe der Skala wird die Bewertung beeinflusst. Aided Open Line Pricing (AOLP) stellt eine Erweiterung des OLP dar (Pastuch 2018). Dem Befragten werden zusätzlich die Preise der Wettbewerber für ein vergleichbares Produkt angezeigt. Trotz der skizzierten Erweiterungen (Preisspannen; Wettbewerbspreise) ist auch AOLP durch die wesentlichen Nachteile der direkten Preisbefragung eingeschränkt.

Die Gabor-Granger-Methode ist ein weiterer Ansatz zur Ermittlung von Zahlungsbereitschaften mithilfe direkter Preisabfrage. Ähnlich wie bei der OLP-Methode geht es auch hier um Preisschwellen (Buchwald 2018; Gabor und Granger 1966). Allerdings werden nicht Erwartungen erhoben, sondern Kaufwahrscheinlichkeiten abgefragt. Die Befragungsteilnehmer geben an, mit welcher Wahrscheinlichkeit sie ein bestimmtes Produkt bei einem spezifizierten Preis kaufen würden. Eine typische Fragestellung lautet: Angenommen, Sie stehen vor der Entscheidung, ein neues Smartphone zu kaufen. Wie groß ist die Wahrscheinlichkeit, das iPhone X von Apple zum Preis von 1100 EUR zu erwerben? Wie groß ist die Wahrscheinlichkeit, das iPhone X von Apple zum Preis von 1200 EUR zu erwerben? etc. Der Befragte gibt die Wahrscheinlichkeit auf einer Skala von 1 (sehr unwahrscheinlich) bis 5 (sehr wahrscheinlich) an. Für alle Preispunkte innerhalb einer realistischen Spannweite des Produkts wird die Fragestellung strukturell wiederholt. Kaufwahrscheinlichkeiten und Preissensibilitäten können aus den Antworten abgeleitet werden. Die Gabor-Granger-Methode stellt keinen unmittelbaren Bezug zum Wettbewerbsumfeld her. Die wesentlichen Nachteile aller direkten Preisabfragen gelten auch für diesen Ansatz. Um Zahlungsbereitschaften valide zu messen, sollte der direkte Ansatz um weitere Befragungsmethoden ergänzt werden.

Price-Sensitivity-Meter

Die van Westendorp-Methode (Price-Sensitivity-Meter, PSM) ist eine Weiterentwicklung der direkten Preisabfrage (Roll 2018; Simon und Fassnacht 2016, S. 129). Aktuelle oder potenzielle Kunden werden mit vier Fragen zu einem konkreten Angebot konfrontiert (Klarmann et al. 2011). Eine Befragungssequenz im Rahmen eines Interviews kann wie folgt lauten: Sie stehen vor der Entscheidung ein neues Smartphone zu kaufen:

1. Bei welchem Preis würden Sie das Angebot als zu günstig bewerten, sodass Sie an der Qualität zweifeln?
2. Bis zu welchem Preis erachten Sie das Angebot als günstig (als ein gutes Geschäft)?
3. Bei welchem Preis würden Sie das Angebot als teuer bezeichnen, aber dennoch in Erwägung ziehen, es zu kaufen?
4. Bei welchem Preis würden sie das Angebot als zu teuer bezeichnen und einen Kauf nicht in Erwägung ziehen?

Ein besonderer Fokus liegt auf der grafischen Auswertung der vier Preisfragen. Die Antworten der Befragten werden in einem zweidimensionalen Diagramm visualisiert. Aus den

Schnittpunkten der verschiedenen Kurven lassen sich unterschiedliche Erkenntnisse gewinnen. Die wesentlichen Vorteile der PSM-Methode sind (Roll 2018; Kopetzky 2016):

1. Einfache und effiziente Durchführung
2. Hohe Transparenz mithilfe der grafischen Auswertung
3. Berücksichtigung der Qualitätsindikation des Preises
4. Ableitung von Empfehlungen zur Preisspanne
5. Differenzierte Reflexion über die Preisbereitschaft
6. Abdeckung von Erkenntnissen der Preispsychologie (Konsumenten transferieren objektive Preise in grobe Kategorien wie z. B. zu günstig, akzeptabel, zu teuer etc.).

Die wesentlichen Nachteile des PSM sind (Roll 2018):

1. Keine Berücksichtigung der Wettbewerbssituation
2. Keine Einbeziehung der Produkteigenschaften
3. Starke Fokussierung auf den Preis (Überbewertung von Preisbereitschaften)
4. Fehlende wissenschaftliche Fundierung der Preisempfehlungen

Die Schnittpunkte der Kurven haben keine Relevanz für eine Optimierung mit Blick auf Zielgrößen wie Menge, Umsatz oder Gewinn. Eine Preisoptimierung ist auf die bestmögliche Erreichung von Zielen wie Absatz, Umsatz oder Gewinn bezogen. Es gibt beim PSM aber keinen Zusammenhang zwischen den Schnittpunkten der Kurven und einer ökonomischen Zielerreichung (Krämer 2015; Krämer und Hercher 2016, S. 46; Krämer et al. 2017; Roll et al. 2010). In der Projektpraxis hat sich eine adaptierte Version des PSM bewährt. Diese Variante nutzt alle vier Originalfragen in der Phase der Datenerhebung. Hierdurch wird eine größere Validität der Angaben gegenüber der singulären Preisabfrage erzielt. In der Datenauswertung konzentriert sich der adaptive Ansatz auf die Antworten zu jenen Preisfragen, die auf die maximale Preisbereitschaft abzielen: Frage 3 (Kauf wird noch in Erwägung gezogen) und Frage 4 (kein Kauf, da die maximale Zahlungsbereitschaft überschritten ist). Von höchster Relevanz für das Preismanagement ist die maximal akzeptable Preisschwelle jedes einzelnen Kunden. Auf die PSM-Methode bezogen leitet man diese Schlüsselinformation aus zwei der vier Antworten pro Befragten ab. Aus den Detailangaben zu den Fragen 3 und 4 lässt sich pro Person eine Preisschwelle identifizieren, die nicht überschritten werden sollte. Daraus kann eine aggregierte Preisabsatzfunktion für ein Segment abgeleitet werden (Krämer 2015; Krämer und Hercher 2016, S. 46; Krämer et al. 2017; Roll et al. 2010). Aus der Umsatzkurve ist unter Beachtung der Kosten ein gewinnoptimaler Preis zu ermitteln. Die adaptierte Version der PSM-Technik sollte im Rahmen eines integrierten Optimierungsansatzes immer parallel zu anderen Methoden eingesetzt werden. Im weiteren Verlauf wird die Kombination verschiedener Methoden im Rahmen eines integrierten

Ansatzes aufgezeigt. Weitergehende preispsychologische Zusammenhänge und Budget-restriktionen sind ebenfalls zwingend zu berücksichtigen. Die vier skizzierten Fragen allein sind nicht ausreichend.

Conjoint Measurement

Die Basis professionellen Pricings ist die Kenntnis der Kundenbedürfnisse. Der Preis sollte nicht isoliert, sondern immer nur im Verhältnis zu den Werttreibern betrachtet werden. In der realen Kaufsituation entscheidet ein Kunde nie allein aufgrund finanzieller Aspekte – er wägt Preis und wahrgenommenen Nutzen gegeneinander ab. Diese Abwägung (Trade-off) vollzieht Conjoint Measurement nach (Simon und Fassnacht 2008, S. 116, 2016, S. 131; Homburg et al. 2006, S. 70; Klarmann et al. 2011). Der Entscheidungsprozess von Käufern wird realitätsnah abgebildet (Mengen 1993; Schweikl 1985; Weisenfeld 1989; Kucher und Simon 1987). Die Besonderheit der Methode liegt in der Erhebungstechnik. Die Messung von Zahlungsbereitschaften ist möglich, ohne direkte Preisabfragen verwenden zu müssen. Die Befragungsteilnehmer werden wiederholt vor Auswahlentscheidungen gestellt. Die Befragung bezieht sich aber nicht direkt auf den Preis sowie die Wertschätzung isolierter Leistungsmerkmale. Die Versuchspersonen werden vielmehr mit alternativen Produkt-Preis-Profilen konfrontiert. Diese Profile entsprechen Kombinationen unterschiedlicher Merkmalsausprägungen inklusive verschiedener Preise. Die Präferenzen der Nutzer für die vorgelegten Produkt-Preis-Alternativen stehen im Fokus der Befragung. Aus den Präferenzen des Kunden für die verschiedenen Angebotsdimensionen können die Auswirkungen unterschiedlicher Preise auf die Ziele des Unternehmens abgeleitet werden. Die von den Nutzern erhobenen Präferenzdaten werden in preisabhängige Marktanteils- und Absatzdaten transformiert.

Die wichtigsten Schritte bei der Preiswirkungsmessung sind:

- Festlegung der Merkmale und der Ausprägungen für jedes Merkmal
- Design des Interviews
- Durchführung der Befragung
- Analyse der Teilnutzenwerte
- Kalkulation der Wichtigkeiten der Merkmale
- Berechnung von Präferenzanteilen
- Prognose der Absatz-, Umsatz- und Gewinnwirkungen von Preismaßnahmen

Die Ergebnisse der Verbundmessung werden vom Untersuchungsdesign beeinflusst. Die Festlegung der Merkmale und der Merkmalsausprägungen ist von zentraler Bedeutung für die Brauchbarkeit einer Conjoint-Measurement-Studie. In einer Conjoint-Befragung müssen die für den Kunden relevanten Merkmale einbezogen werden. Wird ein wichtiges Attribut vergessen oder wählt man die Ausprägungen falsch, droht eine Verzerrung der Ergebnisse. Die Festlegung des Designs sollte in Zusammenarbeit mit dem Management in Form eines Workshops erfolgen. Die Urteile des Managements sind durch vorbereitende Gespräche mit Kunden zu validieren. Vor der Durchführung der Interviews ist eine zielgerechte Auswahl der Befragten notwendig. Die Erhebung muss bei den

5.1 Preisoptimierung

Trägern der Kaufentscheidung ansetzen. Die Datenerfassung erfolgt per computergestützter Befragung. Verschiedenste Varianten des Conjoint Measurement sind für unterschiedliche Anwendungsfälle nutzbar. Softwareprogramme wie Adaptive Conjoint Analysis (ACA) oder Choice-Based Conjoint (CBC) können sowohl zur Datengewinnung als auch zur Analyse eingesetzt werden.

Bei der ACA werden auf Basis einleitender Abfragen zu den Wichtigkeiten der Merkmale paarweise Vergleiche konstruiert. CBC geht methodisch anders vor und erfordert vom Befragten eine eindeutige Festlegung auf eine Alternative. Der Proband wählt bei der CBC-Variante aus einem Portfolio an alternativen Konzepten sein bevorzugtes Produkt-Preis-Profil. Computergestützte Variationen dieser Verfahren können auf Basis eines hybriden Ansatzes auch mit einer hohen Anzahl an Angebotsdimensionen arbeiten. Hybride Verfahren kombinieren die jeweiligen Vorteile von ACA und CBC. Aus den Antworten der Befragten wird die Bedeutung jeder Merkmalsausprägung für die Gesamtpräferenz ermittelt. Diese Teilnutzenwerte erlauben fundierte Aussagen darüber, welche Wertschätzung ein Kunde mit Produkt-Preis-Veränderungen verbindet. Dies kann eine Verbesserung von Merkmalen wie Gewicht, Reichweite oder Ladezeit des Akkus beim Kauf eines E-Bikes sein. Im Ergebnis erhält man eine Einschätzung der Zahlungsbereitschaft für ein konkretes Angebot. Diese Ableitung ist möglich, da die Nutzenwerte aller Merkmale und Ausprägungen unmittelbar vergleichbar sind. Sie werden im Rahmen des Interviews einheitlich auf einer Intervallskala gemessen und können somit in Relation zueinander gesetzt werden. Auf dieser Basis kann etwa ermittelt werden, welcher Nutzenverlust im Zuge einer Preiserhöhung (sinkender Teilnutzenwert) durch den entsprechenden Mehrwert einer Angebotsverbesserung (steigender Teilnutzenwert) kompensiert wird. Im Zuge dieser Analyse wird die Bedeutung der Merkmalsausprägungen innerhalb des Designs offensichtlich. Die Frage lautet konkret: Wie stark muss die Angebotsverbesserung ausfallen, um eine spezifische Preiserhöhung (in Prozent oder Euro) auszugleichen. Angebotsverbesserung bedeutet für fünf beispielhafte Branchen und Produktkategorien u. a.:

1. Reduzierung des Gewichts der Komponenten eines E-Bikes
2. Erhöhung des Speicherplatzes bei einem Smartphone
3. Erhöhung der PS-Stärke beim Autokauf
4. Erweiterung des Sitzabstands bei einer aufgewerteten Buchungsklasse im Ferienflugverkehr
5. Verkürzung der Reisezeit auf einer innerdeutschen Relation der Deutschen Bahn

Der besondere Vorteil der Conjoint-Methode besteht in der Quantifizierung dieser Tradeoff-Abwägungen der Kunden (Frohmann 1994; Pastuch 2018). In Abhängigkeit von den Segmenten, die bedient werden sollen, variieren üblicherweise die Nutzenfunktionen. Dies bedeutet auf das Beispiel bezogen: Alle fünf oben genannten Merkmale werden von verschiedenen Segmenten unterschiedlich wertgeschätzt. Mit den Unterschieden in den Wertschätzungen variieren auch die Preisbereitschaften. Die relativen Wichtigkeiten der

Merkmale einer Conjoint-Studie werden aus den Teilnutzenwerten der einzelnen Ausprägungen unmittelbar abgeleitet (Theuerkauf 1989). Teilnutzenwerte und Wichtigkeiten dienen als Datenbasis für folgende Kernprozesse des Preismanagements (Simon und Fassnacht 2008, S. 116, 2016, S. 131; Homburg et al. 2006, S. 70):

1. Durchführung von Simulationsrechnungen
2. Schätzung von Preisabsatzfunktionen
3. Ableitung strategischer Empfehlungen für Produktentwicklung und Pricing

Alle drei Schritte werden im weiteren Verlauf des Kapitels detailliert beschrieben.

Exkurs: Methodenvergleich (Conjoint Measurement vs. Preisexperimente)

In der Art der Zusammenstellung der Produkt-Preis-Alternativen ist die Conjoint-Methode der digitalen Angebotskonfiguration auf Online-Portalen sehr ähnlich. In beiden Fällen werden die Produkt-Preis-Versionen automatisiert abgeleitet. Im Conjoint-Interview resultieren die online dargestellten Varianten unmittelbar aus den Antworten des Kunden. Sie werden dynamisch angepasst und entsprechen den Präferenzen jedes einzelnen Nutzers. Die im weiteren Interviewverlauf präsentierten Alternativen reduzieren sich immer stärker auf Preis-Leistungs-Varianten, die am besten zu den Prioritäten des Befragten passen. Bei jeder Veränderung des Designs werden die Analysen verfeinert.

Das Design einer Conjoint-Studie umfasst eine Auswahl des derzeitigen Angebots oder zukünftig darstellbare Produkt-Preis-Variationen. Im Gegensatz dazu reflektieren digitale Angebotskonfiguratoren das aktuelle Produktprogramm und daraus resultierende Preispunkte. Dies können Listenpreise oder kundenspezifisch festgelegte Rabatte sein. Konfiguratoren beziehen sich somit auch auf einzelne Varianten des Produkt- und Preisportfolios eines Unternehmens, die in einer Conjoint-Studie nicht sinnvoll abzubilden sind.

Als Fazit lässt sich festhalten: Conjoint Measurement ist sehr vielseitig. Die Methode ist sowohl für Industrie- und Konsumgüter als auch für Dienstleistungen und digitale Produkte einsetzbar. Sie hat sich für Neuprodukte und etablierte Angebote gleichermaßen bewährt (Simon und Fassnacht 2008, 2016; Homburg et al. 2006; Mengen 1993; Schweikl 1985; Weisenfeld 1989). Das Abwägen der verschiedenen Produktprofile steht bei der Verbundmessung im Fokus. Die Befragungsteilnehmer achten deutlich weniger darauf, dass ihre Zahlungsbereitschaft abgefragt wird. Neben der Preisfindung dient die Conjoint-Analyse auch der Angebotsoptimierung. Die komparative Preisbewertung ist ein großer Vorteil der Conjoint-Methode aus preispsychologischer Sicht. Kunden fällt es schwer, Preise nach absoluten Niveaus zu bewerten. In der realen Entscheidungssituation werden Preise immer mit einer spezifischen Messlatte – einem Anker – verglichen (Simon 2015a, S. 90, b, S. 32). Dies kann z. B. ein zuletzt gezahlter Preis oder eine unverbindliche Preisempfehlung sein. Die Conjoint-Analyse erlaubt

5.1 Preisoptimierung

es, diese Zusammenhänge gezielt zu berücksichtigen. Abgefragte Preisintervalle können sich auf einen vom individuellen Befragten zuletzt bezahlten Preis beziehen. Das Conjoint-Interview ist unabhängig von diesen Vorteilen immer auch durch direkte Fragen zu ergänzen. Diese beziehen sich auf all jene Informationen, die zur Angebots- und Preisoptimierung über die Nutzenanalyse hinaus erforderlich sind:

- Budget des Kunden
- Wahrnehmung des Kunden
- Weitere preispsychologische Aspekte (über den Ankereffekt hinaus)
- Kundenzufriedenheit
- Wahrnehmung der Wettbewerber

Fokusgruppeninterviews

Fokusgruppen sind hervorragend geeignet, um neu entwickelte Konzepte zu testen. Es geht um das strukturierte Ausloten von Chancen und Barrieren innovativer Angebote unter Einbeziehung wichtiger Kunden. Alternativ können auch potenzielle Nutzer befragt werden. Die Meinungen, Einstellungen und Verhaltensweisen der einzelnen Teilnehmer und der gesamten Gruppe werden standardisiert erfasst. Die Besonderheiten von Fokusgruppen lauten in Stichworten:

- Kein Anspruch auf Repräsentativität (kleine Fallzahlen, Quotenstichprobe)
- Moderation durch einen erfahrenen Koordinator
- Offene Befragungssituation: Annäherung an typische Abwägungs- und Entscheidungsprozesse
- Primär qualitative Diskussion
- Ergänzung durch quantitativen Befragungsteil sinnvoll (z. B. adaptives PSM im Rahmen einer Preisdiskussion)
- Sehr hilfreicher Input zur Vorbereitung quantitativer Befragungen (z. B. Test des Befragungsdesigns für eine Conjoint-Studie)

Strukturierte Gruppendiskussionen sind besonders hilfreich zur Erhebung von Detailinformationen über Budgets, Maximalpreise und die Präferenzen für Preisarchitekturen. Kreative Ideen für innovative Preismodelle und neue Rabattstrukturen können in diesem Rahmen ebenfalls entwickelt werden. Psychologische Aspekte hinter rationalen Argumentationen, emotionale Hintergründe von Kaufentscheidungen sowie versteckte Annahmen im Rahmen von Abwägungen – all diese für das Pricing relevanten Kriterien können mithilfe einer Gruppendiskussion vertieft analysiert werden. Im Fall von B2C-Studien ist eine Teilnehmerzahl von maximal 20 Personen zu empfehlen. Im B2B-Sektor ist eine geringere Personenzahl bereits ausreichend. Fokusgruppeninterviews reflektieren die im Rahmen dieses Buchs vertretene Philosophie des Preismanagements: Es geht um die gewinnoptimale Bedienung von Kundenbedürfnissen, im Sinne einer Win-win-Konstellation. Als Ergänzung zu den beschriebenen quantitativen

Verfahren sind Brainstorming-Sessions hervorragend geeignet. Quantitative Erhebungen können mithilfe paralleler Gruppendiskussionen validiert werden, insbesondere bei der Auslotung neuer Preislagen und der möglichen Überschreiten bestimmter Preisschwellen. Auf preispsychologische Aspekte kann in Fokusgruppeninterviews explizit eingegangen werden. Zur Vertiefung und Weiterführung quantitativer Erhebungen bieten sich explorative Fokusgruppendiskussionen ebenfalls an.

Expertenschätzung

Die Expertenschätzung (Price-Volume-Assessment) ist ein Verfahren zur Ableitung von gewinnoptimalen Preisen ohne direkte Einbeziehung von Nutzern (Simon und Fassnacht 2008, S. 110, 2016, S. 123; Roll 2018). Die Methode basiert auf subjektiven Schätzungen von unternehmensinternen Markt- und Vertriebsexperten zu Absatzpotenzialen bei unterschiedlichen Preisen. Typische Fragestellungen für ein neu einzuführendes Produkt sind:

1. Wo sehen wir eine realistische Ober- bzw. Untergrenze für den Preis unseres Produkts?
2. Wie hoch ist der Anteil, der für unser Unternehmen am Gesamtmarkt abschöpfbar ist? Wie variiert dieser in Abhängigkeit vom Preis?
3. Mit welchen Absatzmengen rechnen wir im ersten Jahr nach der Produkteinführung, wenn der Preis an der Obergrenze, an der Untergrenze und in der Mitte zwischen beiden gesetzt wird?
4. Wie groß ist der Marktanteilszuwachs, den wir durch Preissenkungen erzielen können?
5. Mit welchen Aktionen der Wettbewerber müssen wir rechnen?

Aus den Einzelschätzungen der Experten zu verschiedenen Preispunkten wird eine aggregierte Preisabsatzfunktion abgeleitet (Abb. 5.3).

Im Rahmen einer moderierten Diskussion können die impliziten Annahmen hinter den individuellen Absatzschätzungen begründet werden. Die Prognosen werden im Expertenkreis diskutiert. Ändern sich die Einschätzungen der Teilnehmer im Rahmen der Gruppendiskussion, so sind die Mengenschätzungen zu korrigieren. Die Befragung wird auf die spezifische Situation zugeschnitten. Inhaltliche Details hängen von der Komplexität des Geschäftsmodells, der Lebenszyklussituation des Produkts und der Wettbewerbsposition ab. In einem mehrstufigen Verfahren nähert man sich schrittweise einer Markteinschätzung an. Im letzten Schritt werden die Einzelurteile zu einer gemeinsamen Absatzprognose konsolidiert. Diese dient als Grundlage zur Zielpreispositionierung des Produkts. Die mit dem Markt vertrauten Experten sollten aus verschiedenen Organisationseinheiten zusammengestellt werden. Neben Produkt- und Marketingmanagern sind unbedingt auch Mitarbeiter aus Außendienst und Customer Service einzubeziehen. Die direkte Integration von Erfahrungen aus den Kundenkontakten ist eine der Erfolgsvoraussetzungen der Methode. Es sollten bis zu zehn Experten befragt werden – je mehr Kunden- und Marktexpertise strukturiert einbezogen wird, desto höher wird die Qualität der Ergebnisse sein. Die Moderation des Workshops erfolgt durch eine neutrale Person. Eine Verknüpfung der Expertenschätzung mit der

5.1 Preisoptimierung

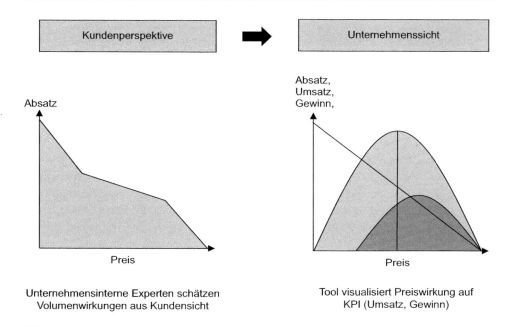

Abb. 5.3 Expertenschätzung zur Ermittlung des optimalen Preises. (Quelle: eigene Darstellung)

Methode der Zielpriorisierung bietet sich an. Auf die Zielfestlegung (Schritt 1) folgt die Preisoptimierung (Schritt 2).

Expert Judgement ist eine sehr pragmatische Methodik zur Ermittlung eines Preisoptimums (Roll 2018). Ihre Anwendung empfiehlt sich sowohl für neue als auch für etablierte Produkte. In einer unerwarteten Situation – z. B. bei einem bevorstehenden Konkurrenzeintritt – ist die Expertenschätzung besonders geeignet. Denn die Methode ist schnell und ohne großen Vorbereitungsaufwand durchführbar. Die Kosten für die Umsetzung einer Expertenschätzung sind sehr niedrig (Simon und Fassnacht 2008, S. 110, 2016, S. 123; Roll 2018). Insbesondere im B2B-Umfeld hat sich das Price-Volume-Assessment hinsichtlich seiner Prognosefähigkeit bewährt. Die Expertenbefragung empfiehlt sich generell als Ergänzung zu anderen Methoden, insbesondere zur direkten Befragung von Nutzern auf Basis der adaptierten PSM-Methode.

Exkurs: Auswirkungen der künstlichen Intelligenz auf die Methoden der Preisoptimierung

Die enormen technologischen Potenziale der künstlichen Intelligenz (KI) führen zu einer deutlichen Ausweitung der Einsatzmöglichkeiten der skizzierten Methoden. Ausgewählte Entwicklungen lassen sich wie folgt beschreiben:

1. Fokusgruppengespräche und Experteninterviews können in Zukunft deutlich ausgeweitet werden. Teilnehmer müssen bei Workshops im Rahmen von „artificial

intelligence platforms" nicht mehr physisch präsent sein. KI-Plattformen ermöglichen das Austesten von Produkt- und Preiskonzepten mit mehreren tausend potenziellen Kunden unabhängig von ihrem Standort.

2. Für einfache Befragungen sind „Chatbots" im Rahmen der KI-Technologie sehr gut geeignet.
3. Das Social Media Monitoring wird ebenfalls deutlich effizienter genutzt werden können.

KI wird sich in der Marktforschung sehr bald auf breiter Ebene durchsetzen. Die zentralen Vorteile des Einsatzes von KI ist die deutlich höhere Geschwindigkeit und Effektivität der Erhebungen. KI ermöglicht Analysen, die von der traditionellen Marktforschung bisher nicht geleistet werden konnten (Maicher 2017). Unternehmen können somit deutlich zeitnaher auf Veränderungen der Rahmenbedingungen (Kundenanforderungen, Wettbewerbsaktionen etc.) reagieren. In diesem Zusammenhang sei auf die Internetplattform Unanimous AI verwiesen. Die zugrundeliegende Software basiert auf folgenden Zielsetzungen und Prämissen (Bernau 2018):

1. Individuelle Prognosen von Experten können in Echtzeit diskutiert und von Dritten sukzessive weitergeführt und verfeinert werden.
2. Stimmungsbilder zu Produkten, Preisen oder Marktsituationen werden systematisch erfasst und dynamisch angepasst.
3. Möglichst viele unterschiedliche Erfahrungen und Denkansätze sind strukturiert einzubeziehen. Verschiedene Perspektiven sind explizit gewünscht. Die Entwicklungshistorie der Prognosen ist jederzeit nachvollziehbar.
4. Am Ende des digitalisierten Gruppenaustauschs steht eine gemeinsame Lösung. Diese basiert auf einer bestmöglichen Integration der individuellen Expertenmeinungen (Bernau 2018).

Ein besonderer Vorteil der Methode besteht in der Effizienz und Rationalität der Gruppenbewertung:

- Das System dient als eine Art Verstärker für das Wissen einzelner Individuen.
- Die aggregierte Prognose der Gemeinschaft ist valider und zuverlässiger als singuläre Vorhersagen.
- Individuelle Wissenslücken werden kompensiert; persönliche Vorlieben werden ausgeblendet.

Die Software ist eine hervorragende Ergänzung zur klassischen Expertenschätzung.

> **Gesamtfazit: Fundierte Einblicke in Preisbereitschaften erfordern einen Methoden-mix. Die Auswahl der Methoden zur Preisoptimierung muss fallabhängig festgelegt werden. Die Entscheidung hängt ab von**
> 1. dem Status des Angebots (Produktidee vor der Entwicklung? Bereits entwickeltes Angebot? Bereits im Markt eingeführte Leistung?),
> 2. dem Budget,
> 3. der zur Verfügung stehenden Zeit,
> 4. der Auswirkung auf die Transparenz im Markt,
> 5. der Struktur der Kunden (Anzahl, regionale Verteilung, Umsatz- und Gewinnverteilung).
>
> In mehreren hundert Pricingprojekten des Verfassers seit 1996 haben sich v. a. umfragebasierte Methoden (Conjoint Measurement sowie die direkte Preisabfrage per adaptiertem Price-Sensitivity-Meter) bewährt. Preiselastizitätsschätzungen auf Basis eines internen Workshops empfehle ich zur Kreuzvalidierung immer als Ergänzung zu Kundenbefragungen. Eine Kombination der adaptierten Price-Sensitivity-Meter-Methode mit Conjoint Measurement und der Expertenschätzung für die wichtigsten Fokusprodukte des Unternehmens bietet sich an. Expertenworkshops können durch die Potenziale der künstlichen Intelligenz in Zukunft deutlich erweitert werden. Vor dem Hintergrund der fortschreitenden Digitalisierung werden Angebotskonfiguratoren in Zukunft ebenfalls weiter an Bedeutung gewinnen.

5.1.2 Berechnung des gewinnoptimalen Preises

Professionalität im Pricing manifestiert sich in der Nutzung von Decision-Support-Systemen zur Preisoptimierung. Der Einsatz von modernen Methoden und Tools erfordert ein tiefgehendes Verständnis für die strukturellen Zusammenhänge und Gewinnwirkungen des Pricing. Die Grundlagen der Preisoptimierung werden im folgenden Abschnitt beleuchtet. Bei der Feinjustierung des Preisniveaus für ein Leitprodukt ist der Wettbewerb eine erste Indikation für die Preisobergrenze. Die internen Grenzkosten bestimmen die Untergrenze mit Blick auf Profitabilitätsziele. Entscheidend ist der wahrgenommene Kundennutzen des eigenen Angebots im Vergleich zum Wettbewerb. Der Value-to-Customer ist die entscheidende Determinante in diesem Spannungsfeld (Frohmann 2014b). Im Fall von Leistungsvorteilen kann i. d. R. ein Preisaufschlag gegenüber dem Wettbewerb durchgesetzt werden. Die exakte Festlegung eines Preispunkts innerhalb dieses Korridors hängt von der strategischen Produktpositionierung und den damit verbundenen finanziellen Zielen ab. Vor dem Hintergrund des zunehmenden Ertragsdrucks und der Notwendigkeit einer maximalen Value Extraction muss es das Ziel sein, mit den Preisen so weit wie möglich bis an die Obergrenze vorzustoßen. Allerdings erhöht sich die Marktmacht der Kunden im Zuge der Digitalisierung. Eine Überschätzung von Preisbereitschaften bzw. zu viel Preisdisziplin wird abgestraft. Bei einer Fehlkalkulation drohen Marktanteilsverluste. Es geht folglich um die Steuerung des klassischen Zielkonflikts zwischen Margensicherung und Marktanteil.

Der optimale Preis lässt sich grafisch in einem Koordinatensystem einfach bestimmen (Abb. 5.4). Dabei werden alle aus Unternehmenssicht realistischen Preisausprägungen auf der horizontalen Achse (Abszisse) abgetragen. Die Wirkungen verschiedener Preispunkte auf Absatz, Umsatz und Gewinn werden mathematisch abgeleitet und auf der Ordinate (vertikale Achse) visualisiert. Mithilfe der Funktionsverläufe gilt es den Preis zu finden, bei dem der Abstand zwischen Umsatz- und Kostenkurve am größten ist.

Jede Abweichung vom Optimalpreis führt zu einem Rückgang des Gewinns. Bei einer Preissenkung steigen die Kosten stärker als der Umsatz. Bei einer Variation des Preises nach oben sinkt der Umsatz stärker als die Kosten (Simon 1992; Simon und Fassnacht 2008, S. 210; Roll et al. 2012). Im Kern der Optimierung steht die gegenläufige Entwicklung von Stückdeckungsbeiträgen und Absatzmengen. Im Vergleich zum Profitoptimum führt eine Preisanhebung zu einem höheren Stückdeckungsbeitrag. Der prozentuale Margenanstieg ist allerdings geringer als der Rückgang des Absatzes – per Saldo sinkt folglich der Gewinn. Auch bei einer Preissenkung ist der Nettoeffekt auf den Gewinn negativ. In Abhängigkeit der Kundenpräferenzen und Preisbereitschaften resultieren völlig unterschiedliche Gewinnkurven. Für jede branchenspezifische Situation, für jedes Produkt und Kundensegment sind diese Besonderheiten zu messen. Unabhängig von produkt- und unternehmensspezifischen Detailverläufen lassen sich jedoch allgemeine Kernaussagen treffen. Die folgenden Erkenntnisse basieren auf den Lehren

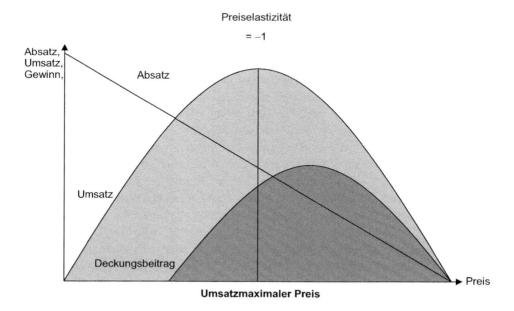

Abb. 5.4 Berechnung des gewinnoptimalen Preises. (In Anlehnung an Simon 1992)

von Hermann Simon (1992, 2015a, b; Simon und Fassnacht 2008, 2016). Sie wurden in meinen eigenen Projekten in zahlreichen Branchen über 23 Jahre hinweg bestätigt (Frohmann 2007, 2008b, 2009a, 2014b).

1. Es existiert in jedem Fall ein optimaler Preis, der den Gewinn maximiert.
2. Das Preisoptimum liegt – grafisch betrachtet – zwischen den variablen Stückkosten und dem Maximalpreis. Der abschöpfbare Deckungsbeitrag bewegt sich also prinzipiell zwischen dem Kundennutzen (Preisobergrenze) und den variablen Kosten (kurzfristige Preisuntergrenze).
3. Der optimale Preis ist immer höher als der umsatzmaximale Preis.
4. Nur wenn ein Unternehmen für wichtige Leitprodukte regelmäßig den optimalen Preispunkt setzt, kann es seine Gewinne nachhaltig sichern.
5. Mit Blick auf den klassischen Trade-off zwischen Marge und Menge geht es darum, den richtigen Kompromiss zu finden. Visuell gesprochen gilt es die richtige Mitte zu treffen!
6. Geringfügige Abweichungen vom optimalen Preis sind weniger gravierend. Die Gewinnkurve verläuft im Bereich des Optimums oft relativ flach. Aus einer leichten Abweichung vom Optimalwert resultieren keine gravierenden Gewinneinbußen. Der Profit verringert sich allerdings umso mehr, je weiter sich der gewählte Preis vom Optimum entfernt.
7. Eine Änderung der variablen Stückkosten oder der kundenspezifischen Maximalpreise sollte nur zur Hälfte im Preis weitergegeben werden. Es ist nicht optimal, Kostenveränderungen voll im Preis weiterzureichen! Auf die vollständige Abschöpfung des Kundennutzens ist ebenfalls zu verzichten. Dies entspricht der Philosophie des Value-based Pricing (VBP). VBP zielt auf höhere Werte für den Käufer bei gleichzeitigen wirtschaftlichen Vorteilen für den Anbieter. Statt die gesamte Zahlungsbereitschaft des Kunden für eine Leistungsverbesserung abzuschöpfen, wird lediglich ein Teil des Mehrwerts monetarisiert. Eine Faustformel sieht ein Abschöpfen von lediglich 50 % der Zahlungsbereitschaft vor (Simon 2015a, b). Dies entspricht einer sinnvollen Kombination der beiden Kernziele langfristige Kundenbindung und kurzfristige Maximierung von Gewinnen.
8. Der optimale Preis lässt sich auch als ein elastizitätsabhängiger Aufschlag auf die Grenzkosten darstellen. Wie bereits im Eingangskapitel erläutert wurde, ist die Kenntnis der Preiselastizität von Kunden oder Segmenten zentral bei der Preisoptimierung. Je höher die Elastizität ist, desto geringer sollte der Aufschlag auf die Grenzkosten sein. Anders ausgedrückt: Hohe Preise und dementsprechende Margen muss sich ein Unternehmen über den Value-to-Customer verdienen. Fehlt eine entsprechende Wertschätzung des Kunden, muss das Unternehmen sprichwörtlich mit geringeren Aufschlägen auskommen.
9. Der gewinnoptimale Preis ist höher als der umsatzmaximale Preis. Je höher die Grenzkosten des Produkts, desto größer ist dieser Abstand. Umso ausgeprägter ist dann auch das Profitrisiko, wenn sich ein Unternehmen beim Pricing ausschließlich

auf Umsätze und deren Steigerung konzentriert. Dies gilt für klassische Geschäftsmodelle produzierender Unternehmen aus dem Maschinenbau, der Automobilindustrie, dem Projektgeschäft und zahlreichen anderen Branchen.

10. Fixkosten beeinflussen den optimalen Preis nicht! Wer den Preis in Abhängigkeit von den Fixkosten (bzw. den Vollkosten) festsetzt, begeht einen logischen Fehler.

11. Im Fall sehr niedriger Grenzkosten wird der übliche Zielkonflikt zwischen Umsatz und Gewinn aufgehoben. Bei Grenzkosten von Null fallen umsatz- und gewinnmaximaler Preis zusammen. Für Angebotskategorien mit sehr niedrigen variablen Kosten lässt sich eine Umsatzorientierung rechtfertigen. Umsatzmaximierung ist folglich ein sinnvolles Preisziel für digitale Leistungen.

12. Die Entscheidung muss immer situations- und branchenspezifisch mit Blick auf die tatsächlichen Daten erfolgen. Es lässt sich jedoch tendenziell die Empfehlung ableiten, den gewinnoptimalen Punkt nicht zu stark auszureizen. Die optimalen Preise sollten eher etwas unterschritten werden. Insbesondere in Wachstumsmärkten ist ein optimaler Trade-off der beiden Ziele Umsatz und Gewinn zu empfehlen. Bei digitalen Angeboten kommt der Marktanteil als weitere wichtige Zielgröße hinzu.

Fallbeispiel: Automatische Preisoptimierung über ein Repricing-Tool

In einigen Branchen entwickelt sich ein Trend zu ereignisgesteuerten Preisen. „Repricing" steht für eine dynamische Analyse und Anpassung von digitalen Preisen. Die Preisauszeichnung findet auf Online-Shops, Marktplätzen und Preisvergleichsangeboten statt.

Im Online-Handel zeichnet sich für zahlreiche Produktkategorien folgende Situation ab:

1. Eine Vielzahl von Wettbewerbern mit weitestgehend identischen Angeboten konkurriert um die Aufmerksamkeit der Kunden.

2. Kunden haben fast vollständige Transparenz; sie können die Preise der konkurrierenden Unternehmen effizient vergleichen.

3. Auf Online-Plattformen (wie z. B. Amazon oder Idealo) werden Käufer mithilfe spezifischer Applikationen gezielt zu den günstigeren Anbietern geführt. Unter den Portalen kommt Amazon eine exponierte Position zu. Im Zuge ihrer Produktsuche im Internet steuern viele Nachfrager den weltweit bedeutendsten Onlinehändler an.

4. Vor diesem Hintergrund entsteht ein Konkurrenzkampf um den günstigsten Preis im Wettbewerbsvergleich. Ziel der Anbieter ist eine hervorgehobene Positionierung auf dem Portal. Im Fall von Amazon bedeutet es den Wettbewerb um eine Platzierung in der „BuyBox" (o. V. 2018g).

5. Zur Umsatzoptimierung setzen immer mehr Unternehmen auf eine automatische Preisanpassung. Die Nutzung des digitalisierten Standardprozesses führt gegenüber einer manuellen Preisvariation zu einem signifikanten Effizienzvorteil.

Dies lässt sich anhand des folgenden Szenarios beschreiben. Die Prämissen für das Fallbeispiel lauten:

- Zwei Wettbewerber konkurrieren in einer Preisspanne von 17,50 bis 24 EUR.
- Unternehmen A nutzt ein Tool zur automatischen Preisanpassung im Rahmen seiner Digitalisierungsstrategie.
- Unternehmen B verändert die Preise manuell ohne einen Standardprozess. Die Variationen von B erfolgen teilweise mehrmals täglich. Der aktuelle Preis von Anbieter B liegt bei 22 EUR.
- Das „repricing" von Unternehmen A basiert auf einem Optimierungsalgorithmus. Dieser erlaubt eine automatische Preisanpassung in einem definierten Bereich. Wir gehen von einer Untergrenze von 18,95 EUR und einer Obergrenze von 23,95 EUR aus.
- Unternehmen B ändert seinen Preis im Rahmen einer täglichen Routineüberprüfung auf 21,50 EUR.
- Das Repricing-Tool erfasst die Änderung von B im Rahmen der automatisierten Marktüberwachung und passt den Preis von Unternehmen A unverzüglich auf 21,45 EUR an. Damit ist sichergestellt, dass Anbieter A weiterhin in der „BuyBox" positioniert ist. Das Produkt von A bleibt aufgrund des Automatismus auch weiterhin prominent platziert. Preislich höher positionierte Unternehmen haben in diesem Szenario deutlich reduzierte Chancen, ihr Produkt zu verkaufen. Der Nachteil des Repricing-Prozesses besteht in einer sehr starken Fokussierung auf den Preis. Die relative Positionierung der Wettbewerber im Rahmen der digitalen Empfehlungsautomatik reduziert sich auf ein einziges Datum, den Preis. Nutzenargumente treten in den Hintergrund. Schlimmer noch: Die Unterbietung der Konkurrenz ist institutionalisiert und automatisiert. Damit untergraben viele Unternehmen den Markenwert ihrer Produkte. Die Gewinnmargen schrumpfen. Kunden fixieren sich immer stärker auf den Preis. Der beschriebene Wettlauf um die marginal günstigere Positionierung erklärt, warum sich Unternehmen teilweise bewusst gegen den Vertrieb ihrer Produkte über Plattformen wie Amazon oder Idealo entscheiden (o. V. 2018g). Einige Hersteller von Qualitätsprodukten lehnen die Teilnahme an digitalen Handelsplattformen ab. Im Rahmen eines selektiven Vertriebssystems vertreiben sie ihre Produkte über Fachhändler, Kooperationspartner und die eigene Plattform. Diese Philosophie – weg aus dem reinen Preisvergleich, hin zu einer Wertargumentation – liegt dem folgenden Kapitel zugrunde. Der folgende Teil beschreibt einen Ansatz der konsequenten Ausrichtung am Kundennutzen.

5.1.3 Simulationsanalysen zur Produkt- und Preisoptimierung

Die Entwicklung eines neuen Produkts ist mit enormen Investitionen verbunden. Im Content-Bereich investieren Unternehmen für Inhalte und Lizenzen teilweise zweistellige

Milliardenbeträge (Harengel 2017; Postinett 2018b). Gleichzeit sind in den volkswirtschaftlich bedeutendsten Branchen immer schnellere Innovationsschübe zu beobachten. Der technologische Wandel und die zunehmende Digitalisierung führen zum Zustrom neuer und verbesserter Produkte. Marktverhältnisse verändern sich in immer kürzeren Zeitabständen. Als ein Beispiel für die zunehmende Dynamik sei die Smartphonebranche genannt. Die marktführenden Unternehmen wie Apple und Samsung führen in immer kürzeren Abständen neue Produktlinien ein (Fröhlich 2018b). Nicht nur bei Smartphones, auch im Maschinenbau oder in der Automobilbranche, bei Software und Speicherchips gewinnt die strategische Produkt- und Preisplanung zunehmend an Bedeutung.

Professionelle Prozesse und eine hohe organisatorische Disziplin sind erfolgskritisch, um Profitpotenziale auszuschöpfen. Zu vielfältig sind die technologischen Möglichkeiten, zu komplex die Datenbasis zu Wettbewerbern, Kosten und Kundenpräferenzen, zu schnell hat man sich in verschiedenen Entwicklungsprojekten verzettelt. Mit fortschreitender Digitalisierung ist es überlebensnotwendig, dieses Komplexitätsrisiko in den Griff zu bekommen (Giersberg 2018a). Komplexitätsmanagement gewinnt als Kernkompetenz insbesondere in den Feldern Produktentwicklung und Pricing an Bedeutung. Das Dilemma hierbei:

1. Innovation ist der entscheidende Schlüssel zur Vermeidung von Preisdruck. Die Preismacht von Unternehmen korreliert sehr stark mit dem Wettbewerbsstärkeindex ihrer Produkte.
2. Die Entwicklung und Markteinführung eines innovativen Produkts stellt ein hohes unternehmerisches Risiko dar. Entwicklungskompetenz und Kundenfokussierung allein reichen nicht aus. Insbesondere in digitalisierten Branchen können die finanziellen Ressourcen sehr schnell zu einem limitierenden Faktor werden. Anfang 2018 kündigte der Automobilzulieferer Bosch seinen Rückzug aus der Batterieforschung an. Um mit den führenden asiatischen Herstellern und ihrem Skalenmodell konkurrieren zu können, hätte Bosch mindestens 20 Mrd. EUR investieren müssen (Gomoll 2018).
3. Drei von vier Neuprodukteinführungen scheitern. Laut einer Metastudie von SKP erreichen über 70 % aller Entwicklungsprojekte nicht die vom Management gesetzten Profitabilitätsziele (Tacke und Vidal 2014; Ramanujam 2018). Typische Fehler innerhalb des Innovationsprozesses sind u. a.:
   - Interne Aspekte dominieren den dringend erforderlichen Focus auf den Endnutzer.
   - Pricing-Verantwortliche sind nicht – oder nicht frühzeitig – eingebunden.
   - Kundennutzen und Zahlungsbereitschaften werden in die Produktentwicklung und Preisfindung unzureichend integriert.

Die Risiken sind gravierend. Nur drei von zahlreichen Konsequenzen seien hier erwähnt:

- „Overengineering": Das Produkt enthält Merkmale, die vom Kunden nicht gewünscht sind.
- „Overestimation": Gute Leistungen in wichtigen Merkmalen sind nicht ausreichend, da die Wettbewerber vom Kunden als noch besser wahrgenommen werden.
- „Overpricing": Der geforderte Preis übersteigt das, was der Nutzer zu zahlen bereit ist.

Das letztgenannte Risiko wird durch folgendes Zitat aus der Entwicklungsabteilung von Apple verdeutlicht: „Wir starten nicht mit dem Preis, wenn wir ein Produkt entwickeln. Zuerst steht bei uns immer die Frage, welche Technologien wir verbauen können. Das schlägt sich auf den höheren Preis nieder" (Fröhlich 2018a).

Folgende Lehren sind aus diesen Erkenntnissen mit Blick auf die enormen Potenziale der Digitalisierung zu ziehen:

1. Die oberste Priorität muss darin bestehen, Bedürfnisveränderungen zu erkennen und neue Geschäftschancen zu erschließen („exploration").
2. Parallel hierzu sind bestehende Produkte zu optimieren, um existierende Marktpotenziale abschöpfen und kontrollieren zu können („exploitation").
3. Für das Innovationsmanagement im digitalen Zeitalter werden Geschwindigkeit und Agilität immer wichtiger. Im schlimmsten Fall entwickelt ein Unternehmen im Zuge der „exploration" über lange Zeit ein Produkt, das zum Zeitpunkt der Markteinführung nicht mehr zu den Bedürfnissen der Kunden passt.
4. Zur Komplexitätsreduktion dienen schnell zu entwickelnde Basisprodukte, die zunächst auf die für den Kunden wichtigsten Werttreiber reduziert werden. Die Vorteile daraus: Der dringendste Kundenbedarf wird gedeckt. Feedback der Nutzer kann sehr früh eingeholt werden. Der Entwicklungsaufwand wird am Anfang minimiert und mit zunehmender Klarheit zum Kundenbedarf sukzessive ausgeweitet. Das Konzept des „minimum viable product" (MVP) ist ein weiteres Element im digitalen Baukasten der Produkt- und Preismethoden. Es bietet sich als Parallelmethode zu komplexeren Ansätzen wie „Conjoint" an (Welbers 2018).
5. Im Zuge der „exploitation" bestehender Produkte ist es wichtig, Veränderungen frühzeitig zu erkennen. Nokia galt bis 2007 als dominanter Marktführer unter den Handyherstellern. Die Verschiebung der Wertschöpfung im Mobilfunk wurde lange nicht gesehen – viel zu spät erkannte man die zunehmende Bedeutung von Software, viel zu spät nahm man die Potenziale von Smartphones wahr. Anders formuliert: Nokia hat zu viele Ressourcen in die Entwicklung besserer Geräte einer zunehmend obsoleten Technologie gesteckt. Investitionen in Softwarelösungen sowie Smartphones wurden lange vernachlässigt.
6. Vor allem bei grundlegenden Innovationen ist es unabdingbar, potenzielle Nutzer so früh wie möglich in den Entwicklungsprozess einzubinden. Auf dem Weg zum Endprodukt sind agile Anpassungen auf Veränderungen des Wettbewerbsumfelds oder makroökonomischer Rahmenbedingungen erfolgskritisch.

7. Eine einseitige Technikorientierung ist strikt zu vermeiden. Innenorientierung ist die Hauptursache für ein Überangebot an Leistung, für die es keine Zahlungsbereitschaft gibt.
8. Im Zeitalter der Digitalisierung geht der Entwicklungsprozess eines Produkts über die Markteinführung hinaus. Im Zuge der Marktpenetration entsteht ein kontinuierlicher Datenaustausch zwischen dem Hersteller und den Kunden. Digitalisierte Produkte und Services werden kontinuierlich weiterentwickelt.

Der genauen Bestimmung des Neuproduktpreises kommt vor dem Hintergrund der skizzierten Entwicklungen eine hohe Bedeutung zu. Selbst geringe Fehleinschätzungen der Kunden- und Wettbewerbsreaktion können große finanzielle Nachteile oder sogar den Misserfolg der Innovation zur Folge haben, denn suboptimale Preise lassen sich nach Markteintritt oft schwer korrigieren. Dies gilt v. a. dann, wenn man zu niedrig gestartet ist. Zur Festlegung des optimalen Preises für Innovationen bedarf es eines systematischen Prozesses. Ausgangspunkt ist die umfangreiche Analyse externer und interner Informationen. Alle Schritte – von der Analyse und Zieldefinition bis zur Umsetzung im Markt – können durch moderne Verfahren der Datenanalyse und Marktsimulation unterstützt werden. Decision-Support-Verfahren bündeln diese Teilprozesse zu einem umfassenden Modell. Dieses bezieht auch preispsychologische Zusammenhänge in strukturierter Form ein.

Digitale Entscheidungsunterstützungsmodelle liefern Antworten auf die wichtigsten Detailfragen im Rahmen der Produkt-Preis-Entwicklung (Hofer und Ebel 2002; Simon und Fassnacht 2008, 2016; Roll et al. 2012).

1. Wie wichtig sind einzelne Leistungsmerkmale aus Sicht der Kunden?
2. Durch welche Veränderungen kann das Angebot aus Nutzersicht am stärksten verbessert werden?
3. Was sind die für den Kunden relevanten Werttreiber?
4. Wie hoch sind die Zahlungsbereitschaften der Kunden für Leistungsverbesserungen?
5. Wie wird sich unser Marktanteil verändern, falls wir den Preis oder ein Produktmerkmal variieren?
6. Wer ist der aus Kundensicht wichtigste Konkurrent für uns?
7. Welchen Einfluss haben Preis- oder Produktveränderungen der Konkurrenz auf unseren Marktanteil?
8. Wie stark sind Substitutionseffekte im eigenen Unternehmen? Besteht die Gefahr einer Kannibalisierung von etablierten Marken durch das neue Angebot?
9. Was ist der Wert unserer Marke in Preiseinheiten?
10. Welche von verschiedenen technisch möglichen Produktvarianten soll am Markt eingeführt werden?
11. Wie hoch ist der gewinnoptimale Preis? Welche Preispositionierung entspricht den strategischen und finanziellen Zielen?

5.1 Preisoptimierung 177

Modelle zur Entscheidungsunterstützung simulieren das Kaufverhalten potenzieller Kunden unter möglichst realitätsnahen Bedingungen. Dabei werden alle relevanten Einflussfaktoren des Pricing berücksichtigt. Um von den Kundenpräferenzen auf Marktanteile und Gewinne schließen zu können, muss das relevante Wettbewerbsumfeld umfassend abgebildet werden. Zu den konkurrierenden Produkten zählen auch Marken des eigenen Unternehmens, die in einer vergleichbaren Preislage positioniert sind. Sie können das zu optimierende Produkt substituieren.

Mithilfe eines Decision-Support-Modells, wie es in Abb. 5.5 dargestellt ist, lässt sich die optimale Preispositionierung für ein neues Produkt ermitteln. Auf der Basis von Simulationsrechnungen werden profitoptimale Listenpreise abgeleitet. Folgende Schritte werden im Rahmen des Decision-Support-Prozesses absolviert (Hofer und Ebel 2002; Simon und Fassnacht 2016, S. 204; Lauszus und Sebastian 1997):

1. Konsolidierung der Daten
   Die Wahl der optimalen Angebotsvariante und des Einführungspreises setzt zahlreiche Marktinformationen sowie unternehmensinterne Daten voraus. Es geht im Kern um die in Kap. 1 beschriebenen sieben Determinanten des Pricing. Wesentliche Informationsbasis für die Produkt-und Preisentwicklung sind u. a.:
   - Spezifikation des Angebots
   - Unternehmensziele
   - Variable Kosten für verschiedene Angebotsvarianten und Leistungsvariationen
   - Positionierungsvorgaben für das Produkt
   - Preise und Angebote aller Konkurrenten
   - Preisbereitschaften/Kaufabsichten der Kunden
   - Präferenzen der Kunden für alle relevanten Entscheidungsmerkmale
   - Zahlungsbereitschaften für Leistungsverbesserungen
   - Kapazitätssituation etc.
2. Datenanalyse
   Das Decision-Support-Modell verdichtet alle externen und internen Informationen. Eine besondere Rolle unter den notwendigen internen Größen nehmen die Rahmenbedingungen und Ziele der Markteinführung ein. Die Zielpriorisierung beeinflusst die Berechnung des optimalen Preises unmittelbar.
3. Detailsimulation verschiedenster Produkt-Preis-Varianten
   Mithilfe des Simulationsmodells kann für verschiedenste Angebotsszenarien ermittelt werden, welche Nutzenveränderungen sich aus den Leistungsvariationen ergeben. Die daraus resultierenden Preisbereitschaften lassen sich simultan ableiten. Basierend auf den Zahlungsbereitschaften und Kaufabsichten potenzieller Kunden kann der Absatz in Abhängigkeit vom Preis prognostiziert werden. Zur Bestimmung der Preisabsatzfunktion werden zunächst Präferenzanteile geschätzt. Von diesen prognostizierten Marktanteilen kann man auf Absatzmengen schließen. Alle relevanten Wettbewerber werden einbezogen. Grundlage für die Berechnung ist das Attraktionsmodell. Diesem Modell zufolge können die Marktanteile von Produkten prognostiziert werden, indem

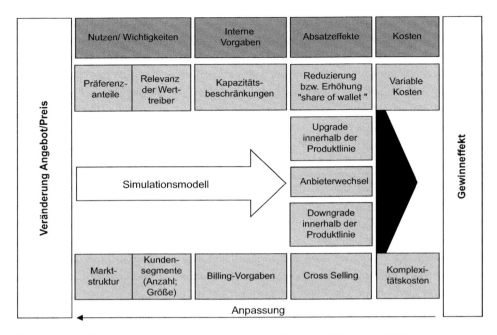

Abb. 5.5 Decision-Support-Modell. (In Anlehnung an Simon und Fassnacht 2016)

man deren Nutzenwerte ins Verhältnis zueinander setzt. Durch die Kombination von Preisen und Mengen ergibt sich die Umsatzimplikation verschiedener Angebotskonstellationen für das Unternehmen (Frohmann 1994).

4. Bestimmung des Zielpreises

   Trotz aller Marktorientierung darf der Kostenaspekt nicht unberücksichtigt gelassen werden. Kundennutzen und Kosten müssen gegeneinander abgewogen werden, um das Optimum zu erreichen. Die Gewinnwirkung verschiedener Angebots- und Preisszenarien resultiert aus der Integration von Kostendaten in die Analysen. Bei einer Simulation von inkrementellen Leistungsveränderungen gilt folgende Prämisse: Produktverbesserungen sind nur dann wirtschaftlich sinnvoll, wenn die Mehrkosten durch einen Mehrpreis überkompensiert werden. Dies ist die Kür im Rahmen des mehrstufigen Prozesses. Denn in vielen Produktkategorien nehmen die Kosten bei steigendem technologischem Niveau überproportional zu. Demgegenüber verläuft die zusätzliche Preisbereitschaft der Kunden sehr oft degressiv (Lauszus und Sebastian 1997). Aus der gegenläufigen Entwicklung von Kosten- und Nutzenzuwächsen resultiert ein optimales Leistungsniveau. Die Produktentwicklung konzentriert sich auf Eigenschaften, die aus Kundensicht einen wirklichen Nutzen stiften und profitabel umsetzbar sind. Die Simulation reflektiert die Grundmission eines Unternehmens: Kundenbedürfnisse profitabel zu bedienen und gleichzeitig Wettbewerbsvorteile gegenüber den Konkurrenten zu schaffen. Der Optimalpreis liegt im Scheitelpunkt der Deckungsbeitragsfunktion. Der Verlauf der Deckungsbeitragskurve um den optimalen Preis ist besonders wichtig für die Entscheidungsfindung.

5.1 Preisoptimierung

Ein relativ flacher Kurvenabschnitt bedeutet für den Pricing-Verantwortlichen, dass mit einer gewissen Abweichung nach oben oder unten kein besonders hohes Risiko verbunden ist. Die folgende anonymisierte Abbildung (Abb. 5.6) reflektiert einen typischen Verlauf einer Deckungsbeitragskurve auf Basis eines Projekts im B2C-Segment.

Abweichungen vom finanziellen Maximum sind in der Praxis nicht selten. Aus Gründen der übergeordneten Portfoliostrategie, der Produktpositionierung oder aus Konkurrenzmotiven ist es gegebenenfalls erforderlich, vom rein rechnerischen Optimalpunkt abzuweichen. Preispsychologische Aspekte sind ebenfalls zu beachten.

5. Markteintrittsentscheidung und Auswahl der am Markt einzuführenden Produktvariante.

Das skizzierte Vorgehen kann mit dem Begriff Target Pricing beschrieben werden. Beim Target Pricing für ein zu entwickelndes Produkt geht man vom Nutzen und von der Zahlungsbereitschaft des Kunden aus. Bei diesem Outside-in-Ansatz wird unter Einbindung der Kundenanforderungen eine Zielpreispositionierung ermittelt. Aus dem Target Price – sowie der vom Management vorgegebenen Gewinnmarge – resultieren die vom Markt erlaubten Kosten. Diese Zielkosten bilden die Rahmendaten für die Produktentwicklung (Simon et al. 1993; Hermenau 2009). Zu den Zielkosten muss ein Produkt zwingend hergestellt werden können, um wettbewerbsfähig zu sein und gleichzeitig die Zielgewinne zu erwirtschaften. Die in einigen Unternehmen nach wie vor dominierende Kosten-Plus-Kalkulation wird durch eine Preis-Minus-Kalkulation abgelöst. Ist ein Produkt nicht zu den Zielkosten herstellbar, so ist das Angebotsdesign zu verändern. Im Extremfall muss die Realisierung eingestellt werden.

6. Festlegung des Preises unter Berücksichtigung von Schwelleneffekten und Ankerpunkten.

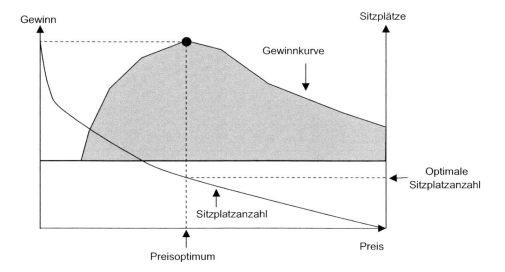

Abb. 5.6 Projektbeispiel Business-to-Customer: Gewinnkurve

Fokusthema Preispsychologie (2): Preisschwelleneffekt (Abb. 5.7)
Preisschwellen sind Preispunkte, bei deren Überschreitung aus kundenpsychologischen Gründen signifikante Absatzverluste entstehen können (Simon 2015a, S. 81 f.; Kopetzky 2016). Deshalb arbeiten viele Unternehmen mit gebrochenen Preisen – insbesondere in Konsumgüterbranchen, bei Dienstleistungen und bei digitalen Angeboten. Gebrochene Preispunkte sind Werte knapp unterhalb eines runden Eurobetrags oder Zehn-Cent-Betrags. Anbieter in zahlreichen Branchen versprechen sich von dieser Art der Preiskommunikation (z. B. 0,49 EUR, 4,99 EUR oder 499 EUR) eine absatzfördernde Wirkung. Die Logik lautet: Gebrochene Preise wie z. B. 9,90 EUR werden im Vergleich zu glatten Preisen (z. B. 10 EUR) als deutlich günstiger wahrgenommen. Im Lebensmitteleinzelhandel erfolgt eine derartige Preisauszeichnung für einen Großteil der Produkte. Auch bei Reiseveranstaltern, Airlines, Mietwagenfirmen und Fährgesellschaften findet man kaum glatte Beträge in den Preislisten. Nicht selten werden mit Preispunkten von 99 EUR, 499 EUR sowie 999 EUR markante Schwellen gezielt unterschritten. Selbst bei Produkten, deren Kauf ein intensiver Entscheidungsprozess vorangeht (z. B. Autos, hochwertige Unterhaltungselektronik etc.), verwenden die Hersteller häufig Schwellenpreise.

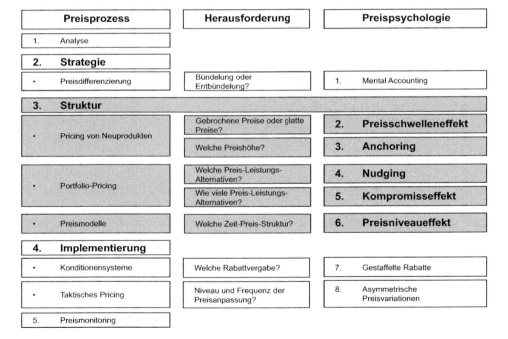

Abb. 5.7 Preispsychologie

Zwei aktuelle Beispiele aus dem Jahr 2018 zeigen die große Bedeutung von gebrochenen Preispunkten in Wachstumsbranchen:

1. Nokia – Featurephones und Smartphones in Deutschland: Einführung von fünf verschiedenen Versionen mit Preisen jeweils unterhalb einer Preisschwelle (Eisenlauer 2018).
   - Nokia 8810: 79 EUR
   - Nokia 1: 99 EUR
   - Nokia 6: 279 EUR
   - Nokia 7 plus: 399 EUR
   - Nokia 8 Scirocco: 749 EUR
2. Amazon – Produktline Echo im Online-Handel in Deutschland: Einführung von fünf verschiedenen Versionen mit Preisen jeweils unterhalb einer Preisschwelle (Quelle: Amazon Website, 04.03.2018, 13.21 Uhr).
   - Echo Dot: 59,99 EUR
   - Amazon Echo: 99,99 EUR
   - Echo Plus: 149,99 EUR
   - Echo Spot: 129,99 EUR
   - Echo Show: 219,99 EUR

Die Gründe für die Bedeutung von Preisschwellen sind vielfältig. Die Kunden

- lesen Preise von links nach rechts.
- nehmen die Ziffern eines Preises mit abnehmender Intensität wahr.
- lassen sich von der ersten Ziffer in der Preiswahrnehmung am stärksten beeinflussen (d. h. ein Preis von 9,95 EUR wird als 9 und etwas wahrgenommen)
- neigen dazu, sich nur die erste Ziffer zu merken und den Rest abzurunden.
- nehmen v. a. Zahlen vor dem Komma wahr.
- achten stärker auf Eurobeträge als auf Centniveaus.
- teilen eine Preisskala in diskrete Kategorien ein (2,98 EUR wird als zwischen 2 und 3 EUR codiert; 4,95 EUR wird als unter 5 wahrgenommen)

Weitere Erkenntnisse der Preispsychologie in Stichpunkten
1. Preisvergleiche werden primär auf der Basis ganzzahliger Beträge durchgeführt. Ein Betrag von 1,01 EUR wird folglich als deutlich teurer wahrgenommen als ein nur geringfügig niedrigerer Preis von 0,99 EUR.
2. Preisschwellen, bei denen die vordere Ziffer des Preises wechselt (0,99 vs. 1,00; 9,90 vs. 10,00 etc.), haben eine stärkere psychologische Wirkung als Schwellen, bei denen die erste Preisziffer unverändert bleibt (2.49 EUR vs. 2.59 EUR).

3. Der gleiche Preispunkt (z. B. 1000 EUR) wird in Abhängigkeit davon, wie er kommuniziert wird, unterschiedlich wahrgenommen. Preisziffern, die mit einem Währungsbetrag (z. B. Euro) und Dezimalstellen ausgezeichnet werden, werden anders beurteilt als ganzzahlige Beträge ohne Währung. Als Beispiel dienen die beiden Preispunkte 1000,00 EUR und 1000 EUR. Obwohl die Beträge exakt gleich sind, wird der zweite Preispunkt (1000 EUR) aufgrund seiner Darstellung ohne Dezimalziffern von der Mehrzahl der Kunden als niedriger interpretiert. Kunden assoziieren eine größere Anzahl von Ziffern mit einem höheren Preisbetrag.
4. Preisschwellen markieren die Grenzen von Wahrnehmungskategorien. Besonders markante Grenzen sind Beträge wie 1000 EUR, 100 EUR oder 1 EUR. So wurde die Überschreitung der Preisschwelle in Höhe von 1000 EUR bei Smartphones durch Apple von vielen Nutzern sehr kritisch gesehen (Kuhn und Berke 2018). Milchpreise in Höhe von 98 Cent empfinden Kunden nicht als zu teuer. Bei einem Preis von 1,09 EUR hat Milch dagegen eine wichtige Schwelle überschritten.
5. Bei runden Beträgen vermuten Kunden, dass der Preis verhandelbar ist (Kopetzky 2016).
6. Aus dem Preisschwelleneffekt resultiert ein weiteres Instrument zur Verhaltenssteuerung – der Figureneffekt. Absteigende (3,21 EUR) oder konstante Ziffernfolgen (2,22 EUR) werden verstärkt wahrgenommen. Kreative Preisfiguren können Aufmerksamkeit erregen.
7. Eine besondere Erkenntnis der Wahrnehmungspsychologie bezieht sich auf die Preiskommunikation in Restaurants. Es besteht ein Zusammenhang zwischen der Darstellung des Preises und dem vom Kunden empfundenen Verlustnutzen. Den geringsten negativen Effekt haben Preise, deren Betrag in Buchstaben ausgeschrieben wird (zehn Euro). Eine Darstellung mit Ziffern wird demgegenüber stärker beachtet (10 EUR). Kommata fördern die Beachtung des Preises am stärksten. Beträge mit Ziffern und Kommata (z. B. 10,00 EUR) wirken damit aus Anbietersicht negativ auf die Preisbereitschaft. Der Verlustnutzen sinkt – bezogen auf das folgende einfache Zahlenbeispiel – vom ersten bis zum dritten Preisbetrag.
   - 17,00 EUR
   - 17 EUR
   - Siebzehn

Der ausgeschriebene Preisbetrag ohne Währung wird mit einem niedrigeren Preisniveau verknüpft als die beiden anderen Beispiele.

Budgetaspekte kommen zur Gesamtbetrachtung hinzu. Bei Konsumgütern werden vor der Kaufentscheidung sehr oft Maximalbeträge festgelegt. Auch bei industriellen Kaufprozessen verfügt ein Einkäufer oft nur über einen bestimmten Investitionsbetrag. Nutzer definieren ihre subjektiven Maximalpreise vorzugsweise in runden Zahlen (z. B. Preis sollte unter 3 EUR liegen; ich würde höchstens 5 EUR zahlen). Die Herausforderung besteht darin, diese Schwellen zu identifizieren und die Preissetzung darauf auszurichten.

5.1 Preisoptimierung

Schwelleneffekte sind schwer vorherzusagen; zuverlässig lassen sie sich nur empirisch herausfinden. Dies belegt erneut die große Bedeutung von Methoden wie Price Sensitivity Measurement oder Conjoint Measurement für die Optimierung.

5.1.4 Methodeninnovation: Value-Driver-Analyse

Die im Folgenden skizzierte integrierte Pricing-Methode wurde im Zuge verschiedenster Praxisprojekte in unterschiedlichsten Branchen entwickelt (Frohmann 2009b, 2014b). Die Basis bilden bereits beschriebene Konzepte wie Wettbewerbsvorteilsmatrix und die Methoden der Preisoptimierung. Ziel ist es, im ersten Schritt die eigene Nutzen-Preis-Positionierung systematisch zu bewerten: Aus Kundensicht und im Konkurrenzvergleich. Unter Einbindung von Kundenanforderungen, Wettbewerberangeboten und Zahlungsbereitschaften wird im zweiten Schritt eine optimale Produktpositionierung abgeleitet. Hierzu verbindet man die eigene Position in der Kundenwahrnehmung mit der bereits skizzierten Logik der Preisoptimierung. Der im Folgenden beschriebene Ansatz der Value-Driver-Analyse verknüpft die bereits beschriebenen Aufgabenstellungen der Preisstrategie und Optimierung in einem logisch-stringenten Ansatz. Eine Vielzahl von Methoden des strategischen Pricing (Wettbewerbsvorteilsmatrix, Zielpriorisierung etc.) sowie der Preisoptimierung (Price Sensitivity Measurement, Expertenschätzung, Conjoint Measurement etc.) werden je nach Ausgangssituation kombiniert.

Im Kern der Nutzen-Preis-Optimierung stehen Werttreiber. Werttreiber („value driver") sind alle für den Kunden relevanten Kauffaktoren. Sie beeinflussen die Entscheidung für einen Anbieter sowie den gezahlten Preis. Diese Kaufkriterien gehen weit über die Produktleistung hinaus. Sie ergeben sich auch aus begleitenden Dienstleistungen (wie z. B. dem Kundendienst), der Marke, der Verpackung oder intangiblen Werten (Macho 2018). Ausgangsbasis für die Diskussion von Werttreibern mit Kunden ist deren Bedürfnis bzw. das zu lösende Problem. Die folgenden Besonderheiten von Value-Kriterien sind relevant für die Produkt- und Preisoptimierung. Werttreiber sind

1. subjektiv (entscheidend ist die Wahrnehmung des Kunden),
2. relativ (die Relevanz ergibt sich immer aus dem Vergleich zu den Wettbewerbern),
3. segmentspezifisch (die Gewichtung der Werttreiber unterscheidet sich beträchtlich über verschiedene Preisdimensionen hinweg, z. B. Regionen, Kundensegmente oder Vertriebskanäle),
4. dynamisch (die Bedeutung kann im Laufe der Zeit stark variieren).

Die Kombination einzelner Werttreiber, deren relative Bedeutung und die Ausprägung über verschiedene Wettbewerber bestimmt die wahrgenommene Leistung des Unternehmens im Konkurrenzvergleich. Ausgehend von der Wahrnehmung der Werttreiber durch die Kunden wird die Zielpositionierung der eigenen Produkte abgeleitet.

Aus den vier Besonderheiten von Werttreibern resultieren aus methodischer Sicht folgende Herausforderungen für Unternehmen: Werttreiber müssen

1. mit Kunden gemeinsam diskutiert werden,
2. auf wichtige aktuelle Wettbewerber und potenzielle neue Konkurrenten abgeklopft werden,
3. in ihren Konsequenzen für Segmente (Zielgruppen, Regionen, Vertriebskanäle etc.) differenziert beurteilt werden.
4. ständig hinterfragt werden.

Die einzelnen Phasen einer Value-Driver-Analyse werden als Projektskizze im Folgenden stichpunktartig beschrieben. Als Fallstudie zur Verdeutlichung der einzelnen Schritte dient die Einführung des iPhone X von Apple Ende 2017. Im Fokus der Fallstudie steht die Methodenbeschreibung; es besteht kein Anspruch auf Repräsentativität.

Methodische Schritte der Value-Driver-Analyse im Überblick
Ausgangspunkt ist die Analyse der Wahrnehmung von Produkten aus Kundenperspektive. Drei Konstellationen sind zu unterscheiden:

a) Produktideen vor der Forschung-und-Entwicklung-Phase
b) Produkte, die bereits entwickelt wurden und kurz vor der Markteinführung stehen
c) Im Markt eingeführte Produkte

Die einzelnen Phasen einer Value-Driver-Analyse lauten wie folgt:

1. Schritt 1: Befragungsdesign. Festlegung von:
   - Kunden (Welche Kunden sollen befragt werden? Welche Funktionseinheiten werden im Fall von Geschäftskunden einbezogen?)
   - Produkt (Auf welches Angebot bezieht sich die Befragung?)
   - Wettbewerb (Welche Konkurrenten werden in den Leistungsvergleich einbezogen?)
   - Sonstige Preisdimensionen (Welche Regionen und Vertriebskanäle wollen wir einbeziehen? Welchen Zeithorizont legen wir zugrunde?)
2. Schritt 2: Datenerhebung: Bewertung durch Kunden in Einzelinterviews. In B2B-Branchen sind Mehrpersoneninterviews im Rahmen eines Buying-Center besonders effizient. Die Kundenbewertung bezieht sich auf zwei Dimensionen:
   - Wichtigkeit aller Werttreiber: Intervallskala: 1 (keine Relevanz) bis 9 (sehr wichtig). Die Wichtigkeit des Preises wird ebenfalls auf einer Skala von 1 bis 9 erfasst. Das Ergebnis der preisbezogenen Wichtigkeitsabfrage dient als erste Indikation für die Preissensibilität des Kunden.
   - Wahrgenommene Leistung: Intervallskala: 1 (sehr schlecht) bis 9 (sehr gut) für das eigene Unternehmen und alle relevanten Wettbewerber

5.1 Preisoptimierung

Parallel zu den Kundeninterviews sollten auch Experten aus Vertrieb, Anwendungstechnik, Kundendienst etc. zur Einschätzung der Werttreiber aus Sicht der Kunden befragt werden. Sehr hilfreich ist eine Analyse, ob die Selbsteinschätzung des Managements (interne Perspektive) mit der Wahrnehmung der Kunden (externe Perspektive) übereinstimmt. Bei der Bewertung der Leistungen ist auf Konsistenz zu achten.

3. Schritt 3: Erstellung der Wettbewerbsvorteilsmatrix: Ziel: Visualisierung der Wettbewerbsposition des Produkts im Konkurrenzvergleich. Der erste Analyseschritt ist nur eine Zwischenstufe in der integrierten Methode des nutzenorientierten Pricings. Entscheidende Bedeutung kommt dem Trade-off zwischen Preis und Leistung zu. Dieser wird methodisch transparent gemacht. Hierzu muss der Preis von den Werttreibern konzeptionell getrennt werden. Die Trennung erfolgt sowohl rechnerisch als auch grafisch. Ziel ist die Ableitung einer Preisdimension sowie einer Nutzendimension.

4. Schritt 4: Ableitung des Nutzen-Preis-Portfolios (Value Price Map): Das wahrgenommene Preis-Leistungs-Verhältnis im Vergleich zu allen wichtigen Wettbewerbern kann mithilfe des Nutzen-Preis-Portfolios abgeleitet werden (Frohmann 2008b, 2014b). Ziel ist die Verdichtung der wahrgenommenen relativen Nutzen-Preis-Positionierung. Der Gesamtnutzen aller Wettbewerber wird auf der vertikalen Achse dargestellt. Mathematisch ergibt sich der Gesamtnutzen aus der Summe der Wichtigkeiten multipliziert mit der wahrgenommenen Leistung über alle Werttreiber. Die Preispositionierung aller Wettbewerber wird auf der horizontalen Achse visualisiert. Der besondere Vorteil des Portfolio besteht in der strukturierten Darstellung der beiden entscheidenden Dimensionen des Pricing in einer Wahrnehmungslandkarte:
   - „value generation" (Kundennutzen) und
   - „value extraction" (Preis).

Der Diagonalbereich des Nutzen-Preis-Portfolios entspricht einer konsistenten Positionierung. Nachfrager nehmen das Verhältnis von gebotenem Wert und gefordertem Preis als ausgewogen wahr.

5. Schritt 5: Detailanalyse der Nutzen-Preis-Positionen aller Konkurrenten: Der Kern strategischer Pricing-Überlegungen ist die gleichzeitige Betrachtung von Preis und wahrgenommener Leistung der eigenen Angebote relativ zur Konkurrenz. Es geht um die Positionierung bezüglich relativem Preis und relativer Leistung (Simon 1992). Die entscheidenden Annahmen lauten:
   - Der Preis sollte in einem bestimmten Verhältnis zum Nutzen stehen.
   - In jeder Produktkategorie existiert in puncto Preis und Nutzen ein konkurrenzintensiver Bereich. Hier führen signifikante Preis- bzw. Produktveränderungen eines Wettbewerbers zu Auswirkungen auf alle anderen Konkurrenten. Diesen abgrenzbaren Nutzen-Preis-Rahmen bezeichnet man als Wettbewerbsradius.

– Die Positionierung des Unternehmens innerhalb des Wettbewerbsradius determiniert seine Ausschöpfung des Marktpotenzials. In Projekten des Verfassers wurde insbesondere in B2B-Branchen eine hohe Korrelation zwischen den beiden Zielgrößen nachgewiesen. Wann immer möglich, sollte die relative Preis-Leistungs-Wahrnehmung und der relative Marktanteil im Gesamtzusammenhang betrachtet werden.

Die Ursprünge der Nutzenunterschiede zwischen den einzelnen Unternehmen sind detailliert zu analysieren. Zu den relevanten Fragen in diesem Zusammenhang gehören u. a.:

– Warum ist unsere Position besser bzw. schlechter?
– Wie können wir unsere Positionierung aus Sicht des Kunden am stärksten verbessern?
– Gibt es – nicht zuletzt mit Blick auf die Kosten – Potenziale zur sinnvollen Reduzierung von Leistungen?
– Was resultiert aus all diesen Erkenntnissen für unsere Zielpreispositionierung?

Diese Analyse muss zwingend segmentspezifisch erfolgen. Regionale, kundengruppenspezifische oder kanalbezogene Details sind zu erfassen. Die Preisbereitschaften von Endkunden und Absatzmittlern werden durch unterschiedliche Eigenschaften beeinflusst. Dort, wo sich Anforderungen und Preisbereitschaften signifikant unterscheiden, ist auch die Marktbearbeitung zu differenzieren. Die relative Preislage und die relative Leistung im Verhältnis zur Konkurrenz sind zu optimieren. Entscheidend für den Markterfolg ist eine langfristig orientierte, dynamische Betrachtung. Für noch nicht im Markt eingeführte Angebote – oder für Produktideen vor der Entwicklungsphase – liegt noch kein Preis vor. In diesen Fällen ist die Ausgangsbasis der Portfoliopositionierung auf der Preisachse zu bestimmen. Die Wettbewerber müssen auf der horizontalen Dimension preislich positioniert werden. Kern des integrierten Value-based Pricing ist die nun folgende fallspezifische Integration der Ergebnisse von Preisoptimierungsmethoden in die Value-Driver-Analyse. Im sechsten und siebten Schritt wird die Ausgangsbasis des Portfolios auf der Preisachse (Abszisse) bestimmt.

6. Schritt 6: Integration von Marktforschungsdaten zu Preisbereitschaften (adaptierte PSM-Methode): Zunächst wird der optimale Preis auf Basis der adaptierten PSM-Methode kalkuliert.

7. Schritt 7: Einbeziehung des optimalen Preises auf Basis einer Expertenschätzung: Ziel ist die Kreuzvalidierung der Ergebnisse der Kundenbefragung durch einen internen Expertenworkshop. Der Startpreis – als Ausgangspunkt der weiteren Analyseschritte – ergibt sich durch eine Gesamtoptimierung im Rahmen der adaptierten PSM-Methode und der Expertenschätzung.

8. Schritt 8: Optimierung des Nutzen-Preis-Portfolios: In dieser Phase werden Szenarien zur Portfoliooptimierung abgeleitet. Es geht um mögliche Anpassungen der Preis-Nutzen-Position. Wesentliche Informationsbasis hierfür sind

5.1 Preisoptimierung

– der zusätzliche Kundennutzen für Leistungsverbesserungen (z. B. eine Reduzierung der Lieferzeit von drei Wochen auf zwei Wochen),
– die internen Kosten für mögliche Variationen der Werttreiber.

Im Fall einer ungünstigen Positionierung existieren im Wesentlichen zwei Optionen:

- Den Preis des Produkts bei konstanter Performance absenken.
- Die Wertpositionierung bei unverändertem Preis verbessern.

Um das genaue Ausmaß der Anpassung zu bestimmen, ist der Trade-off zwischen Leistung und Preis aus Kundensicht relevant. Hierbei ist eine Fokussierung auf die für den Kunden besonders bedeutsamen Werttreiber erforderlich. Die Maxime lautet: Eine Differenzierung gegenüber dem Wettbewerb sollte auf den Werttreibern erfolgen, die für den Kunden überragende Bedeutung besitzen. Bei der Bestimmung der Zielpositionierung sind zwingend die übergeordneten Vorgaben der Strategie (Produkt; Produktlinie; Geschäftsbereich) und des Geschäftsmodells einzubeziehen. Die Zielpositionierung muss nicht zwingend auf den Gewinn als Vorgabe ausgerichtet sein. Eine Umsatzmaximierung sowie die Erreichung einer Mindestmenge oder eines Zielmarktanteils sind weitere mögliche Richtlinien zur Bestimmung des Preisoptimums. Insbesondere in digitalisierten Branchen sind die Preis-Leistungs-Wahrnehmungen für im Markt eingeführte Produkte regelmäßig zu prüfen. In bestimmten Konstellationen wählen Unternehmen eine Zielpositionierung, die einen relativ niedrigen Preis mit einer hohen relativen Leistung verbindet. Beim Markteintritt in digitalisierten Märkten oder im Zuge des Ausbaus bestehender Marktanteile kann ein besonders günstiges Preis-Leistungs-Verhältnis strategisch sinnvoll sein.

Fallbeispiel Apple iPhoneX

„Mit dem iPhone X hat Apple seine Grenzen getestet und bezahlt nun bitter dafür" (o. V. 2018q).

Die Ergebnisse der einzelnen Phasen der Value-Driver-Analyse beschreibe ich im Folgenden stichpunktartig. Ausgangspunkt ist eine kurze Skizzierung der Smartphonebranche und der Situation von Apple (Stand April 2018).

1. Besonderheiten der Branche
   – Produkt:
     Modellwechsel erfolgen in immer schnellerer Folge. Die Innovationszyklen werden kürzer.
     Smartphones werden durch den technischen Fortschritt zunehmend aufgewertet.
   – Preis:
     Die Preisvarianzen nehmen zu.
     Premiummodelle werden preislich stetig höher positioniert.
     Einsteigersmartphones im Budgetsegment bieten akzeptable Qualität zu sehr günstigen Preisen.

Die Durchschnittspreise sinken über den Gesamtmarkt und alle Preissegmente hinweg.

– Preis-Leistungs-Entwicklung:
Technischer Fortschritt (Dimension 1) und Preisverfall (Dimension 2) führen tendenziell zu einer Verbesserung des Preis-Leistungs-Verhältnisses.
Das Preisbewusstsein der Kunden steigt. Apple als Premiumanbieter gerät mit seiner Hochpreispositionierung zunehmend in den Fokus der Öffentlichkeit.
Vor dem Hintergrund des Preisverfalls sind für Durchschnittsnutzer mittlerweile auch Geräte mit Preisen um 200 EUR akzeptabel. Für Premiumhersteller wie Apple und Samsung wird diese Preis-Leistungs-Schere immer mehr zu einer Herausforderung.

– Marktanteile:
Samsung ist Marktführer im weltweiten Smartphonemarkt mit einem Anteil von 21 % (Ende 2017). Es folgen Apple mit 14 % und Huawei mit einem Anteil von knapp unter 10 %.

2. Ausgangssituation und Besonderheiten von Apple
   – Der Anteil von Apple am Gewinn aller Smartphonehersteller erreichte im dritten Quartal 2016 einen Rekordwert von 91 %. Die Absatzzahlen gehen seit 2016 jedoch zurück.
   – Um verschiedene Kundensegmente und Preislagen zu bedienen, erweitert Apple sein iPhone-Portfolio. Mittlerweile können Nutzer aus fünf iPhone-Modellen in vier verschiedenen Formfaktoren wählen. Das iPhone SE für knapp 400 EUR ist in Deutschland nach wie vor Bestseller (Stand Ende 2017).
   – Das Modell iPhone 8 blieb nach einstimmiger Meinung von Experten unter den Erwartungen. Zwei Kernprobleme erklären dies: Zum einen konnte man nur unwesentliche Vorteile gegenüber den Vorgängermodellen bieten. Ein weiterer Grund war die nur sehr kurze Zeitperiode bis zur Einführung des technisch fortschrittlichen Nachfolgermodells iPhone X.
   – Im November 2017 führte Apple das iPhone X für 1149 EUR (64 GB Speicher) im deutschen Markt ein. Das Topmodell mit 256 GB Speicherkapazität wurde zu 1349 EUR offeriert. Im Vorfeld der Markteinführung sah sich Apple für seine Preispositionierung heftiger Kritik in sozialen Medien ausgesetzt. Große Zweifel an der Professionalität des Pricing von Apple kamen auch auf Expertenseite auf. Der Analyst Wayne Lam von der Research Group IHS fasste seine Skepsis in folgender Aussage zusammen: „Dieses Jahr werden sie die Preiselastizität ihrer Kunden prüfen" (Tostmann 2017).

3. Zielsetzung der Fallstudie
   – Empirische Prüfung der Preispolitik von Apple auf Basis eines Methodenmix
   – Befragung von Smartphonenutzern zu den Werttreibern und Preisbereitschaften (Ende 2017)
   – Ergänzung der Kundeninterviews durch Workshops mit Branchenexperten (April 2018)

5.1 Preisoptimierung

4. Die Ergebnisse der Fallstudie lauten mit Blick auf die methodischen Schritte wie folgt:
   - Schritt 1: Befragungsdesign. Festlegung von
     Kunden (persönliche Befragung von 62 Smartphonenutzern)
     Produkt (Apple iPhone X, 265 GB Version)
     Wettbewerb (wichtigste Wettbewerber von Apple: Samsung und Huawei)
     Sonstige Preisdimensionen (Region: Deutschland; Zeitpunkt: unmittelbar nach Markteinführung)
     Werttreiber (14 Werttreiber aus Sicht von Smartphonenutzern wurden bewertet).

   Parallel zu den Kundenbefragungen erfolgten Expertenschätzungen zu den Werttreibern aus Sicht der Kunden. Die Experten stehen täglich im Kontakt mit zahlreichen Smartphonekunden. Dies erklärt eine sehr hohe Korrelation der Einschätzung der Branchenfachleute mit der Wahrnehmung der Kunden.

   - Schritt 2: Datenerhebung. Bewertung durch Kunden in Einzelinterviews:
     Wichtigkeit aller Werttreiber: Eine überproportional hohe Wichtigkeit aus Kundensicht haben die sechs Werttreiber Prozessorqualität, Design, einfache Bedienung, Marke, Batterielaufzeit und Kamera.
     Wahrgenommene Leistung von Apple: Die Wahrnehmung von Apple bezüglich der 14 Werttreiber ist sehr differenziert. Je nach Werttreiber weist das iPhone X signifikante Vorteile auf. Dem stehen einige Nachteile gegenüber. Zur Visualisierung der Wettbewerbsposition wird Apple pro Werttreiber am jeweils besten Wettbewerber (Samsung oder Huawei) gemessen.
   - Schritt 3: Erstellung der Wettbewerbsvorteilsmatrix (Abb. 5.8): Die horizontale Achse (relative Leistung von Apple) ist wie folgt zu interpretieren:
     Alle Werttreiber rechts von der Mittellinie stellen wahrgenommene Stärken von Apple dar. Bei 7 von 14 Value Drivern schneidet das iPhone X besser als die beiden Wettbewerbsprodukte ab.
     Die Wettbewerbsvorteilsmatrix liefert ein sehr differenziertes Bild. Zur Ableitung von strategischen Szenarien sind weitere Informationen notwendig. Diese liefern die folgenden Schritte.
   - Schritt 4: Ableitung des Nutzen-Preis-Portfolio (Value Price Map).
     Das Nutzen-Preis-Portfolio verdichtet den wahrgenommenen Gesamtnutzen aller drei Wettbewerber über alle 14 Werttreiber. Der Value-to-Customer wird auf der vertikalen Achse dargestellt.
     Die Preispositionierung aller Wettbewerber wird auf der horizontalen Achse visualisiert.

   Die Wahrnehmungslandkarte bestehend aus „value generation" (Kundennutzen) und „value extraction" (Preis) zeigt ein klares Bild: Die meisten Smartphonenutzer nehmen das Verhältnis von gebotenem Wert und gefordertem Preis im Fall von Apple als nicht ausgewogen wahr.

- Schritt 5: Detailanalyse der Nutzen-Preis-Positionen aller Konkurrenten (Abb. 5.9)
Das Anfang April 2018 erstellte Portfolio auf Basis der Kundeninterviews und Expertenworkshops reflektiert das Grundbild der Analysen im Zuge des „social listening". Im gleichen Zeitraum berichteten offizielle Medien immer öfter über Absatz- und Imageprobleme des iPhone X (Eisenlauer 2017; Fröhlich 2018a, b; Hohensee 2018; Jacobsen 2018a; Kharpal 2016; Mansholt 2018a, b; Obermeier 2018; o. V. 2018c, j, k, q; Schlieker 2018).
- Schritt 6: Integration von Marktforschungsdaten zu Preisbereitschaften (adaptierte PSM-Methode).
Smartphonenutzer wurden parallel zur Value-Driver-Analyse auch zu ihren Preisbereitschaften befragt. Als Methode bot sich der adaptierte PSM-Ansatz an. Parallel wurden ausgewählte Branchenexperten zu ihrer Einschätzung der Preiselastizitäten befragt. Die Datenauswertung konzentrierte sich auf die Antworten zu jenen Preisfragen, die auf die maximale Preisbereitschaft abzielen:

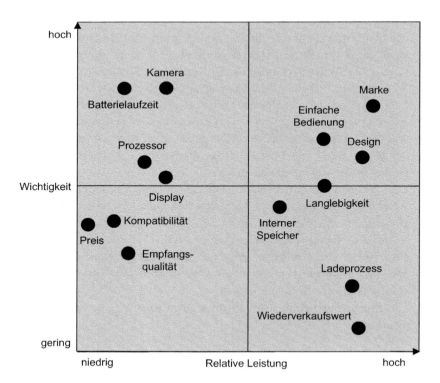

Abb. 5.8 Wettbewerbsvorteilsmatrix Apple iPhone X

5.1 Preisoptimierung

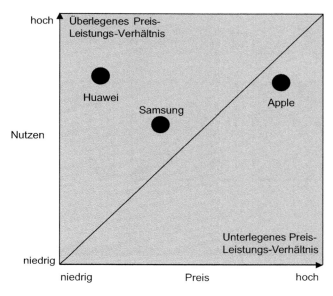

Abb. 5.9 Nutzen-Preis-Portfolio: Apple, Samsung und Huawei

Frage 3 (Kauf wird noch in Erwägung gezogen) und Frage 4 (kein Kauf, da die maximale Zahlungsbereitschaft überschritten ist). Die maximal akzeptable Preisschwelle der meisten Befragten lag deutlich niedriger als der Einführungspreis des iPhone X. Aus den Detailangaben zu den Fragen 3 und 4 konnte eine aggregierte Preisabsatzfunktion abgeleitet werden (Roll et al. 2010). Aus der Umsatzkurve wurde unter Integration der variablen Kosten des Apple-Produkts ein gewinnoptimaler Preis ermittelt. Die Kostenschätzungen basierten auf offiziellen Angaben zu den variablen Kosten von Apple.

Der gewinnoptimale Preis auf Basis der adaptierten PSM-Methode beträgt 795 EUR. Es sei darauf hingewiesen, dass dieses gemessene Optimum ein Durchschnittswert ist. Es wird kein Anspruch auf Repräsentativität erhoben.

Zielsetzung der Fallstudie war vielmehr die Beschreibung eines sinnvollen Methodeneinsatzes. Eine wichtige Erkenntnis lautet: Unter Einbeziehung der Zahlungsbereitschaften würde sich die wahrgenommene Position von Apple auf der horizontalen Achse (Preis) nach links verschieben (Abb. 5.10).

Das Ergebnis wird klar gestützt von den Meinungen aller befragten Experten und von umfangreichen Analysen der Nutzerstatements in sozialen Medien. Die reale Entwicklung der Preise des iPhone X vervollständigt das Bild. Im Lauf des Monats April 2018 wurde das Risikopotenzial der Preispolitik von Apple immer transparenter. Nur wenige Monate nach der Markteinführung des X-Modells entwickelte sich ein Preisverfall, der für den Premiumanbieter bisher unbekannt war.

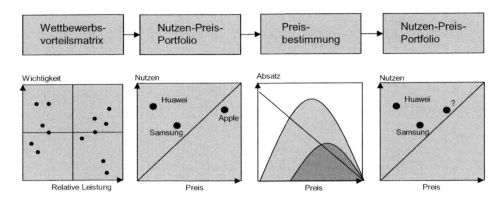

Abb. 5.10 Prozessablauf der Fallstudie im Überblick

Laut Medienberichten und Expertenauskünften konnte das iPhone X Mitte April im Online-Handel schon zu Preisen ab 875 EUR bezogen werden. Zahlreiche Medien sprachen von einem dramatischen Preisverfall (Eisenlauer 2017; Fröhlich 2018a, b; Hohensee 2018; Jacobsen 2018a; Kharpal 2016; Mansholt 2018a, b; Obermeier 2018; o. V. 2018c, j, k, p, q; Schlieker 2018).

> **Zusammenfassung: Die übergeordneten Ziele der Value-Driver-Analyse lassen sich wie folgt beschreiben**
> 1. Integration und Standardisierung
>   Methoden zur Nutzenmessung (z. B. Wettbewerbsvorteilsmatrix) und Preisoptimierung (z. B. adaptierte PSM-Methode; Expertenschätzung) werden in einer inhaltlich logischen Reihenfolge verknüpft. Nutzendaten und Preisbereitschaften werden in einem Decision-Support-Tool ohne Medienbrüche hinterlegt.
> 2. Flexibler Methodeneinsatz
>   Methoden und Analysen werden auf die Besonderheiten und Restriktionen einzelner Produktkategorien und Branchen zugeschnitten. Zu den wichtigsten Rahmenbedingungen gehören: Finanzielle Ressourcen; Zeitbudget; Produktstatus; Zugang zu Kunden.
> 3. Kreuzvalidierung
>   Kombinierter Einsatz von Methoden zur Erhöhung der Validität der Ergebnisse. Die starke Fokussierung auf den Preis – als Nachteil der isolierten Preisabfragen – wird aufgehoben. So wird z. B. die adaptierte PSM-Methode mit einer Nutzendiskussion verknüpft. Preisbereitschaften sind für verschiedene Produktkonstellationen messbar. Nutzen und Preis werden über die Kombination der Methoden gesamthaft betrachtet.

4. Weiterführung der Ergebnisse
Die Ergebnisse sind im Rahmen vorgelagerter und nachgelagerter Prozesse effizient zu nutzen. Die Analyse der Nutzen-Preis-Positionierungen der relevanten Wettbewerber kann als Input für strategische Szenarien herangezogen werden. Der Wettbewerbsstärkeindex ist einer der wichtigsten Inputdaten für die Strategieableitung. Das „value selling" im Rahmen der Implementierung (vgl. Kap. 6) basiert unmittelbar auf den Prozessschritten der Value-Driver-Analyse. Die Perspektive wird dort in Richtung Einzelkunde gedreht: Aus der Ableitung von Zielpreisen für ein Produkt werden im Rahmen des „value selling" individuelle Zielpreise für die Verhandlung mit Kunden abgeleitet.

5. Fundierung des Neuprodukt-Pricing
Die Methode hat eine besondere Eignung für Produkte, die bereits entwickelt wurden und die kurz vor der Markteinführung stehen. Die vom Kunden wahrgenommene Positionierung im Nutzen-Preis-Portfolio ist der Ausgangspunkt zur Definition der Zielposition im Verhältnis zur Konkurrenz. Im Kern geht es um die Abwägung zwischen kurzfristigem Gewinn (Margenfokus) und langfristigem Wachstum (Mengenfokus). Im ersten Fall wird man mit einem – relativ zum Nutzen – hohen Preis in den Markt einsteigen. Liegt die Priorität auf Mengen und Marktanteilen, spricht dies für eine Positionierung im linken oberen Quadranten (Abb. 5.11).

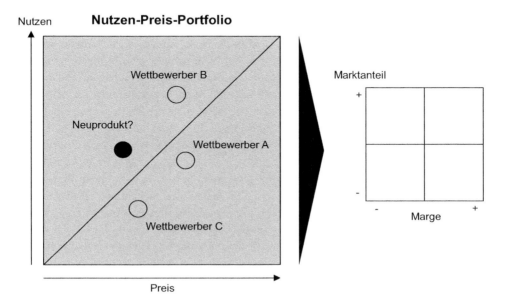

Abb. 5.11 Ableitung der Zielpositionierung aus dem Nutzen-Preis-Portfolio

194   5   Pricing-Prozess Teil 3: Struktur

Im Folgenden werden zwei Normstrategien beschrieben, die aus den skizzierten Überlegungen resultieren: Skimming Pricing und Penetration Pricing.

5.1.5   Preisstrategien bei neuen Produkten

Fokusthema Preispsychologie (3): Anchoring
Psychologische Aspekte sind insbesondere bei der Markteinführung eines neuen Produkts von hoher Relevanz. Drei Thesen zur Preisstrategie für neue Produkte lauten:

1. Die erstmalige Preisfindung entscheidet maßgeblich über den Erfolg von Produkten.
2. Eine Unterschätzung des Produktnutzens kostet Unternehmen sehr viel Gewinn.
3. Wenn der Einstiegspreis zu niedrig angesetzt ist, kann die Profiteinbuße über den Lebenszyklus nur schwer kompensiert werden.

Wie erklärt sich der Einfluss der Preispsychologie? Dem Aspekt des „anchoring" zufolge achten Kunden im Zuge ihrer Kaufentscheidungsprozesse stark auf die ersten verfügbaren Informationen (Simon 2015a, S. 91, b, S. 31; Kopetzky 2016, S. 21). Der Nachfrager verfügt im Fall einer neuen Produktkategorie über keinen Preisanker. Es gibt im Rahmen der Abwägung keinen Referenzpunkt zur Orientierung. Ein Vergleichsmaßstab zur Beurteilung, ob ein Preis angemessen ist, liegt nicht vor. Neue Produkte einer Kategorie setzen bei der Markteinführung einen einmaligen Ankerpreis. Mithilfe einer einzigen Zahl verankert der Anbieter den Nutzen seines Produktes in der Wahrnehmung der Kunden. Einem Preisanker kommt eine wichtige Rolle im Rahmen der Auswahlentscheidung zu. Kunden entscheiden oft unterbewusst mit dem Referenzpreis im Hinterkopf – der Entscheidungsprozess wird nicht mehr auf jedes Detail reduziert. Der Neuproduktpreis setzt mit diesem Anker einen Referenzpunkt für alle späteren Preisbewegungen. Alle nachfolgend eingeführten Produkte der Kategorie werden in der Folge mit dem Ankerpreis verglichen. Auch die Preisvariationen des Pionierprodukts werden an dem Referenzpreis gemessen. Gehen wir von einem Preis für ein Produkt in Höhe von 100 EUR aus. Die Wirkung ist sehr unterschiedlich, je nachdem ob das Produkt vorher 150 EUR oder 50 EUR gekostet hat. Der erste Fall entspricht einer Preissenkung in Höhe von 33 %, der zweite Fall einer Verdoppelung des Preises. Die skizzierte Konditionierung im Bewusstsein des Kunden (Framing) ist bei wichtigen Leitprodukten der zentrale Stellhebel für den zukünftigen Unternehmenserfolg.

> Folgende Implikationen resultieren, falls der objektive Preis des Anbieters einen Referenzpreis des Nutzers unter- oder überschreitet:
>
> - Kunden bewerten die Differenz als Verlust bzw. als Gewinn.
> - Preisüberschreitungen werden als Verluste wahrgenommen. Preisunterschreitungen verbindet der Kunde psychologisch mit einem Gewinn.
> - Die Wahrnehmung des Kunden ist asymmetrisch: Gewinne und Verluste werden unterschiedlich wahrgenommen. Preisüberschreitungen (Verluste) werden stärker negativ bewertet als Preisunterschreitungen des Ankers positiv wahrgenommen werden. Im Zuge der erstmaligen Einführung des iPhone von Apple wurden diese Erkenntnisse systematisch genutzt. Der Ursprungspreis in den USA im Juni 2007 wurde mit 599 US$ bewusst sehr hoch gesetzt. Der Markteintrittpreis wurde damit als sog. Phantomköder genutzt. Zwei Monate später gewährten Apple einen sehr hohen Preisnachlass in Höhe von 200 US$. Da alle zukünftig gekauften Geräte am Phantomköder von 599 US$ gemessen wurden, erschien der nun deutlich niedrigere Preis als sehr attraktives Angebot. Die starke Absenkung vom Ankerpreisniveau aus nahmen die Folgekäufer als einen zusätzlichen Gewinnnutzen wahr.

Skimming vs. Penetration: Einsatzmöglichkeiten, Vor- und Nachteile
Basierend auf den wesentlichen Zielvorgaben Marge oder Menge/Marktanteil werden bei der dynamischen Preisbildung neuer Produkte zwei idealtypische Strategien unterschieden (Abb. 5.12): Skimming- und Penetration-Pricing (Roll et al. 2012; Simon und Fassnacht 2008, 2016; Skiera und Spann 2002; Simon und Dolan 1997; Buxmann und

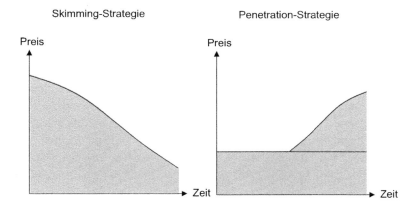

Abb. 5.12 Preisstrategien bei neuen Produkten

Lehmann 2009). Es geht um die langfristige Festlegung der Gewinnerzielung eines Produkts. Die entscheidende Frage lautet, wie dies realisiert werden soll:

- In welcher Phase des Lebenszyklus?
- Auf welche Weise?
- In welcher zeitlichen Sequenz?

Beide Strategien nehmen auf die erste Phase des Produktlebenszyklus Bezug. Sie beschreiben die Preishöhe im Einführungszeitraum. Entwicklungstendenzen im Zeitablauf werden ebenfalls dargestellt (Simon 1992).

Die Penetration-Strategie charakterisiert die Einführung zu einem besonders niedrigen Preis. Bei der Skimming-Strategie wird ein neues Produkt zu einem vergleichsweise hohen Preis eingeführt. Der Premiumpreis wird im Zeitablauf sukzessive gesenkt. Die Wahl einer Strategie ist von folgenden vier Faktoren abhängig:

1. der angestrebten Produktpositionierung,
2. der finanziellen Situation,
3. den Unternehmenszielen,
4. der Nutzenwahrnehmung der Kunden.

Herausragende Bedeutung hat die Zieldefinition der Markteinführung als interne Vorgabe.

Bei der Abwägung zwischen den Strategieoptionen geht es um folgende Fragen (Simon und Fassnacht 2008, 2016; Pastuch 2018; Frohmann 2009a):

1. Wie stark ist das Unternehmen bzw. der Geschäftsbereich auf Liquidität angewiesen? Muss das neue Produkt früh Cashflow generieren? Oder sind Anlaufverluste in den ersten Perioden akzeptabel?
2. Wie hoch ist der Neuigkeitsgrad des Produkts?
3. Wie schätzt man die Preisbereitschaft der Kunden ein?
4. Ist das Unternehmen Pionier oder folgt es den Konkurrenten?

Die unternehmerische Entscheidung für eine der beiden Strategiealternativen besteht aus einer Abwägung zwischen zwei unterschiedlichen Zieloptionen. Will man kurzfristig oder langfristig höhere Gewinne erzielen? Es geht um die Abwägung zwischen relativ sicheren kurzfristigen Gewinnen und ungewissen langfristigen Profitchancen. Ziel der Penetration-Strategie ist eine möglichst schnelle Marktdurchdringung durch einen niedrigen Einführungspreis. Zu den Argumenten für eine Penetration-Strategie gehören (Jensen und Henrich 2011, S. 96; Pastuch 2018; Simon 1992; Homburg und Totzek 2011):

- Erzielung hoher Gesamtdeckungsbeiträge durch schnelles Absatzwachstum (trotz niedriger Margen)
- Aufbau einer dominanten Marktposition

5.1 Preisoptimierung 197

- Ausnutzung von Skaleneffekten durch eine schnelle Erhöhung der kumulierten Menge
- Reduzierung des Fehlschlagrisikos im Zuge der Markteinführung zu einem niedrigen Preis
- Abschrecken potenzieller Konkurrenten vom Markteintritt
- Niedrige Grenzkosten (z. B. bei digitalen Gütern)
- Hohe Preiselastizitäten.

Bei vielen Produkten ändern sich die Herstellungskosten über die Zeit. Insbesondere bei technisch anspruchsvollen Produkten – aber auch bei Informationsgütern – sinken die Kosten mit der Ausbringungsmenge oft erheblich. Die zentrale Prämisse der Penetration-Strategie ist, dass die Stückkosten mit steigender Menge aufgrund von Skaleneffekten (Economies of Scale) genügend stark sinken. Dann ist jener Anbieter langfristig am erfolgreichsten, der sich über attraktive Preise und hohe Absatzmengen frühzeitig im Produktlebenszyklus eine günstigere Kostenposition sichern kann.

Für digitale Güter ist die Penetration-Strategie von hoher Bedeutung, insbesondere aufgrund der enormen Bedeutung des frühen Erreichens einer kritischen Masse und damit verbundener Netzeffekte. Internetplattformen steigern ihren Wert für den Anwender mit jedem zusätzlichen User. Bei diesen Geschäftsmodellen setzen sich auf globaler Ebene zwangsläufig nur wenige dominante Anbieter durch. Die schnelle Generierung neuer Anwender über Preisanreize ist erfolgskritisch. Penetration Pricing kann somit erhebliche Markteintrittsbarrieren für Wettbewerber aufbauen. Zu einem späteren Zeitpunkt – nach Erreichen einer kritischen Masse – bestehen i. d. R. Preiserhöhungspotenziale. Die Strategie kann mit einer langfristigen Orientierung des Unternehmens begründet werden. Voraussetzung für die konsequente Umsetzung des Penetrationsansatzes ist die Bereitschaft, kurzfristig Verluste in Kauf zu nehmen. Eine hohe Finanzkraft und Risikopräferenz ist unabdingbar. Eine Umsetzungsform der Penetration-Strategie sind hohe Preisnachlässe für Erstkunden.

Fallbeispiel Penetration-Strategie

Das Unternehmen Sigfox aus Frankreich ist ein bedeutender Wegbereiter des Internets der Dinge und bietet eine Alternative zu herkömmlichen Handynetzen. Auf der Basis von effizienter Technologie und Kostenvorteilen konnte Sigfox die Preisführerschaft übernehmen. Skalierungsvorteile sind das Kernargument für die Penetration-Strategie und den Preisvorteil gegenüber seinen Konkurrenten. Im Bereich der Spielekonsolen ist die Playstation von Sony ein prägnantes Beispiel für die Umsetzung einer Penetration-Strategie. Die Playstation – als wichtigstes Produkt im Sony-Portfolio – wurde lange Zeit zu strategischen Preisen unterhalb der Herstellungskosten angeboten.

Beim Skimming-Ansatz werden Produkte mit sehr hohen Preisen in den Markt eingeführt. Der anfangs relativ hohe Preis wird im Lauf der Zeit sukzessive abgesenkt. Die Strategie ist insbesondere für Produkte mit hohem Neuigkeitsgrad und niedriger Preiselastizität relevant. Die folgenden stichpunktartigen Argumente sprechen für die Skimming-Strategie (Jensen und Henrich 2011, S. 96; Simon und Fassnacht 2016; Pastuch 2018; Homburg und Totzek 2011):

1. Realisierung hoher kurzfristiger Gewinne
2. Gewinnabschöpfung im Zeitintervall einer quasimonopolistischen Marktposition
3. Begrenzte Produktionskapazitäten in der Phase der Markteinführung
4. Schnelle Amortisation des Forschungs- und Entwicklungsaufwands
5. Schaffung von Preissenkungspotenzialen
6. Zeitlich differenzierte Abschöpfung von Preisbereitschaften
7. Nutzung der positiven Prestige- und Qualitätsindikation eines hohen Preises
8. Geringere Ansprüche an finanzielle Ressourcen

Die beiden wesentlichen Einflussfaktoren der Skimming-Strategie sind die erwartete Kostenentwicklung und die prognostizierten Zahlungsbereitschaften unterschiedlicher Kundentypen.

Zur Kostenstruktur: Technologisch anspruchsvolle Produkte sind mit hohen Anfangsinvestitionen verbunden. Die hohen Investitionskosten sowie die deutlichen Kostenvorteile in den späteren Phasen des Lebenszyklus werden zeitlich verteilt direkt an die Kunden weitergegeben. Der Preisverlauf folgt beim Skimming-Ansatz der Kostenentwicklung des Produkts über den Lebenszyklus hinweg.

Zu den Zahlungsbereitschaften: Zunächst werden die Kunden mit einer hohen Zahlungsbereitschaft bedient. Mit hohen Einstiegspreisen werden die hohen Wertvorstellungen der Zielgruppe angesprochen, die neue Produktideen als erstes übernimmt. Das Kundensegment der Innovatoren legt Wert auf Prestigeeffekte. Erstkäufer verfügen über ein entsprechendes Budget für Produkte, die ihren sozialen Status unterstützen. Die Zahlungsbereitschaft in den ersten Phasen des Produktlebenszyklus ist besonders bei Lifestyle- oder Technologieprodukten sehr hoch. Zu einem späteren Zeitpunkt werden Konsumenten mit geringeren Maximalpreisen bedient. Anwendungen der Skimming-Strategie sind insbesondere im Konsumgüter- und Medienbereich sehr häufig zu beobachten. Für neue Smartphones, Tablets, DVD- und MP3-Player sowie hochwertige Buchtitel wird die Abschöpfungsstrategie regelmäßig eingesetzt. Bei vielen digitalen Produkten sind Aktualität und Neuigkeitsgrad die entscheidenden Werttreiber. Ein Beispiel hierfür sind Wirtschafts- und Börseninformationen, neue Musiktitel und Computerspiele sowie Softwareversionen. All diese Informationsprodukte erzeugen schon durch die Einführung Aufmerksamkeit und ein hohes Kaufinteresse. Bei diesen Innovationen kann anfangs ein hoher Preis verlangt werden, der sukzessive gesenkt wird, sobald die Aktualität nachlässt. Nach der Abdeckung der Zielgruppe mit der höchsten Zahlungsbereitschaft werden die Preise mit steigenden Ausbringungsmengen gesenkt. Durch die sukzessive Absenkung kann nun auch der breite Markt bedient und ein

5.1 Preisoptimierung

erhöhtes Absatzpotenzial erschlossen werden. So wird die unterschiedliche Zahlungsbereitschaft der Kunden gezielt monetarisiert.

Fallbeispiele Skimming-Strategie

Die Skimming-Strategie kann nur dann erfolgreich sein, wenn das neue Produkt einen überlegenen Nutzen aufweist und als erstes auf den Markt kommt (Roll 2018). Gerade für Innovationen gilt, dass der Preis immer den relativen Wert des Produkts widerspiegeln muss. Eine Skimming-Strategie und ein undifferenziertes, austauschbares Angebot schließen sich aus. In einigen Branchen lassen sich Preisverläufe identifizieren, die scheinbar Skimming-Ansätzen folgten, die sich letztendlich aber als erfolglos erwiesen. Die betroffenen Unternehmen waren gezwungen, den Preis immer weiter abzusenken, ohne dass Gewinne realisiert werden konnten. Sie endeten des Öfteren mit großen Verlusten oder mussten das Produkt komplett vom Markt nehmen. Eines von mehreren Beispielen ist Nokia mit seinem Smartphone Lumia 900 in den USA im Jahr 2012. Eine besonders prägnante Fallstudie für eine erfolglose Pricing-Strategie bietet Microsoft mit der Spielekonsole XBox. Im Frühjahr 2002 startete Microsoft mit einem Einführungspreis in Höhe von 479 US$ in den USA. Das wichtigste Konkurrenzprodukt, die Playstation 2 von Sony, lag zu diesem Startzeitpunkt auf einem Niveau von 299 US$. Nach nur wenigen Wochen senkte Microsoft den Preis drastisch auf 299 US$. Im September 2002, also relativ kurz der Einführung, erfolgte erneut eine Preissenkung auf das Niveau der Playstation. Das Sony-Produkt wurde zu diesem Zeitpunkt zu einem Preis von 249 EUR angeboten. Auch in der Folgezeit war der Preisverfall nicht zu stoppen. Im August 2004 befand sich die Microsoft-Konsole bereits auf einem Niveau von 149 EUR. Zum Auslauf des Modells Ende 2006 betrug der Preis der X-Box nur 99 EUR. Die kumulierten Verluste über die fünf Jahre der Marktbearbeitung hinweg beliefen sich auf 4 Mrd. US$ (Jurran 2002; Kolokythas 2002). Eine Kombination beider Ansätze wird mit der Penetration-Skimming-Strategie realisiert. In diesem Fall erfolgt der Einstieg auf einem sehr niedrigen Niveau. Die Preise werden im späteren Lebenszyklusverlauf sukzessive angehoben. Ende der 1990er-Jahre startete E-Bay seine Auktionsplattform mit einer Provision, die vom erzielten Verkaufspreis abhing. Die Angebotsdarstellung wurde nicht bepreist. Nach der Markteinführungsphase erweiterte das Management das Preismodell um eine weitere Erlösquelle, eine fixe Komponente. E-Bay forderte von den Auktionsteilnehmern ab diesem Zeitpunkt zusätzlich eine Gebühr für die Angebotsplatzierung.

Die Chancen und Risiken der Penetration-Skimming-Strategie müssen spezifisch für jedes Angebot abgewogen werden. Niedrige Einführungspreise können einem neuen Produkt schnell zu großen Absatzzuwächsen verhelfen. In jungen Wachstumsmärkten ist es sehr wichtig, Marktpositionen früh zu besetzen. Wenn nachziehende Wettbewerber kein deutlich besseres Preis-Leistungs-Verhältnis bieten, bleiben viele Kunden dem Pionier treu. Allerdings ist eine zu niedrige Positionierung sehr gefährlich. Ob Preiserhöhungen in späteren Lebenszyklusphasen durchsetzbar sind, bleibt offen. Das Risiko besteht darin, dass sich die Kunden an niedrige Preise schnell gewöhnen und späteren Erhöhungen erhebliche Widerstände entgegensetzen.

Ein falsches Eintritts-Pricing lässt sich nur selten nach oben korrigieren. Wenn Preise mit einzelnen Kunden ausgehandelt werden, kann es Jahre dauern, bis wieder ein befriedigendes Niveau erreicht wird, wenn man zu tief gestartet ist.

Wenn der Preis als Qualitätsindikator gesehen wird, sind Niedrigpreise ebenfalls kontraproduktiv und können Profitpotenziale zerstören. Das Risiko zu niedriger Preise besteht dann darin, dass der Nutzer eine niedrige Qualität vermutet. Im Umkehrschluss bedeutet dies, dass Preiserhöhungen mit Absatzsteigerungen verbunden sind. Es gibt sowohl in B2C- als auch B2B-Sektoren einige Beispiele von Firmen, die eine negative Preis-Qualitäts-Indikation durch eine Preisanhebung auflösen konnten.

Zum Abschluss noch eine Anmerkung mit Blick auf E-Bay: Wichtig ist es, Preise bei einer sukzessiven Erhöhung nicht zu überziehen. E-Bay hatte einst seine Stellung als Marktplatz unnötig in Gefahr gebracht, da man das Preisniveau im Zuge der skizzierten Penetration-Skimming-Strategie überzogen hatte.

5.2 Portfolio-Pricing

Vor dem Hintergrund der zunehmenden Digitalisierung werden die Angebote in vielen Branchen immer komplexer. Digitale Geschäftsmodelle, segmentspezifische Kombinationen aus verschiedenen Umsatzquellen und das Management verschiedener Erlöspartner erhöhen die Komplexität der Angebots- und Preisoptimierung. Vor diesem Hintergrund kommt dem Verständnis von Preisstrukturen aus Kundensicht eine größere Bedeutung zu. Eine Ausreizung sämtlicher Differenzierungsmöglichkeiten ist nicht ratsam. Denn die Kosten zur Umsetzung intelligenter Preisstrukturen umfassen nicht nur direkte Aufwendungen zur Segmentabschottung. Auch die Opportunitätskosten einer zu hohen Pricing-Komplexität sind einzubeziehen. Endkunden und Absatzmittler werden durch komplizierte Tarifstrukturen schlichtweg abgeschreckt. Nutzentransparenz und Einfachheit kann sich – je nach Branche und Kundensegment – als ein entscheidender Erfolgsfaktor erweisen (Frohmann 2008a).

5.2.1 Herausforderungen des Portfolio-Pricing

Fallbeispiel Apple

Bei digitalen Produkten ist die Wahrnehmung des Nutzens deutlich schwerer quantifizierbar als bei Konsumgütern. Im Fall von Online-Musik hängt der Wert des digitalen Angebots für den Nutzer von zahlreichen Kriterien ab. Hierzu gehören u. a. die Zahl der genutzten Einheiten, die Aktualität sowie die Komprimierungsqualität. Zusätzlich besteht für Plattformanbieter die Herausforderung, ein breites Portfolio an

5.2 Portfolio-Pricing

Musikstücken gleichzeitig zu optimieren. Bei den Konstellationen sah sich Apple in seiner Musiksparte gegenüber:

- sehr breites Portfolio und
- schwierige Nutzenquantifizierung für digitale Musikstücke.

Der Technologiekonzern entschied sich bewusst für eine simplifizierte, heuristische Preisfindung. Für eine einfache Preisstruktur sprachen im Fall von Apple iTunes drei Argumente:

1. Interne Effizienzaspekte,
2. das Ziel einer schnellen Marktpenetration und
3. preispsychologische Zusammenhänge.

Der Einfluss der Preisstruktur auf die Kundenwahrnehmung wurde in einem Experiment empirisch nachgewiesen. Die Ausgangsfragestellung der Untersuchung lautete wie folgt: Ist es gewinnoptimal, Preise für Online-Musikstücke anhand ihrer Beliebtheit zu variieren? Oder ist es mit Blick auf das Ziel der Kundenbindung sinnvoller, Musikstücke zu einem einheitlichen Online-Preis zu verkaufen? In einem Experiment mit Nutzern von Online-Musik wurden zwei Varianten auf ihre Akzeptanz getestet:

Variante 1 – Preisdifferenzierung: Aktuelle Hits wurden zu 1,29 US\$ angeboten, Soundtracks zu einem Preis von 1,19 US\$ und alle anderen Stücke zu einem deutlich niedrigeren Preis von 0,89 US\$.

Variante 2 – Einheitspreis: Jeder Download wurde mit einem einheitlichen Betrag von 1,29 US\$ abgerechnet. Die Besonderheit dieser Testkonstellation besteht darin, dass der Einheitspreis dem höchsten differenzierten Preis der Variante 1 (1,29 US\$) entspricht.

Das Ergebnis des Preisexperiments ist auf den ersten Blick überraschend: Im Fall der Variante 2 – mit einem Einheitspreis von 1,29 US\$ – fiel der Absatz deutlich höher aus als bei der Testvariante 1. Der im Vergleich zur ersten Option höhere Durchschnittpreis führte zu deutlich höheren Ausgaben für Musik. Die preispsychologische Erklärung für den Erfolg des höheren Einheitspreises lautet:

1. Kunden nehmen eine einheitliche Preisstruktur als besonders fair wahr.
2. Bei gleichen Preisen achten Kunden deutlich stärker auf Qualitätsaspekte. Die Bedeutung des Preises – und damit die Elastizität – sinkt im Zuge von Einheitspreisen signifikant. Das Portfolio des Anbieters wird als Nutzentreiber deutlich stärker wertgeschätzt, wenn Preise geringere Beachtung finden.

Fazit: Das Angebot von unterschiedlichen Optionen zum gleichen Betrag ist eine geeignete Strategie, um die Bedeutung des Preises bei der Kaufentscheidung zu verringern. Steve Jobs von Apple hat sich ganz bewusst für diesen Weg der heuristischen

Preisfindung für sein Musikangebot entschieden. Der Uhrenhersteller Swatch verfolgte mit seinen Lifestyleprodukten denselben Ansatz. Im Fall einer vereinfachten Preislogik ist es von entscheidender Bedeutung, die richtige Preislage zu treffen. Anders formuliert: Insbesondere bei Einheitspreisen darf die Zahlungsbereitschaft der Nutzer nicht überreizt werden. Bei der Preisfestlegung von Apple Music wurden insbesondere die Erkenntnisse zur Wirkung von Preisschwellen einbezogen. In den USA entschied sich Apple für einen Einheitspreis von durchgängig 99 Cent für den Download eines Musikstücks bei iTunes. Mit Blick auf die Kostenstruktur sei erwähnt, dass ein Musikanbieter wie Apple 75 Cent pro Download an die Rechteinhaber der Musik abführen muss. Der Einheitspreis von 99 Cent ist ein optimaler Kompromiss im Spannungsfeld der wesentlichen Preisdeterminanten:

- Preisbereitschaften und Nutzenwahrnehmung der Kunden
- Wettbewerberpreise
- Kosten
- Preispsychologische Einflüsse (v. a. Schwellenpreiseffekte)

Das Fallbeispiel ist ein prägnanter Beleg dafür, dass sich kleinste Preisunterschiede im Rahmen eines sehr großen Sortiments in Summe beträchtlich auswirken können. Mit Blick auf die relativ hohen variablen Kosten sowie die markante Preisschwelle von 1,00 EUR war der Einheitspreis in Höhe von 0,99 EUR ein Beitrag zum profitablen Wachstum der Online-Musiksparte von Apple.

Aus der zunehmenden Angebotskomplexität und Preisdynamik entsteht ein grundsätzliches Dilemma. Preisentscheidungen sollten mit größter Sorgfalt vorbereitet werden. Umfassende Datenanalysen sind hierzu erforderlich. Andererseits ist es notwendig, eine Vielzahl von unterschiedlichen Preisfestlegungen in kürzester Zeit zu treffen. Agilität im Pricing ist v. a. für Unternehmen in wettbewerbsintensiven Branchen und mit einer Vielzahl von Produkten erfolgskritisch. Preisstrukturen oder einzelne Preise müssen immer wieder angepasst werden, um auf neue Wettbewerber, Kundentrends und Variationen in den internen Vorgaben (Strategie, Kostenveränderungen etc.) zu reagieren.

Die angebotsseitig geschaffenen Werte sind preislich möglichst umfassend abzuschöpfen. Die Herausforderung umfasst drei Dimensionen (Abb. 5.13):

- Pricing muss standardisiert und stärker automatisiert werden. Nur so ist die steigende Komplexität der Preisbildung zu bewältigen.
- Preisstrukturen müssen konsistent sein. Es geht darum, für den Kunden nachvollziehbar zu sein und als fair wahrgenommen zu werden.
- Die Preisbildung muss flexibler werden. Ein agiles Preismanagement ist notwendig, um sich den ständig verändernden Marktsituationen anzupassen und die Potenziale der Digitalisierung nutzen zu können.

5.2 Portfolio-Pricing

Abb. 5.13 Herausforderungen des Portfolio-Pricing

Im Zuge der Optimierung sind Festlegungen zum Preisniveau für neue oder existierende Produkte zu treffen. Eine toolgestützte Detailoptimierung ist oft nur für die wichtigsten Leitartikel und Innovationen möglich. So stellt sich etwa bei der Neueinführung eines Automodells, eines innovativen Pharmaprodukts oder einer komplexen Werkzeugmaschine ein Preisoptimierungsproblem. Kern der Optimierung ist eine intensive Befassung mit dem einzelnen Produkt und dessen Parametern. Hierzu gehört insbesondere die Messung der Preiselastizität. Eine exakte Elastizitätsmessung und Detailoptimierung für jedes einzelne Angebot ist in vielen Unternehmen allerdings nicht möglich. Zwei Ursachen sind wesentlich hierfür:

1. Die Produktprogramme von großen Unternehmen und die Sortimente von Händlern umfassen oft Hunderttausende von Artikeln. Das Produkt ist jedoch nur eine von insgesamt sechs Preisdimensionen. Über alle Kunden, Regionen und Vertriebskanäle sowie über verschiedene Mengenklassen und Zeiten hinweg resultiert eine deutlich höhere Zahl an Preispunkten. Das Resultat: Große Konsum- und Industriegüterhersteller arbeiten mit Preispunkten in deutlich zweistelliger Millionenhöhe. Gleiches gilt für international tätige Dienstleistungsunternehmen wie Fluggesellschaften, Hotels etc.
2. Die Menge der für das Preismanagement relevanten Inputdaten wächst jährlich progressiv. Insbesondere die Nachfrage- und Wettbewerbsverhältnisse werden sich in Zukunft weiter dynamisieren. Immer schnellere Entscheidungen und Niveauanpassungen sind eine logische Konsequenz dieser Entwicklung. Dabei ist zu beachten, dass etablierte Produkte viel schwieriger neu zu positionieren sind als Neueinführungen. Einmal aufgebaute Images sind nur schwer zu verändern.

Angesichts ihrer Sortimentsgrößen und der Vielfalt an Inputdaten sind viele Unternehmen auf vereinfachte Regeln zur Preisentscheidung angewiesen. Optimierungen der Preisarchitektur erfolgen allenfalls für die wichtigsten Kundensegmente, Produktvarianten, Regionen und Kanäle. Alle restlichen Preispunkte werden über einen standardisierten

Prozess abgeleitet. Aus Effizienzgesichtspunkten muss sich das Pricing auf die Segmente und Produktgruppen konzentrieren, die sowohl strategisch als auch unter Profitaspekten bedeutsam sind. Mit diesen erfolgskritischen Preispunkten werden die Markenimages von Unternehmen definiert und deren langfristiges Überleben determiniert. Beispiele hierfür sind das iPhone von Apple, die besonders lukrativen Geschäftsreiseverbindungen von Lufthansa sowie die Baureihen E-Klasse und S-Klasse von Mercedes.

In vielen anderen Fällen – bei leichten Produktmodifikationen, bei weniger hochwertigen Angebotselementen etc. – kann nicht sehr viel Zeit in jede einzelne Preisentscheidung investiert werden. Unternehmen benötigen in allen diesen Konstellationen genau definierte Prozesse, die zu einer erfolgreichen „value extraction" und damit zu entsprechenden Profiten führen. Diese Abläufe sind je nach Branche mehr oder weniger standardisiert. In globalen Unternehmen ist die regionale Koordination von Preisen von hoher Bedeutung. Typisch für Mobilfunkfirmen ist ein zweistufiger Ansatz, der Standardisierung, Transparenz und Flexibilität bestmöglich kombiniert:

- Die Struktur der Tarife ist länderübergreifend gleich.
- Regionale Unterschiede in den Einflussfaktoren des Pricing werden über die Parameter der Preisstruktur sowie die Vertragsbedingungen reflektiert.

Die höchste Form der Standardisierung stellen automatisierte Entscheidungsverfahren dar. Der Einzelhandel sowie zahlreiche Dienstleister (wie Hotels, Fast-Food-Ketten und Fluggesellschaften) arbeiten mit klar definierten Prozessen zur Preisfestlegung. Das Revenue Management der Fluggesellschaften wurde bereits vor 50 Jahren entwickelt. Vor dem Hintergrund von Marktliberalisierung und hochintensivem Preiswettbewerb waren die Fluggesellschaften in USA quasi dazu gezwungen, sich toolseitig deutlich professioneller aufzustellen.

Die Bedeutung eines professionellen Portfolio-Pricing wurde Anfang 2018 auf dem besonders hart umkämpften Markt für Lebensmittel in Deutschland transparent. Konflikte der großen Handelsunternehmen mit Lebensmittelherstellern sind dort keine Seltenheit. Für beide Parteien – Handelskonzerne (z. B. Edeka) und Hersteller (z. B. Nestlé) – können sich kleinste Preisunterschiede eines riesigen Sortiments in Summe beträchtlich auswirken.

Vor dem Hintergrund der zunehmenden Durchdringung der Informationstechnologie nehmen die Potenziale für eine kreative Preissetzung für große Sortimente zu. Eine der neueren Entwicklungen ist Echtzeit-Pricing auf Basis künstlicher Intelligenz. Handelsunternehmen (wie z. B. Otto, Bon Prix oder Kaufland) nutzen Spezialsoftware, mit deren Hilfe sie Sortimentspreise optimieren können. Externe Daten fließen dynamisch in die Prognosen ein. So werden kaufrelevante Einflussfaktoren wie Feiertage, Saisonalitäten oder das Wetter genauso wie Preisinformationen der Wettbewerber integriert. Auf dieser Basis unterbreiten die CRM-Systeme der Einzelhändler dem Kunden automatisierte Kaufvorschläge. Diese Steuerung geht über die bereits beschriebene Logik eines Angebotskonfigurators hinaus.

5.2 Portfolio-Pricing

Fokusthema Preispsychologie (4): „Nudging"

Automatisierte Kaufvorschläge basieren auf dem preispsychologischen Prinzip der Verhaltenssteuerung per „nudging", einem Begriff der Verhaltensökonomie, der mit „anstupsen" oder „schubsen" übersetzt werden kann. Er basiert auf der Erkenntnis, dass Menschen bei Alltagsentscheidungen nicht immer rational handeln. Ziel des „nudging" aus Unternehmenssicht ist die digitalisierte Entscheidungsbeeinflussung der Kunden. Auf der Basis von kundenorientierten Angebotsversionen und einer individuellen Preissetzung führt man Konsumenten automatisiert in Richtung deren optimaler Auswahl (Lobo 2018).

Amazon nutzt die Möglichkeiten der künstlichen Intelligenz für eine neue Variante des kundenindividuellen Versandhandels. Die Vision besteht darin, Stammkunden passende Produkte ohne deren vorherige Initiative oder Anfrage proaktiv zuzusenden. Dies geht über die oben beschriebene Verhaltenssteuerung im Rahmen des „nudging" hinaus. Zero-Click-Ordering basiert auf der Ableitung von Erkenntnissen aus dem Nutzungsverhalten der Kunden. Darauf basierend erstellt das System automatisierte Bestellungen für Nutzer des Prime-Diensts.

5.2.2 Methodische Ableitung von Preisstrukturen

Die Preislogik für ein Sortiment ergibt sich als unmittelbare Folge der strategischen Positionierung von Leitprodukten. Ist der optimale Preis für ein Basisangebot gesetzt, so werden in einem weiteren Schritt Preispunkte für einzelne Angebotsvarianten und Kundengruppen abgeleitet (Homburg und Totzek 2011). Basis hierfür sind die langfristigen Entscheidungen zur Positionierung (Produktdimension) und Segmentierung (Kundendimension). Die Logik der Preisstruktur resultiert aus der Beantwortung der folgenden Fragen:

1. Wie viele Preis-Leistungs-Kombinationen werden insgesamt angeboten?
2. Was sind optimale Einstiegspreise für Leitprodukte?
3. Wie viele Preisalternativen gibt es pro Angebotsvariante?
4. Welche Preisabstufungen soll es innerhalb einer Produktlinie geben?

Die Zahl der insgesamt festzulegenden Preispunkte für eine Produktlinie entspricht der Summe aus

- den Basispreisen,
- den Preisalternativen pro Angebotsvariante,
- der Zahl der Angebotsvarianten innerhalb einer Produktlinie und
- der Zahl der preisrelevanten Kundensegmente.

Die Festlegung der Anzahl der Versionen ist ein Optimierungsproblem. Folgende Argumente sind zu beachten:

- Eine Erhöhung der Anzahl der Angebotsvarianten führt zu einer stärkeren Ausschöpfung von Markt- und Gewinnpotenzialen.
- Eine zu große Anzahl kann den Kunden mental überfordern. Außerdem wird der Aufwand aufseiten des Anbieters über die komplette Wertschöpfungskette des Pricing hinweg erhöht.

Auch die Entscheidung zur Komplexität der Preisstruktur ist ein Optimierungsproblem. Zwischen den Extrempositionen radikal vereinfachte Tarife und sehr komplexe Differenzierung muss jedes Unternehmen den geeigneten Kompromiss finden. Oft werden beide Strategievarianten für verschiedene Produktlinien (z. B. Premium vs. Low Cost) parallel eingesetzt.

> **Fokusthema Preispsychologie (5): Kompromisseffekt**
> Die Preislage eines Angebots in Relation zu anderen Preisen und Produktversionen beeinflusst das Kundenverhalten. Die Wahrnehmung und die Zahlungsbereitschaft eines Kunden sind immer relativ. Sie können durch Referenzpunkte bzw. Ankerpreise sehr stark beeinflusst werden. Auf das Versioning bezogen bedeutet dies: Das gleiche Preislevel (z. B. 10 EUR) bewirkt völlig unterschiedliche Reaktionen, je nachdem ob der Preispunkt das höchste, niedrigste oder mittlere Niveau innerhalb einer Produktlinie darstellt.
>
> Dieser Zusammenhang wird in der Verhaltensökonomie mit dem Comparison-Set-Effekt beschrieben:
>
> - Niedrigpreisige Alternativen führen zu reduzierten Preiserwartungen.
> - Preislich höher positionierte Alternativen verschieben den Referenzpreis nach oben.
>
> Zwei wesentliche Konsequenzen resultieren hieraus:
>
> - Käufe können über die Preisspanne eines Sortiments gesteuert werden.
> - Die Hinzufügung von höherwertigen Alternativen
>   - beeinflusst die Produktauswahl,
>   - fördert den Kauf höherpreisiger Produkte und
>   - kann zur Umsatzerhöhung genutzt werden.

Am Beispiel der Telekommunikation kann dies anhand eines einfachen Fallbeispiels mathematisch bewiesen werden. Die Prämissen lauten:

- In der Ausgangssituation werden zwei Tarife angeboten.
- Die Grundgebühren betragen 25 EUR und 60 EUR.
- 78 % der Kunden entscheiden sich für den billigen Tarif (25 EUR).
- Der resultierende Durchschnittpreis („average revenue per user", ARPU) beträgt 32,70 EUR.

Die Einführung einer dritten Variante zu 50 EUR bewirkt, dass ein signifikanter Anteil der Kunden zum mittelpreisigen Produkt tendiert. Die Preispsychologie beschreibt dieses Kundenverhalten mit den Begriffen „extremeness aversion" bzw. Kompromisseffekt (Kopertzky 2016, S. 26). Kunden meiden Extrema (Buxmann und Lehmann 2009). Ein deutlich geringerer Teil der Nutzer wählt den billigsten Tarif. In Abhängigkeit von der exakten prozentualen Verteilung der Nutzer auf die drei Angebotsvarianten resultiert ein signifikant höherer Durchschnittpreis. Um den ARPU-Effekt kalkulieren zu können, gehen wir von einem prozentualen Anteil des günstigsten Tarifs von nur noch 44 % aus. Der Durchschnittpreis beträgt nun 41,20 EUR (Abb. 5.14).

Kompromisseffekt

Zwei Mobilfunktarife:

1) 25 € (78 % aller Verkäufe)
2) 60 € (22 % aller Verkäufe)

Durchschnittlicher Umsatz: 32,70 €

Drei Mobilfunktarife:

1) 25 € (44 % aller Verkäufe)
2) 50 € (34 % aller Verkäufe)
3) 60 € (22 % aller Verkäufe)

Durchschnittlicher Umsatz: 41,20 €

Abb. 5.14 Kompromisseffekt

Der Kompromisseffekt kann auf unterschiedlichste Weise für die Optimierung der Preisstruktur genutzt werden. In einer Extremform bietet man zwei unterschiedliche Produktversionen zum gleichen Preis an. Durch die direkte Gegenüberstellung eines attraktiven Angebots und eines erkennbar schlechteren Produkts zum exakt gleichen Preis wird die Kaufentscheidung aller Nutzer beeinflusst (Kopertzky 2016). Die attraktive Variante wird von allen Kunden bevorzugt. Diese Spezialtechnik des Kompromisseffekts ist der sog. Decoy-Effekt (Anziehungseffekt; Ködereffekt). Das folgende Fallbeispiel zur Decoy-Technik bezieht sich auf eine Anzeige des Magazins *The Economist* vor einigen Jahren. Dort ging es um die Preiswerbung für Medieninhalte. Das Angebot von drei Abonnementversionen wurde wie folgt gestaltet (Pena 2017):

1. Online-Version: 59 US$
2. Gedruckte Version: 125 US$
3. Ein Paket aus beiden Leistungen: 125 US$

Die gedruckte Variante macht in dieser extremen Preiskonstellation aus Kundensicht keinen Sinn. Sie bietet das wahrnehmbar schlechtere Preis-Leistungs-Verhältnis. Die naheliegende Frage ist: Welcher Kunde würde die gedruckte Variante wählen, wenn er beide Versionen zusammen als Paket zum gleichen Preis kaufen kann? Die entscheidende Frage ist allerdings eine andere. Sie lautet: Wie würde sich der Kunde entscheiden, wenn die gedruckte Version als Einzelangebot nicht offeriert würde?

Wir gehen von einem Angebot mit zwei Abonnementversionen aus (Abb. 5.15).

Decoy Effekt
Beispiel: Economist

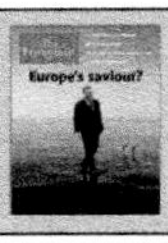

2 verschiedene **Abonnement-Modelle**:

1)	Economist: Online-Version	**59 $**	(68 %)
2)	Economist: Paket (online + Druck)	**125 $**	(32 %)

Durchschnittserlös: 80 $

3 verschiedene **Abonnement-Modelle**:

1)	Economist: Online-Version	**59 $**	(16 %)
2)	Economist: Gedruckte Version	**125 $**	(0 %)
3)	Economist: Paket (online + Druck)	**125 $**	(84 %)

Durchschnittserlös: 114 $

Abb. 5.15 Decoy-Effekt. (Bauer 2015)

5.2 Portfolio-Pricing

1. Online-Version: 59 US$
2. Ein Paket aus beiden Leistungen: 125 US$

In der reduzierten Produktlinie ist das Bündel nicht annähernd so attraktiv wie im ersten Fall. Für die Mehrzahl der Nutzer (68 %) ist der Aufpreis von 66 US$ für die gedruckte Version zu teuer. Dieses Segment wählt folglich die Online-Variante zum Preis von 59 US$.

Der Effekt der – scheinbar nutzlosen – mittleren Variante im Decoy-Angebot lautet: Die mittlere Version

- setzt einen sehr hohen Preisanker,
- erhöht den wahrgenommenen Nutzen der dritten Paketvariante signifikant,
- führt zu einer deutlichen Umsatz- und Profiterhöhung für die Produktlinie.

Die Lehre lautet zusammengefasst: Durch Hinzufügen weiterer Produktalternativen wird die Preiswahrnehmung bestehender Artikel verändert (Pena 2017; Trevisan 2015). Köderprodukte werden zwar nicht gekauft, erhöhen aber die Nachfrage nach anderen Produkten im Portfolio.

Preispsychologische Erkenntnisse sprechen insbesondere bei digitalen Angeboten für eine optimale Anzahl von drei Versionen. Basis hierfür sind zwei strukturelle Zusammenhänge der Verhaltensökonomie:

1. Das Wahlparadoxon („paradox of choice"): Die Anzahl der Produkt-Preis-Optionen hat einen signifikanten Effekt auf die Auswahl des Kunden. Auch die Zufriedenheit des Nutzers mit seinem Entscheidungsprozess wird dadurch bestimmt. Die Erkenntnis des Wahlparadoxon lautet: Eine Reduzierung der Anzahl der Wahlmöglichkeiten führt sowohl zu einer effizienteren Entscheidung als auch zu einer größeren Zufriedenheit des Nutzers (Pena 2017). Eine zu große Komplexität bei der Auswahl reduziert die Kundenzufriedenheit!
2. Die Magie der Mitte: „Extremeness aversion", d. h. die Abneigung von Kunden gegen sehr billige und sehr teure Lösungen. Der Kunde wird dieser Logik zufolge die beiden Extrempole meiden und als Kompromisslösung die mittlere Variante wählen (Buxmann und Lehmann 2009; Kopertzky 2016).

Die Festlegung der Preisabstände innerhalb der Produktlinie ist ein weiteres Optimierungsproblem. Für die Preisstruktur im Portfolio gibt es verschiedene Optionen. Zwei praxisrelevante Logiken basieren auf folgenden Prämissen:

- Logik 1: Die Abstufungen der Aufpreise werden durchgehend linear gestaltet. Die Hauptgründe für diese Strukturlogik sind Kundentransparenz und einfache Nachvollziehbarkeit. Innerhalb der gewählten Preislogik sind die Preise der einzelnen Produkte für den Kunde nachvollziehbar differenziert. Die Abstände vom Einstiegprodukt zum Premiumprodukt sind stimmig.

- Logik 2: Während der Preis für die verschiedenen Varianten linear steigt, nimmt die Qualität über die Preislagen hinweg überproportional zu. Das Preis-Leistungs-Verhältnis wird über die einzelnen Produktversionen hinweg erhöht. Hierdurch kann die Nachfrage nach den teuren Premiumangeboten gesteigert werden. Die Einführung des Apple iPad in USA im Februar 2010 ist ein Paradebeispiel für diese Strategie. Die Logik der Preisstruktur von Apple lautet in Stichpunkten:
  - Angebot von drei Varianten mit einem Preisabstand von jeweils 100 US$ (499, 599, 699 US$
  - Starker Fokus auf das wichtigste Produktmerkmal Speicherkapazität in der Kommunikation
  - Überproportionale Erhöhung der Kapazitätsleistung über alle drei Varianten hinweg. Die Abstufung betrug 64 GB, 128 GB und 256 GB.
  - Schaffung von starken Anreizen für die Kunden, die teuerste Variante (256 GB; 699 US$) zu wählen.
  - Der Aufpreis der teuersten gegenüber der günstigsten Variante beträgt 200 US$. Die Mehrkosten sind im Vergleich dazu nur 88 US$.

Apple bietet mit seinem iPad ein prägnantes Praxisbeispiel für eine dreistufige Struktur (Abb. 5.16). Die teuerste Version bietet mit 256 GB Speicherplatz eine deutlich höhere Speicherkapazität. Hierdurch wird ein signifikanter Anreiz zur Nutzung der profitabelsten

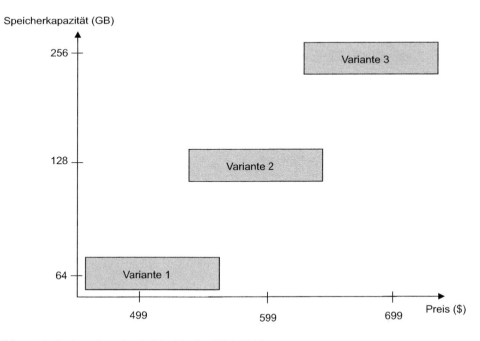

Abb. 5.16 Preisstruktur Apple i-Pad in den USA 2010

5.2 Portfolio-Pricing

Variante gesetzt. Durch das deutlich bessere Preis-Nutzen-Verhältnis der teuersten Variante wird der Kompromisseffekt überlagert.

Der Erfolg der Preisstaffelung basiert auf folgenden Voraussetzungen:

- Es liegen Economies of Scale auf der Produktionsseite vor! Die Mehrkosten der Leistungsverbesserungen dürfen nicht proportional sein, sondern müssen zwingend degressiv verlaufen. Dies ist eine der strukturellen Besonderheiten von Informationsgütern.
- Es werden genau die Produkteigenschaften variiert, die für den Kunden besonders wichtig sind! Diese Angebotselemente müssen sich dann auch deutlich voneinander unterscheiden. Anders formuliert: Leistungen werden dort verändert, wo es der Kunde wahrnimmt. Nur dann führt die qualitative Differenzierung zu einer Steigerung der Nachfrage.
- Kunden nehmen in der nächsthöheren Preisstufe einen signifikant höheren Zusatznutzen wahr, als sie zusätzlich bezahlen müssen! Hierdurch erhalten sie einen Anreiz, zum höherwertigen Produkt zu wechseln. Falls auf den höheren Preisstufen allerdings zu wenige zusätzliche Einheiten angeboten werden, wählen die meisten Kunden niedrigere Preislagen. Der aus Herstellersicht gewünschte Upsell-Effekt bleibt dann aus. Nutzen bedeutet je nach Produktkategorie Telefonieren, Spielen, Abrufen und Downloaden, Speichern und vieles mehr. Im Fall des Apple iPad ging es um die deutlich gesteigerte Speicherkapazität als wichtigster Nutzentreiber für den Kunden. Auf keinen Fall dürfen die Unterschiede in den Preisforderungen größer als die Nutzendifferenzen sein.
- Die Produktvarianten werden auch über ihre Bezeichnung effektiv voneinander abgegrenzt! Das Branding der Varianten ist eine zentrale Herausforderung. Durch die Bezeichnung der einzelnen Versionen ergeben sich für den Nutzer erste Indikationen zum Qualitätsniveau und der erwarteten Preispositionierung. Auch hier ist der Aspekt der Wahrnehmung entscheidend. Können Kunden die Unterschiede zwischen Produktlinien oder -versionen nicht erkennen, nehmen sie Premiumprodukte im schlimmsten Fall nicht als solche wahr. Die notwendige Mehrpreisbereitschaft für höherwertige Angebote fehlt dann.

Die Reihenfolge der Kommunikation der Produkt-Preis-Varianten beeinflusst die Akzeptanz und das Entscheidungsverhalten der Nutzer. Die Empfehlung im Sinn eines „price priming" lautet, die teuerste Version prominent zu positionieren.

Zahlreiche Beispiele in verschiedenen Branchen belegen: Insbesondere Anbieter von digitalen Leistungen optimieren ihre Preisstrukturen im Spannungsfeld zwischen internen Komplexitätsanforderungen und preispsychologischen Erkenntnissen.

Die Preisstruktur von Netflix für das Neukundengeschäft im deutschen Markt basierte Ende 2017 auf drei Versionen und Preisstufen. Bei allen drei Tarifen war der gleiche Inhalt abrufbar. Die Unterschiede lagen in der Auflösung und in der Anzahl der Geräte, die gleichzeitig Inhalte abspielen können.

- Basisangebot: 7,99 EUR – nur ein Gerät kann die Inhalte streamen. Die Auflösung ist nicht in HD verfügbar.
- Standardpaket: 10,99 EUR – bis zu zwei Geräte können die Inhalte gleichzeitig streamen. HD ist verfügbar.
- Premiumpaket: 13,99 EUR – bis zu vier Geräte sind streamingfähig. Ultra-HD ist verfügbar.

Der Preisabstand ist mit einem Betrag von 3 EUR gleich. Das Leistungsangebot steigt wahrnehmbar an.

5.2.3 Projektskizze: Produktlinien-Pricing für Informationsgüter

Da die Variation digitaler Produkte kaum zusätzliche variable Kosten erzeugt, kann eine Vergrößerung des Sortiments zu mehr Absatz, Umsatz und damit Gewinn führen. Viele Anbieter digitaler Medien (so z. B. Apple oder Amazon) haben ihr Portfolio um eine Vielzahl an Nischenprodukten ausgebaut. Das Long-Tail- Geschäftsmodell wurde bereits in Kap. 1 beschrieben. Apple bietet in seinem iTunes Store über 12 Mio. Songs zum Download an. Viele davon sind Nischenprodukte mit überschaubarer Nutzung. Amazon hat auf seiner Plattform mehr als 500 Mio. Produkte gelistet (Salden et al. 2017, S. 12).

Die Preisoptimierung für Nischenprodukte sollte aus Effizienzgründen so automatisiert wie möglich durchgeführt werden. Ein entscheidendes Kriterium ist die Wettbewerbsintensität. Die Verfügbarkeit im Konkurrenzvergleich kann zur relativen Preisabstufung innerhalb des Nischenportfolios als wesentlicher Parameter herangezogen werden. Die Fragen lauten: Welche Nischenprodukte werden bei Wettbewerbern angeboten? Und welche offerieren wir exklusiv in unserem eigenen Shop? Für Produkte, die einem niedrigen Wettbewerb ausgesetzt oder schwer verfügbar sind, können höhere Aufschläge realisiert werden. Die Zahlungsbereitschaft für Nischenprodukte ist höher als bei schnell drehenden Angeboten, denn aufgrund der geringeren Anzahl an Anbietern resultieren gesteigerte Suchkosten für den Kunden. Diese Suchkosten resultieren in einer geringeren Preiselastizität.

Aufgrund der Komplexität des Angebots ist eine systemtechnische Unterstützung der Pricing-Logik zwingend erforderlich. In der Praxis hat sich der Value-Score-Ansatz bewährt. Diese Methode berücksichtigt unterschiedliche Marktpotenziale im Produktportfolio differenziert. Die Zahlungsbereitschaft der Kunden wird beim „value score pricing" auf eine standardisierte Art abgeleitet. Ausgangspunkt sind verschiedene preisrelevante Kriterien. Wichtige Kriterien sind

- Wettbewerbsintensität,
- Preistransparenz im Markt,
- Umschlaghäufigkeit des Produkt,
- Bedeutung der Marke aus Kundensicht,

5.2 Portfolio-Pricing

- Produktartinvolvement des Kunden,
- Markenloyalität des Kunden,
- Wettbewerbsstärke des Produkts.

Aus der fallspezifischen Ausprägung der Wertefaktoren wird pro Produkt ein Nutzenwert abgeleitet. Der wahrgenommene Wert des Produkts ist ein Indikator für die Preiselastizität. Entscheidende Bedeutung für das „value score pricing" hat der Zusammenhang zwischen der Zahlungsbereitschaft des Kunden und den Preiskriterien.

Der Wettbewerbsstärkeindex nimmt eine bedeutende Rolle in der Value-Score-Logik ein. Wie bereits im Zusammenhang mit der Preismacht eines Unternehmens skizziert, ist die wahrgenommene relative Leistung des Produkts einer der entscheidenden Hebel der Zahlungsbereitschaft. Auch die Kaufhäufigkeit ist ein bedeutendes Preiskriterium innerhalb der Gesamtlogik. Kunden reagieren bei häufig bezogenen Produkten sensitiver auf den Preis als bei selten gekauften Leistungen. Für höhere Umschlaggeschwindigkeiten (bzw. häufiger gekaufte Produkte) werden geringere Aufschlagsätze hinterlegt.

Die methodischen Schritte beim Value-Scoring lauten in Kurzform:

- Für jede Produktgruppe oder einzelne Artikel werden die jeweiligen Werttreiber ermittelt.
- Darauf basierend erfolgt eine Bewertung der Produkte bezüglich der Wertefaktoren.
- Aus der Bewertung der Preiskriterien errechnet sich für jedes Produkt ein Nutzwert (Value-Score).
- Über eine spezifische Abbildungsfunktion wird aus dem Nutzwert ein Aufschlag bestimmt.
- Der Preis eines Produkts ergibt sich aus den variablen Kosten zuzüglich des kalkulierten Wertaufschlags.
- Je geringer der Nutzwert bzw. je höher die Elastizität ist, desto geringer ist der Aufschlag auf die Grenzkosten. Die Wertschätzung des Kunden bestimmt die Höhe der Aufschläge!

Nur mithilfe entsprechender Software kann ein konsistentes System für das Portfolio-Pricing aufgesetzt werden. Die Entwicklung des Modells, die Simulation und die Kalibrierung der Daten können vollständig digitalisiert werden. Der Value-Score-Ansatz folgt einer Logik, die sich als roter Faden durch die einzelnen Kapitel des Buchs zieht: Preise müssen im direkten Zusammenhang mit dem Wertempfinden des Kunden stehen. Einfache Massenprodukte mit geringem Differenzierungspotenzial rechtfertigen nur vergleichsweise geringe Aufschläge. Hochwertige Spezialprodukte oder Markenartikel können hingegen zu deutlich höheren Margen verkauft werden.

Die zweite große Herausforderung neben der Optimierung der Sortimentspreise ist die digitale Angebotsdarstellung. Komplexität und Intransparenz in der Angebotsdarstellung stellen eine massive Kaufbarriere für potenzielle Kunden dar. Studien belegen den direkten Zusammenhang zwischen der wahrgenommenen Komplexität der

Angebotsdarstellung, den daraus entstehenden Suchkosten und der Kaufwahrscheinlichkeit. Bei Online-Lösungen steigt die Absprungrate mit jedem Klick, den ein potenzieller Nutzer auf einer Plattform weiter in die Tiefe gehen muss, um 50 %. Suchkosten stellen preispsychologisch gesehen einen Verlustnutzen für den Kunden dar.

Ein Beitrag zur Reduzierung der Suchkosten und der wahrgenommenen Komplexität aus Kundensicht sind modulartige Angebote. Bei der Gestaltung dieses Baukastensystems gibt es zwei grundlegende Optionen:

1. Eine All-inclusive-Lösung, die sämtliche potenziellen Bedürfnisse abdeckt. Der Kunde kann dieses Gesamtpaket online um für ihn überflüssige Bausteine reduzieren.
2. Das Angebot einer Basisversion zu einem relativ niedrigen Preis. Dieses Grundangebot ist um bestimmte Produktfeatures und Services zu Aufpreisen erweiterbar.

Unabhängig vom gewählten Grundprinzip gilt: Es ist entscheidend, dass diese technologischen Lösungen die Komplexität aus Kundensicht deutlich reduzieren. Eine einfache, digitalisierte Angebots- und Preisdarstellung wird zu einem entscheidenden Werthebel. Sie beeinflusst die Kaufentscheidung des Kunden unabhängig vom objektiven Angebot.

Als Fazit lässt sich festhalten: „Value score pricing" ermöglicht eine strukturierte Preisfindung für ein Portfolio. Durch die standardisierte und vergleichbare Berücksichtigung der Werttreiber kann eine konsistente Preislogik im Sortiment erzielt werden. Die Detailtiefe der Informationen zu den Preiskriterien kann zwischen Einzelproduktbasis und Produktgruppenebene variiert werden. Das Portfolio-Pricing-System bietet eine konkrete Richtlinie zur Preisgestaltung. Im Kap. 6 wird skizziert, wie der Portfolioansatz um kundenspezifische Kriterien erweitert werden kann. Durch die Kombination von Produkt- und Kundendimension lassen sich Vorgaben für die Preisverhandlungen des Vertriebs ableiten.

5.2.4 Methodeninnovation: Analyse und Steuerung der Preiselastizität

Die Bedeutung der Preiselastizität wurde bereits mehrfach betont. Eine reduzierte Preissensitivität der Kunden erhöht das Potenzial zur Durchsetzung höherer Preise. Eine besondere Herausforderung des strategischen Pricing besteht darin, die Preiselastizität der Kunden proaktiv zu beeinflussen. Die Logik dahinter lautet wie folgt:

1. Ein maximal preissensitiver Kunde kauft ein verfügbares Wettbewerbsprodukt, sobald es nur marginal billiger ist. Dieses Phänomen wurde bereits am Beispiel der Repricing-Logik beschrieben. Auch im Rahmen von „reverse auctions" im Internet werden Aufträge oft ausschließlich über den Preis gewonnen. Leistungsunterschiede treten bei preisfokussierten Kunden völlig in den Hintergrund. Den anderen Extrempol besetzt

ein Kunde, der ein Produkt unabhängig davon kauft, wie teuer es im Wettbewerbsvergleich ist.
2. Für die meisten Kunden zählt ein optimales Preis-Leistungs-Verhältnis. Ihr Entscheidungsprozess basiert auf einer Trade-off-Logik. Voraussetzung für die Abwägung zwischen Alternativen ist, dass ihr verfügbares Budget nicht überschritten wird.
3. Die beste Pricing-Strategie besteht darin, die Preissensitivität der Nutzer zu reduzieren. Dies ist der direkteste Weg zu einer höheren „pricing power" und damit zu höheren Margen.
4. Eine proaktive Steuerung der Preiselastizität ist umso wichtiger, je intensiver der Preiswettbewerb und je größer die scheinbare Austauschbarkeit der Anbieter ist. Commodities entstehen oft genau in jenen Sektoren, in denen zu wenig Energie in die Steuerung der Wahrnehmung investiert wird.
5. Die Preissensitivität entspricht grundsätzlich dem relativen Gewicht des Preises in der Kaufentscheidung des Kunden. Es gibt verschiedene Wege, diese zu messen. Neben professionellen Methoden wie Conjoint Measurement kann man sich der Preissensitivität auch auf indirektem Wege über die Beurteilung von Kriterien annähern.

Bewertungslogik: Indirekte Ableitung der Preiselastizität (Abb. 5.17)
In einem ersten Schritt werden die Zusammenhänge zwischen der Elastizität und den sie beeinflussenden Kriterien transparent gemacht. Die Operationalisierung beginnt mit der

Abb. 5.17 Ableitung von Preisänderungspotenzialen auf Basis von Kriterien

Ableitung von Tendenzaussagen. Die Logik lautet wie folgt: Die Preissensitivität eines Kunden ist tendenziell umso niedriger, je

- differenzierter das Produkt im Vergleich zum Wettbewerb,
- weniger transparent die Wettbewerbspreise im Markt,
- wichtiger das Preis-Qualitäts-Signal für den Kunden bei der Kaufentscheidung,
- geringer die Lagerungsfähigkeit des Produkts,
- höher die Wechselkosten für den Kunden,
- geringer der Anteil des Produktpreises am Gesamtbudget des Kunden,
- besser der Preis auf verschiedene Parteien (z. B. Erlöspartner) aufgeteilt werden kann,
- höher der Zeitdruck des Kunden ist,
- höher der Endnutzen in der Kundenwahrnehmung ist.

Alle Kriterien beziehen sich auf die beiden wesentlichen Dimensionen des Preises: Das Produkt und den Kunden. Aus den Kriterien resultieren verschiedene Hebel zur Reduktion der Preissensitivität. Diese sind je nach Marktsituation, Branche und Produkt unterschiedlich gut anwendbar. Die meisten Effekte sind für das Unternehmen direkt steuerbar: In der Produktdefinition, in der Kommunikation oder über das Preismodell. Der Bewertungsprozess basiert im Detail auf folgenden Schritten:

1. Definition aller relevanten Faktoren mit Einfluss auf die Preiselastizität
2. Operationalisierung des Zusammenhangs zwischen den Kriterien und der Preiselastizität
3. Priorisierung der Kriterien (auf einer Intervall- oder Kardinalskala)
4. Bewertung jedes Produkts bezüglich der Ausprägung der Kriterien
5. Berechnung eines Gesamt-Scores für jedes Produkt (Verknüpfung von Schritt 3 und 4)
6. Ableitung von Elastizitätskategorien
7. Definition von Maßnahmen zur Reduktion der Preiselastizität

Einige der Kriterien und ihr Einfluss auf die Preiselastizität werden beispielhaft skizziert:

- Transparenz der Wettbewerbspreise im Markt
  - Logik: Die Preissensibilität der Kunden ist umso geringer, je schwieriger die Vergleichbarkeit von Preisen ist. Dem Difficult-Comparison-Effekt zufolge führt eine schlechte Vergleichbarkeit zu erhöhten Suchkosten. Erhöhte Suchkosten reduzieren wiederum die Preissensitivität. Wenn Preise nur sehr bedingt vergleichbar sind, werden Preisunterschiede tendenziell unterschätzt. Eine erhöhte Preistransparenz aus Sicht der Kunden verstärkt Preiswirkungen. Preissenkungen wirken dann stärker positiv. Preiserhöhungen wirken stärker negativ.
  - Herausforderung: Vergleichbarkeit durch kreative Preismodelle vermeiden!

- Produktdifferenzierung im Wettbewerb
  - Logik: Je differenzierter das Produkt im Vergleich zum Wettbewerb, desto größer ist die Zahlungsbereitschaft der Kunden.
  - Herausforderung: Alleinstellungsmerkmale schaffen!
- Wechselkosten
  - Logik: Je höher die Kosten für einen möglichen Lieferantenwechsel, desto geringer ist die Preiselastizität. Kundenbindungsprogramme (z. B. Meilenprogramme der Fluglinien oder Punktesysteme wie Payback) sind ein indirekter Beitrag zu höheren Preisen. Sie erhöhen die Kundenbindung, erschweren den potenziellen Wechsel von Nutzern zu Wettbewerbern und reduzieren die Preissensitivität.
  - Herausforderung: Wechselkosten erhöhen!
- Anteil des Produktpreises am Gesamtbudget
  - Logik: Die Preiselastizität steigt mit der absoluten Höhe des Preises. Je höher der Anteil der Ausgaben am Gesamtbudget des Kunden, desto preissensibler reagiert dieser. So werden Ersatzteile oft im Kontext einer Reparatur beschafft. Bei der Preisoptimierung für Ersatzteile können komplexe hochwertige Teile vielfach preislich reduziert werden. Umgekehrt vertragen günstigere Teile signifikante Preissteigerungen.
  - Herausforderung: Höhere Aufschlagsätze bei absolut niedrigen Preisen!
- Dringlichkeit des Bedarfs
  - Logik: Die Preiselastizität des Kunden sinkt mit steigendem Zeitdruck bzw. der Dringlichkeit der Problemlösung. In zahlreichen B2B-Sektoren zählt eine hohe Verfügbarkeit zu den zentralen Kundenanforderungen. Hohe Kosten für Ersatzteile und Serviceleistungen werden dort eher akzeptiert. Der Grund für die geringe Preissensitivität bei Servicekomponenten liegt auf der Hand: Für hochwertige und sehr teure Maschinen sind schnelle Wartungsservices erfolgskritisch. Ein Maschinendefekt ist mit erheblichen Opportunitätskosten verbunden.

Umsetzungstipp: Preisbezogene Maßnahmen zur Beeinflussung der Preiselastizität
Kunden können mit kreativen Maßnahmen beeinflusst werden, sich mit dem Wert von Angeboten näher zu beschäftigen. Unter den zahlreichen möglichen Stellhebeln sind auch solche, die sich auf den Preis als Instrument fokussieren. Das, was zunächst widersprüchlich klingt, ist an verschiedensten Beispielen belegbar: Mithilfe spezifischer Preismaßnahmen kann die Bedeutung des Preises als Kaufkriterium aus Kundensicht reduziert werden. Folgende vier Hebel können dazu beitragen, die Bedeutung von Preisen im Zuge einer Kaufentscheidung zu verringern:

1. Veränderung der Grundlage der Preisstruktur
2. Absichtlich sehr hohe Preispositionierung, um das Interesse auf die Qualität zu lenken
3. Aufteilung des Preises in Einzelkomponenten
4. Angebot von unterschiedlichen Produktoptionen zum Einheitspreis

Am Beispiel der Musiksparte von Apple wurde das Potenzial des Einheits-Pricing bereits beschrieben. Ein weiteres Erfolgsbeispiel der Einheitspreisstrategie bietet Swatch. Uhren unterschiedlichsten Designs wurden ab 1983 zu Einheitspreisen angeboten. Die Mark Swiss Watch – kurz Swatch – wurde zur weltweit erfolgreichsten Armbanduhr. Dem innovativen Schweizer Uhrenhersteller gelang es mit einer konsistenten Strategie, die japanische Konkurrenz in ihrem Kernsegment – den Niedrigpreisuhren – zu schlagen (Simon 1991). Die Eckpfeiler der Strategie waren von Beginn an

- attraktives, aber sehr einfaches Design;
- unkompliziertes Pricing, das die Aufmerksamkeit der Kunden auf Qualitätsaspekte lenkt;
- eine kontinuierliche Ausweitung des Portfolios um Marken und Modelle aller Preiskategorien.

5.3 Preismodelle

5.3.1 Abgrenzung und Definition: Preismodelle

Gegenstand der Preismodellierung ist die Beantwortung der Fragen

- wofür,
- wann,
- von wem und
- auf Basis welcher Parameter der Preis gebildet wird.

Eines von zahlreichen Motiven dieses Buchs ist die Darstellung des Zusammenspiels von Geschäftsmodell, Erlösmodell und Preisprozess. Ausgangsbasis des Preismanagements für digitale Produkte ist das Geschäftsmodell. Es geht um ein klares Verständnis für die eigenen Mehrwerte und die zugrunde liegenden Wertschöpfungsprozesse. Daraus resultieren potenzielle Erlösquellen und Erlöspartner. Auf Basis des Erlösmodells werden passende Preismodelle abgeleitet. In der Abb. 5.18 sind beispielhaft vier Erlösquellen (Software, Hardware, Training und Hotline) für eine Automotive-Sparte dargestellt. Aus den vier Erlöskomponenten resultieren vier verschiedene Preismodelle für die Teilleistungen eines Diagnosesystems.

Preismodelle definieren die qualitative Grundlage, auf die sich quantitative Preisniveaus beziehen. Mit Bezug zur ersten Frage (Wofür wird ein Preis gebildet?) lässt sich festhalten: Preismodelle beziehen sich traditionell auf eine Einheit eines Angebots. Eindimensionale Preismodelle werden vom Anbieter auf Basis einer sehr einfachen Logik festgelegt: Es geht um den Preis für ein Haushaltsgerät, für ein Auto oder ein Smartphone. Der Kunde leistet eine einmalige Zahlung. Diese simplen Preismodelle gelten

5.3 Preismodelle

Abb. 5.18 Erlösquellen und Preismodelle im Automotive-Bereich

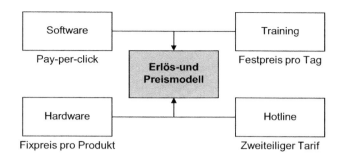

nach wie vor für zahlreiche Produkte auf Basis des klassischen Vertriebskonzepts. Dieses basiert aus Kundensicht darauf, für ein Produkt vorab zu zahlen und es dann zu nutzen. Insbesondere in Dienstleistungsbranchen umfassen Preismodelle mehrere Komponenten. Ein zweidimensionales Preismodell besteht z. B. aus einem Grundpreis und einer variablen Gebühr in Abhängigkeit von der Nutzung. Zahlungen fallen zu verschiedenen Zeitpunkten an. In der Telekommunikation werden die skizzierten Fragen – wofür und wann wird der Preis gebildet – differenzierter beantwortet: Hier kann eine Datenübertragung pro Volumen, ein Telefonat pro Minute und ein Internetzugang pauschal pro Monat abgerechnet werden (Roll et al. 2009; Roll und Wricke 2005). Es stehen hunderte verschiedener Mobilfunktarife zur Auswahl. Zusätzlich existieren für den Kunden zahlreiche Optionen für die Abrechnung von Datenvolumina, für Auslandstelefonate oder die Nutzung spezieller Streamingangebote. Ein Preismodell kann aber auch an der Zahl der Nutzer orientiert sein, wie der vor einigen Jahren eingeführte Community-Tarif von T-Mobile. Da sich auch die Konditionen der verschiedenen Tarife teilweise stark unterscheiden, empfehlen sich je nach Nutzungsverhalten verschiedene Preismodelle für unterschiedliche Kundensegmente. Jedes Preismodell beeinflusst die Kundenakzeptanz und Nutzerbindung in unterschiedlichem Maß. Abrechnungen pro Zeiteinheit sind für den Kunden leicht verständlich. Das Risiko für den Anbieter besteht allerdings in einer gebremsten Nutzung durch den Kunden. Pauschaltarife (Flatrates) erhöhen hingegen die finanzielle Planungssicherheit der Nutzer. Hierdurch erhält der Kunde nicht nur einen Anreiz für eine höhere Nutzung – interessanterweise wird durch einen Pauschaltarif auch das Niveau der Zahlungsbereitschaft erhöht. Dies beweist: Preismodell und Preisniveau sind nicht unabhängig voneinander zu sehen.

Wettbewerbsstrategien bestimmen die Komplexität des Pricing; sie wirken sich unmittelbar auf die möglichen Optionen der Preismodellierung aus. In den beiden Extrempolen ist das Pricing entweder differenziert und komplex oder Preismodelle sind einfach und transparent. Für etablierte Unternehmen, die eine Premiumstrategie verfolgen, bieten sich komplexe Modelle an. Diese erschweren direkte Vergleiche. Damit vereinfachen sie die Abschöpfung von Preisbereitschaften. Demgegenüber kann es für aggressive Herausforderer vorteilhaft sein, die Kunden mit sehr einfachem Pricing anzusprechen. Eine erhöhte Transparenz für den Kunden zahlt sich zwangsläufig für den preisgünstigsten Anbieter aus. Dies erklärt, warum in zahlreichen Branchen vor allem Newcomer Flatrates als Preismodell eingesetzt haben (Roll und Wricke 2005). Einfache Modelle erwiesen sich als hervorragendes Instrument, um gewachsene oligopolistische Marktstrukturen aufzubrechen. Transparenz kann mithilfe der Informationstechnologie heute deutlich einfacher implementiert werden. Dies wurde am Beispiel der Repricing-Logik bereits beschrieben. Die Bezugsgrößen der Preismodellierung werden mit zunehmender Professionalität des Preismanagements immer differenzierter. Die folgenden Trends tragen hierzu bei:

1. Die Digitalisierung von Geschäftsmodellen und Unternehmensprozessen befeuert die Kreation völlig neuer Ansätze. Ein Beispiel: Haushaltsgeräte können auf Basis des Internets der Dinge automatisch gesteuert werden. Sie sind per Handy auch mobil bedienbar. Die Geräte reagieren aufeinander, kommunizieren miteinander und sind mit zentralen Steuerungsgeräten verknüpft. Waschmaschinen und Kühlschränke kommunizieren mit intelligenten Stromzählern. Sie erhalten eine automatisierte Information, zu welcher Tageszeit Strom am günstigsten zu beziehen ist. Smart Metering hat unmittelbare Auswirkungen für das Pricing und mündet in neuen Abrechnungsmodellen. Die Waschmaschine wird dann aktiviert, wenn der Strom besonders preiswert ist. Genauso kann Strom der eigenen Solaranlage zu attraktiven Preisen ins Netz abgeben werden (o. V. 2018d).
2. Die Nutzung von Produkten erlangt in vielen Branchen größere Bedeutung als das traditionelle Transaktionsmodell Kauf und Besitz. Kunden möchten Leistungen verstärkt bedarfsabhängig und zeitlich flexibel nutzen. Tausch- und Sharing-Portale bedienen diesen Trend und setzen auf kreative Preismodelle (Wildberg 2018).
3. Mit der zunehmenden Bedeutung von Daten als Nutzentreiber bestimmen zwei Faktoren das Preisniveau zukünftig mit: Das Datenvolumen und die Geschwindigkeit der Internetübertragung.
4. Zahlreiche Erfolgsbeispiele belegen, dass sich innovative Preismodelle sehr stark auf den wahrgenommenen Kundennutzen auswirken. Sie sind ein eigenständiger Werttreiber für den Kunden, d. h. ein Beitrag zur „value generation".

Ziel dieses Abschnitts ist die Strukturierung des sehr dynamischen Handlungsfelds Preismodelle. Zunächst erfolgt eine definitorische Abgrenzung. Diese basiert auf zahlreichen Projekten des Verfassers und einer umfassenden empirischen Analyse von Preismodellen in verschiedenen Branchen. Die Preismodellabgrenzung legt das Fundament für eine Methode zur Entwicklung neuer Ansätze.

5.3.2 Die fünf Säulen eines Preismodells

Ein Preismodell ist eine logische Verknüpfung fünf wesentlicher Säulen. Die Dimensionen eines Preismodells können anhand folgender Fragen definiert werden (Abb. 5.19):

1. Wofür zahlt der Kunde? → Bemessungsgrundlage
2. Wie viele Komponenten umfasst der Preis? → Preismetrik
3. Wie zahlt der Kunde? → Zahlungsform
4. Wer legt den Preis fest? → Grad der Interaktion
5. Zu welchem Zeitpunkt wird der Preis festgelegt? → Zeitpunkt der Preisbildung.

Alle fünf Dimensionen eines Preismodells sind logisch miteinander verbunden. Jede Preiskomponente (als Bestandteil der Preismetrik) wird auf Basis einer Bemessungsgrundlage und einer damit verbundenen Zahlungsstruktur definiert. Die Entscheidung darüber, wer den Preis zu welchem Zeitpunkt festlegt, vervollständigt das Preismodell. Die logische Verknüpfung der Antworten auf die fünf skizzierten Fragen definiert jeweils ein Modell.

Säule 1: Bemessungsgrundlage
Die Bemessungsgrundlage eines Preismodells basiert auf der Frage: Für welche Leistung zahlt der Kunde? Traditionell zahlen Kunden für ein Produkt oder eine Dienstleistung; es geht um einen Betrag auf Basis der verkauften Produkte oder Serviceeinheiten. Preismodelle basieren historisch auf einer Inputrelation: Preis pro Produkt, Preis pro Einheit etc. Inputbasierte Modelle fördern die Preistransparenz im Markt. Über verschiedene Angebote hinweg wird ein gemeinsamer Nenner etabliert, auf den sich der jeweilige Preisbetrag (im Zähler) bezieht. Die Vergleichbarkeit von Preisen verschiedener Konkurrenten wird hierdurch gefördert und damit auch die Intensität des Preiswettbewerbs. Die Auswirkungen einer erhöhten Preisfokussierung des Kunden auf die Wettbewerbsdynamik und die Branchenprofitabilität wurde bereits ausführlich diskutiert. Letztlich geht es für den Kunden allerdings darum, welchen Beitrag ein Produkt zur Befriedigung

Abb. 5.19 Die fünf Säulen eines Preismodells

seiner Bedürfnisse leistet. Das Bedürfnis des Nachfragers (und damit seine Zahlungsbereitschaft) sind i. d. R. nicht auf den Besitz eines Produkts gerichtet. Kunden geht es um die Nutzung von Leistungen; oder anders formuliert: Um die Bedürfniserfüllung. Für B2B-Kunden, aber auch für das B2C-Geschäft, gilt: Letztlich zahlt ein Kunde immer nur für die Befriedigung eines Bedürfnisses bzw. die Problemlösung (Carlzon 1992; Simon 1991). Die bedürfnisorientierte Perspektive generiert eine viel breitere Grundlage für die Preismodellierung; sie ist der Katalysator für kreative Preismodelle, die sich stärker am Output des Unternehmens orientieren. Hierzu zählen z. B. Pay-per-use- oder Pay-as-you-go-Modelle im B2C-Geschäft. Innovative Preismodelle fokussieren sich stärker auf die Nutzung (bzw. den Nutzen der Kunden) statt auf den Besitz eines Produkts. Die Bemessungsgrundlage wird bei kreativen Ansätzen an den Werttreibern eines Produkts ausgerichtet. Idealer Startpunkt der Modellierung ist das kundenrelevante Merkmal, mit dem sich das Produkt am stärksten vom Wettbewerb differenziert. Methodisch kann dies über die Value-Driver-Analyse abgeleitet werden (vgl. Abschn. 5.1.4). Hierbei ergibt sich ein unmittelbarer Bezug zum übergeordneten Geschäftsmodell und der Definition der Value Proposition. Preismodelle, die sich am wahrgenommenen Nutzen orientieren, reduzieren die Preistransparenz im Markt. Die relative Bedeutung des Entscheidungsparameters Preis aus Kundensicht wird signifikant reduziert.

Säule 2: Preismetrik
Die Preismetrik bezieht sich auf zwei Dimensionen:

- Sie definiert die Zahl der Preiskomponenten.
- Sie determiniert, welchen Einfluss das preisbestimmende Kriterium (z. B. das Kaufvolumen, die Zahl der Nutzer oder die Nutzungsintensität) auf den zu zahlenden Gesamtbetrag des Kunden hat.

Die Preismetrik ist eng verbunden mit der Zielsetzung der Kundenbindung über eine intelligente Preisdifferenzierung. Gezielte Anreize sind zu setzen. Dies rückt den Durchschnittspreis in den Fokus des Nutzers. Über eine nutzungsabhängige Reduzierung von Durchschnittspreisen ergeben sich interessante Hebelwirkungen auf die Kundenbindung.

> **Fokusthema Preispsychologie (6): Preisniveaueffekt**
> Psychologische Erkenntnisse haben für die Konzeption von Preismodellen eine zentrale Bedeutung. Verschiedene Kunden nehmen objektiv identische Preisinformationen eines Anbieters subjektiv unterschiedlich wahr. Die Entscheidungsprozesse von Kunden werden durch preispsychologische Besonderheiten signifikant beeinflusst. Diese Wahrnehmungsbesonderheiten der Kunden sind bei der Konzeption von Preisstrukturen zu beachten. Folgende Erkenntnisse der Gehirnforschung sind für nichtlineare Preisstrukturen relevant (Simon 2015a, S. 106):

5.3 Preismodelle

1. Nachfrager verbinden niedrige absolute Beträge mit niedrigeren subjektiven Preisniveaus.
2. Eine Jahresprämie wird von Kunden anders wahrgenommen als eine Zahlung pro Quartal oder Monat.
3. Kunden präferieren tendenziell kürzere Laufzeiten mit geringeren Beträgen pro Zeiteinheit. Demzufolge wird eine Monatsgebühr von 1 EUR günstiger wahrgenommen als ein Jahrespreis von 12 EUR.
4. Eine Preisdarstellung pro Zeiteinheit in Höhe von 1 EUR pro Tag wird von Konsumenten gegenüber der Alternative 365 EUR pro Jahr deutlich bevorzugt.

Die Zielsetzungen von Unternehmen sind den Anforderungen der Nutzer diametral entgegengesetzt. Eine effektive Bindung von Kunden erfordert möglichst lange Laufzeiten. Um Kunden zum Abschluss von Verträgen mit längeren Laufzeiten zu bewegen, muss der Durchschnittspreis folglich wahrnehmbar deutlich fallen. Eine nichtlineare Preisstaffelung für Zeiteinheiten beschreibt das Angebot von Sky Sport im Jahr 2017. Die Preisstaffelung lautete: 24,99 EUR pro Monat, 14,99 EUR pro Woche und 9,99 EUR pro Tag (www.sky.de 2017). Es wird ein starker Anreiz zur Erhöhung der Laufzeit der Verträge gesetzt. Der Durchschnittspreis pro Tag sinkt mit zunehmender Laufzeit deutlich.

Im Zuge der Digitalisierung entstehen vermehrt innovative Differenzierungsansätze. Technologische Basis hierfür sind die verbesserten Möglichkeiten zur Analyse der Kundenpräferenzen. So können preislich gezielt Anreize zur Förderung eines bestimmten Verhaltens gesetzt werden. Im Mobilfunk wurden schon vor einigen Jahren kreative Tarife entwickelt, die die Kundenbindung durch Preisanreize innerhalb von Communities fördern. T-Mobile lancierte unter dem Logo MyFaves einen Rabatt für fünf ausgewählte Freunde bzw. Familienmitglieder. Basis hierfür war die systematische Analyse des Nutzungsverhaltens: Im Mobilfunk wurden durchschnittlich 80 % der Gespräche mit maximal fünf Personen geführt (Frohmann 2014a). Community-Tarife werden vor dem Hintergrund der technologischen Entwicklung in Zukunft deutlich an Bedeutung zunehmen.

Ein weiteres Beispiel für digital unterstützte Gruppenpreise basiert auf den wachsenden Mobilitätsdiensten in Ballungszentren. Mithilfe digitaler Technologie wird die Idee des Sammeltaxis zum Ridesharing entwickelt (Fasse 2018). Eine App dient dem Plattformanbieter sowohl zur Koordination der Fahrgäste als auch zur Abrechnung. Algorithmen berechnen die Routen und optimieren die Zustiege der Fahrgäste. Mit jedem zusätzlichen Fahrgast sinkt der Durchschnittpreis pro Nutzer.

Säule 3: Zahlungsform

Bei der Gestaltung eines Preismodells für digitale Güter (z. B. Software) gibt es grundsätzlich zwei Zahlungsvarianten:

1. Der Kunde leistet eine einmalige Zahlung. Er erwirbt hiermit das Recht auf eine zeitlich unbegrenzte Nutzung der Leistung. Die Einmalzahlung entspricht dem lange verbreiteten Modell der Lizenzierung einer Software.
2. Der Kunde zahlt in regelmäßigen Intervallen für ein Informationsgut, z. B. über einen Abonnementpreis.

Regelmäßig wiederkehrende Zahlungen können bezüglich von zwei Dimensionen optimiert werden:

- Frequenz der Zahlung
- Dauer der Zahlungen

Als Preismodell für die Nutzung einer Software könnte z. B. ein monatlicher oder jährlicher Abonnementpreis über einen Zeitraum von zwei Jahren vereinbart werden. Im Fall eines Bundlings sind hybride Formen aus einmaligen und regelmäßigen Zahlungen realisierbar (Skiera und Spann 2002). Verbreitet ist der Erwerb einer Softwarelizenz, der mit dem Abschluss eines Wartungsvertrags verknüpft wird. Die Servicekomponente umfasst jährliche Zahlungen für die Wartungsdienstleistung in Höhe eines bestimmten Prozentsatzes der einmaligen Lizenzzahlung. Alternativ kann auch eine Abrechnung auf Stundenbasis erfolgen.

Fallbeispiele

Neue Erlös- und Preismodelle im Bereich der Standardsoftware basieren auf den technischen Möglichkeiten, Kunden Softwareangebote als Dienstleistung zu überlassen. Software-as-a-Service-Lösungen ersetzen traditionelle Lizenzkonzepte durch Mietmodelle. Kunden nutzen die Leistungen des Anbieters über Internetverbindungen; sie müssen die Software nicht mehr kaufen und installieren (Buxmann et al. 2008). Das Erlösmodell der Miete resultiert in neuen Preismodellen (wie z. B. Abonnements). Der entscheidende Vorteil von Cloud-Systemen für den Kunden ist die flexible Inanspruchnahme. Der Kunde zahlt nur den Leistungsumfang, der genutzt wird. Angemietete Software- und Wartungsleistungen können somit auch für kurze Nutzungsintervalle wirtschaftlich eingesetzt werden. Für die Anbieter ergibt sich durch die Implementierung dieser serviceorientierten Mietmodelle ein Zugang zu neuen Kundensegmenten mit tendenziell niedrigeren Preisbereitschaften. Ein Beispiel hierfür ist das Cloud-Angebot Office 365 von Microsoft (o. V. 2018b, e). Onlineversionen von verschiedenen Programmen sind kostenlos; hierzu gehören u. a. Word, PowerPoint, Excel, Outlook sowie OneNote. Zusätzlich zum kostenlosen Office Online können Serviceangebote kostenpflichtig zugekauft werden. Webspaces für eine Internetsite oder professionelle E-Mail-Lösungen sind als monatliches oder jährliches Abonnement verfügbar. Das Office-365-Abonnement beinhaltet je nach Detailleistung verschiedene Tarife.

Die Entwicklung von Adobe Systems verlief ähnlich wie die bereits skizzierte Geschäftsmodellvariation von Microsoft. Vor dem Hintergrund der veränderten Kundenanforderungen und der technologischen Entwicklungen änderte Adobe seine Geschäftsdefinition. Der Verkauf von Softwarepaketen wurde zunehmend durch das Cloud Computing ergänzt. Der Cloud-Ansatz wird den veränderten Nutzungsanforderungen im digitalen Zeitalter gerecht: Mit einer externen Speicherung von Daten und einem geräteunabhängigen, standortneutralen Zugriff. Die übergeordnete Geschäftsmodelländerung spiegelte sich auf der Ebene der Preismodellierung wider. Die Creative Suite – ein Softwarepaket gegen eine einmalige Lizenzzahlung – wurde bereits vor einigen Jahren durch ein Software-as-a-Service-Angebot ersetzt. Das Creative-Cloud-Angebot ist ein Beitrag zum Erfolg des US-Softwareherstellers. Durch die Umstellung von einmaligen Lizenzverkäufen auf regelmäßige Webabonnements erzielt Adobe kontinuierliche und berechenbare Einnahmen (o. V. 2018f; Buxmann und Lehmann 2009).

Im Bereich der Bezahldienste verläuft die technische Entwicklung rasant (o. V. 2018l; Reimann und Sokolow 2018). Mobile Zahlungsmethoden gewinnen massiv an Bedeutung. Der asiatische Technologiekonzern Alibaba konzipierte im Jahr 2017 eine Smile-to-Pay-Lösung. Technische Grundlage für dieses innovative Abrechnungssystem in Restaurants ist die Gesichtserkennung der Nutzer. Die Identifikation der Kunden, deren Bedienung und Service sowie die anschließende Bezahlung per App sind über den Interaktionsprozess (und alle „customer touchpoints") hinweg voll digitalisiert (Ankenbrand 2018).

Säule 4: Grad der Interaktion
Die einseitige Festlegung des Preises wird als nicht interaktive Preisbildung bezeichnet. Beim klassischen Produkt-Pricing hat der Kunde – bis auf eine mögliche Rabattforderung – keinen Einfluss auf die Preishöhe. Der Anbieter setzt den Preis vorab fest. Neuere Preisbildungsansätze wie Customer-Driven Pricing oder Pay-what you-want legen die einseitige Preisfestsetzung demgegenüber in die Hände des Kunden (Simon 2015b). Bei einer interaktiven Preisbildung resultiert der Preis aus dem Austausch von Kunde und Anbieter. Beispiele für interaktive Preisbildungsansätze sind

- Verhandlungen
- Ausschreibungen/Tender
- Auktionen

Auktionen existieren in vielen verschiedenen Varianten (Simon 2015a, S. 271 f.). Zwei prinzipiell unterschiedliche Ansätze lassen sich wie folgt voneinander abgrenzen (Homburg et al. 2006, S. 83; Homburg und Totzek 2011; Rese 2011):

- Klassische Auktion ("forwards auction"):
  - Preisbeeinflussung durch den Käufer
  - Interessenten überbieten sich gegenseitig bezüglich des Angebots eines Verkäufers.
  - Der tatsächliche Preis wird durch die Konkurrenz verschiedener Preisangebote der Nachfrager bestimmt.
  - Der Interessent mit der größten Zahlungsbereitschaft bekommt den Zuschlag.
- Einkaufsauktion ("reverse auction"):
  - Preisbeeinflussung durch den Verkäufer
  - Anbieter unterbieten sich gegenseitig bezüglich der Anfrage eines Käufers.
  - Durch vorgegebene Preisstufen wird ein wesentlicher Einfluss auf den Endpreis ausgeübt.
  - Der Verkäufer mit dem niedrigsten Preisangebot erhält den Zuschlag des Käufers.

Werbefinanzierte Internetplattformen nutzen den Auktionsmechanismus zur Preisfindung. Das werbende Unternehmen als Kunde des Plattformbetreibers erhält ein Angebot in Form einer Preisvorgabe. Zwei Preismodelle kommen zum Einsatz:

- Tausend-Kontaktpreis (TKP).
- Cost-per-Click (CPC).

Im CPC-Modell zahlt der Werbende pro erfolgtem Klick eines Nutzers auf sein Werbebanner. Algorithmen legen fest, welche Werbeanzeigen dem Plattformnutzer dargeboten werden. Das Niveau der Tausend-Kontaktpreise (TKP) ist an den Besonderheiten der Zielgruppe (Einkommen, Region, Alter etc.) orientiert. Je höher der Preis, desto spezifischer die Ansprache.

Internetauktionen existieren in allen wesentlichen Sektoren. Sie haben sich sowohl für B2B-, B2C- als auch für C2C-Modelle durchgesetzt. Das Internet bietet enorme Potenziale durch die massive Reduzierung der Transaktionskosten. Auktionator und Bieter kommen auf sehr effiziente Weise auf einem virtuellen Marktplatz zusammen. In B2B-Märkten hat das E-Bidding als Beschaffungsprozess in den letzten Jahren stetig an Bedeutung gewonnen (Homburg et al. 2006, S. 83). Die elektronische Auktion wird technisch in Form des Reverse-Auction-Verfahrens vollzogen.

Säule 5: Zeitpunkt der Preisbildung
Laut Simon existieren zwei grundlegende Varianten (Simon 1992; Simon und Fassnacht 2016, S. 512):

- Ex-ante-Festpreise
- Ex-post ermittelte fallspezifische Preise

Ex-ante-Preise werden vor der Transaktion kommuniziert. Diese klassische Marktpreisbildung ist insbesondere für anonyme Konsumgüter relevant. Festpreise sind darüber hinaus auch für standardisierte Dienstleistungen geeignet. Grundlage der Ex-post-Preissetzung

5.3 Preismodelle

ist der tatsächliche Zeiteinsatz. Im Gegensatz zum Festpreis liegt bei der fallspezifischen Preisbildung das volle Preisrisiko beim Kunden. Je individualisierter die Anforderungen des Kunden, desto eher bietet sich eine fallbezogene Preissetzung an.

Die beiden tragenden Säulen eines Preismodells – Bemessungsgrundlage und Preismetrik – werden im Folgenden detailliert beschrieben (vgl. Frohmann 2014b).

5.3.3 Bemessungsgrundlagen im Detail

Grundlegend wird zwischen nutzungsabhängigen und nutzungsunabhängigen Preismodellen unterschieden (vgl. Abb. 5.20).

Nutzungsunabhängige Bemessungsgrundlagen
Eine insbesondere in digitalen Branchen verwendete Variante eines nutzungsunabhängigen Preismodells ist die Flatrate. Unter einer Flatrate (Pauschaltarif) versteht man Einheitspreise unabhängig von der tatsächlichen Inanspruchnahme des Angebots. Eine Flatrate ist eine Variante des nichtlinearen Pricing, da der Preis pro Einheit mit steigender Nutzung sinkt (Skiera und Spann 2002). Flatrates sind in vielen Branchen populär. Interessant für das tiefere Verständnis von Pauschaltarifen ist eine historische Betrachtung am Beispiel der Telekommunikation. Bis zur Liberalisierung des deutschen

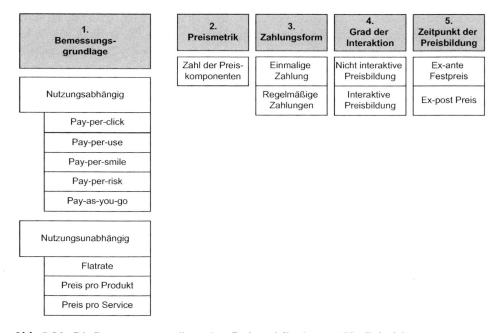

Abb. 5.20 Die Bemessungsgrundlage eines Preismodells: Ausgewählte Beispiele

Markts im Jahr 1998 waren die Tarifstrukturen in der Telekommunikation vergleichsweise komplex (o. V. 2018n). Der Marktführer Deutsche Telekom differenzierte seine Mobilfunktarife auf Basis von zwei Dimensionen: Region und Zeit. Sechs Tarifzeiten und drei Preisregionen determinierten den Preis pro Minute. Ab 2005 entwickelte sich ein deutlicher Trend zu einfacheren Preismodellen. Einheitspreise wurden von Wettbewerbern eingeführt, die auf Basis deutlich schlankerer Geschäftsprozesse Kostenvorteile erzielen konnten. E-Plus gründete mit Base die erste Billigmarke, die sich über zeitunabhängige Pauschaltarife vom Wettbewerb differenzierte. Im Jahr 2005 führte E-Plus die erste Datenflatrate für 40 EUR monatlich ein und setzte damit alle Wettbewerber unter Druck. Einfache Pauschaltarife erwiesen sich zur Kommunikation einer günstigen Preispositionierung als geeigneter Aufhänger. So zielte auch der Prepaidtarif von Tchibo im Jahr 2005 direkt auf eine Erhöhung der Transparenz im Markt ab. Mit 35 Cent pro Minute und zu jeder Tageszeit war das Angebot des Mobilfunkhändlers deutlich günstiger als die Preise der Wettbewerber. Als Konsequenz der besseren Vergleichbarkeit und des intensiveren Wettbewerbs sanken die Durchschnittpreise stetig. Im Jahr 2007 lag das Tarifniveau bei einigen Niedrigpreisanbietern bereits unter 10 Cent pro Minute. Das Mobilfunkbeispiel zeigt, dass sich eine Intensivierung des Wettbewerbs sehr oft in einfacheren Preismodellen reflektiert. Preisniveaus folgen sukzessive der Struktur (Roll et al. 2009; Frohmann 2014a). In anderen Dienstleistungsbranchen (u. a. Fluggesellschaften, Hotels und Mietwagenanbieter) verlief die Entwicklung ähnlich. Sowohl bei Arlines als auch Hotels waren Low-Cost-Anbieter (z. B. Ryanair) bzw. Budgetmarken (z. B. Ibis) die wesentlichen Treiber einfacher Preismodelle. Flatrates haben sich insbesondere bei digitalen Produkten etabliert: Leser von elektronischen Büchern können schon seit Jahren unter zahlreichen Pauschaltarifvarianten auswählen. Streamingplattformen bieten unbegrenzten Zugang zu digitalen Inhalten im Bereich Musik und Film. Die beiden Weltmarktführer Spotify (im Fall von Musik) und Netflix (für Filme und Serien) sind bekannte Beispiele.

1. Musik: Spotify ist ein Paradebeispiel für die digitale Transformation einer Branche, die ab 1999 in einen permanenten Abwärtstrend geraten war. Das Erlösmodell von Spotify basiert darauf, dass Musiknutzer über einen Streamingdienst einzelne Songs flexibel beziehen, statt die komplette CD kaufen zu müssen. Spotify bedient den Megatrend des flexiblen Mietens von Leistungen. Das aus dem Freemium-Erlösmodell resultierende Preismodell für die Premiumkunden ist ein monatliches Abonnement. Für einen Festpreis von 9,99 EUR/Monat in der Premiumversion haben Nutzer kompletten Zugriff auf eine zentrale Musikdatenbank. Spotify ist mit 71 Mio. zahlenden Kunden (Stand Ende 2017) der weltgrößte Streamingdienst für Musik (Postinett 2018b). Apple startete zunächst mit einem Einheitspreis pro Download von 99 Cent, die man bei iTunes zahlen musste. Apple Music setzt auf einen Pauschalbetrag im Abonnement in Höhe von 7,99 EUR/Monat für Prime-Kunden (Lindner 2018b).

5.3 Preismodelle

2. Filme: Die Internetvideothek Netflix ist zum weltweit größten Online-Videodienst aufgestiegen. Netflix verzeichnete Anfang 2018 weltweit 120 Mio. Abonnenten (Ahlig 2018; Harengel 2017; Postinett 2018a).

Nicht nur bei Informationsgütern setzen sich Flatrates zunehmend durch. Auch für digitale Geschäftsmodelle traditioneller Produktsektoren werden Pauschaltarife zur Marktpenetration genutzt. Das Monatsabonnement Access by BMW ermöglicht den Kunden kurzfristige Wechsel zwischen verschiedenen Pkw-Modellen. Buchungen erfolgen per App. BMW bietet zwei preislich differenzierte Mietpakete an (Eckl-Dorna 2018b). Porsche (mit Porsche Passport) und Mercedes (mit Me Flexperience) führten ähnliche Flatrateprogramme ein (Vetter 2017).

Mittlerweile hat sogar die Immobilienbranche einfache Pauschaltarife für sich entdeckt. Statt die Heizkosten ihrer Mieter nutzungsabhängig abzurechnen, bieten einige Wohnungsbaugesellschaften Wärmeflatrates an. Ein besonderer Vorteil für die Bewohner ist die aus dem Pauschaltarif resultierende Planungssicherheit: Die Niveaus der Flatrates sind für mehrere Jahre fixiert (o. V. 2017).

Flatrates bewähren sich auch in B2B-Sektoren. Zwei jüngere Beispiele von General Electric und Amazon Business belegen dies.

- General Electric – Drill by the day: Ausgangslage für die Transformation des Preismodells war die Veränderung des Wertschöpfungsmodells von General Electric im Zuge des Internets der Dinge. Notwendige Wartungsarbeiten an Maschinen oder Komponenten können frühzeitig erkannt und eingeplant werden. Kunden wird ein täglich zu zahlendes Rundum-Sorglos-Servicepaket angeboten. Der Pauschalpreis umfasst sämtliche anfallenden Kosten während der Maschinennutzung sowie Aufwendungen für Wartung und Reparatur.
- Amazon Business: Amazon startete Anfang 2018 eine Flatrate für Businesskunden in Deutschland. Produkte aus der Geschäftssparte des Internethändlers werden per Business Prime innerhalb von 48 h für eine jährliche Flatrate geliefert (www.amazon.de).

Die Vor- und Nachteile einer Flatrate lassen sich wie folgt zusammenfassen.

- **Vorteile aus der Kundenperspektive:**
  - Volle Kostentransparenz
  - Einfachheit
  - Budgetkontrolle (aufgrund der Entkoppelung von Konsum und Bezahlung)
  - Bequemlichkeit
  - Der Durchschnittspreis pro Einheit sinkt mit zunehmender Gesamtnutzung des Kunden. Für Vielnutzer resultieren wirtschaftliche Vorteile gegenüber einem nutzungsabhängigen Tarif.
- **Vorteile aus der Anbieterperspektive:** Die Vorteile der Flatrate für Unternehmen ergeben sich v. a. aus der Kundenwahrnehmung und aus preispsychologischen Erkenntnissen:

- Vielen Kunden fällt es schwer, ihre tatsächliche Nutzung richtig einzuschätzen. Nachfrager überschätzen sehr oft ihr eigenes Konsumverhalten. Die Vorteile eines Pauschaltarifs werden von Wenignutzern überbewertet. Dieser Flatrate-Bias kommt den Anbietern zugute.
- Die Option der unbegrenzten Nutzung ist tendenziell mit einer höheren Zahlungsbereitschaft der Kunden verbunden (Buxmann und Lehmann 2009).
- Die Reduktion der Preiskomplexität des Anbieters wird ebenfalls durch eine höhere Zahlungsbereitschaft seitens des Kunden honoriert. Die Einfachheit des Preismodells ist ein Werttreiber und erhöht den Maximalpreis der Nutzer.
- Kunden vermeiden sowohl Verluste als auch Risiken. Flatratetarife sprechen das Sicherheitsbewusstsein der Nutzer an. Dies erklärt, warum einige Nutzer Flatrates selbst dann wählen, wenn ein alternativer Pay-per-Use-Tarif objektiv günstiger ist. Aus psychologischer Sicht wirkt eine Flatrate wie die Versicherung des Risikos ungeplanter Zusatzkosten (Kopetzky 2016, S. 26).
- Interne Prozesse wie Vertriebstraining, Kundenkommunikation und Rechnungstellung werden durch ein einfaches Preismodell deutlich effizienter. Niedrigere Prozesskosten im Vergleich zu nutzungsabhängigen Tarifen sind das Resultat.

Die Vorteilsargumente der Flatrate gelten insbesondere für häufig konsumierte Verbrauchsgüter, darunter v. a. auch Informationsgüter. Bei digitalen Angeboten begünstigt der steigende Datenverbrauch der Nutzer die Akzeptanz von Flatrates. Immer mehr Kunden präferieren eine uneingeschränkte Sorgenfreiheit in Form von unbegrenztem Datenvolumen zu einem garantierten Preis. Die Unterschiede im Nutzungsverhalten verschiedener Kundensegmente bilden die wirtschaftliche Basis für Flatratemodelle. Das Flatrateniveau wird im Zuge einer Mischkalkulation festgelegt. Kunden, die das Angebot nur wenig nutzen, sind für das Unternehmen überdurchschnittlich profitabel. Sie leisten einen Anteil zur Finanzierung von Vielnutzern, deren Gewinnbeitrag aufgrund ihrer hohen Beanspruchung der Firmenressourcen negativ ist.

- **Nachteile aus der Kundenperspektive:** Preispsychologischen Erkenntnissen zufolge tun sich Menschen schwer, zukünftige Verhaltensweisen richtig einzuordnen und Wahrscheinlichkeiten abzuschätzen. In Branchen wie dem Mobilfunk stellen Kunden häufig fest, dass sie mit Blick auf ihr Nutzungsverhalten zu viel zahlen. Oft werden die eigenen Nutzungsgewohnheiten im Vorfeld des Vertragsabschlusses falsch eingeschätzt. Nicht selten sind Verträge mit zu hohen Flatrates überdimensioniert (o. V. 2018b, n). Last but not least: Bei scheinbaren Pauschaltarifen handelt es sich sehr oft nicht um echte Flatrates. Oft wird nach Nutzung einer bestimmten Datenmenge die Geschwindigkeit des Zugangs drastisch reduziert. Erst seit Anfang März 2018 wird in Deutschland eine echte Mobilfunkflatrate offeriert. Der Tarif Magenta Mobil XL von Telekom enthält kein Datenlimit. Er grenzt sich damit leistungsseitig von den sonst üblichen Tarifen der Mobilfunkanbieter ab (o. V. 2018o). Das Preisniveau ist konsistent zur Leistung; mit knapp 80 EUR im Monat ist der Tarif vergleichsweise teuer.

5.3 Preismodelle

- **Nachteile aus der Anbieterperspektive:** Nachfrager unterscheiden sich in ihren Präferenzen und Preisbereitschaften. Je besser es gelingt, diese Unterschiede im Preis und im Angebot zu reflektieren, desto größer ist die Marktausschöpfung. Der prinzipiell abschöpfbare Gewinn wird bei Einheitspreisen in zweifacher Hinsicht verschenkt:
  - Margenverlust: Bestimmte Absatzmengen, die auch zu höheren Preisen realisierbar wären, werden nur zum Einheitspreis kontrahiert. Preisbereitschaften über dem Niveau der Flatrate können nicht abgeschöpft werden.
  - Mengenverlust: Potenzielle Kunden, deren Zahlungsbereitschaften unterhalb des Pauschalpreisniveaus liegen, können mit dem Flatrateangebot nicht gewonnen werden.

Pauschaltarife sind tendenziell eher für marktstarke Anbieter mit einem großen Kundenportfolio geeignet. Eine breite Kundenbasis erlaubt die stabile Kalkulation eines profitablen Pauschaltarifs. Bei kleineren Anbietern kann schon eine geringe Erhöhung des Anteils der Vielnutzer zu einer deutlichen Verschiebung der Mischkalkulation führen.

Nutzungsabhängige Bemessungsgrundlagen

Die Grundidee eines nutzungsabhängigen Preismodells lässt sich an einem Fallbeispiel aus dem B2B-Sektor beschreiben. Im Maschinenbau erfolgt das Pricing traditionell auf Stückbasis: Der Businesskunde zahlt für eine Maschine oder den Kauf bestimmter Komponenten. Dabei ist der Geschäftskunde eigentlich nur mittelbar an dem Produkt interessiert. Der eigentliche Nutzen resultiert aus der Leistung, die von der Maschine erbracht wird und dem hieraus resultierenden Endprodukt. Daher bietet sich eine outputorientierte Bezugsbasis für das Preismodell an. Bemessungsgrundlage ist dann nicht mehr die Maschine, sondern deren Leistung (Jensen und Henrich 2011). Der Kunde zahlt keinen festen Preis für eine Maschine (Lietzmann 2018). Die Abrechnung erfolgt für die erbrachte Leistung (z. B. die hergestellten Produkte oder die Anzahl der Betriebsstunden).

Nutzungsorientierte Preismodelle gewinnen im Zuge der zunehmenden Digitalisierung insbesondere auch für Informationsgüter an Bedeutung. Sie lösen in immer mehr Branchen das traditionelle Preismodell ab. Der Kunde zahlt nicht mehr für das digitale Angebot, sondern nur noch für seine tatsächliche Nutzung. Pay-per-Use-Ansätze existieren in verschiedenen Formen (Frohmann 2014b). Ausgewählte Beispiele nutzungsabhängiger Bemessungsgrundlagen für Software sind (Buxmann und Lehmann 2009):

- Preis pro Transaktion: Der Preis bestimmt sich in Abhängigkeit der Anzahl der Transaktionen, die mit der Software durchgeführt werden können (z. B. je Aufruf oder Download).
- Preis in Abhängigkeit des Speicherbedarfs des Kunden: Der zu zahlende Betrag wird in Einheiten des Speicherbedarfs des Kunden gemessen (z. B. je Gigabyte).
- Preis in Abhängigkeit der zeitlichen Beanspruchung: Das Preisniveau hängt von der tatsächlichen Dauer der Softwarenutzung ab (z. B. minutengenaue Abrechnung).

Auch die Servicepakete des Marktführers für Cloud Computing – AWS – werden nach Nutzung bezahlt. Dies reduziert die Vergleichbarkeit und Austauschbarkeit im Wettbewerb.

Xerox ist einer der Pioniere eines nutzungsabhängigen Preismodells mit kontinuierlich wiederkehrenden Zahlungen. Der Hersteller von Kopiergeräten setzte im B2B-Sektor auf eine nutzungsbezogene Abrechnung pro kopierter Seite (Frohmann 2009b). Ein entscheidendes Argument für dieses innovative Preismodell war die Verstetigung der Zahlungsströme für beide Parteien. Sowohl die Kosten auf der Nutzerseite als auch die Erlöse von Xerox konnten dadurch zeitlich gestaffelt werden.

Deutsche Automobilhersteller im Premiumsegment (Audi, Mercedes und BMW) planen im Rahmen ihrer Digitalisierungsstrategie eine Veränderung des Geschäftsmodells für Sonderausstattungen. Digitalisierte Features wie Sitzheizung, Klimaanlage etc. sollen nach Bedarf zur Verfügung gestellt werden. Die Extras werden in jedem Pkw entweder physisch verfügbar sein (über eingebaute Hardware) oder sie sind als softwarebasierte Services digital abrufbar. Eine Bezahlung erfolgt nur bei Inanspruchnahme (Pay-as-you-Go-Modell). Vor dem Hintergrund der enormen Kosten für die Installation von Hardware wird das Potenzial hauptsächlich bei softwarebasierten Diensten gesehen. Die Aktivierung der Zusatzdienste kann vor oder während der Fahrt über die Konsole im Fahrzeug vorgenommen werden. Der gewählte Dienst, der vom Nutzer gewünschte Abrechnungszeitraum sowie der nutzungsabhängige Preis werden dem Fahrer per Schnittstelle auf dem zentralen Borddisplay angezeigt (Beispiel: „Die Komfortsteuerung wird zu einem Preis von X Euro für 48 h freigeschaltet"). Die per Software aktivierbare Leistungspalette wird von den Herstellern sukzessive erweitert. Als Beispiele seien die Erhöhung der Motorleistung, eine Verstellung der Federung sowie eine Aktivierung des Parkassistenten genannt. Diese können fallspezifisch und je nach Kontext (Route, Fahrumfeld, Zeit, Wetter, Straßenzustand etc.) kundenindividuell angeboten, genutzt und abgerechnet werden (o. V. 2015; Eckl-Dorna 2018a; Fasse 2018; Meyer 2018).

Fallbeispiele: Outputorientierte Preismodelle (Abb. 5.21)

1. Fahrstühle
   - Unternehmen: Schindler (Deutschland)
   - Traditionelles Preismodell: Preis pro Fahrstuhl, Abrechnung von Wartungsservices nach Zeitaufwand
   - Neues Preismodell: Abrechnung nach dem Gewicht, das der Fahrstuhl über eine bestimmte Höhe transportiert
   - Auslöser für das neue Preismodell: Veränderung des Geschäftsmodells von Schindler
     Nutzenversprechen: Verkauf von Transportleistungen statt Fahrstühlen
     Wertschöpfungsmodell: Transformation eines physischen Produkts in eine Dienstleistung – Fernsteuerung und -wartung von Aufzügen
2. Industriesprengstoffe
   - Unternehmen: Orica (Australien)
   - Traditionelles Preismodell: Preis pro Kilogramm Sprengstoff

5.3 Preismodelle

Abb. 5.21 Outputorientierte Preismodelle: Ausgewählte Beispiele

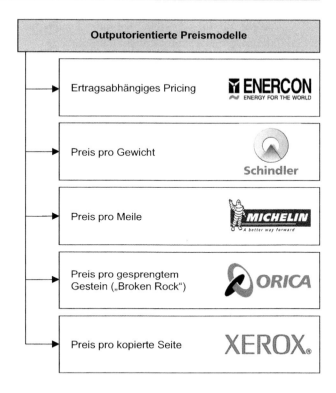

- Neues Preismodell: Preis in Abhängigkeit der Menge abgesprengten Gesteins („broken rock")
- Auslöser für das neue Preismodell: Veränderung des Geschäftsmodells
  Nutzenversprechen: Repositionierung vom Sprengstoffhersteller zum Lösungsanbieter. Differenzierung von Industriesprengstoffen (als austauschbare Massenware) über ein neues Preismodell
  Wertschöpfungsmodell: Digitalisierte Prozesse (umfassende Datenanalyse, exakte Prognose des Outputs der Sprengprozesse, durchgängiges Monitoring für Kunden)
3. Lkw-Reifen
   - Unternehmen: Michelin (Frankreich)
   - Traditionelles Preismodell: Preis pro Reifen
   - Neues Preismodell: Preis in Abhängigkeit der Leistung, Preis pro Laufleistung
   - Auslöser für das neue Preismodell:
     a) Produktinnovation: eine modifizierte Version der Lkw-Reifen von Michelin bietet eine signifikant höhere Laufleistung als die Konkurrenzprodukte
     b) Veränderung des Geschäftsmodells:
     Nutzenversprechen: Vom Reifenlieferanten zum Mobilitätsdienstleister

Wertschöpfungsmodell: Digitale Datenerfassung, Messung der Kilometerleistung eines Reifens direkt am Fahrzeug
Erlösmodell: Die höhere Laufleistung des Reifens führt zu einer automatisierten Erlösgenerierung. Der Umsatz steigt kontinuierlich, wenn der Reifen länger hält.

Alle drei Beispiele belegen die enormen Potenziale digitaler Technologien (Frohmann 2014a). Die Optimierung von Produkten, die Entwicklung neuer Services und die Gestaltung kreativer Preismodelle gehen Hand in Hand. Bei Innovationen oder deutlichen Produktverbesserungen ist eine Variation des Preismodells oft der entscheidende Hebel zur Profitoptimierung. Mit dem traditionellen Pricing-Ansatz hätte Michelin trotz der enormen Leistungsverbesserung keine Preiserhöhung in deutlich zweistelliger Prozenthöhe umsetzen können. Die bestehenden Marktpreise als Anker hätten eine signifikante Erhöhung des Preises nicht erlaubt. Die Monetarisierung des technischen Vorsprungs konnte erst im Zuge des objektiven Leistungsnachweises – im Sinn einer längeren Laufleistung – erfolgen. Hierzu war ein völlig neues Preismodell nötig.

Im Zuge der Digitalisierung entwickelten sich zahlreiche Variationen des Pay-per-use-Modells. Pay-per-click-Modelle stellen die Verrechnung von Online-Werbung sicher. Grundlage der Bezahlung ist nicht die Platzierung von Werbung (wie in klassischen Printmedien). Basis des Pricing ist der Erfolg der Kommunikation. Nur die Nutzung der digitalen Werbung (so z. B. das Anklicken der Anzeigen durch Interessenten) führt zu Kosten für den Werbekunden.

Neue Möglichkeiten der Wertschöpfung sowie der Monetarisierung von Zusatznutzen bieten sich auch für Versicherungen. Sensoren und Endgeräte im Fahrzeug werden zur Aufzeichnung des Fahrverhaltens von Versicherungskunden eingesetzt. Die erhobenen Daten sind für innovative Pay-as-you-drive-Modelle nutzbar. Telematiktarife bemessen den Versicherungsbeitrag u. a. nach dem Fahrverhalten des Kunden. Pay-per-risk-Modelle orientieren sich an Risikofaktoren des Fahrers. Fahrverhalten, Angaben zu den Fahrtzeiten sowie Routeninformationen werden zu einem Risikowert pro Kunde aggregiert. Preisstaffelungen erfolgen in Abhängigkeit des gemessenen Risikolevels. Prämienrabatte bieten Nutzern Anreize zur Reduktion ihrer Risikowerte. Umgekehrt wechseln die riskantesten Fahrer als Konsequenz der Einführung von Pay-per-Risk-Modellen oft zu Konkurrenzunternehmen. Die technischen Voraussetzungen zur Realisierung solcher Modelle werden stetig verbessert. Hierzu gehört z. B. die Messung der tatsächlichen Nutzung und die effiziente Übertragung von Nutzungsdaten (Eckl-Dorna 2018a; Fasse 2018; Meyer 2018).

Die Vor- und Nachteile eines nutzungsabhängigen Preismodells lassen sich wie folgt beschreiben.

- Vorteile aus der Kundenperspektive:
  - Keine Einmalinvestition
  - Koppelung der Bezahlung an die tatsächlich genutzte Leistung
  - Hersteller setzen preisliche Anreize für ein bestimmtes Nutzungsverhalten des Kunden

5.3 Preismodelle

- Vorteile aus der Anbieterperspektive:
  - Sicherung kontinuierlicher Zahlungsströme
  - Reduzierung der Preistransparenz für Wettbewerber
  - Erleichterung der Wertargumentation gegenüber dem Kunden
  - Möglichkeit zur Förderung eines bestimmten Nutzungsverhaltens, das zu wirtschaftlichen Vorteilen führt (u. a. interne Kosteneinsparungen; Verbesserung der Planungsprozesse etc.)
  - Potenzial zur Steuerung der Kundenstruktur (Konzentration auf profitable Segmente)
- Nachteile aus der Kundenperspektive:
  - Kostentransparenz erfordert aktives Monitoring
  - Keine Budgetkontrolle (aufgrund der Koppelung von Konsum und Bezahlung)
- Nachteile aus der Anbieterperspektive: Die zahlreichen Vorteile nutzungsabhängiger Preismodelle müssen aus Anbietersicht mit einem wesentlichen Nachteil erkauft werden. Die Verwendung nutzungsabhängiger Bemessungsgrundlagen führt zu fixen und variablen Kosten (u. a. Vertriebsschulungen, Monitoring der Nutzung, Abrechnungskosten etc.).

Value Sharing

Eine Spezialform des nutzungsabhängigen Pricing basiert auf dem Erlösmodell des Value Sharing. Das Unternehmen orientiert seine Erlöse am wirtschaftlichen Nutzen, den der Kunde aus der Leistung bezieht. Die Abrechnung erfolgt nicht nach einer diskreten Einheit (z. B. nach Zeit oder Datenvolumen). Die Zahlung durch den Kunden orientiert sich an seinem ökonomischen Ertrag. Dies setzt eine Quantifizierung der wirtschaftlichen Konsequenzen der Produktnutzung voraus. Das Value Sharing kommt somit per definitionem eher im B2B-Geschäft zum Einsatz. Ein Erfolgsbeispiel für eine quantifizierte Aufteilung des Mehrwerts auf Anbieter und Kunden bietet der Windturbinenhersteller Enercon. Enercon erzielt nur dann Erlöse, wenn seine Anlagen Strom für den Kunden erzeugen (Simon 2015b, S. 67 f.; Frohmann 2014b). Je höher die Laufleistung der Windräder und die dadurch entstehende Stromerzeugung, desto höher die Zahlung des Kunden an Enercon. Grundlage hierfür sind digitalisierte Wertschöpfungsprozesse, darunter die automatisierte Erfassung der notwendigen Prozessdaten und eine ausgefeilte Messtechnik. Die entscheidende Messgröße ist die über Sensoren erfasste Laufleistung jeder einzelnen Windturbine. Durch sein kreatives Preismodell nimmt der Hersteller seinen Geschäftskunden einen Teil des Risikos ab. Bei niedriger Laufleistung verdient Enercon entsprechend weniger. Für das Erlöskonzept des Value Sharing bieten sich verschiedene Preismodelle an. Verschiedene Metriken kommen infrage:

- Eindimensional: Fester Prozentsatz vom Ertrag
- Zweiteiliger Tarif mit Grundgebühr und variabler Ertragskomponente

Eine besondere Form des Risk Sharing stellt das Preismodell für den Hochgeschwindigkeitszug AVE in Spanien dar (Feth 2008; Köhn 2018). Der AVE verbindet in gut zweieinhalb Stunden die 635 km lange Distanz von Madrid nach Barcelona. Die spanische Bahn garantiert ihren Kunden, die Strecke innerhalb von 2 h 37 min zu bewältigen. Im Fall einer Verspätung des Zugs von mehr als sechs Minuten wird der gesamte Fahrpreis erstattet. Der herausragende Wettbewerbsvorteil der spanischen Bahn ist Pünktlichkeit. Dieses Leistungsversprechen kann aufgrund der überragenden Qualität der Wertschöpfungsprozesse verlässlich eingelöst werden. Technische Grundlage ist ein umfassendes Monitoring mithilfe von Sensoren auf Basis der IoT-Technologie. Nur auf Basis digitalisierter Leistungen kann das aus dem Wertversprechen abgeleitete Preismodell profitabel realisiert werden. Kunden werden durch die Qualitätsgarantie stark an die Bahn gebunden. Sie können praktisch nur profitieren. Entweder der Hochgeschwindigkeitszug ist pünktlich oder die Kunden erhalten den vollen Fahrpreis zurück. Die Zusammenarbeit der Bahn mit ihrem Lieferanten Siemens basiert auf einem Betreibermodell, nicht auf einem klassischen Verkaufsmodell (Feth 2008).

5.3.4 Preismetriken im Detail

Preismetrik und Bemessungsgrundlage sind unmittelbar miteinander verknüpft. Eine zentrale Entscheidung im Rahmen eines Preismodells bezieht sich auf die Anzahl der Preiskomponenten (Buxmann und Lehmann 2009).

1. Eindimensionale Metrik
   Das Preismodell enthält nur eine Komponente. Ein Beispiel von vielen lautet: Der Preis pro Ausbringungsmenge ist vollständig variabel. Kunden zahlen nur nach tatsächlicher Nutzung. Dieses Preismodell verfolgt beispielsweise ein internationales Technologieunternehmen, das Produktionsmaschinen für Elektrokomponenten verkauft (Frohmann 2014b). Vor dem Hintergrund der zunehmenden Digitalisierung seiner Wertschöpfungsprozesse wechselte das Unternehmen zu einer Berechnung von Nutzungskontingenten.
2. Zweidimensionale Metrik
   Zweiteilige Tarife setzen sich aus zwei Komponenten zusammen (Voeth und Herbst 2011):
   – Einer Grundgebühr, die einmalig pro Periode entrichtet wird. Der Grundpreis ist nutzungsunabhängig und
   – Einer variablen, nutzungsabhängigen Komponente.
   Zweiteilige Tarife werden insbesondere im Dienstleistungsbereich eingesetzt. Typisch für Energieversorger sind Blocktarife. Hierbei kann der Kunde aus verschiedenen zweiteiligen Tarifen auswählen. Gespaltenes Pricing betreibt auch die Deutsche Bahn AG seit der Einführung der BahnCard im Jahr 1992 (Simon 2012). Kunden zahlten im Originalmodell eine einmalige Grundgebühr. Dafür erhielten sie einen Rabatt von 50 % bei jeder Bahnfahrt. Der Kunde investiert zunächst den Grundbetrag. Er profitiert davon

durch deutlich niedrigere Kilometerpreise im Lauf eines Jahres. Je öfter die BahnCard zur Verwendung kommt, desto niedriger ist der Durchschnittspreis. Durch das parallele Angebot von Normaltarif und BahnCard wird eine einfache Segmentierung erreicht. Die Kunden der Deutschen Bahn ordnen sich entsprechend ihrem Reiseverhalten und ihrer Zahlungsbereitschaft selbst einem der beiden Preissegmente zu. Reisende, die selten mit der Bahn fahren, sind häufig auch wenig preissensitiv; sie zahlen die vergleichsweise hohe Normalrate. Vielfahrer haben einen Anreiz, die BahnCard zu kaufen. Sie zahlten in der Folge nur den halben Preis (Firner und Tacke 1993). Das Konzept wurde sukzessive um verschiedene Varianten und Ausprägungsformen erweitert. Seit 2003 gibt es drei Varianten: Bahncard 25, Bahncard 50 und Bahncard 100, jeweils mit Versionen für die zweite und die erste Klasse.

Auch das von Daimler geplante Ride-Sharing-Geschäftsmodell wird auf einem zweiteiligen Tarif basieren: Einem Grundpreis und einem entfernungsbasierten Zuschlag. Der Preis pro Entfernungseinheit (Meile oder Kilometer) ist nichtlinear (Fasse 2018; o. V. 2018m). Wie alle Preismodelle, so werden auch zweiteilige Metriken im Lauf der Zeit ständig erweitert. In der Automobilbranche arbeiten immer mehr Unternehmen mit Mietmodellen, die das klassische Verkaufsmodell ablösen. Einer der neuen Mobilitätsanbieter – Moyem – setzt seinen zweiteiligen Tarif aus folgenden beiden Komponenten zusammen: Einer Startgebühr in Höhe von 299 EUR und einem nutzungsunabhängigen Pauschalpreis von mindestens 259 EUR pro Monat (Wildberg 2018). Mit einem zweiteiligen Tarif können im Vergleich zu einem Einheitspreis höhere Gewinne erzielt werden. Zwei Gründe sprechen hierfür (Simon 1992; Wricke und Roll 2004):

- Von den Nachfragern wird eine Konsumentenrente in Höhe der Grundgebühr abgeschöpft.
- Aufgrund des niedrigeren Preises pro Einheit ist die Nachfrage auf einem höheren Niveau.

Das Marktpotenzial wird preislich sowohl nach oben als auch nach unten besser abgeschöpft.

3. Dreidimensionale Metrik

Bei einigen Anbietern von Pkw-Mietleistungen ist der monatliche Pauschalpreis bezüglich der maximalen Kilometerleistung gedeckelt. Ab einer festgelegten Entfernung muss jeder Kilometer mit einem Aufpreis beglichen werden. Mit der nutzungsabhängigen Komponente wird das zweiteilige Modell (Startgebühr und Pauschalpreis) zu einem dreidimensionalen Tarif (Wildberg 2018).

Weitere Preismetriken

1. Flatrate-Cap mit nutzungsabhängigen Aufpreisen

Netzbetreiber bieten im mobilen Internet seit einigen Jahren Spezialtarife an. Eine leistungsseitig begrenzte Flatrate wird um einen verbrauchsabhängigen Tarif ergänzt. Ein Beispiel hierfür ist der Telekom-Tarif Magenta Mobil L. Derartige zweiteilige Tarife werden den Gewohnheiten der Nutzer stärker gerecht. Bei flexiblen Datentarifen mit verbrauchsabhängiger Komponente können Kunden im Bedarfsfall kurzfristig höhere Datengeschwindigkeiten hinzubuchen. Die Aufpreise hierfür sind nichtlinear gestaltet.

2. Eindimensionale Metrik mit Flatkomponente

Beispiele hierfür bieten Vodafone und Telekom mit ihren Diensten StreamOn oder Vodafone Pass. Bei diesen Tarifen werden bestimmte Musik- oder Videodienste nicht auf das Datenvolumen angerechnet. Dienste von Content-Partnern wie Apple Music oder Netflix werden bei T-Mobile gegen eine Pauschale nicht auf das Datenkonto des Kunden angerechnet. Es handelt sich um eine Flatrate mit begrenzter Datenkapazität.

3. Preismodelle auf Basis des Freemium-Erlösmodells

Aus dem Freemium-Erlösmodell resultiert traditionell ein eindimensionales Preismodell. Die kostenpflichtige Premiumkomponente basiert z. B. auf Abonnements, die monatlich abgerechnet werden. Diese Konstellation ist mit zwei wesentlichen Nachteilen verbunden:

- Viele Kunden scheuen den Abschluss eines Vertrags. Die notwendige Bindung an einen Anbieter stellt ein Kaufhemmnis dar (Mengenverlust).
- Bei vielen digitalen Angeboten (Videospiele, Filme etc.) existiert das Segment der Vielnutzer. Die Zahlungsbereitschaften der Fans übersteigen den undifferenzierten Monatsbeitrag eines Abonnements oft deutlich. Starre Abonnementpreise können diese Zahlungsbereitschaften nicht abschöpfen (Margenverlust).

Beide Einschränkungen umgeht eine Erweiterung des Freemium-Modells: Das auf Vorabzahlungen basierende À-la-carte-Konzept. Es kombiniert die Abonnementstruktur mit Einmaltransaktionen. Zweiteilige À-la-carte-Modelle sind im Online-Gaming Standard. Auf Basis der Abonnementzahlung können Kunden ein Spiel beliebig lange nutzen. Darüber hinaus ist es möglich, Zusatzleistungen gegen Aufpreise zu erwerben. Die variable Preiskomponente erlaubt die Monetarisierung der Zahlungsbereitschaften der Intensivnutzer. Der Durchschnittspreis (ARPU) kann durch den variablen Preisbestandteil deutlich erhöht werden. Insbesondere in Produktkategorien mit hohem Involvement der Kunden hat sich der zweistufige Ansatz des À-la-carte-Preismodells bewährt.

Dienstleistungsunternehmen und Anbieter digitaler Leistungen können durch einen zweistufigen Tarif erhebliche Gewinnsteigerungen erzielen (Wricke und Roll 2004; Buxmann und Lehmann 2009; Simon 2012). Folgende Effekte sind mit zweiteiligen Tarifen aus Sicht der Nutzer und Anbieter verbunden:

- Kundenperspektive:
  - Stärkung der Kundenbindung: Um den Rabatt zu erhalten, nutzt der Kunde durchgehend die Leistungen eines Anbieters. Ein Wechsel zur Konkurrenz ist mit Opportunitätskosten (Switching Costs) verbunden.
  - Volumensteigerung: Die Preise pro Einheit sind niedriger als die Einheitsraten eines alternativen eindimensionalen Preismodells. Hierdurch wird der Konsum bzw. die Nutzung gefördert.

5.3 Preismodelle

- Anbieterperspektive:
  - Renditesteigerung: Aus der Kombination der fixen und variablen Ertragskomponenten resultieren im Vergleich zu einem Einheitspreis höhere Gewinne. Die variable Komponente wird niedriger angesetzt als ein vergleichbarer Einheitspreis. Hierdurch wird neue Nachfrage aktiviert (Mengeneffekt). Der Grundpreis führt gleichzeitig zu einer Erhöhung der Durchschnittsmarge (Margeneffekt).
  - Verbesserung der Liquidität: Die Erhebung der nutzungsunabhängigen Grundgebühr führt zur Abschöpfung von Fixerlösen.
  - Verstetigung von Zahlungsströmen: Durch die variable Komponente realisiert der Anbieter kontinuierliche Geldzuflüsse.
  - Erhöhung der Planungsstabilität: Der frühzeitige Verkauf von Kontingenten an Abonnementkunden sichert eine Basisauslastung. Dies verbessert die internen Planungsprozesse.
  - Verringerung der Markttransparenz: Zweidimensionale Preismodelle erschweren die Vergleichbarkeit beim Preis. Traditionelle Preismodelle sind durch einen gemeinsamen Nenner definiert. Hierdurch wird der Fokus der Kunden und der Wettbewerber automatisch stärker auf den Preis (im Zähler der Gleichung) gelenkt. Innovative Preismodelle rücken demgegenüber den Nutzen in den Vordergrund. Die Aufmerksamkeit des Kunden wird auf die Leistung oder den Ertrag des Angebots verlagert.

Aus der Summe der skizzierten Effekte resultiert eine Erhöhung der Umsätze und Gewinne. Dies setzt allerdings eine entsprechende Steuerung der Kundenwahrnehmung voraus. Nur wenn Kunden und potenzielle Nutzer die Vorteile von kreativen Modellen verstehen, wird die erhoffte Absatzwirkung zustande kommen. So kann z. B. die Grundgebühr als Akzeptanzbarriere wirken, wenn deren Auswirkung auf den gezahlten Durchschnittspreis nicht verstanden wird.

5.3.5 Methodeninnovation: Konzept zur Optimierung von Preismodellen

Preismodellierung ist eine analytische und kreative Aufgabe. Kreativität kann über entsprechende Prozesse gesteuert werden. Es ist wichtig, einen Handlungsrahmen zu schaffen, der Kreativität befeuert. Nur so können die enormen Potenziale der Preismodellierung ausgeschöpft werden. Am Anfang des Kreativprozesses steht eine klare Zieldefinition. Analog zur Preisstrategie ist es von grundlegender Bedeutung, die strategische Stoßrichtung für die Preismodellierung klar festzulegen. Hierzu gehören auch die Rahmenbedingungen, u. a. die Vorgaben des Geschäftsmodells, rechtliche Restriktionen, finanzielle Aspekte etc. Im Kern des Optimierungsprozesses steht eine Logik, die bereits im Rahmen der Preisstrategie beschrieben wurde. Es geht um zwei Aspekte, die quantitativ bewertet und verknüpft werden:

- Priorisierung der Ziele (Dimension 1: Wichtigkeit)
- Einschätzung des Beitrags jedes einzelnen Preismodells zur Erreichung der Ziele (Dimension 2: Performance)

Zahlreiche Erfolgskriterien sind bei der Einführung neuer Preismodelle zu beachten. Jedes zur Diskussion stehende Modell sollte auf die folgenden Zielsetzungen hin kritisch abgeklopft werden (Wricke und Roll 2004):

1. Akzeptanz des Kunden: Zwei zentrale Kriterien determinieren die Präferenz des Kunden für ein neues Preismodell:
   - Das Preismodell ist einfach und für den Kunden klar zu verstehen.
   - Das Preismodell wird vom Kunden als fair wahrgenommen.
2. Kundenbindungseffekt:
   Der Nutzer wird durch das Modell an den Anbieter gebunden (z. B. durch eine degressive Preissteigerung bei Mengenzuwächsen).
3. Umsatz- und Gewinnsicherheit:
   - Das Preismodell sichert dem Unternehmen einen stetigen und planbaren Geldzufluss.
   - Der Kunde zahlt verursachungsgerecht relativ zum Aufwand, den er beim Anbieter erzeugt.
4. Abgrenzung zum Wettbewerb:
   - Das Preismodell trägt zur Differenzierung gegenüber den Konkurrenten bei.
   - Das Preismodell ist ein eigenständiger Werttreiber aus Kundensicht. In der Logik der Wettbewerbsvorteilsmatrix bedeutet dies visuell einen eigenständigen Punkt in der Nutzenwahrnehmung der Kunden.
5. Beeinflussung der Preistransparenz (aus Sicht der Kunden und Wettbewerber):
   Die Interessenlage des Anbieters ist asymmetrisch. Preis- und Nutzenvorteile gegenüber den Wettbewerbern sollen von den Nachfragern möglichst stark wahrgenommen werden. Höhere Preise sind relativ zum Nutzen zu bewerten.

Die skizzierten fünf Faktoren stellen die wesentlichen Erfolgskriterien dar. Je nach Unternehmen, Branche und Geschäftsmodell müssen diese entsprechend erweitert werden. In der Abb. 5.22 werden beispielhaft jeweils vier externe (Kunde) und interne (eigenes Unternehmen) Kriterien skizziert.

Vor der Markteinführung eines neuen Preismodells sollten die damit einhergehenden Chancen und Risiken intensiv analysiert und bewertet werden. Der skizzierte Prozess der Ableitung, Evaluierung und Priorisierung von Preismodellen kann über ein einfaches Tool effizient unterstützt werden. Der Bewertungsprozess basiert im Detail auf folgenden Schritten:

5.3 Preismodelle

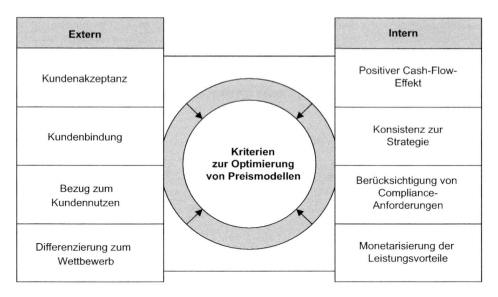

Abb. 5.22 Kriterien zur Ableitung von Preismodellen

1. Definition aller Ziele und Vorgaben für das Preismodell (basierend auf den zwei übergeordneten Ebenen Geschäftsmodell und Erlösmodell)
2. Operationalisierung der Ziele
3. Priorisierung der Ziele (Bewertung der Wichtigkeiten auf einer Intervall- oder Kardinalskala)
4. Brainstorming: Liste der potenziell möglichen Preismodelle
5. Strategische Priorisierung der Preismodelle (Grobselektion)
6. Bewertung jedes realistischen Preismodells bezüglich des Beitrags zur Zielerreichung
7. Berechnung eines Gesamtscores für jedes Preismodell (Verknüpfung von Schritt 3 und 6; quantitative Selektion)
8. Auswahl des optimalen Preismodells
9. Erstellung einer detaillierten Wirtschaftlichkeitsrechnung
10. Test eines Prototyps mit ausgewählten Fokuskunden

Von entscheidender Bedeutung ist die Objektivierung und Nachvollziehbarkeit der Selektion. Hierzu dient u. a. die Operationalisierung und Priorisierung der Ziele (Schritte 2 und 3). Die skizzierten Beispiele erfolgreicher Unternehmen (u. a. Michelin, Orica, Enercon, Schindler etc.) belegen, dass ein methodisches und strukturiertes Vorgehen zu Kreativität führt. Aus einer ersten strategischen Priorisierung (Filter 1: Grobselektion) und der quantitativen Bewertung (Filter 2: Scoring) resultiert ein für die spezifische Situation (Geschäftsmodell, Kundensegment, Region und Vertriebskanal) geeignetes Modell.

Kundenbezogene Vorgaben sollten einen relativ hohen Anteil an der Gesamtgewichtung aller Ziele einnehmen (vgl. Schritt 3). Dies resultiert aus der bedürfnisorientierten Perspektive und der Philosophie einer klaren Fokussierung auf den Kundennutzen. Kriterien wie die Akzeptanz des Preismodells aus Sicht des Kunden und der Beitrag des Preismodells zur Kundenbindung sind Kernvoraussetzungen für den Markterfolg.

5.3.6 Erfolgskriterien von Preismodellen

Die vorgestellten Bewertungskriterien resultieren aus einer Metaanalyse von erfolgreichen Preismodellen. Ansätze, die im Markt gescheitert sind, lassen sich damit ebenso erklären. Der mit Abstand wichtigste Erklärungsfaktor für den Misserfolg eines Preismodells ist die fehlende Akzeptanz des Kunden.

Beispiel 1: Software (SAP)

Preismodelle für Standardsoftware basierten lange Zeit auf Gebühren für Wartungsdienste. Ende 2009 experimentierte der deutsche Marktführer SAP mit einer Klausel in Verträgen, die Preiserhöhungen in Abhängigkeit eines Lohnindex vorsah. Das entscheidende Kriterium für den Erfolg eines Preismodells wurde anfangs unterschätzt: Die Wahrnehmung und Akzeptanz der Stammnutzer. Der Widerstand von Großkunden wurde so stark, dass SAP die ursprünglich geplante einseitige Kündigung der Verträge zurücknahm (Frohmann 2014b).

Beispiel 2: Verleih von DVD (Netflix)

Der heutige Weltmarktführer von Streamingdiensten startete ursprünglich als DVD-Verleih in USA. Gegen eine monatliche Gebühr konnten Kunden beliebig viele Filme ausleihen. Netflix war faktisch konkurrenzlos und verfügte dementsprechend über eine hohe „pricing power". Die eigene Marktmacht wurde jedoch überschätzt. Das Resultat der Fehleinschätzung der Kunden manifestierte sich im Jahr 2011 in einer massiven Preissteigerung in Höhe von 60 %. Die Begründung von Netflix rekurrierte ausschließlich auf interne Faktoren; man bezog sich auf stark gestiegene Lizenzkosten. Die massive Preiserhöhung scheiterte letztendlich an der fehlenden Akzeptanz der Kunden. Hier schließt sich der Kreis zur Aussage in Kap. 3: Kosten und interne Restriktionen sind für Nutzer irrelevant! Preisbereitschaften resultieren aus der Befriedigung von Kundenbedürfnissen und einer klaren Nachvollziehbarkeit von Preisen.

Beispiel 3: Berufsunfähigkeitsversicherung (WWK)

Anfang 2018 gerieten Versicherungsunternehmen aufgrund ihrer Geschäftspraktiken in den Fokus der Öffentlichkeit. Anlass waren außergewöhnlich hohe – und für einen Teil der Kunden nicht absehbare – Preissteigerungen. Der Grund für die Verärgerung von Versicherungskunden in Stichpunkten:

5.3 Preismodelle

1. Verträge zur Absicherung eines Berufsunfähigkeitsrisikos enthalten Klauseln zur Preiskalkulation.
2. Anbieter wie WWK, Signal Iduna und einige andere arbeiten mit zwei Beiträgen: Sie differenzieren zwischen Brutto- und Nettobetrag. Zahlreiche Verträge enthalten eine für die Kunden riskante Preisspanne. Transparenz ist für die Nutzer nicht immer gegeben.
3. Die Intransparenz aus Sicht der Kunden wird durch Unterschiede in der Spannweite zwischen Brutto- und Nettobetrag weiter verschärft – zwischen Anbietern und über einzelne Verträge hinweg.
4. Die Preisspanne ist mit den Überschüssen der Versicherung verknüpft. Im Fall hoher Gewinne reicht das Assekuranzunternehmen entsprechend hohe Rabatte weiter; der vom Kunden zu zahlende Beitrag nähert sich der Untergrenze an. Im Fall geringerer Überschüsse wird der Nachlass reduziert. Kunden zahlen automatisch immer dann den Höchstbetrag, wenn die Versicherung keine Gewinne erzielt (Langenberg 2018). Die Prämienaufschläge betrugen im Durchschnitt einer repräsentativen Studie knapp 50 %.
5. Das Problem aus Sicht der Kunden: Die Beitragsstruktur ist nicht leicht zu durchschauen. Dies gilt besonders für den Online-Bereich. Dort kommunizieren manche Unternehmen nur den niedrigen Nettobeitrag. Bei Vergleichsportalen – so z. B. bei Check24 – wurde Anfang 2018 für alle Anbieter jeweils nur ein Betrag genannt.

Das Versicherungsbeispiel belegt, dass Digitalisierung nicht automatisch zu mehr Nutzen- und Preistransparenz führt. Aus Kundensicht besteht nach wie vor das Risiko, dass Preisstrukturen sehr intransparent gestaltet werden. Geht der Anbieter hierbei zu weit, führt eine intransparente Preisstruktur zu großer Unzufriedenheit und langfristig negativen Auswirkungen. Über soziale Medien sowie klassische Kanäle (u. a. Sondersendungen in TV-Kanälen) werden diese Fälle sehr schnell einer breiten Masse bekannt.

Intransparenz im Internet herrscht nicht nur auf der Ebene einzelner Anbieter. Über moderne Technologien kann dies auch eine komplette Branche beeinflussen. Als Beispiel sei der Einfluss von Bots auf die Preisbildung von Fluggesellschaften genannt. Automatisierte Programme beeinflussen mittlerweile fast die Hälfte des Datenverkehrs auf den Websites der Airlines. Das Geschäftsmodell von Bots basiert auf dem Handel von Sitzplätzen. Preisvergleiche sind nur der Startpunkt. Die Gefahr für den Reisenden besteht in einer gezielten Beeinflussung bzw. Manipulation des Preisniveaus (Meckel 2018).

Aus einer Metaanalyse erfolgreicher sowie gescheiterter Preismodelle lassen sich Empfehlungen ableiten. Um kreative Preismodelle zu entwickeln und erfolgreich im Markt einzuführen, müssen Unternehmen die folgenden wesentlichen Voraussetzungen beachten:

1. **Konsistente Ableitung aus dem Geschäftsmodell:** Preismodelle sind stringent aus dem Geschäftsmodell abzuleiten. Ein Preismodell muss zum Nutzenversprechen für den Kunden passen. Es sollte die internen Wertschöpfungsprozesse reflektieren.

Und das Modell schöpft idealerweise den geschaffenen Nutzen so ab, dass Kunden langfristig gebunden werden.

2. **Konsequente Ausrichtung an strategischen Zielen:** Dauerhafte Kundenbeziehungen und regelmäßige Cashflows können durch Abonnementstrukturen gefördert werden. Die Ergänzung einer variablen Komponente (z. B. im Rahmen eines zweiteiligen Tarifs) steigert den Durchschnittserlös.

3. **Bedürfnisorientierte Perspektive:** Alle potenziellen Preismodelle sollten aus der Sicht der Kunden bewertet werden. Einer der entscheidenden Erfolgsfaktoren ist die Kenntnis der Wertschöpfungsprozesse der Kunden. Oft stellt eine stärkere Integration in die Ablauforganisation der Kunden die Voraussetzung für eine Innovation der Erlös- und Preismodelle dar.

4. **Frühzeitige Einbindung von Kunden:** Strategische Kunden sollten in die Diskussion und Planung neuer Preismodelle so früh wie möglich einbezogen werden. Es ist sehr hilfreich zu erfahren: Wie zufrieden sind Kunden mit den traditionellen Branchenmodellen? Wie offen sind sie für Variationen? Welche Kundenbedürfnisse werden mit den bestehenden Preismodellen ignoriert?

5. **Kreativität:** Ausgehend von den fünf wesentlichen Dimensionen eines Preismodells gibt es eine Vielzahl an Ausgestaltungs- und Variationsmöglichkeiten. Innovative Ansätze der Preisfindung, der Zahlung sowie der Kombination von Leistungen können einen enormen Markteffekt auslösen. Eine bessere Abschöpfung des Mehrnutzens verbesserter Leistungen ist sehr oft nur durch eine Variation des Preismodells möglich. Kreative Preismodelle aus anderen Sektoren und Produktkategorien können möglicherweise adaptiert und für das eigene Geschäftsmodell erweitert werden. Hierbei sind auch rechtliche Rahmenbedingungen und Compliance-Regeln zwingend zu beachten.

6. **Einfachheit:** Preismodelle sollten so einfach wie möglich gestaltet sein. Verständlichkeit ist ein zentraler Erfolgsfaktor. Geschäfts- und Privatkunden werden durch zu komplexe Preismodelle abgeschreckt.

7. **Differenzierung:** Differenzierte Preismodelle für verschiedene Kundensegmente werden vor dem Hintergrund der Digitalisierung immer wichtiger. Erfolgreiche Unternehmen in zahlreichen Branchen sprechen unterschiedliche Segmente mit spezifisch auf deren Bedürfnisse abgestimmten Preismodellen (Flatrates, Pay-per-use-Modelle etc.) an.

8. **Sorgfältige Planung und Implementierung:** Änderungen von Bemessungsgrundlagen und Metriken sind nicht einfach durchsetzbar. Die Einführung neuer Preismodelle im Markt sollte sorgfältig geplant und vorbereitet werden. Entscheidend ist die Nutzenargumentation für den Kunden. Die Chancen zur erfolgreichen Einführung eines Preismodells sind umso höher, je

   - besser Kundenbedürfnisse angesprochen werden, die bisher nicht berücksichtigt wurden;
   - innovativer die Leistungen sind;
   - stärker die Marktposition des Unternehmens ist.

5.3.7 Ausblick: Weitere Entwicklung bei Preismodellen

Neueste Entwicklungen mit Relevanz für die Preismodellierung können wie folgt stichpunktartig skizziert werden:

1. Mit der zunehmenden Digitalisierung steigt die Quantität und Qualität der für das Pricing verfügbaren Daten. Deutlich detailliertere Informationen über die zeitliche Nutzung von Angeboten, den Kontext und den Aufenthaltsort der Nutzer bieten völlig neue Möglichkeiten für das Pricing. Preismodelle werden sich in der zunehmend digitalisierten Wirtschaftswelt in Richtung multidimensionaler Modelle entwickeln. Die Potenziale der Informationstechnologie ermöglichen die Einbeziehung lokaler und zeitlicher Aspekte sowie die stärkere Berücksichtigung von Verhaltenskriterien.
2. Kunden werden zukünftig verstärkt für das Recht auf die flexible Nutzung von Ressourcen zahlen. B2B-Firmen zahlen im Rahmen des Cloud Computing schon seit Jahren nicht mehr für den Besitz von Serverkapazitäten. Preise resultieren aus dem Recht, Softwarekapazitäten flexibel nutzen zu können. Kunden beziehen, was sie benötigen und bezahlen dementsprechend. Automobilfirmen entwickeln derzeit entsprechende Geschäfts- und Preismodelle für das B2C-Geschäft.
3. Die zunehmende technologische Integration resultiert in einer verstärkten Bündelung von Leistungen. Die Grundidee des Smart Home reflektiert diesen Trend. Die Entwicklung zeichnet sich in zahlreichen anderen Branchen ab. Die Spanne reicht von der Autoindustrie über den Maschinenbau bis zum Mobilfunk. Die Entwicklung geht in Richtung von vernetzten Wertschöpfungsketten, deren Teilangebote und Preise sich aus dem Gesamtverbund zusammensetzen.
4. Kunden werden deutlich stärker als bisher in die Geschäftsmodelle von Unternehmen eingebunden. Denn Kundenressourcen – und hierbei v. a. Nutzerdaten – erhalten zunehmende Bedeutung für interne Wertschöpfungsprozesse. Ausgewählte Beispiele hierzu:
   - Nutzer übernehmen Teile der Wertschöpfung.
   - Kunden generieren Daten und stellen diese dem Unternehmen gegen Bezahlung zur Verfügung.
   - Der Reinigungstechnikhersteller Kärcher entwickelte eine digitalisierte Lösung für sein Flottenmanagement. Im Rahmen des Mehrwertservices Kärcher Fleet werden Daten über die Reinigungsgeräte zentral erfasst. Der entscheidende Mehrwert für den Kunden ist die deutlich erhöhte Transparenz. Nutzer können Unternehmensbestände standortübergreifend verwalten und Wartungsprozesse deutlich effizienter gestalten. Auf Basis seines datenbasierten Geschäftsmodells gelingt Kärcher eine deutlich stärkere Verzahnung mit den Wertschöpfungsprozessen seiner Kunden. Der für den Kunden geschaffene Mehrwert bietet Kärcher Potenziale zur Entwicklung neuer Erlösquellen und Preismodelle. Vor allem Nutzerdaten sind die Grundlage für neue Erlösmodelle.

5. Digitale Dienste verändern den Wertschöpfungsprozess von Unternehmen. Die Leistungserstellung erfolgt sehr viel stärker vernetzt sowie unternehmensübergreifend. Die Steuerung von linearen Wertschöpfungsketten wird durch das Management von Netzwerken überlagert. An die Stelle des klassischen Lieferanten-Kunden-Modells treten vernetzte Ökosysteme mit verschiedenen Partnermodellen. Die klassische Trennlinie zwischen Wettbewerbern, Zulieferern und Kunden verschwimmt. Wettbewerber sind in vielen Fällen Kooperationspartner. Die Wertschöpfungspartner des Unternehmens (Lieferanten, Technologiepartner, Kunden, Absatzmittler) können gleichzeitig Daten kreieren als auch Informationen für ihre eigene Wertschöpfung nutzen.

> **Zusammenfassung**
>
> Die erhöhte Preistransparenz im Zuge der Digitalisierung erhöht die Wahrscheinlichkeit, dass sich Wettbewerber gegenseitig unterbieten. Viele Firmen unterliegen der Versuchung, dem Preisdruck über automatisierte Prozesse nachzugeben. Reine Preissenkungen sind jedoch nur selten erfolgreich. Innovative Preismodelle leisten mehr. Preismodelle, die sich von der Konkurrenz abheben, sind ein hilfreiches Instrument zur Vermeidung von Rabattschlachten. Sie dienen nicht nur zur besseren „value extraction", sondern sind auch ein wichtiger Baustein bei der „value generation". Innovative Preismodelle weisen enorme Umsatz- und Gewinnpotenziale auf. Dies gilt besonders für das Content-Geschäft. Ein Preismodell für digitale Produkte basiert auf den grundlegenden Entscheidungen zum Geschäftsmodell sowie den Festlegungen zu Erlösquellen und Erlöspartnern. Die Abstimmung und konsistente Gestaltung der einzelnen Elemente ist eine Grundvoraussetzung zur Optimierung der finanziellen Zielerreichung. Gleichzeitig erhöhen sich die Potenziale zur Kreation neuer Preismodelle durch die technologische Entwicklung. Die Digitalisierung von Prozessen ist wichtig, da über eine Softwareunterstützung auch aufwendige Preismodelle effizient umgesetzt, gemessen und abgerechnet werden können. Die Wahrnehmung der Nutzer und der Kundennutzen sind der Ausgangspunkt und die Messlatte für eine erfolgreiche Einführung. Dies gilt besonders in Branchen mit standardisierten und austauschbaren Produkten. Mithilfe innovativer Preismodelle können Angebote dort so angereichert werden, dass sie sich in der Wahrnehmung der Kunden vom Wettbewerb abheben. Ein neuer Ansatz kann zu einem Alleinstellungsmerkmal im Markt werden. Kreative Preismodelle in Commodity-Branchen belegen dies. Bei der Ausgestaltung der Preismodelle stehen verschiedene Varianten zur Verfügung. Prinzipiell lassen sich nutzungsabhängige und nutzungsunabhängige Modelle unterscheiden. Diese bestehen aus verschiedenen Varianten, die mit zunehmender Digitalisierung sukzessive erweitert werden.

Literatur

Ahlig, E. (2018). Welcher ist der beste Streaming-Dienst für mich? Bild online. https://www.bild.de/unterhaltung/tv/netflix/und-co-bild-checkt-die-streaming-dienste-53921980.bild.html. Zugegriffen: 2. Mai 2018.

Albert, A., & Schultz, S. (2018). Börsengang. Das ist der Streaming-Pionier Spotify. Spiegel Online. http://www.spiegel.de/wirtschaft/unternehmen/spotify-boersengang-das-ist-der-streaming-pionier-a-1200522.html. Zugegriffen: 2. Mai 2018.

Ankenbrand, H. (17. Februar 2018). Unglaubliche Dimensionen. Frankfurter Allgemeine Zeitung, S. 22.

Bauer, F. (2015). Behavioral pricing. https://www.youtube.com/watch?v=SEwjDw0uhrc. Zugegriffen: 2. Mai 2018.

Bernau, V. (2018). Schwarmintelligenz: Was Manager von Bienen lernen können. Wirtschaftswoche online. https://www.wiwo.de/schwarmintelligenz-was-manager-von-bienen-lernen-koennen/21056300.html. Zugegriffen: 2. Mai 2018.

Buchwald, G. (2018). Pricing-Lexikon. Prof. Roll & Pastuch Management Consultants. https://www.roll-pastuch.de/de/unternehmen/pricing-lexikon. Zugegriffen: 2. Mai 2018.

Buxmann, P., & Lehmann, S. (2009). Preisstrategien von Softwareanbietern. Wirtschaftsinformatik, 2009(6), 519–529.

Buxmann, P., Diefenbach, H., & Hess, T. (2008). Die Software-Industrie: Ökonomische Prinzipien – Strategien – Perspektiven. Berlin: Springer.

Carlzon, J. (1992). Alles für den Kunden: Jan Carlzon revolutioniert ein Unternehmen. Frankfurt a. M.: Campus.

Drewes, F., Keck, C., & Pale, C. (2010). Zahlungsbereitschaften realistisch messen. Planung und Analyse, 37(2), 40–43.

Eckl-Dorna, W. (2018a). Ein Smart Device auf Rädern – Das ist das Neue. http://www.manager-magazin.de/unternehmen/autoindustrie/elektroauto-china-startup-byton-soll-alsluxus-marken-alternative-starten-a-1204351-4.html. Zugegriffen: 2. Mai 2018.

Eckl-Dorna, W. (2018b). Auto-Abo in den USA. BMW startet Sportwagen-Flatrate – Zum sportlichen Preis. http://www.manager-magazin.de/unternehmen/autoindustrie/bmw-testet-flatrate-abo-fuer-autos-in-den-usafuer-bis-zu-3700-dollar-monat-a-1201608.html. Zugegriffen: 2. Mai 2018.

Eisenlauer, M. (2012). Der Tech-Freak. Hier empfängt der König von Amazon unseren Tech-Freak, Bildonline. https://www.bild.de/digital/multimedia/amazon/chef-jeff-bezos-interview-tech-freak-26681524.bild.html. Zugegriffen: 2. Mai 2018.

Eisenlauer, M. (2017). Kein Supercycle. Schadet das iPhone X Apple? Bild online. https://www.bild.de/digital/smartphone-und-tablet/apple/iphone-x-hype-54276620.bild.html. Zugegriffen: 2. Mai 2018.

Eisenlauer, M. (2018). VON 89 BIS 749 EURO – Kult und Klasse – Das sind Nokias Neue. https://www.bild.de/digital/smartphone-und-tablet/mobile-world-barcelona/nokia-neuheiten-54924600.bild.html. Zugegriffen: 2. Mai 2018.

Fasse, M. (2018). Mobilitätsdienste: Daimler und VW fordern Uber heraus. Handelsblatt Online. http://www.handelsblatt.com/unternehmen/industrie/mobilitaetsdienste-daimler-und-vw-fordern-uber-heraus/20760266.html. Zugegriffen: 2. Mai 2018.

Feth, G. G. (2008). Hochgeschwindigkeitszug AVE: Wie im Flug vergeht die Zeit. http://www.faz.net/aktuell/technik-motor/technik/hochgeschwindigkeitszug-ave-wie-im-flug-vergeht-die-zeit-1668202-p2.html. Zugegriffen: 2. Mai 2018.

Firlus, T. (2018a). Künstliche Intelligenz im Handel. Der Code weiß, was Sie morgen kaufen möchten. https://www.wiwo.de/unternehmen/handel/kuenstliche-intelligenz-im-handel-luxusindustrie-probiert-ki-aus/20961980-2.html. Zugegriffen: 2. Mai 2018.

Firner, H., & Tacke, G. (1993). BahnCard: Kreative Preisstruktur. Absatzwirtschaft, 36(5), 66–70.

Fröhlich, C. (2018a). Phil Schiller – Dieser Mann soll den Apfel glänzen lassen, Stern online. https://www.stern.de/digital/smartphones/phil-schiller-interview–es-gibt-keine-preis-obergrenze-fuer-dasiphone-7776804.html. Zugegriffen: 2. Mai 2018.

Fröhlich, C. (2018b). 1000 Euro für ein Telefon. Wozu braucht man überhaupt noch ein teures Smartphone? Stern online. https://www.stern.de/digital/smartphones/smartphones-fuer-1000-euro—wozu-braucht-man-die-eigentlich-noch–7894046.html. Zugegriffen: 2. Mai 2018.

Frohmann, F. (1994). Preispolitik im Luftreiseverkehr. Diplomarbeit. Johannes-Gutenberg-Universität Mainz.

Frohmann, F. (2007). Der Preisfindungsprozess (Lektion 6). Strategisches Preismanagement. In Schriftlicher Lehrgang in 13 Lektionen. Management Circle.

Frohmann, F. (2008a). Simplify your price. Vortrag im Rahmen der "Banking World" von Management Circle. Frankfurt, Februar 2008.

Frohmann, F. (2008b). Kompaktkurs Pricing. Management Circle Seminar.

Frohmann, F. (2009a). Erfolgreiche Preisstrategien und Produktpositionierung (Lektion 1). In Strategisches Preismanagement. Schriftlicher Lehrgang in 13 Lektionen (2. Aufl.).

Frohmann, F. (2009b). Der Neuproduktmanager. Management Circle Seminar.

Frohmann, F. (2014a). Gewinn maximieren: Big Data für kleinere Shops. i-Business, 14.03.2014. http://www.ibusiness.de/aktuell/db/191465veg.html. Zugegriffen: 2. Mai 2018.

Frohmann, F. (2014b). How B2B enterprises implement pricing innovation to capture value. Leverage point webinar. https://www.youtube.com/watch?v=VaSMkEC3Fn8. Zugegriffen: 2. Mai 2018.

Gabor, A., & Granger, C. W. J. (1966). Price as an indicator of quality: Report on enquiry. Economica, 33, 43–70.

Giersberg, G. (21. April 2018a). Die Fabrik von morgen. Frankfurter Allgemeine Zeitung, No. 93, S. 19.

Gomoll, W. (2018). Kampf um Akkuzellen. Deutsche Autobauer sind komplett von Batterieherstellern aus Asien abhängig. https://www.focus.de/auto/elektroauto/kampf-um-akkuzellen-monopolgefahr_id_8702061.html. Zugegriffen: 2. Mai 2018.

Hajek, S. (2018). Streamingdienst Börsengang. So funktioniert die Erfolgsformel von Spotify. https://www.wiwo.de/technologie/digitale-welt/streamingdienst-boersengang-groesserer-datenschatz-als-apple-und-netflix/21121318-2.html. Zugegriffen: 2. Mai 2018.

Harengel, P. (2017). Streaming und Fernsehen. Radikaler Umbruch: Wie wir TV-Sender, Netflix und Amazon zum Umdenken zwingen. Focus online. https://www.focus.de/digital/experten/mediennutzung-streaming-wie-nutzer-tv-sender-netflix-und-amazon-zum-umdenken-zwingen_id_7751533.html. Zugegriffen: 2. Mai 2018.

Hermenau, B. J. (2009). Besonderheiten beim Pricing von Industriegütern (Lektion 5). In: Strategisches Preismanagement. Schriftlicher Lehrgang in 13 Lektionen (2. Aufl.).

Hofer, M., & Ebel, B. (2002). Alles eine Frage des Preises. Auto-Marketing journal, 2, 18–21.

Hohensee, M. (2018). iPhone X: Apple enttäuscht und begeistert zugleich. https://www.wiwo.de/unternehmen/it/iphone-x-apple-enttaeuscht-und-begeistert-zugleich/20919524.html. Zugegriffen: 2. Mai 2018.

Homburg, C., & Totzek, C. (2011). Preismanagement auf Business-to-Business-Märkten: Zentrale Entscheidungsfelder und Erfolgsfaktoren. In C. Homburg, C. Totzek (Hrsg.), Preismanagement auf B2BMärkten (S. 15–69). Wiesbaden: Gabler.

Homburg, C., Schäfer, H., & Schneider, J. (2006). Sales Excellence. Wiesbaden: Gabler.

Literatur 249

Jacobs, H.-J. (2018). Künstliche Intelligenz. Roland-Berger-Chef sieht Google scheitern. Handelsblatt online. http://www.handelsblatt.com/unternehmen/it-medien/kuenstliche-intelligenz-roland-berger-chef-sieht-google-scheitern/20863780.html. Zugegriffen: 2. Mai 2018.

Jacobsen, N. (2018a). Apple: Das iPhone X ist eine Verkaufsbremse – Trotzdem soll das Nachfolgemodell noch teurer werden. Handelsblatt online. http://www.handelsblatt.com/technik/it-internet/apple-das-iphone-x-ist-eine-verkaufsbremse-trotzdem-soll-das-nachfolgemodell-noch-teurer-werden/21178402.html. Zugegriffen: 2. Mai 2018.

Jensen, O., & Henrich, M. (2011). Grundlegende preisstrategische Optionen auf B2B-Märkten. In C. Homburg, C. Totzek (Hrsg.), Preismanagement auf B2B-Märkten (S. 75–104). Wiesbaden: Gabler.

Jurran, N. (2002). Hintergrund: Microsoft zieht bei der Xbox die Notbremse (Update). Heise online. https://www.heise.de/newsticker/meldung/Hintergrund-Microsoft-zieht-bei-der-Xbox-die-Notbremse-Update-61511.html. Zugegriffen: 2. Mai 2018.

Kharpal, A. (2016). Apple captures record 91 percent of global smartphone profits: Research. https://www.cnbc.com/2016/11/23/apple-captures-record-91-percent-of-global-smartphone-profits-research.html. Zugegriffen: 2. Mai 2018.

Klarmann, M., Miller, K., & Hofstetter, R. (2011). Methoden der Preisfindung auf B2B-Märkten. In C. Homburg, C. Totzek (Hrsg.), Preismanagement auf B2B-Märkten (S. 153–180). Wiesbaden: Gabler.

Köhn, R. (21. April 2018). Matador der deutschen Start-up-Szene. Frankfurter Allgemeine Zeitung, No. 93, S. 26.

Kolokythas, P. (2002), Microsoft senkt Xbox-Preis um mehr als 33 Prozent. PC Welt online. https://www.pcwelt.de/news/Microsoft-senkt-Xbox-Preis-um-mehr-als-33-Prozent-260295.html. Zugegriffen: 2. Mai 2018.

Kopetzky, M. (2016). Preispsychologie. In vier Schritten zur optimierten Preisgestaltung. Wiesbaden: Springer Gabler.

Krämer, A. (2015). Van Westendorp Reloaded. Wie sich auf Basis des PSM-Ansatzes (doch) gute Preisentscheidungen treffen lassen. (Vortrag: München, 25. Oktober 2015).

Krämer, A., & Hercher, J. (2016). Die Grenzen der Irrationalität – Robustheit der Preiswahrnehmung bei Verbrauchern. Research & Results, Heft, 2016(5), 46–47.

Krämer, A., Dethlefsen, A., & Baigger, J.F. (2017). Der PSM-Ansatz neu überdacht – Der Schritt von der Preispunktanalyse zur Zahlungsbereitschaft. Planung & Analyse, 45(6).

Kucher, E., & Simon, H. (1987). Conjoint Measurement – Durchbruch bei der Preisentscheidung. Harvard Manager, 9(3), 28–36.

Kuhn, T., & Berke, J. (2018). Ende des Smartphone-Booms. Wie sich die Hersteller der Zeitenwende stellen. https://www.wiwo.de/technologie/gadgets/ende-des-smartphone-booms-wie-sich-die-herstellerder-zeitenwende-stellen/21006764.html. Zugegriffen: 2. Mai 2018.

Langenberg, B. (2018). Berufsunfähigkeit: Warum Kunden Preissprünge drohen. Capital online. https://www.capital.de/geld-versicherungen/berufsunfaehigkeit-warum-kunden-preisspruenge-drohen. Zugegriffen: 2. Mai 2018.

Lauszus, D., & Sebastian, K.-H. (1997). Value-based-Pricing: „Win-Win"-Konzepte und Beispiele aus der Praxis. Thexis, 14(2), 2–8.

Lietzmann, P. (2018). Digital-Chef Klaus Helmrich. Siemens testet Fabriken vorher am Computer – Und verzehnfacht dadurch die Produktion. 23.04.2018. https://www.focus.de/finanzen/news/unternehmen/mindsphere-in-der-cloud-siemens-testet-fabriken-am-computer-und-verzehnfacht-dadurch-produktion_id_8786168.html. Zugegriffen: 2. Mai 2018.

Lindner, R. (28. April 2018b). Amazon ist Apple auf den Fersen. Frankfurter Allgemeine Zeitung, No. 99, S. 24.

Lobo, S. (2018). Nudging: Du willst es doch auch. Oder? Spiegel Online. http://www.spiegel.de/netzwelt/web/nudging-sascha-lobo-ueber-das-prinzip-nudging-im-digitalen-zeitalter-a-1172423.html. Zugegriffen: 2. Mai 2018.

Macho, A. (2018). Marketing: „Verpackungen haben einen Placebo-Effekt". https://www.wiwo.de/unternehmen/dienstleister/marketing-selbst-die-verpackung-von-medikamenten-wird-designt/20883916-2.html. Zugegriffen: 2. Mai 2018.

Maicher, L. (2017). Planung & Analyse Insights 2017. Wie die Digitalisierung die Marktforschung verändert. Planung&analyse online. http://www.horizont.net/planung-analyse/nachrichten/planunganalyse-Insights-2017-Wie-die-Digitalisierung-die-Marktforschung-veraendert-159639. Zugegriffen: 2. Mai 2018.

Mansholt, M. (2018a). Smartphone-Konkurrenz. iPhone X verkauft sich schlechter als gedacht – Das stellt Samsung vor Probleme. Stern online. https://www.stern.de/digital/smartphones/iphone-x-verkauft-sich-schlechter-als-gedacht—und-stellt-samsung-vor-probleme-7869276.html. Zugegriffen: 2. Mai 2018.

Mansholt, M. (2018b). iPhone X. Warum nur Apple sich ein Smartphone für 1319 Euro leisten kann. https://www.stern.de/digital/smarter-life/iphone-x–warum-nur-apple-sich-ein-smartphone-fuer-1319-euroleisten-kann-7618822.html. Zugegriffen: 2. Mai 2018.

Meckel, M. (2018). Die echten Handelskriege werden längst um Daten geführt. https://www.wiwo.de/politik/ausland/schlusswort-die-echten-handelskriege-werden-laengst-um-daten-gefuehrt/21142272.html. Zugegriffen: 2. Mai 2018.

Mengen, A. (1993). Konzeptgestaltung von Dienstleistungsprodukten: Eine Conjoint-Analyse im Luftfrachtmarkt unter Berücksichtigung der Qualitätsunsicherheit beim Dienstleistungskauf. Stuttgart: Schäffer-Poeschel.

Meyer, J. U. (2018). Zu radikal, zu innovativ, zu schnell. Woran Tesla scheitern könnte. Manager Magazin online. http://www.manager-magazin.de/unternehmen/autoindustrie/tesla-woran-der-elektro-autobauer-scheitern-koennte-a-1203806.html. Zugegriffen: 2. Mai 2018.

o. V. (2013). Fakten-Check Amazon. So tickt der Online-Gigant. Bild online. https://www.bild.de/geld/wirtschaft/amazon/amazon-fakten-check-so-tickt-der-online-gigant-29196630.bild.html. Zugegriffen: 2. Mai 2018.

o. V. (2015). Digitalisierung der Autoindustrie: „Künftig braucht man das Lenkrad nicht mehr". Wirtschaftswoche online. https://www.wiwo.de/unternehmen/auto/digitalisierung-der-autoindustrie-kuenftig-braucht-man-das-lenkrad-nicht-mehr/11602152.html. Zugegriffen: 2. Mai 2018.

o. V. (2017). Steigender Umsatz und Gewinn; T-Mobile US prescht an den Prognosen vorbei. Wirtschaftswoche Online. https://www.wiwo.de/unternehmen/it/steigender-umsatz-und-gewinn-t-mobile-us-prescht-an-den-prognosen-vorbei/19712610.html. Zugegriffen: 2. Mai 2018.

o. V. (2018a). Google, Facebook, Amazon – Der Gegenwind nimmt zu. Manager Magazin Online. http://www.manager-magazin.de/unternehmen/artikel/datenschutz-widerstand-gegen-facebook-google-und-amazon-waechst-a-1185889.html. Zugegriffen: 2. Mai 2018.

o. V. (2018b). Tarife bis zu 45 Prozent teurer. Telekom-Kunden zahlen bei DSL drauf. Bild Online. https://www.bild.de/geld/mein-geld/dsl-tarife/telekom-kunden-zahlen-drauf-55057242.bild.html. Zugegriffen: 2. Mai 2018.

o. V. (2018c). iPhone X ist ein Flop – Und trotzdem wird Apples nächstes Modell wohl noch teurer. Focus Online. https://www.focus.de/digital/handy/iphone/analysten-prognose-iphone-x-ist-ein-flop-und-trotzdem-wird-apples-naechstes-modell-wohl-noch-teurer_id_8772182.html. Zugegriffen: 2. Mai 2018.

o. V. (2018d). Smart Metering. Intelligente Stromzähler haben es noch schwer. Wirtschaftswoche Online. https://www.wiwo.de/technologie/digitale-welt/smart-metering-intelligente-stromzaehler-haben-es-noch-schwer/21144186.html. Zugegriffen: 2. Mai 2018.

Literatur 251

o. V. (2018e). Softwareriese Microsoft baut um – Windows-Chef geht. Wirtschaftswoche Online. https://www.wiwo.de/unternehmen/it/softwareriese-microsoft-baut-um-windows-chef-geht/21129384.html. Zugegriffen: 2. Mai 2018.

o. V. (2018f). US-Softwarekonzern: Adobe gelingt deutliches Plus bei Umsatz und Gewinn. Handelsblatt Online. http://www.handelsblatt.com/unternehmen/it-medien/us-softwarekonzern-adobe-gelingt-deutliches-plus-bei-umsatz-und-gewinn/21078512.html. Zugegriffen: 2. Mai 2018.

o. V. (2018g). 90 % aller Amazon-Verkäufe finden in der BuyBox statt. Wir geben 100 Prozent, damit Sie die BuyBox gewinnen. https://www.sellerlogic.com/de/amazon-repricing-tool/. Zugegriffen: 2. Mai 2018.

o. V. (3. Februar 2018h). Sotheby's setzt auf Künstliche Intelligenz. Frankfurter Allgemeine Zeitung, S. 20.

o. V. (2018i). Zweistelliges Wachstum in 2017 und weiterhin gute Perspektiven im E-Commerce. Bevh. https://www.bevh.org/presse/pressemitteilungen/details/datum/2018/januar/artikel/zwei-stelliges-wachstum-in-2017-und-weiterhin-gute-perspektiven-im-e-commerce/. Zugegriffen: 2. Mai 2018.

o. V. (3. Februar 2018j). Der Preis des iPhone X rettet Apple die Bilanz. Frankfurter Allgemeine Zeitung, S. 23.

o. V. (2018k). Einnahmen mit Cloud-Anwendungen. Wie Apple mit Ihrem iPhone-Speicherplatz Geld macht. Manager Magazin Online. https://www.focus.de/digital/computer/apple/apple-das-geschaeft-mit-zu-geringem-speicher_id_8456497.html. Zugegriffen: 2. Mai 2018.

o. V., (2018l). Neue Zahlungs-Richtlinie PSD2: Der Trend zur kostenfreien Online-Zahlung ist gesetzt. Manager Magazin Online. http://www.manager-magazin.de/unternehmen/banken/psd2-zahlungsdienst-richtlinie-setzt-trend-zu-kostenfreier-online-zahlung-a-1188623.html. Zugegriffen: 2. Mai 2018.

o. V. (2018m). Nach Ausstieg bei DriveNow Sixt greift BMW und Daimler mit eigenem Carsharing an. Manager Magazin Online. http://www.manager-magazin.de/unternehmen/auto-industrie/sixt-nach-ausstieg-bei-drivenow-kommt-eigenes-carsharing-a-1198272.html. Zugegriffen: 2. Mai 2018.

o. V. (2018n). Früher gab es hohe Minutenpreise. Wie Telefonieren so billig wurde. Bild Online. https://www.bild.de/geld/wirtschaft/handy-vertrag/wie-telefonieren-billig-wurde-54681162.bild.html. Zugegriffen: 2. Mai 2018.

o. V. (2018o). Telekom führt Handy-Tarif mit Datenflatrate ein – O_2 und Vodafone schauen nur zu. Focus Online. https://www.focus.de/digital/handy/iphone/dramatischer-einbruch-abruptes-ende-von-superzyklus-warum-niemand-mehr-das-iphone-x-kaufen-will_id_8574124.html. Zugegriffen: 2. Mai 2018.

o. V. (2018p). Schwächelnder iPhone-Absatz. Worauf Sie bei den Apple-Zahlen achten müssen. Wirtschaftswoche online. https://www.wiwo.de/unternehmen/it/schwaechelnder-iphone-absatz-worauf-sie-bei-den-apple-zahlen-achten-muessen/21231412.html. Zugegriffen: 2. Mai 2018.

o. V. (2018q). Hoffnungsträger scheitert. iPhone X zu teuer: Apple verlor im April 72 Milliarden an Wert – und das ist nur der Anfang. Focus Online. https://www.focus.de/finanzen/boerse/hoffnungstraeger-scheitert-iphone-x-einfach-zu-teuer-warum-apples-juengste-kursverlu-ste-nur-der-anfang-sind_id_8832928.html. Zugegriffen: 2. Mai 2018.

Obermeier, L. (2018). Kaum jemand will das Galaxy S9 – warum sich Samsung und Apple verzockt haben. Focus online. https://www.focus.de/digital/handy/schlechte-verkaufszahlen-bei-smartpho-nes-kaum-jemand-will-das-galaxy-s9-kaufen-warum-sich-samsung-und-apple-verzockt-haben_id_8609160.html. Zugegriffen: 2. Mai 2018.

Pastuch, K. (2018). Pricing-Lexikon. Prof. Roll & Pastuch Management Consultants. https://www.roll-pastuch.de/de/unternehmen/pricing-lexikon. Zugegriffen: 2. Mai 2018.

Pena, N. (2017). Ecommerce pricing strategies – The good, the bad and the ugly, paymotion, in ecommerce, marketing, pricing. https://www.paymotion.com/ecommerce-blog/pricing-strategies-good-bad-ugly/. Zugegriffen: 2. Mai 2018.

Postinett, A. (2018a). Online-Videodienst: Die Welt schaut Netflix. Handelsblatt Online. https://www.wiwo.de/unternehmen/it/online-videodienst-die-welt-schaut-netflix/20875584.html. Zugegriffen: 2. Mai 2018.

Postinett, A. (2018b). Das nächste Netflix? Was Sie zum Börsengang von Spotify wissen müssen. Handelsblatt Online. https://www.wiwo.de/finanzen/boerse/das-naechste-netflix-was-sie-zum-boersengang-von-spotify-wissen-muessen/21019612.html. Zugegriffen: 2. Mai 2018.

Ramanujam, M. (2018). Pricing Excellence beginnt in F&E. In Umsatz. Gewinn. Wachstum. An die Spitze mit TopLine Power. Simon, Kucher & Partners.

Reimann, E., & Sokolow, A. (23. Januar 2018). Geschäft ohne Kasse. Wiesbadener Tagblatt, S. 7.

Rese, M. (2011). Grundlegende Arten der Preisfindung auf B2B-Märkten. In C. Homburg, C. Totzek (Hrsg.), Preismanagement auf B2B-Märkten (S. 127–151). Wiesbaden: Gabler.

Roll, O. (2018). Pricing-Lexikon. Prof. Roll & Pastuch Management Consultants. https://www.roll-pastuch.de/de/unternehmen/pricing-lexikon. Zugegriffen: 2. Mai 2018.

Roll, O., & Wricke, M. (2005). Innovative Preismodelle. Ansatzpunkte und neuere Entwicklungen. Absatzwirtschaft online.

Roll, O., et al. (2009). Messung des Preisimages im Mobilfunk – Eine empirische Studie. Planung & Analyse, 2009(4).

Roll, O., et al. (2010). Innovative approaches to analyzing the price sensitivity meter. Planung & Analyse, 2010(2), 27–30.

Roll, O., Pastuch, K., & Buchwald, G. (Hrsg.). (2012). Praxishandbuch Preismanagement. Strategien – Management – Lösungen. Weinheim: Wiley.

Salden, S., Schaefer, A., & Zand, B. (2017). Der Kunde als Gott. Der Spiegel, 2017(50), 12–19.

Schlieker, K. (23. Februar 2018). Smartphones werden teurer. Wiesbadener Tagblatt, S. 25.

Schütte, C. (2017). Kampf gegen Monopole: Geht es Amazon und Google an den Kragen? Manager Magazin Online. http://www.manager-magazin.de/magazin/artikel/monopole-trustbusters-ii-a-1178562.html. Zugegriffen: 2. Mai 2018.

Schwab, K. (2017). Digitaler Wandel. So machen Sie Ihr Unternehmen zukunftsfähig. Capital Online. https://www.capital.de/wirtschaft-politik/digitalisierung-so-machen-sie-ihr-unternehmen-zukunftsfaehig. Zugegriffen: 2. Mai 2018.

Schweikl, H. (1985). Computergestützte Präferenzanalyse mit individuell wichtigen Produktmerkmalen. Berlin.

Simon, H. (1991). Simon für Manager. Düsseldorf: Econ.

Simon, H. (1992). Preismanagement: Analyse – Strategie – Umsetzung (2. Aufl.). Wiesbaden: Gabler.

Simon, H. (2015a). Preisheiten. Frankfurt a. M.: Campus.

Simon, H. (2015b). Confessions of the pricing man. Göttingen: Copernicus.

Simon, H., & Dolan, R. J. (1997). Profit durch Power Pricing: Strategien aktiver Preispolitik. Frankfurt a. M.: Campus.

Simon, H., & Fassnacht, M. (2008). Preismanagement. Strategie – Analyse – Entscheidung – Umsetzung (3. Aufl.). Wiesbaden: Gabler.

Simon, H., & Fassnacht, M. (2016). Preismanagement. Strategie – Analyse – Entscheidung – Umsetzung (4. Aufl.). Wiesbaden: Gabler.

Simon, H., Laker, M., & Mengen, A. (1993). Im Focus – Der zielgenaue Preis. Absatzwirtschaft Sondernummer, 1993(10), 86–89.

Skiera, B., & Spann, M. (2002). Preisdifferenzierung im Internet. In M. Schlögel, T. Tomczak, & C. Belz (Hrsg.), Roadmap to E-Business (S. 270–284). St. Gallen: Thexis.

Literatur

Tacke, G., & Vidal, D. (2014). 72 % of all new products flop. Press release. 2014.

Theuerkauf, I. (1989). Kundennutzenmessung mit Conjoint. Zeitschrift für Betriebswirtschaft, 59(11), 1179–1192.

Tostmann, M. (2017). Teuerstes iPhone aller Zeiten – Apple spaziert auf Glatteis. Manager Magazin Online. http://www.manager-magazin.de/unternehmen/it/iphone-apple-praesentiert-teuerstes-iphone-aller-zeiten-ahtml. Zugegriffen: 2. Mai 2018.

Trevisan, E. (2015). An introduction to behavioral economics/pricing. https://www.youtube.com/watch?v=8_W5y8sp2bc. Zugegriffen: 2. Mai 2018.

Vetter, P. (2017). Porsche bietet Kunden 22 Modelle zum Pauschalpreis. Welt Online. https://www.welt.de/wirtschaft/article169541638/Porsche-bietet-Kunden-22-Modelle-zum-Pauschalpreis.html. Zugegriffen: 2. Mai 2018.

Voeth, M., & Herbst, U. (2011). Preisverhandlungen. In C. Homburg, C. Totzek, (Hrsg.), Preismanagement auf B2B-Märkten. (S. 205–235). Wiesbaden: Gabler.

Weisenfeld, U. (1989). Die Einflüsse von Verfahrensvariationen und der Art des Kaufentscheidungsprozesses auf die Reliabilität der Ergebnisse bei der Conjoint Analyse. Berlin: Duncker & Humblot.

Welbers, G. (2018). Bewertung des digitalen Reifegrades – Tec, Web und App? Vortrag European Sales Conference 2018. 19. April 2018.

Wildberg, R. (2018). Mieten statt kaufen – Auto „All Inclusive" für 259 Euro monatlich? Bild Online. https://www.bild.de/auto/auto-news/neuwagen/auto-mieten-statt-kaufen-neuer-trend-54905882.bild.html. Zugegriffen: 2. Mai 2018.

Wirminghaus, N., Kreimeier, N., & Langenberg, B. (2018). Machine learning. Künstliche Intelligenz – Aller Anfang ist schwer. Capital Online.https://www.capital.de/wirtschaft-politik/kuenstliche-intelligenz-aller-anfang-ist-schwer. Zugegriffen: 2. Mai 2018.

Wricke, M., & Roll, O. (2004). Ertragsorientierte Incentivesysteme. Zeitschrift für Personalwirtschaft, 2004(12).

Pricing-Prozess Teil 4: Implementierung 6

6.1 Einleitung: Konditionensystem und Vertriebssteuerung

Auf die Optimierungsschritte folgt die Implementierung von Preisen im Markt. Beide Kernprozesse müssen in ihren Wechselbeziehungen gesehen werden. Jede Optimierung ist wertlos, wenn erstmalig festgelegte bzw. geänderte Preise beim Kunden nicht durchgesetzt werden können. Listenpreise sind der Ausgangspunkt für Preisverhandlungen (Voeth und Herbst 2011). Der eigentliche Preisparameter in der Diskussion mit den Kunden ist der Rabatt – oder umfassender formuliert die Kondition. Zielgruppen und Verhandlungspartner unterscheiden sich in vielfältiger Weise. Einkaufsvolumen, Größe und Marktmacht sowie das Verhalten der Kunden differieren über Segmente hinweg. Relevant ist auch die Intensität der Geschäftsbeziehung mit dem Kunden. Das Konditionensystem muss diese Kundenunterschiede reflektieren. Deshalb wird ein Listenpreis mit Blick auf die Zielpositionierung definiert (Roll et al. 2012). Dieser Bruttopreis ist Ausgangspunkt für eine Rabattdifferenzierung, bei der attraktive Kunden gezielte Anreize erhalten (Brutto-Minus-Kalkulation). Der Value-of-Customer – d. h. die Bedeutung des Kunden für das Unternehmen – wird mit entsprechenden Preisabschlägen belohnt.

Dieses Kapitel beleuchtet die Grundzüge der Konditionenoptimierung und Vertriebssteuerung. Die Kundendimension – und hierbei v. a. der Value-of-Customer – rückt in diesem Teil des Pricing-Prozesses in den Fokus. Der Kundenwert für das Unternehmen wird – zusammen mit der bereits skizzierten Logik des Produkt-Pricing – in ein Zielpreissystem überführt. Digitalisierung erlaubt auch in dieser Prozessphase des Preismanagements deutliche Verbesserungen in puncto Effizienz und Konsistenz. Bei der Ableitung des Zielpreises spielen drei zentrale Kriterien – und damit verbundene Zielsetzungen – eine entscheidende Rolle:

© Springer Fachmedien Wiesbaden GmbH, ein Teil von Springer Nature 2018
F. Frohmann, *Digitales Pricing,* https://doi.org/10.1007/978-3-658-22573-5_6

- Produktwert – Ziel: Eine für den Kunden nachvollziehbare Preislogik für das Angebotsportfolio schaffen
- Servicewert – Ziel: Zusatzleistungen berechnen, um den Kundennutzen abzuschöpfen sowie die Servicekosten zu decken
- Kundenwert – Ziel: Unterschiede im Nutzerverhalten sowie Wert des Kunden steuern.

6.2 Grundlagen des Konditionensystems

In vielen Branchen haben offizielle Preislisten nur eine Orientierungsfunktion. Preise werden individuell zwischen Kunden und Vertrieb ausgehandelt. Listenpreise sind – abgesehen von regelmäßigen Niveauanpassungen – strukturell oft konstant. Die notwendige Anpassung an veränderte Marktsituationen erfolgt über die Aushandlung von Preisen (sprich: die Rabattgewährung). Dies gilt besonders für Produktkategorien und Branchen, in denen die Unternehmenskunden nicht die Endnutzer der Leistungen sind. Eine bedeutende Angebotskategorie mit hoher Verhandlungsrelevanz sind Industriegüter (Simon und Fassnacht 2016). Dieser Sektor umfasst u. a. Investitionsgüter sowie industrielle Verbrauchsprodukte und Dienstleistungen. Aber auch bei Konsumgütern und zahlreichen Dienstleistungen werden Konditionen vereinbart. Als Beispiel seien die Jahresgespräche von Herstellern mit den Einzelhandelsketten (wie z. B. Edeka) genannt. Von entscheidender Bedeutung ist die Machtposition von Lieferanten und Kunden. Oligopolisten wie Edeka, Lidl und Aldi können auf die ungleich größere Anzahl der Konsumgüterhersteller großen Verhandlungsdruck ausüben. Auf die vier größten Einzelhandelsketten in Deutschland entfällt ein Marktanteil von 60 % (Schlesiger und Haseborg 27. April 2018, S. 24). Im Fokus der Verhandlungen stehen Konditionen. Die Auslistung eines signifikanten Anteils des Nestlé-Sortiments bei dem Einzelhandelsmarktführer Edeka im Frühjahr 2018 zeigt die hohe Bedeutung von Konditionensystemen. Die Machtposition des Händlers (Edeka) gegenüber dem Konsumgüterkonzern (Nestlé) war ausschlaggebend für die Eskalation der Verhandlung (Reiche 2018; Giersberg 28. April 2018).

Das Konditionensystem beinhaltet alle preisbezogenen Vereinbarungen eines Unternehmens mit seinen Kunden (Absatzmittler; Endkunden). Es umfasst

- rechnungswirksame Preisnachlässe (Rabatte),
- nachgelagerte Abschläge (Boni),
- sonstige preisbezogene Vereinbarungen (z. B. Zahlungszielvereinbarungen und Werbekostenzuschüsse).

Rabatte sind Preisnachlässe, die beim Kauf als eigene Position auf der Rechnung aufgeführt sind (Buchwald 2018). Die am häufigsten genutzte Discountvariante ist der Mengenrabatt für größere Abnahmevolumina. In Abgrenzung zum Rabatt erfolgt die Bonuszahlung nicht unmittelbar beim Kauf (Roll et al. 2012). Boni basieren auf Vereinbarungen, die nicht rechnungswirksam sind. Der Umsatzbonus wird unter allen Varianten einer Rückvergütung am häufigsten genutzt. Er setzt eine konkrete Gegenleistung voraus.

6.2 Grundlagen des Konditionensystems

Die Performance des Kunden wird am Ende einer Periode mit einer vorher vereinbarten Rückzahlung honoriert (Roll et al. 2012). Die Konditionensysteme zwischen Hersteller und Handel im Konsumgütersektor sind ähnlich komplex wie die Rabattstrukturen im B2B-Vertrieb. Durch eine geschickte Strukturierung der Preisvereinbarungen kann der Hersteller Einfluss auf das Verhalten des Händlers nehmen. Durch Konditionen setzen Produzenten gezielt Anreize zur Sortimentssteuerung, zur Absatzsteigerung sowie zur Erhöhung der Kundenloyalität der Händler. Loyale Absatzmittler werden z. B. für eine Grundauslastung belohnt. Ein Sortimentsbonus ist eine spezielle Form der Rückvergütung, die sowohl den Gesamtumsatz als auch den Sortimentsmix des Kunden berücksichtigt. Die Höhe der Bonuszahlung steigt mit der Breite des bezogenen Portfolios (Pastuch 2018).

Preiskonzessionen können in Form von Barrabatten oder als Naturalrabatte vergeben werden. In beiden Fällen sinkt der Durchschnittspreis. Bei Barrabatten wird der gezahlte Preis rechnungswirksam reduziert. Zu Naturalrabatten gehören nichtlineare Preisstrukturen wie z. B. 5 kaufen und 4 zahlen. Naturalrabatte haben gegenüber Barnachlässen folgende Vorteile (Roll et al. 2012; Roll und Laker 2004; Schumacher 2017):

- Sie fördern die Kapazitätsauslastung.
- Ihre Gewinnwirkung ist vorteilhafter.
- Sie sichern Preiskontinuität.
- Sie sind kurzfristig einsetzbar (und später leichter zurückzunehmen als ein direkter Preisrabatt).
- Sie werden mit Blick auf die Preispsychologie vom Kunden stärker wertgeschätzt als Barrabatte.

Eines der größten Profitrisiken vieler Unternehmen ist die fehlende Systematik und Transparenz in der Vergabe von Konditionen. Rabatte, Boni und Zahlungszielregelungen werden oft unstrukturiert vergeben. Der daraus resultierende Wildwuchs an unsystematischen Nettopreisen kann nur schwer wieder korrigiert werden. Die Konsequenzen einer opportunistischen Konditionenpolitik umfassen vier wesentliche Dimensionen:

1. Kundenwahrnehmung
2. Wettbewerberreaktion
3. Irritation von Absatzmittlern
4. Interne Inkonsistenzen

Neben den negativen externen Implikationen ist besonders die interne Wirkung einer unsystematischen Rabattvergabe fatal, denn eine optimierte Preisstruktur wird durch fehlende Rabattrichtlinien schlichtweg torpediert. Die Zielsetzungen der zentralen Preisverantwortlichen und das Verhalten der Vertriebsmitarbeiter passen dann nicht zueinander. Das Management hat faktisch keinen Einfluss auf die tatsächlichen Preisniveaus (Tacke 2012). Das Endresultat der unsystematischen Konditionenvergabe ist ein Preisniveau, das sich im Vergleich zur angestrebten Positionierung als zu niedrig erweist (Abb. 6.1). Preisstrategie

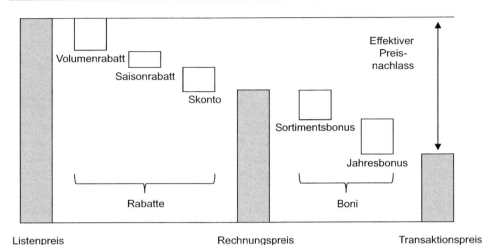

Abb. 6.1 Konditionensystem: Vom Listenpreis zum Transaktionspreis

und Implementierung sind nicht konsistent. In manchen Branchen liegen die ausgehandelten Transaktionspreise bis zu 80 % unterhalb der Listenpreise (Homburg und Totzek 2011). Kernursache dieser Value-Erosion sind unprofessionelle Prozesse und eine mangelnde Preisdisziplin.

> **Fokusthema Preispsychologie (7): Gestaffelte Rabatte (Abb. 6.2)**
> Preispsychologische Erkenntnisse sind insbesondere in der Implementierungsphase des Pricing-Prozesses relevant. Durch Zahlungsmodalitäten und Rabattstrukturen kann die Preis- und Leistungswahrnehmung der Kunden aktiv gesteuert werden. Auch in diesem Bereich des Prozesses führt Kreativität im Preismanagement zu nachhaltigen Ertragssteigerungen:
>
> 1. Eine wichtige Erkenntnis der Preispsychologie für die Rabattpolitik ist die sog. Asymmetrie des Gewinnnutzens. Mehrere kleine Gewinne werden vom Kunden insgesamt positiver wahrgenommen als ein in der Summe ebenso großer Gewinn. In einem Zahlenbeispiel ausgedrückt: Die Wahrnehmung des Gewinnnutzens ist im Fall von zwölf Zahlungen in Höhe von 10 EUR höher als bei einer einmaligen Zahlung von 120 EUR. Gewinne umfassen aus kundenpsychologischer Sicht Rabatte, Boni oder sonstige Gratifikationen (z. B. Gutscheine und Coupons). Zwei einzelne Rabatte (z. B. 10 % Aktionsrabatt plus 10 % auf alle gekauften Artikel) wirken höher, als ein Gesamtrabatt von 20 %. Wenn das Unternehmen Rabatte getrennt darstellt, wird der insgesamt gewährte Preisnachlass vom Kunden als höher wahrgenommen. Die Empfehlung für das

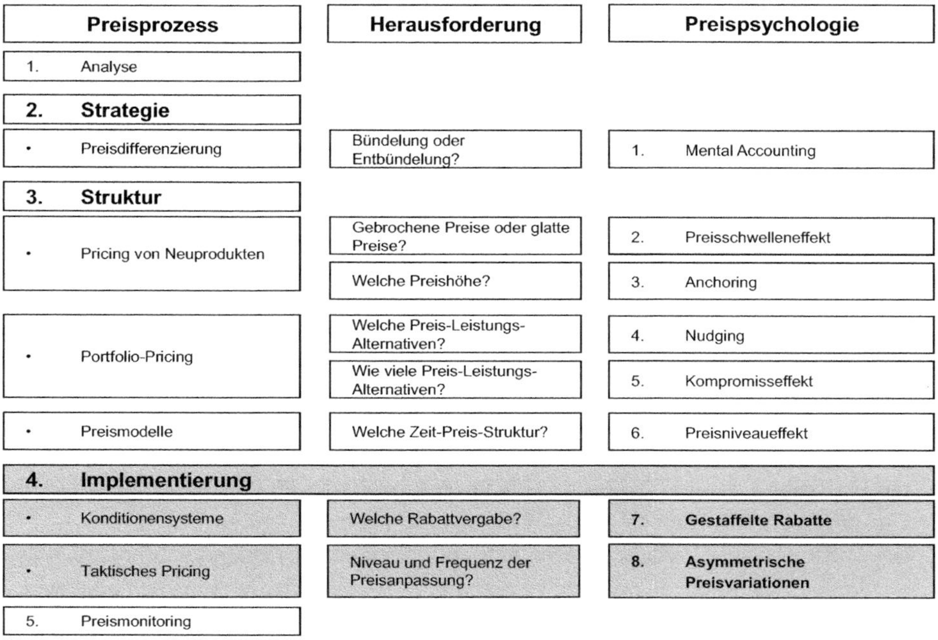

6.2 Grundlagen des Konditionensystems

Preisprozess		Herausforderung	Preispsychologie	
1.	Analyse			
2.	**Strategie**			
•	Preisdifferenzierung	Bündelung oder Entbündelung?	1.	Mental Accounting
3.	**Struktur**			
•	Pricing von Neuprodukten	Gebrochene Preise oder glatte Preise?	2.	Preisschwelleneffekt
		Welche Preishöhe?	3.	Anchoring
•	Portfolio-Pricing	Welche Preis-Leistungs-Alternativen?	4.	Nudging
		Wie viele Preis-Leistungs-Alternativen?	5.	Kompromisseffekt
•	Preismodelle	Welche Zeit-Preis-Struktur?	6.	Preisniveaueffekt
4.	**Implementierung**			
•	Konditionensysteme	Welche Rabattvergabe?	**7.**	**Gestaffelte Rabatte**
•	Taktisches Pricing	Niveau und Frequenz der Preisanpassung?	**8.**	**Asymmetrische Preisvariationen**
5.	Preismonitoring			

Abb. 6.2 Preispsychologie

Unternehmen lautet: Ein Bonus, eine Rückerstattung oder ein Rabatt wird besser in mehreren kleineren Beträgen und Schritten – statt als größerer Einmalbetrag – gewährt. Nachlässe sollten eher separiert als aggregiert werden!

2. Mit Blick auf die Verlustaversion von Nutzern haben Rabatte einen zusätzlichen positiven Effekt auf den Kundennutzen. Das zusätzliche Gewinngefühl des Kunden erklärt die Vorteilhaftigkeit eines Rabatts im Vergleich zur Senkung des Listenpreises. Ein Listenpreis von 200 EUR in Verbindung mit einem gewährten Rabatt in Höhe von 20 EUR wird positiver wahrgenommen als ein Gesamtpreis von 180 EUR (Kopertzky 2016, S. 25).

3. Für vom Kunden zu leistende Zahlungen (z. B. Mitgliedsbeiträge im Fall von Dienstleistungen) können aus psychologischen Erkenntnissen ebenfalls Empfehlungen abgeleitet werden. Gehen wir von zwei Optionen aus: Bei einem identischen Gesamtpreis besteht die Wahl zwischen

   – höheren, aber seltenen Zahlungen und
   – niedrigeren, aber häufigeren Zahlungen. Im Dienstleistungsbereich wurde durch Studien belegt, dass die zweite Alternative von Nutzern stärker präferiert wird. Monatliche Beitragszahlungen führen bei identischen Gesamtkosten zu einer häufigeren Nutzung und höheren Kundenzufriedenheit als jährliche Zahlungen. Eine Abonnementgebühr von 10 EUR pro Monat wird als günstiger wahrgenommen als ein Jahrespreis von 120 EUR (Kopertzky 2016).

6.3 Leistungsorientierte Konditionensysteme

Vertriebsmitarbeiter benötigen quantitative Richtlinien für die Preisverhandlung und Rabattierung. Nur so kann das Management die gewünschte Positionierung im Markt durchsetzen. Es sollte ein nachvollziehbarer Zusammenhang zwischen dem ausgehandelten Preisniveau und den quantitativen Bezugsgrößen (Umsatz, Volumen des Kunden etc.) bestehen (Homburg und Totzek 2011). Die Logik dahinter: Rabattniveaus werden in einer strukturierten Form am Kundenwert – dem Value-of-Customer – ausgerichtet. Der Value-of-Customer resultiert aus der tatsächlichen Leistung bzw. dem Verhalten eines Kunden.

Verschiedene Gründe sprechen für eine leistungs- und verhaltensabhängige Vergabe von Preisnachlässen:

1. Leistungsorientierte Rabattstrukturen reflektieren das Grundprinzip einer intelligenten Preisstrategie: Eine Leistung des Unternehmens (der Preisnachlass) erfordert eine Gegenleistung des Kunden (z. B. eine höhere Abnahmemenge)!
2. Ein Leistungs- und Verhaltensbezug motiviert Kunden zur Erhöhung ihrer Loyalität:
   - Größere Kaufmengen oder ein vereinbartes Verhalten werden preislich honoriert.
   - Anreize für Mehrkäufe werden gesetzt.
   - Das Kaufverhalten wird für den Kunden nachvollziehbar und auf eine faire Art gesteuert. Ziel ist die Belohnung von Verhaltensweisen, die die Umsetzung der Unternehmensstrategie fördern.
3. Eine Leistungs- und Verhaltensorientierung stellt eine Unterstützung für den Vertrieb dar:
   - Vertriebsmitarbeiter erhalten quantitative Argumente für eine Rabattdifferenzierung.
   - Die Verhandlungsstärke wird deutlich gefördert.
   - Die Konsistenz der Rabattvergabe über Kunden, Regionen und Vertriebskanäle hinweg wird unterstützt.
   - Die Basis für ein quantitatives Monitoring der Zielerreichung wird gelegt.
4. Großkunden haben eine hohe Verhandlungsmacht; sie fordern höhere Rabatte:
   - Kundenwertorientierte Rabattstrukturen machen das Pricing für die Abnehmer nachvollziehbar. Die Relation zwischen dem geforderten Preis sowie der Leistung und dem Verhalten des Kunden ist klar erkennbar.
   - Quantitative Bezugsgrößen strukturieren die Verhandlung und reduzieren den Preisdruck in der Diskussion.
   - Objektive Argumente reduzieren den Anteil von Emotionen im Nachlassgespräch.

6.3 Leistungsorientierte Konditionensysteme

Eine strukturierte Rabattvergabe ist eine Form der Preissegmentierung, die auf objektiven Kriterien basiert. Folgende Logik bietet sich an:

- Kleinkunden zahlen den Listenpreis. Dieser entspricht dem im Einzelhandel gebräuchlichen empfohlenen Verkaufspreis bzw. der unverbindlichen Preisempfehlung.
- Bei Kernkunden erfolgt eine Rabattdifferenzierung nach zwei Dimensionen:
  - Wichtigkeit des Abnehmers für das Unternehmen: Preisrelevante Indikatoren der Wichtigkeit sind u. a.: Kundengröße, Abnahmemenge, Kundenumsatz, Wachstumspotenzial, Branche des Kunden, Stabilität der Geschäftsbeziehung, Bonitäten etc.
  - Verhalten des Kunden: Preisrelevante Indikatoren für das Verhalten sind u. a.: Strukturierter Austausch von Informationen, Offenlegung von Kundendaten, Zahlungsverhalten etc.

Rabattstrukturen müssen über eine Preis-Mengen-Relation hinausgehen. Professionelle Konditionensysteme reflektieren die Pricing-Strategie des Unternehmens. Sie dienen der Erreichung der marktbezogenen Ziele eines Unternehmens, integrieren aber auch interne Kriterien.

Mögliche Ziele eines Konditionensystems sind (Roll et al. 2012; Roll und Laker 2004):

1. Wechsel des Kunden zum Wettbewerb verhindern
2. Planbarkeit von Ressourcen verbessern
3. Kapazitäten optimieren
4. Umsatzziele erreichen
5. Kundenbindung über kreative Rabattstrukturen erhöhen

Dies bedeutet zwingend, dass Preisnachlässe nicht nur an der Abnahmemenge des Kunden ausgerichtet sein sollten. Das Volumen ist nur eines von zahlreichen Indikatoren des Kundenwerts. Preisbestimmend sind u. a. auch Verhaltensweisen des Kunden, die sich günstig auf die Prozesse und Kostenstrukturen des Herstellers auswirken. Ein Nachlass kann beispielsweise dann gewährt werden, wenn der Käufer eine Gegenleistung bringt, die sich für den Anbieter in einem wirtschaftlichen Vorteil niederschlägt (Buchwald 2018). Dies ist im B2B-Geschäft üblich. Zu den Leistungen von Kunden, die Preisnachlässe rechtfertigen, gehören u. a.:

- Kürzere Zahlungsziele
- Vorabzahlungen
- Garantierte Abnahmemengen
- Neugeschäft

Mit zunehmender Digitalisierung gewinnen Kundendaten als Ressource für das Pricing an Bedeutung (Meckel 2018). Auch dieser Werttreiber kann über die Rabattstruktur gefördert werden. B2B-Unternehmen wie z. B. Maschinenbauer können mit ihren Kunden Vereinbarungen treffen, in welchem Rahmen und Umfang Daten genutzt werden dürfen. Die Datenverwendung ist über Rabatte oder Boni zu incentivieren. Allen skizzierten Beispielen liegt ein Kernprinzip des Pricing zugrunde: Preisnachlässe basieren immer auf einer Gegenleistung des Kunden (wie z. B. einem spezifischen Verhalten).

6.4 Best Practice: Zielpreissystem

Im Kap. 5 wurde das strategische Portfolio-Pricing skizziert. Dieses bietet konkrete Richtlinien zur systematischen Preisfindung innerhalb eines Sortiments. Ein Zielpreissystem entsteht, wenn das Portfolio-Pricing (mit seinem Produktbezug) um die Kundenperspektive erweitert wird. Bei diesem Ansatz werden kundenspezifische Kriterien zur Ableitung eines individuellen Zielpreises herangezogen (Artz und Schröder 2011). Durch die Kombination der beiden Dimensionen Produkt und Kunde lassen sich operative Vorgaben für die Preisverhandlungen des Vertriebs ableiten. Auch bei dieser Bewertung ist ein optimaler Kompromiss im typischen Spannungsfeld des Pricing zu finden:

- Detailtiefe und Genauigkeit der Einschätzung
- Effizienz der Datenanalyse
- Agilität im Wettbewerbsumfeld

Kern des Zielpreissystems ist eine differenzierte – und gleichzeitig konsistente – Umsetzung von Preisstrategien anhand von quantitativen Kriterien (Roll 2018). Das Preisniveau lässt sich nach den wichtigsten Dimensionen (Produkt und Kundensegment) differenziert steuern. Entscheidend für das Maß der Preisanpassung bei Produkten ist deren Wettbewerbsstärke und Profitabilität. Zu den wichtigsten Faktoren bei der Definition des kundenindividuellen Preises zählen die Wichtigkeit des Abnehmers und das Verhalten des Kunden. Das Zielpreissystem kombiniert Produkt (Produktgruppe) und Kunde (Kundensegment) bildlich gesehen in Form einer Matrix. Nebenkosten und Serviceaspekte sind einzubeziehen. Weitere Dimensionen zur Steuerung des Preisniveaus (Regionen, Vertriebskanäle etc.) können der zweidimensionalen Betrachtung hinzugefügt werden (Roll et al. 2012; Artz und Schröder 2011).

Als System für die dauerhafte IT-Umsetzung des Zielpreistools bietet sich die CRM-Plattform eines Unternehmens an. In Unternehmen mit digitalisierten Pricing-Prozessen sind Zielpreissysteme in den Workflow der Angebotserstellung integriert. Über die Systemintegration wird auch das anschließende Controlling effizient unterstützt.

6.5 Preisdurchsetzung 263

Eine herausragende Vorgabe bei der Entwicklung eines Zielpreissystems ist Preis-
konsistenz, sowohl intern als auch gegenüber den Kunden (Roll et al. 2012). Konsistente
Preise werden durch eine identische Preislogik sichergestellt. Der Effekt:

1. Transparenz für alle Mitarbeiter, die eine aktive Rolle im Pricing-Prozess einnehmen
2. Nachvollziehbarkeit der Preisstruktur aus Sicht der Absatzmittler und Kunden

Die kundenbezogenen Analysen im Rahmen der Zielpreisentwicklung basieren auf zwei
wesentlichen Säulen: historischen Daten und Prognosen. Eine Dimension stellt die Analyse der historischen Verkaufspreise und Absatzmengen dar. Hinzu kommen Daten über
erfolgreich akquirierte sowie verlorene Aufträge (Won-Lost-Order-Informationen) pro
Kunde. Dies setzt ein entsprechend professionelles Monitoring voraus. Die zweite Säule
besteht aus den erwarteten Marktpotenzialen und zukünftigen Zahlungsbereitschaften.
Aus der Zusammenführung der beiden Perspektiven ergeben sich konkrete Vorgaben für
die operative Preissteuerung.

6.5 Preisdurchsetzung

Eine verbesserte Preisdurchsetzung im Markt ist Zielsetzung des Value Selling. Zum
wertbasierten Verkauf gehört die Unterstützung des Vertriebs bei der Implementierung
der Zielpreise im Markt (Buchwald 2018). Wertorientierte Preisdurchsetzung stellt die
eigenen Wettbewerbsvorteile in den Mittelpunkt des Vertriebsprozesses. Es wird herausgearbeitet, welcher Kundennutzen mit den verschiedenen Produkteigenschaften verbunden ist. Dieses Prinzip gilt sowohl für das B2B-Geschäft als auch für B2C-Sektoren.
Die Detailtiefe der Informationen und die Ausgestaltung der Tools unterscheiden sich in
Abhängigkeit vom Geschäftsmodell. In B2B-Märkten ist das Value Selling deutlich stärker quantitativ ausgerichtet als im Endkundengeschäft mit Konsumgütern. Insbesondere
bei Industriegütern kommen Methoden der Nutzenquantifizierung zur Vorbereitung von
Preisverhandlungen zum Einsatz. Im Rahmen einer Wirtschaftlichkeitsrechnung werden
die Vor- und Nachteile des eigenen Angebots für den Kunden quantifiziert. Unmittelbar
auf der Value-Driver-Analyse basierende Konzepte für die Implementierungsphase sind
die Total-Cost-of-Ownership-Analyse und die Total-Benefit-of-Ownership-Kalkulation.

Um die Anwendung der beiden Methoden besser einordnen zu können, werden die
Rahmenbedingungen der Preisdurchsetzung in einem typischen B2B-Geschäftsmodell
kurz skizziert. Die wichtigsten preisrelevanten Besonderheiten von Industriegütern sind
(Homburg und Totzek 2011):

1. Die Leistungen lassen sich vergleichsweise gut messen. Der resultierende Nutzen
   für den Kunden ist besser quantifizierbar als bei Konsumgütern oder digitalen Produkten.

2. Industrielle Märkte bestehen oft nur aus wenigen Anbietern und Nachfragern. Bilaterale Oligopolsituationen sind sehr häufig.
3. Die Kaufentscheidung von industriellen Kunden wird oft von einem Buying Center getroffen. Die Interessen der beteiligten Personen aus verschiedenen Funktionsbereichen wie Technische Leitung, Anwendungstechnik, Einkauf etc. sind heterogen.
4. Viele Produkte werden im Rahmen von Projekten einmalig nach Kundenspezifikationen erstellt. Das Volumen pro Projekt ist tendenziell sehr groß, die Zahl der Projekte ist eher gering. Sehr oft wird für jedes neue Angebot eine spezifische Kalkulation aufgesetzt. Ziel ist die Sicherstellung der Profitabilität auf Projektebene.
5. B2B-Kunden beurteilen potenzielle Anbieter deutlich rationaler als dies Konsumgüterkunden tun.
6. Kunden von Industriegütern untersuchen den ökonomischen Nutzen von Angeboten vor der Einkaufentscheidung umfassend. Die Nutzentransparenz ist durch neue Informationstechnologien insbesondere bei industriellen Produkten und Dienstleistungen deutlich gestiegen.
7. Vertragsabschlüssen gehen umfangreiche Verhandlungen voraus. Technische Lösungen, Preise, Zahlungsbedingungen etc. sind Gegenstand der Verhandlungsdiskussion (Hake und Krafft 2011).
8. Bei industriellen Gütern und Dienstleistungen handelt es sich oft um Systemgeschäft. Aufträge werden per Ausschreibungsverfahren vergeben. Beim „competitive bidding" spielt der Preis eine exponierte Rolle. Im Gegensatz zu Auktionen wird beim Bieterverfahren nur ein einziges verbindliches Preisgebot abgegeben.
9. Die Preistransparenz in Industriegütermärkten ist meist geringer als in Branchen, in denen tatsächliche Preise öffentlich einsehbar sind.
10. Preispsychologischen Erkenntnissen zufolge steigt mit zunehmender Professionalisierung des Beschaffungsprozesses die Erwartung des Kunden an die Preisfairness des Anbieters (Simon und Fassnacht 2008, S. 179). Dies führt unmittelbar zum Ausgangspunkt des Kapitels zurück, dem Prinzip des Value Selling.

Total-Cost-of-Ownership-Ansatz
Investitionsentscheidungen von Unternehmen können mithilfe des Total-Cost-of-Ownership(TCO)-Ansatzes quantifiziert abgeleitet werden (Homburg et al. 2006, S. 262). Die Methode gewinnt in Einkaufsabteilungen immer größere Bedeutung. Die zu erwartenden Kosten umfassen den kompletten Lebenszyklus eines Industrieguts (z. B. einer Maschine). Aus der Perspektive des Kunden kann man fünf Phasen unterscheiden: Maschinenkauf; Inbetriebnahme; Wartung/Instandhaltung; außerordentliche Reparaturen; Entsorgung. Diese unterscheiden sich bezüglich folgender Preiseinflussfaktoren signifikant (Homburg und Totzek 2011; Homburg et al. 2006):

1. Preissensibilität der Kunden
2. Wettbewerbsintensität

6.5 Preisdurchsetzung

3. Nutzenwahrnehmung der Kunden
4. Beitrag zur Kundenzufriedenheit

Die Kriterien Wettbewerbsintensität und Preissensibilität hängen eng zusammen. Beide Parameter sind in verschiedenen Zyklusphasen sehr unterschiedlich ausgeprägt. Im Neumaschinengeschäft ist der Preisfokus der Kunden hoch. Demgegenüber steht der After-Sales-Bereich mit einer – im Vergleich zu anderen Kundenkontaktpunkten – geringeren Preissensibilität. Eine Erklärung hierfür liefern die hohen Ausfallkosten einer Maschine und die Bedeutung einer verlässlichen Leistung. Hohe Dringlichkeiten aufseiten des Kunden verringern die Bedeutung des Preises in dieser Prozessphase. Die Preissensibilität für Ersatzteile und Reparaturleistungen ist dementsprechend eher gering (Roll et al. 2012; Artz und Schröder 2011). Hohe Margen können insbesondere in jenen Phasen realisiert werden, in denen

- die Wettbewerbsintensität und Preissensibilität der Kunden gering ist und
- eine Übererfüllung von Kundenerwartungen möglich ist.

Dringende und außerordentliche Reparaturen bieten Potenziale zur Übererfüllung von Kundenanforderungen. Gerade dort, wo Erwartungen übertroffen werden, können hohe Margen leichter durchgesetzt werden.

Während das Kerngeschäft der Maschinenhersteller bisher im Verkauf von Maschinen lag, so verschieben sich die Wertschöpfungsanteile mit zunehmender Digitalisierung in Richtung Services. Umsatzerlöse werden immer stärker mit Dienstleistungen rund um die Maschine erzielt. Zu den zahlreichen Beispielen gehören u. a.

- Vermietungen von Maschinen im Rahmen von Subskriptionsmodellen,
- vorausschauende Wartung („predictive maintenance"),
- die Anlagenoptimierung für Geschäftskunden (Lietzmann 2018).

Die Entwicklung des 3D-Drucks verändert Wertschöpfungsprozesse und die Interaktion mit den Kunden weiter in Richtung Automatisierung. Die physische Distribution von Ersatzteilen wird dann nicht mehr notwendig sein. Darüber hinaus werden Anlagen selbstständig Druckaufträge für Ersatzteile initiieren, wenn eine Reparaturbedürftigkeit erkannt wird.

Total-Value-of-Ownership-Bonussystem
Diese Methode zur systematischen Einschätzung von Lieferanten setzen v. a. Einkaufsabteilungen von B2B-Unternehmen ein. Automobilhersteller, Telekommunikationsunternehmen sowie Maschinen- und Anlagenbauer verwenden den Ansatz regelmäßig. Typische Anwendungsfälle finden sich im Projektgeschäft, bei Ausschreibungen sowie im Tendergeschäft. Der Vergleich der verschiedenen Bieter erfolgt anhand eines quantitativen Bewertungsmusters (Mecke 2011). Unterschiedliche Leistungsniveaus der

Lieferanten werden anhand einer Bonus-Malus-Bewertung in die Kaufentscheidung einbezogen. Die Quantifizierung erfolgt entweder in Preiseinheiten oder als relativer Vergleich (in Prozent). Auch immaterielle Nutzenvorteile (wie z. B. Service, Beratung, Systemintegration, Marke, Design etc.) werden systematisch einbezogen. So bewertet man im Rahmen der Total-Value-of-Ownership(TVO)-Systematik neben der Produktqualität u. a. auch das Image des Lieferanten. Die TVO-Quantifizierung erlaubt es, die Preise der einzelnen Wettbewerber hinsichtlich ihrer Leistungen vergleichbar zu machen. Kernziel ist die Quantifizierung der Preis-Leistungs-Relation aller Wettbewerber. Ausgangspunkt sind die von den Bietern kommunizierten Angebotspreise. Vom Startpreis werden Boni für bessere Leistungsmerkmale abgezogen. Leistungsvorteile erhöhen den Nutzen, insofern werden sie im Preisvergleich zugute gerechnet. Mali für negative Produkteigenschaften müssen folglich zum Bieterpreis hinzuaddiert werden. Auf Basis dieser Bonus-Malus-Quantifizierung ergibt sich ein Vergleichspreis für jeden Anbieter. Selbst ein weitaus höherer Angebotspreis kann mit Leistungsvorteilen überkompensiert werden, solange die Budgetgrenze des Kunden nicht überschritten wird. Somit kann sich am Ende ein zunächst scheinbar zu teurer Lieferant durchsetzen. Das TVO-System kommt in zahlreichen E-Bidding-Prozessen zum Einsatz. Dort werden in der Vorbereitungsphase Boni und Mali vergeben, die in der Verhandlungsphase quantitativ mit dem Preis verknüpft werden. Um in einem E-Bidding-Prozess erfolgreich zu sein, müssen zusätzliche Leistungen für den Kunden klar herausgearbeitet und in Form von Boni formuliert werden. Die Quantifizierung der eigenen Leistungsvorteile ist der effizienteste Weg aus dem reinen Preiswettbewerb. Denn wenn alle beteiligten Wettbewerber ausschließlich Spezifikationen erfüllen, geht es letztlich nur um den Preis.

Dieselbe Quantifizierungslogik praktiziert auch der Vertrieb des Lieferanten im Vorfeld einer Verhandlung. Die Perspektive ist allerdings umgekehrt zur TVO-Methode (Hermenau 2009). Ein häufig verwendeter Ansatz im Rahmen des Verhandlungsmanagements ist der „price walk" (Preiswasserfallanalyse). Ziel ist die objektive Bewertung der ökonomischen Vorteile des eigenen Angebots für den Kunden (z. B. den Betreiber einer Maschine im B2B-Geschäft). Vorteile gehen auf zwei Ursachen zurück, Kostenreduzierungen oder Qualitätssteigerungen. Neben dem Kaufpreis der Maschine werden auch Qualitätsunterschiede im Vergleich zur Konkurrenz sowie Kostenimplikationen in die Systematik des „price walk" einbezogen (Hermenau 2009). So reflektiert sich eine leistungsfähigere Maschine in einem höheren Verkaufspreis für das produzierte Endprodukt. Kosteneinsparungen für den Kunden zieht man vom eigenen Angebotspreis ab. Hierzu gehören z. B. Reduzierungen der Stillstandzeiten der Anlage, Senkungen des prognostizierten Ausschusses oder verkürzte Wartungsarbeiten. Die Ergebnisse dieser Kalkulationen werden in Form eines Tools zur Vertriebssteuerung zur Verfügung gestellt. Die Digitalisierung erlaubt eine deutlich effizientere Integration von kundenspezifischen Daten in einen derartigen Value-Selling-Ansatz. Auf dieser professionellen Basis können wertbasierte Verhandlungen geführt werden. Preisaspekte treten im Verkaufsgespräch in den Hintergrund (Abb. 6.3).

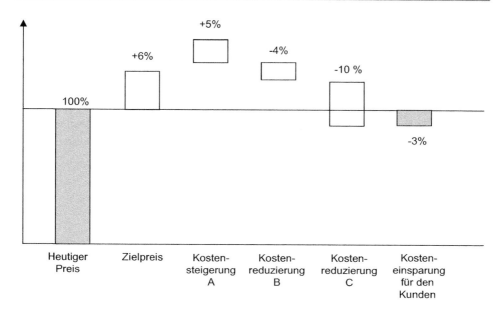

Abb. 6.3 Value Selling und Nutzenquantifizierung („price walk")

In Ergänzung zur quantitativen Vorbereitung von Preisverhandlungen ist die gezielte Anwendung von Verhandlungstaktiken zu empfehlen. Hierzu gehört u. a. die sehr hilfreiche Interessenmatrix. Diese berücksichtigt die bereits skizzierte Denkweise der Spieltheorie für die beste Taktik im Bieterprozess. Es geht im Kern um die Reflexion der beidseitigen Motive und Machtpotenziale. Die Dimensionen der Matrix lauten Interesse des Kunden am Lieferanten und Interesse des Lieferanten am Kunden. Aus der Positionierung in der Matrix resultieren unmittelbare Konsequenzen für die Verhandlung (Voeth und Herbst 2011). Der Vertrieb des Lieferanten wird mithilfe dieses einfachen Denkansatzes – in Kombination mit den skizzierten quantitativen Berechnungen – optimal unterstützt. Hinzu kommen qualitative Hilfsmittel wie Argumentationsleitfäden und Frage-Antwort-Dokumente.

6.6 E-Bidding

In B2B-Märkten hat das E-Bidding als Beschaffungsprozess in den letzten Jahren stetig an Bedeutung gewonnen. Die elektronische Auktion wird technisch in Form des Reverse-Auction-Verfahrens vollzogen. Kunden fragen ein Produkt mithilfe einer elektronischen Plattform öffentlich an. Der Bedarf wird bis ins Detail spezifiziert. Die Bewerbung erfolgt durch potenzielle Lieferanten, die in einem Bieterverfahren im Rahmen der elektronischen Auktion preislich konkurrieren. Die Rahmenbedingungen dieses

Preisbildungsmechanismus werden vor der Auktion in Form eines Tenders festgelegt. Zu den Tenderkonditionen gehören u. a. mögliche Unter- und Obergrenzen beim Preis, Festlegungen bezüglich der Menge, Stufen der Preisvariation, zeitliche Rahmenbedingungen etc. Ausschreibungsleistungen werden vom Auftraggeber teilweise an kommerzielle Anbieter von Internetplattformen ausgelagert. Diese ermitteln den kostengünstigsten Anbieter der jeweiligen Leistung im Rahmen der Reverse Auction. Für den Lieferanten stellt sich die Frage nach dem optimalen Angebotspreis. Im Zuge der Preisoptimierung bei Ausschreibungen sind grundsätzlich zwei Aspekte für den Anbieter relevant (Homburg et al. 2006, S. 82):

1. Die Wahrscheinlichkeit, den Auftrag zu erhalten und
2. der zu erwartende Gewinn.

Beide Kriterien zeigen eine gegenläufige Entwicklung:

- Je niedriger der geforderte Preis, desto größer ist die Auftragswahrscheinlichkeit.
- Je höher der Preis, desto höher ist der Gewinn im Fall eines Zuschlags.

Bei der Kalkulation des optimalen Bieterpreises empfiehlt sich der Einsatz einer quantitativen Methode. Diese unterstützt die Abwägung zwischen beiden Aspekten. Für unterschiedliche Zielpreise berechnet man die Wahrscheinlichkeit des Zuschlags sowie den resultierenden Gewinn. Ziel ist die Ermittlung des Angebotspreises, der den erwarteten Gewinn maximiert (Homburg et al. 2006).

E-Bidding-Verfahren sind für Einkaufsabteilungen mit einigen Vorteilen verbunden. Diese lauten in Stichpunkten:

1. Erhöhter Preiswettbewerb auf der Anbieterseite,
2. Rationalisierung der Preisverhandlung,
3. Prozesseffizienz durch Standardisierung des Einkaufsverfahrens,
4. Anbieterbewertung auf Basis vergleichbarer, quantitativer Fakten (z. B. über Scoring-Modelle).

Kunden werden in Zukunft verstärkt daran interessiert sein, ihre Ausschreibungen per Internet vorzunehmen. Unternehmen müssen auf diese Herausforderungen klare Antworten finden. Die Entscheidung, ob sich ein Unternehmen an Ausschreibungen im Internet beteiligt, ist von hoher strategischer Bedeutung (Homburg et al. 2006, S. 83). In ihr spiegeln sich u. a. folgende Einflussfaktoren:

- Wie preissensibel ist der Kunde?
- Welche Ziele verfolgen unsere Wettbewerber?
- Wie priorisieren wir? Worauf legen wir den Fokus – Margen oder Mengen?

6.7 Incentive-System

Ein weiterer Stellhebel der Preisdurchsetzung ist die Ausgestaltung des Incentive-Systems (Roll 2018; Homburg und Totzek 2011). Einer der Gründe für die skizzierte Value-Erosion ist das Vergütungssystem der Vertriebsmitarbeiter. Vertriebskompensationen sind häufig noch auf den Umsatz fokussiert. Die gezahlte Provision steigt mit dem Umsatz des Außendiensts. Professionelle Incentive-Systeme orientieren sich an der Strategie des Unternehmens, die i. d. R. die Gewinnerzielung gegenüber einer Umsatzmaximierung priorisiert. Individuelle Incentives für den Vertrieb beinhalten neben dem Umsatz folglich auch ein Profitabilitätsmaß (Roll et al. 2012). Bei der technischen Ausgestaltung von Incentives bieten sich verschiedene Optionen. Provision und Bonus können gleichberechtigt eingesetzt werden. Eine Provision dient zur Incentivierung des Umsatzes. Bonuszahlungen sichern demgegenüber weitere Zielgrößen ab. Hier bieten sich Kriterien wie Preisqualität, Profitabilität oder Kundenzufriedenheit an. Eine sinnvolle Messgröße für die Kundenzufriedenheit ist der Net-Promoter-Score. Eine deckungsbeitragsproportionale Entlohnung setzt einen geeigneten Anreiz für eine bessere Preisdurchsetzung des Vertriebs. Mit der Vorgabe einer relativen Deckungsbeitragsquote wird die Qualität der Preisverhandlungen deutlich verbessert (Roll 2018). Die Zielsysteme der Verkäufer entsprechen der Strategie des Unternehmens.

6.8 Taktisches Pricing

Über die strukturellen Ansatzpunkte der Vertriebssteuerung hinaus existieren auch im Bereich der taktischen Maßnahmen zahlreiche Hebel zur Ertragssteigerung. Als Beispiel sei eine Anhebung der Listenpreise genannt. Nicht selten scheitern Unternehmen allerdings bei dem Versuch, ihre durchschnittlichen Nettopreise über kurzfristige Anhebungen der Listenpreise zu erhöhen (Giersberg 2017). Laut einer Studie von Simon, Kucher & Partners werden in 50 % der Unternehmen weniger als 40 % der geplanten Preiserhöhung tatsächlich realisiert (Tacke 2018). Die Preisakzeptanz der Kunden ist nicht ausreichend, um die geplanten Erhöhungen durchzusetzen. Das Scheitern von Preiserhöhungen geht potenziell auf zahlreiche Gründe zurück (Simon und Fassnacht 2016):

- Schlechte Vorbereitung
- Ungeschickte Verteilung auf Kunden und Produkte
- Überhastete Umsetzung
- Zu hohes Niveau der Preisanpassung
- Fehlende Begründungen mit Relevanz für den Kunden

Ein typisches Problem in diesem Zusammenhang ist die zu pauschale Festlegung von Preiserhöhungen. Ignoriert wird die Frage, welches Ausmaß der Preisanpassung für einzelne Produktgruppen, Kundensegmente, Distributionskanäle oder Regionen realistisch ist. Geplante Preiserhöhungen müssen mit Blick auf diese handwerklichen Fehlerquellen sorgfältig vorbereitet und durchgesetzt werden.

Unabhängig von Vorbereitung und Umsetzung spielen Branchenbesonderheiten eine besonders große Rolle. So ist z. B. die Verhandlungsmacht von Kunden in bestimmten Sektoren derart hoch, dass Anbieter mit hohen Umsetzungswiderständen zu kämpfen haben. Prägnante Beispiele bieten Lebensmitteleinzelhändler mit ihrer Position gegenüber Konsumgüterherstellern. Die Auslistung von Nestlé-Produkten durch Edeka ist ein besonders drastisches Beispiel für die Folge von Konflikten in der Preisverhandlung (Reiche 2018). Auch in der Automobilindustrie setzen industrielle Abnehmer Preiserhöhungsversuchen von Zulieferern hohe Widerstände entgegen.

Die Interessenlage des Unternehmens bei Preisänderungen ist asymmetrisch. Preissenkungen sollen von Nachfragern möglichst stark wahrgenommen werden. Bei Preiserhöhungen ist man daran interessiert, dass diese möglichst nicht als solche erkannt werden. Zahlreiche Taktiken zur Durchsetzung höherer Preise lassen sich nutzen, darunter u. a. (Simon 1992):

- **Langfristige Vorbereitung der Preiserhöhung:** Eine frühzeitige Kommunikation der Preiserhöhung ist zu empfehlen. Die Notwendigkeit der Preiserhöhung ist nachvollziehbar zu begründen.
- **Wahl des Zeitpunkts der Preiserhöhung so, dass die Verbindung zur Ursache besonders glaubhaft ist:** Diese Empfehlung gilt v. a. für Kostenveränderungen. Mögliche Anlässe sind Rohstoffverteuerungen oder preisrelevante Steuererhöhungen.
- **Kundenspezifische Differenzierung von Preiserhöhungen:** Ein Fallbeispiel für die Verknüpfung der drei skizzierten Taktiken bietet der Technologiekonzern Amazon in seiner Filmsparte. Im Januar 2018 kündigte Amazon frühzeitig eine Preisanhebung für Streamingdienste in den USA an. Für das Premiumsegment der Prime-Mitglieder wurde das monatliche Abonnement von 10,99 US$ auf 12,99 US$ erhöht. Alle Kunden mit einem Jahresabonnement zahlten zunächst weiter 99 US$. Die Erhöhung von 18 % begründete man mit langfristigen Investitionen in Streamingdienste. Zur Erhöhung der Qualität wurden neue Lizenzen für hochwertige Filme und Serien im Umfang von mehreren Milliarden Dollar gesichert. Durch die Koppelung mit einer Nutzenargumentation für den Kunden konnte die Preiserhöhung problemlos durchgesetzt werden (Harengel 2017). Ende April kündigte man eine Erhöhung auch für das Jahresabonnement an – zum Mai erfolgt eine Anpassung von 99 auf 119 US$ (Lindner 28. April 2018; o. V. 2018).
- **Verbindung von Preiserhöhungen mit Produktmodifikationen:** Wird das Produkt parallel zum Preis verändert, so bewerten die Käufer im Zuge ihrer Preiswürdigkeitsbeurteilung Preis und Leistung jeweils neu. Ein reiner Preisfokus wird vermieden. Die Aufmerksamkeit liegt auf dem Trade-off zwischen Leistung und Preis.

6.8 Taktisches Pricing

- **Teuerungszuschläge:** Dieses Instrument kann v. a. in Commodity-Branchen genutzt werden. Teuerungszuschläge sind bei starken und volatilen Kostenveränderungen besonders wirksam. Zuschläge für Kostenerhöhungen in den Bereichen Energie, Öl und Stahl sind in B2B-Branchen gängige Praxis. Veränderungen der Rohstoffkosten sind durch die Variation der Zuschlagsfaktoren flexibel zu berücksichtigen. Autovermietungen oder Fluggesellschaften arbeiten ebenfalls mit dieser Preistaktik (Frohmann 2006). Temporäre Aufschläge auf den Preis sind unabhängig vom Produktpreis. Sie bieten mehr Flexibilität, da sie ohne Zeitverzögerung an schwankende Rohstoffkosten anzupassen sind. Zuschläge sind darüber hinaus einfacher umzusetzen als direkte Änderungen des Preises. Die Festlegung eines absoluten oder prozentualen Aufschlags genügt. Bei Kostensenkungen werden die Zuschläge entsprechend verringert.

  Zuschläge sind auch aus preispsychologischer Sicht interessant: Sie werden von Kunden weniger stark wahrgenommen als Erhöhungen von Listenpreisen. Preispsychologischen Studien zufolge reagieren Kunden nur halb so empfindlich auf Teuerungszuschläge im Vergleich zu Preiserhöhungen in derselben Höhe. Die Reaktion auf Zuschläge entspricht nur etwa 50 % der Preiselastizität.

Fokusthema Preispsychologie (8): Asymmetrische Preisvariationen

Im Kap. 1 wurde aufgezeigt, dass Elastizitäten immer relativ sind. Die Kundenreaktion auf Preismaßnahmen hängt besonders vom Ausmaß der Anpassung ab. Auch über die zeitliche Taktung der Preisänderung können Nachfragewirkungen beeinflusst werden. Zur Durchsetzung von Preisvariationen sind folglich zwei Aspekte wichtig:

- das Niveau der Anpassung und
- die zeitliche Taktung der Preiserhöhung.

Psychologische Erkenntnisse sprechen für asymmetrische Preisanpassungen (Simon 1992). Ausgangsbasis der Überlegungen ist die Verlustaversion von Kunden. Mit der Zahlung eines Preises ist ein Verlustnutzen für den Kunden verbunden. Aus dem Erwerb und der Verwendung eines Produkts resultiert für den Nachfrager hingegen ein Gewinnnutzen. Aus Sicht der Nutzerpsychologie besteht eine Asymmetrie zwischen Gewinn- und Verlustnutzen. Verluste („pains") werden von Nachfragern anders wahrgenommen und gewichtet als gleich große Gewinne („gains"). Aus der Verlustaversion ergeben sich folgende Implikationen für Preiswirkungen:

1. Verluste werden stärker negativ wahrgenommen als Gewinne positiv bewertet werden (Kopetzky 2016, S. 23; Kahneman und Tversky 1979).
2. Nachfrager nehmen Preiserhöhungen eher wahr als Preissenkungen.

3. Verluste bzw. Preiserhöhungen werden doppelt so stark gewichtet wie gleichgroße Gewinne (bzw. Preissenkungen).
4. Geringfügige Preisänderungen haben nur eine unterproportionale Wirkung. Erst wenn Preisvariationen bestimmte wahrnehmbare Prozentsätze überschreiten, ergibt sich eine stärkere, überproportionale Absatzwirkung.
5. Preissenkungen wirken in mehreren kleinen Schritten positiver, als in einem großen. Die Empfehlung lautet: „Unbundle gains"! Gewinne sind aufzuteilen.
6. Preiserhöhungen sollten in einem Schritt vollzogen werden, weil sie dann weniger auffallen. Eine Verteilung auf wenige kleine Schritte wird stärker wahrgenommen und wirkt folglich stärker negativ. Die Empfehlung lautet: „Bundle Pains"! Verluste sind zu bündeln.

Last but not least: Preiserhöhungen müssen nicht nur mit Blick auf Kunden und Absatzmittler sorgfältig vorbereitet und umgesetzt werden. Der Vertrieb darf als Zielgruppe auf keinen Fall ignoriert werden. Ein Fallbeispiel für negative interne Folgen einer intransparenten Preispolitik bietet die Versicherungssparte. Anbieter wie WWK verspielten durch ihr intransparentes Vorgehen nicht nur bei zahlreichen Kunden Preisvertrauen. In öffentlichen Medien wurde darüber hinaus auch publik, dass die eigenen Vertriebsspezialisten unzureichend in die geplanten Maßnahmen einbezogen wurden.

Literatur

Artz, M., & Schröder, M. (2011). Durchsetzung von Zielpreisen in dezentralen Landesgesellschaften über Transferpreise. In C. Homburg & C. Totzek (Hrsg.), Preismanagement auf B2B-Märkten (S. 237–261). Wiesbaden: Springer Gabler.
Buchwald, G. (2018). Pricing-Lexikon. Prof. Roll & Pastuch Management Consultants. https://www.roll-pastuch.de/de/unternehmen/pricing-lexikon. Zugegriffen: 2. Mai 2018.
Frohmann, F. (2006). Internationale Preisstrategien. Management Circle Seminar.
Giersberg, G. (18. Dezember 2017). Wer alle Kunden hält, verkauft zu billig. FAZ, 293, 16.
Giersberg, G. (28. April 2018). Nestlé bekommt den Edeka-Boykott zu spüren. Frankfurter Allgemeine Zeitung, 99, 24.
Hake, S., & Krafft, M. (2011). Delegation von Preissetzungskompetenz an den Verkaufsaußendienst. In C. Homburg & C. Totzek (Hrsg.), Preismanagement auf B2B-Märkten (S. 181–203). Wiesbaden: Springer Gabler.
Harengel, P. (2017). Streaming und Fernsehen. Radikaler Umbruch: Wie wir TV-Sender, Netflix und Amazon zum Umdenken zwingen. https://www.focus.de/digital/experten/mediennutzung-streaming-wie-nutzer-tv-sender-netflix-und-amazon-zum-umdenken-zwingen_id_7751533.html. Zugegriffen: 2. Mai 2018.
Hermenau, B. J. (2009). Besonderheiten beim Pricing von Industriegütern (Lektion 5). Strategisches Preismanagement. Schriftlicher Lehrgang in 13 Lektionen, 2. Aufl.
Homburg, C., & Totzek, C. (2011). Preismanagement auf Business-to-Business-Märkten: Zentrale Entscheidungsfelder und Erfolgsfaktoren. In C. Homburg, C. Totzek (Hrsg.), Preismanagement auf B2BMärkten (S. 15–69). Wiesbaden: Springer Gabler.

Literatur 273

Homburg, C., Schäfer, H., & Schneider, J. (2006). Sales excellence. Wiesbaden: Gabler.

Kahneman, D., & Tversky, A. (1979). Prospect theory: An analysis of decision under risk. Econometrica, 47, 263–291.

Kopetzky, M. (2016). Preispsychologie. In vier Schritten zur optimierten Preisgestaltung. Wiesbaden: Springer Gabler.

Lietzmann, P. (2018). Digital-Chef Klaus Helmrich. Siemens testet Fabriken vorher am Computer – und verzehnfacht dadurch die Produktion. 23.04.2018. https://www.focus.de/finanzen/news/unternehmen/mindsphere-in-der-cloud-siemens-testet-fabriken-am-computer-und-verzehnfacht-dadurch-produktion_id_8786168.html. Zugegriffen: 2. Mai 2018.

Lindner, R. (28. April 2018). Amazon ist Apple auf den Fersen, Frankfurter Allgemeine Zeitung, 99, 24.

Mecke, J. (2011). TVO: Total Value of Ownership – Geld oder Wasser? www.silicon.de; https://www.silicon.de/blog/tvo-total-value-of-ownership-geld-oder-wasser/. Zugegriffen: 2. Mai 2018.

Meckel, M. (2018). Die echten Handelskriege werden längst um Daten geführt. https://www.wiwo.de/politik/ausland/schlusswort-die-echten-handelskriege-werden-laengst-um-daten-gefuehrt/21142272.html. Zugegriffen: 2. Mai 2018.

o. V. (2018). Amazon verdoppelt Gewinn, Prime-Abo wird deutlich teurer. Manager Magazin Online. http://www.manager-magazin.de/unternehmen/it/amazon-aktie-auf-rekordhochgewinn-verdoppelt-prime-abo-wird-teurer-a-1205081.html. Zugegriffen: 2. Mai 2018.

Pastuch, K. (2018). Pricing-Lexikon. Prof. Roll & Pastuch Management Consultants. https://www.roll-pastuch.de/de/unternehmen/pricing-lexikon. Zugegriffen: 2. Mai 2018.

Reiche, L. (2018). Kein Frieden im Preiskampf. Edeka weitet Boykott gegen Nestlé aus. Manager Magazin Online. http://www.manager-magazin.de/unternehmen/handel/edeka-nestle-boykott-ausgeweitet-und-trifft-jetzt-30-prozent-der-umsaetze-a-1201491.html. Zugegriffen: 2. Mai 2018.

Roll, O. (2018). Pricing-Lexikon. Prof. Roll & Pastuch Management Consultants. https://www.roll-pastuch.de/de/unternehmen/pricing-lexikon. Zugegriffen: 2. Mai 2018.

Roll, O., & Laker, M. (2004). Rendite durch Rabattsteuerung. Acquisa, 2004(9).

Roll, O., Pastuch, K., & Buchwald, G. (Hrsg.). (2012). Praxishandbuch Preismanagement. Strategien – Management – Lösungen. Weinheim: Wiley.

Schlesiger, C., & Haseborg, V. T. (27. April 2018). Sie lieben Leidensmittel. Wirtschaftswoche, 18, 19–24.

Schumacher, O. (2017). Preise durchsetzen (3. Aufl.). Offenbach: Gabal.

Simon, H. (1992). Preismanagement: Analyse – Strategie – Umsetzung (2. Aufl.). Wiesbaden: Gabler.

Simon, H., & Fassnacht, M. (2008). Preismanagement. Strategie – Analyse – Entscheidung – Umsetzung (3. Aufl.). Wiesbaden: Gabler.

Simon, H., & Fassnacht, M. (2016). Preismanagement. Strategie – Analyse – Entscheidung – Umsetzung (4. Aufl.). Wiesbaden: Gabler.

Tacke, G. (2012). Simon-Kucher expert talk: Pricing power – How you get what you deserve. https://www.youtube.com/watch?v=CrghO0q6C1Q. Zugegriffen: 2. Mai 2018.

Tacke, G. (2018). Digitalisierung: "Think big, start smart". Vortrag European Sales Conference 2018. 19. April 2018.

Voeth, M., & Herbst, U. (2011). Preisverhandlungen. In C. Homburg & C. Totzek (Hrsg.), Preismanagement auf B2B-Märkten (S. 205–235). Wiesbaden: Springer Gabler.

Pricing-Prozess Teil 5: Monitoring 7

7.1 Preiscontrolling: Herausforderungen

Das Preiscontrolling zieht aus der unglaublichen Vielfalt von Daten verschiedenster Quellen, Formate und Systeme relevante Erkenntnisse für das Preismanagement. Datenbeschaffung, die Analyse der Informationen sowie eine fundierte Entscheidungsvorbereitung sind die Grundlagen eines modernen Preiscontrollings (Buchwald 2018). Von entscheidender Bedeutung ist die Trennung zwischen Quantität und Qualität der Informationen. Die Herausforderung besteht in vielen Unternehmen nicht in der Erhöhung der Menge an verfügbaren Informationen. Die Quantität der vorhandenen Daten ist mehr als ausreichend. Nicht immer jedoch werden wertvolle Informationen abteilungsübergreifend genutzt, zielführend ausgewertet und in konkrete Maßnahmen überführt (Sprenger 2018; Meckel 2018). Hinzu kommt: Die technologiegetriebene Wettbewerbsdynamik stellt völlig neue Anforderungen an Agilität und Reaktionsschnelligkeit bei der Entscheidungsfindung. Erfolgskritisch ist es, schnell die richtigen Schlüsse zu ziehen. Je mehr Daten verfügbar sind, desto wichtiger werden Systeme und Kennzahlen, um relevante Muster zu erkennen. Eine herausragende Datenqualität ist eine notwendige Bedingung für größere Agilität (Müller-Jung 2018; Lindinger 2018). Dies kann am Beispiel des Online-Handels oder anhand von Commodity-Branchen beschrieben werden. Dort sind richtige Einschätzungen der Marktsituation und schnelle Preisanpassungen erfolgsentscheidend. Eine zeitverzögerte Reaktion auf Trendänderungen führt zu einer Erosion von Gewinnpotenzialen. Digitale Unterstützung bedeutet in diesen Sektoren eine zuverlässigere Preisprognose und eine entsprechend optimierte Preisanpassung (in puncto Timing, Richtung und Intensität). Um ein effektives Preiscontrolling sicherzustellen, sind integrierte Softwarelösungen zwingend notwendig. Ziel ist es, über eine reduzierte Komplexität und eine Erhöhung der Datenqualität bessere und schnellere Entscheidungen zu fällen.

© Springer Fachmedien Wiesbaden GmbH, ein Teil von Springer Nature 2018   275
F. Frohmann, *Digitales Pricing,* https://doi.org/10.1007/978-3-658-22573-5_7

Die wesentlichen Ziele des Preiscontrolling lauten (Homburg und Totzek 2011; Roll et al. 2012):

- Übermittlung von preisrelevanten Steuerungsinformationen (wie Gewinn, Umsatz, Rentabilität und Deckungsbeitrag) an alle relevanten Funktionen
- Überwachung aller Phasen des Preismanagementprozesses
- Analyse der implementierten Preise
- Messung der Profitabilität von Kunden, Produkten, Vertriebskanälen und Regionen
- Steuerung des Pricing-Prozesses über Kennzahlensysteme
- Messung des Gesamterfolgs des Pricing im Unternehmen

Die Steuerung des Managementprozesses der „value extraction" setzt zwingend voraus, dass die Effizienz der einzelnen Schritte und deren Auswirkungen auf den Markt gemessen werden kann. Nur das, was quantitativ erfasst und gemessen wird, kann professionell gesteuert werden. Das Monitoring des Pricing-Erfolgs über Messgrößen (Key Performance Indicators, KPI) setzt voraus, dass die übergeordneten Ziele im Pricing operationalisiert werden. Operationalisierung bedeutet, klar zu definieren, was in welchem Ausmaß bis wann erreicht werden soll. Inhaltliche Vorgaben, das Ausmaß der Ziele sowie die Zeitpunkte der Zielerreichung sind für alle relevanten Aspekte des Pricing festzulegen. Die Erfolgsmessung wird für die beiden folgenden Dimensionen im Detail differenziert:

- Hierarchische Ebenen (Unternehmen, Geschäftsbereich, Produktlinie, Produkt)
- Preisdimensionen (Produkt, Kunde, Region, Vertriebskanal etc.)

Pricing-Cockpit

Das Managementcockpit ist eine hochaggregierte Darstellung der wichtigsten Kennzahlen zur Steuerung des Pricing. Es geht im Sinn eines Pricing-Audit um eine möglichst vollständige Transparenz bezüglich der Performance im Preismanagement. Bei der Messung des Pricing-Index schließt sich der Kreis zur Zieldefinition. Die integrierte Erfolgsmessung anhand eines Gesamtwerts umfasst drei inhaltliche Ebenen:

1. Finanzielle Ziele
2. Marktziele
3. Professionalität des Pricing-Prozesses

Der Pricing-Index setzt sich aus Kriterien und Messgrößen bezüglich der drei Dimensionen zusammen (Abb. 7.1):

- Auf der Ebene 1 (Finanzen) geht es um Standardkennzahlen wie Umsatz, Deckungsbeitrag, Gewinn, Rentabilität.
- Die Marktdimension (Ebene 2) bezieht sich auf kunden- und wettbewerbsorientierte Kriterien wie Image, Zufriedenheit des Kunden, Preis-Leistungs-Verhältnis und Marktanteil.
- Die Prozessdimension (Ebene 3) umfasst die interne „excellence" des Pricing.

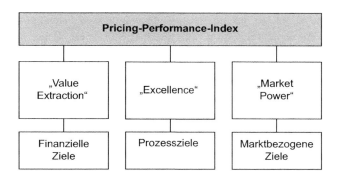

Abb. 7.1 Drei Säulen des Preis-Monitoring

Der Erfolg im Pricing ist umso höher, je

- positiver die Entwicklung der Zielgrößen, die im Rahmen der Strategieentwicklung definiert werden (z. B. Umsatz, Rendite, Deckungsbeitrag, Gewinn);
- positiver die Entwicklung von marktbezogenen Zielen wie Kundenzufriedenheit, Kundenbindung, Marktanteil;
- höher die interne Performance über den Pricing-Prozess hinweg ist.

7.2 Finanzielles Monitoring

Im Rahmen der Preisstrategie wird u. a. festgelegt, welche von verschiedenen Wegen zur Realisierung höherer Nettopreise das Unternehmen verfolgen möchte. Folgende Optionen kommen infrage:

- Erhöhung der Bruttopreise
- Reduzierung der Rabatte und Boni
- Verkürzung von Zahlungszielen und Reduzierung von Skonti
- Einführung oder Optimierung kostengebundener Zuschläge und Gebühren
- Verrechnung von Sonderleistungen (insbesondere Services)

Das Monitoring muss sich auf alle fünf Dimensionen beziehen.

Das finanziell orientierte Monitoring setzt auf verschiedenen Basisanalysen auf. Zu den Standardanalyseverfahren gehören Preiswasserfall und Gewinnwasserfall. Der Preiswasserfall visualisiert das Konditionensystem im Überblick. Die verschiedenen Nachlassarten und deren Niveaus werden im bildlichen Sinn eines Wasserfalls aufbereitet (Pastuch 2018; Homburg und Totzek 2011). Der grafische Strukturzusammenhang ist das Ergebnis der individuellen Preisanpassungen des Vertriebs. Die strukturelle Entwicklung der Nachlässe vom Basispreis (Listenpreis) bis zum Transaktionspreis (Netto-Netto-Preis) wird auf Segmentebene dargestellt. Der Preiswasserfall unterstützt das Management

u. a. bei der Identifizierung von verdeckten Nachlässen („hidden costs"). Er dient als eine erste Indikation, auf welchen Stufen ein Gegensteuern durch den Vertrieb finanzielle Potenziale eröffnet. So können sich in Bonusvereinbarungen mit den Kunden sowie Budgetzahlungen erhebliche Nachlässe ohne Leistungsbezug verbergen. Die größte Herausforderung unter Datenaspekten ist die Allokation von kundenspezifischen Boni zu einzelnen Produkten.

Der Profitwasserfall visualisiert den Preisverfall vom Listenpreis bis zum Deckungsbeitrag. Ziel ist die Messung der Profitabilität von Produkten oder Kunden. Unter Abzug aller relevanten Kosten (Stückkosten der Produktion, Vertriebs- und Servicekosten etc.) ergibt sich der Deckungsbeitrag als zentrales Ziel des Pricing. Die größte Herausforderung unter Datenaspekten ist die Allokation von Vertriebs- und Servicekosten zu einzelnen Kunden.

Als zusätzliche Standardanalysen sind für das Preiscontrolling zu empfehlen:

- Preisbandbreite: Visualisierung aller Transaktionspreise bei verschiedenen Endkunden.
- Preiskorridoranalyse: Ausmaß der Preisunterschiede zwischen Kunden, Produkten, Regionen und Vertriebskanälen.

Eine besondere Bedeutung im Rahmen des Preiscontrolling hat die Messung der Preisdurchsetzung: Es wird geprüft, ob die geplanten Preise am Markt realisiert wurden. Kundenindividuelle Vereinbarungen ohne eine leistungsbezogene Logik haben negative Konsequenzen für:

- die Produkte (die Höhe der Deckungsbeiträge, die Umsetzung von Positionierungsvorgaben, Kannibalisierungseffekte innerhalb des Portfolios, eine Verwässerung des Markenimage etc.);
- die Ergebnisse der Vertriebsregionen sowie
- die Umsetzung von Zielgruppenstrategien.

Die kundenbezogenen Risiken sind vielfältig. Nachfrager werden durch unstrukturierte Nachlässe negativ konditioniert. Das Unternehmen erzieht seine Abnehmer sprichwörtlich zu Rabattkäufern. Regional inkonsistente Nachlassvergaben hebeln die Wertargumentation bei internationalen Kunden aus (Homburg et al. 2006, S. 86). Nutzer können eine Rabattgerechtigkeit im Gesamtgefüge nicht mehr wahrnehmen. Ähnlich negative Konsequenzen haben Inkonsistenzen des Pricing über Vertriebskanäle hinweg, wie am Beispiel von Media Markt dargestellt (Mitsis 2018). Preisinkonsistenz eines Unternehmens beschädigt das Preisvertrauen und die Orientierung von Kunden.

Im Rahmen des Preis-Monitoring werden u. a. folgende Fragen beantwortet (Buchwald 2018; Frohmann 2008):

7.3 Monitoring der Marktwirkungen

- Wie profitabel sind welche Produkte und Services?
- Wie stark streuen die erzielten Preise?
- Wie entwickeln sich Nettopreise im Zeitablauf?
- Wie profitabel sind welche Kundenbeziehungen?
- Wie hoch ist das erzielte Preisniveau verschiedener Vertriebseinheiten oder -regionen?
- Wie profitabel sind welche Aufträge?
- Wie können die wichtigsten Kennzahlen des Pricing in ein Tool umgesetzt werden?

Wichtig ist die Transparenz darüber, welche Ursachen für Abweichungen verantwortlich sind. Anhand verschiedener KPI lassen sich Preisentwicklungen transparent machen. Die Auswahl der Indikatoren sollte immer auf die konkreten Anforderungen eines Unternehmens zugeschnitten werden. Drei wichtige Indikatoren und die damit verbundenen Fragestellungen lauten wie folgt (Buchwald 2018):

1. Nettopreise
   - Wie entwickeln sich die absoluten Nettopreise im Wettbewerbsvergleich?
   - Wie hoch ist das durchgesetzte Nettopreisniveau je Produkt?
   - Steigt unser Nettopreis im Wettbewerbsvergleich?
   - Folgt unser Nettopreis dem Markttrend?
2. Leistungsbezug der Rabattstruktur
   - Welche Kunden erhalten welche Rabatte?
   - Besteht ein systematischer Zusammenhang zwischen der Rabatthöhe und der Bedeutung des Kunden?
   - Sind die Preisabstände zwischen Kunden gerechtfertigt?
3. Abweichungen von Zielpreisen
   - Wie hoch sind die (absoluten oder relativen) Abweichungen der tatsächlichen Preise von den Zielvorgaben?
   - Warum wurden Aufträge und Kunden in der Vergangenheit verloren?
   - In welchem Ausmaß wurden Preispotenziale bei gewonnenen Aufträgen verschenkt?

7.3 Monitoring der Marktwirkungen

Die Auswirkungen von Preismaßnahmen dürfen nicht nur auf Kennzahlen mit finanzieller Relevanz reduziert werden. Kundenorientierte Messgrößen müssen zwingend Bestandteil eines Monitoring-Systems sein. Sie erfassen die langfristigen Wirkungen von Produkt- und Preismaßnahmen, die über kurzfristige Finanzeffekte hinausgehen. Für das Preismanagement relevante KPI sind:

- Marktanteile
- Net-Promoter-Score (als Indikator der Kundenzufriedenheit)

- Kundenbindung
- Anzahl der preisbezogenen Beschwerden
- Preisimage
- Kundennutzen
- „Pricing power"
- Wahrgenommenes Preis-Leistungs-Verhältnis

Diese KPI sind um Kennzahlen zu ergänzen, mit denen die Innovationskraft des Unternehmens gemessen werden kann:

- Umsatzanteil neu eingeführter Produkte
- Time-to-Market bei Neuprodukteinführungen
- Hit- vs. Flop-Rate.

Markt- und kundenorientierte KPI sind als Frühindikatoren oft deutlich besser geeignet als Finanzkennzahlen. Sinkende Marktanteile, eine signifikante Reduzierung des wahrgenommenen Kundennutzens sowie eine Schwächung der „pricing power" können zu einer mittelfristigen Erosion von Gewinnen führen. Es ist langfristig kontraproduktiv, den Fokus zu sehr auf eine Profitoptimierung zu setzen und Ziele wie Kundenzufriedenheit und Preisimage zu vernachlässigen (Polleit 2018). Negative Entwicklungen müssen hinterfragt und auf ihre Ursachen zurückgeführt werden. Die Bedeutung des Preisimages als Profithebel kann am Beispiel von Amazon beschrieben werden. Unter dem Preisimage versteht man die käuferindividuelle Bewertung eines Handelsbetriebs oder Onlineshops als preisgünstige Einkaufsstätte (Simon und Fassnacht 2008). Im Fall eines günstigen Preisimages liegen die durch den Kunden wahrgenommenen Preisniveaus unterhalb der tatsächlichen Angebotspreise. Entscheidend ist das vom Kunden wahrgenommene Preis-Leistungs-Verhältnis. Vor allem in Onlinebranchen entscheidet mit steigender Vielfalt an Informationen oft die Preiseinstellung zum Anbieter, ob ein Unternehmen im digitalisierten Auswahlprozess Berücksichtigung findet. Kunden starten ihre Suche nach Angeboten sehr oft beim Online-Händler Amazon. Der Grund: In Analogie zu Aldi im deutschen Lebensmittelhandel halten viele Kunden den Weltmarktführer im Internetvertrieb für den günstigsten Anbieter (o. V. 2013, 2018d). Insbesondere im Vorfeld von Transaktionen auf ebay informieren sich Privatkunden bei Online-Shops wie Amazon oder auf der Plattform Amazon Marketplace (o. V. 2016).

Fallbeispiel nutzerorientiertes Monitoring: First Streams von Amazon

Amazon hat für sein Videoangebot eine interessante neue Messmethode entwickelt. Ziel ist es, den Erfolg von Serien über Indikatoren zu überprüfen. Im Rahmen des Messansatzes First Streams wird erfasst, welche Videoinhalte Neukunden bei Prime zuerst nutzen. Unter Einbeziehung der Produktionskosten der Serie und der Gesamtanzahl der First Streams errechnet man die Akquisitionskosten jedes neuen Prime-Mitglieds (o. V. 2018b, e). Das Niveau des First-Streams-Werts dient u. a. als ein Indikator für den Kundennutzen (Value-to-Customer).

7.3 Monitoring der Marktwirkungen

Methodentipp: Integration von Finanz- und Marktzielen (Preis-Ziel-Matrix Abb. 7.2)
Die Preis-Ziel-Matrix ist ein hervorragendes Instrument zum Monitoring der Auswirkungen von Preismaßnahmen. Die Monitoring-Methode zeigt Effekte des Pricing auf Profit und Menge auf. Sie visualisiert mögliche Zielkonflikte. Die Zielmatrix kombiniert die finanzielle Perspektive (Profit) und die Marktdimension (Absatzmenge bzw. Marktanteil). Preisveränderungen können beide Ziele sowohl positiv als auch negativ beeinflussen. In Summe ergeben sich vier mögliche Szenarien (Hofer und Ebel 2002; Simon und Fassnacht 2016, S. 35; Simon und Dolan 1997). Eine ideale Preiskonstellation führt sowohl zu einem positiven Mengenwachstum als auch zu einer Margensteigerung. Dieses Szenario findet sich im rechten oberen Feld (Quadrant II).

In den meisten Fällen muss jedoch priorisiert werden: Es ist eine klare Entscheidung für ein ausschließliches Mengenwachstum oder eine Margenerhöhung zu treffen. Im Trade-off-Bereich – in den Quadranten Trade-off I und II – gibt es in beide Richtungen positive und negative Auswirkungen. In der Unternehmenspraxis findet man immer wieder Unternehmen, die trotz bereits zu hoher Preise weitere Erhöhungen anstreben. Am Ende dieses Prozesses stehen simultane Absatz- und Margenrückgänge (Quadrant Dilemma). Wie sich Margen und Absätze (bzw. Marktanteile) entwickeln, ist nur beurteilbar, wenn

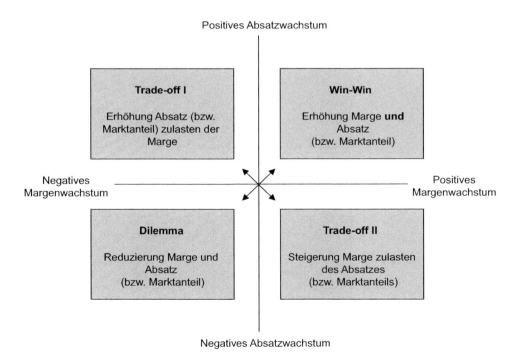

Abb. 7.2 Preis-Ziel-Matrix. (Simon und Dolan 1997)

die Preiselastizitäten der Kunden bekannt sind. Im Fall einer hohen Elastizität führen Preiserhöhungen zum Schiffbruch. Das Unternehmen steuert dann auf den ungünstigsten Quadranten zu.

Im Fall von Apple wurde im Verlauf des Frühjahrs 2018 immer offensichtlicher, dass ein Großteil der Kunden nicht mehr bereit ist, weitere Preiserhöhungen zu akzeptieren (Eisenlauer 2017; Fröhlich 2018a, b; Hohensee 2018; Jacobsen 2018; Kharpal 2016; Mansholt 2018a, b; Obermeier 2018; o. V. 2018c, g, h; Schlieker 2018). Ersten Indikationen zufolge, soll der Preis für das Nachfolgemodell des iPhone X sogar noch höher sein. Dies, obwohl sich die Einführung der X-Modellreihe im November 2017 mit Blick auf Marktziele (Absatzmenge, Marktanteil, Kundenzufriedenheit etc.) als riskante Strategie erwiesen hat (o. V. 2018f; Fröhlich 2018b; Schlieker 2018; Jacobsen 2018). Mit dem iPhone X ist Apple dem rechten unteren Quadranten (Trade-off II) in der adaptierten Preis-Ziel-Matrix zuzuordnen (Abb. 7.3).

Dennoch lassen sich in allen Branchen auch Pricing-Benchmarks identifizieren. Amazon gelang mit den Web Services – um es mit der Preis-Ziel-Matrix zu verdeutlichen – eine Punktlandung in den optimalen Quadranten. AWS ist mit großem Abstand Weltmarktführer im Bereich des Cloud Computing. Ein Großteil des Konzerngewinns entfällt auf die Vermietung von IT-Dienstleistungen über das Internet (Lindner 2018). Das Vermieten von Rechenleistungen via Internet (Cloud Computing) hat für Amazon eine noch deutlich größere Bedeutung als das iPhone für Apple. Das Geschäftsmodell basiert auf Skalenerträgen. Amazon Web Services (AWS) gelang es mit seinen Datenbankleistungen in den vergangenen Jahren regelmäßig, einen hohen Gewinn mit einem

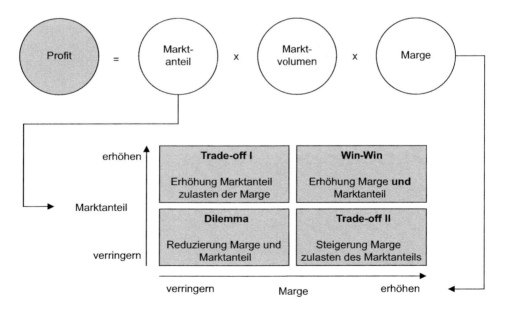

Abb. 7.3 Preis-Ziel-Matrix, adaptiert. (In Anlehnung an Simon und Dolan 1997)

7.4 Monitoring der Pricing-Professionalität 283

starken Absatzwachstum zu verbinden (o. V. 2013, 2018a; Eisenlauer 2012; Schütte 2017; Lindner 2018). Damit finanziert AWS den Kerngeschäftsbereich Online-Handel.

Strategisches Preismonitoring darf sich nicht auf die Wirkungen von Preismaßnahmen auf Kunden beschränken. Darüber hinaus sind auch all jene Preisaspekte einzubeziehen, die für das Management von digitalen Geschäftsmodellen relevant sind. Das Controlling muss auch Geschäftsmodellaspekte wie notwendige Ressourcen, Erlösmodelle und Wertschöpfungspartner einbeziehen. Es ist wichtig, genauestens auf Veränderungen zu achten, um strategische Vorteile sichern zu können. Beispielhafte Fragen in diesem Zusammenhang beziehen sich auf

- die Kontrolle von Ressourcen,
- den Einfluss auf das Wertschöpfungssystem (Ökosystem),
- die Motivation der Wertschöpfungspartner,
- die Erlösquellen des Unternehmens.

7.4 Monitoring der Pricing-Professionalität

Professionalität im Pricing bezieht sich auf den Prozess und die Konsistenz der einzelnen Schritte. Konsistenz umfasst zwei Dimensionen. Horizontal: Über den Pricing-Prozess hinweg. Vertikal: Das Zusammenspiel von Geschäftsmodell, Erlösmodell und Pricing-Prozess. Zur Beurteilung der internen „excellence" im Pricing dienen folgende beispielhaften Fragen:

1. Wie gut ist die Qualität der Informationen zu Kosten, Wettbewerbern und Kunden?
2. Wie umfangreich und detailliert beziehen wir alle notwendigen Informationen in die Strategiedefinition ein?
3. Dokumentieren wir unsere Strategie?
4. Wie systematisch ist der Prozess für die Preisfindung von Neuprodukten?
5. Wie kommunizieren wir Preise für Neuprodukte?
6. Setzen wir moderne Methoden zur Preisoptimierung ein?
7. Entwickeln wir kreative Methoden?
8. Wie systematisch planen wir Preisanpassungen im Markt?
9. Wie professionell bereiten wir Preisverhandlungen vor?
10. Unterstützen wir unseren Vertrieb mit Tools zur Verhandlung?
11. Wie umfangreich und systematisch ist unser Preiscontrolling?

Die skizzierten elf Items stellen ausgewählte Erfolgskriterien dar. Je nach Unternehmen, Branche und Geschäftsmodell müssen diese Fragestellungen entsprechend erweitert und detailliert werden.

Der Bewertungsprozess basiert im Detail auf folgenden Schritten:

1. Definition aller relevanten Schritte des Preismanagementprozesses
2. Operationalisierung der Leistungsstufen für jeden Prozessschritt. Basis ist eine Skala für die Performance. Diese reicht von 0 (nicht vorhanden bzw. nicht beachtet) bis 100 (sehr professionell).
3. Priorisierung der Schritte (optional)
4. Bewertung jedes Schritts entlang des Pricing-Prozesses bezüglich der aktuellen Performance
5. Berechnung eines Gesamt-Scores für die Professionalität des Pricing-Prozesses (Verknüpfung von Schritt 3 und 4).

Hier schließt sich der Kreis zu den Kernaussagen zu Beginn: Digitalisierung ist keine Strategie und auch kein Ziel. Sie dient der Erreichung von strategischen Zielen. Beim digitalen Pricing geht es um eine Optimierung im Spannungsfeld von Umsatz, Profitabilität und Kundenzufriedenheit. Für Digitalisierung als auch Pricing gilt: Die Priorisierung von Zielen steht am Anfang jeder Initiative. Digitales Pricing ist ein systematischer Prozess zur Erreichung strategischer Unternehmensziele und zur Erfüllung neuer Kundenbedürfnisse. Im Zentrum stehen der Kunde und damit die beiden zentralen Einflussfaktoren des digitalen Pricing: Value-to-Customer und Value-of-Customer.

Literatur

Buchwald, G. (2018). Pricing-Lexikon. Prof. Roll & Pastuch Management Consultants. https://www.roll-pastuch.de/de/unternehmen/pricing-lexikon. Zugegriffen: 2. Mai 2018.

Eisenlauer, M. (2012). Der Tech-Freak. Hier empfängt der König von Amazon unseren Tech-Freak. Bildonline. https://www.bild.de/digital/multimedia/amazon/chef-jeff-bezos-interview-tech-freak-26681524.bild.html. Zugegriffen: 2. Mai 2018.

Eisenlauer, M. (2017). Kein Supercycle. Schadet das iPhone X Apple? Bild online. https://www.bild.de/digital/smartphone-und-tablet/apple/iphone-x-hype-54276620.bild.html. Zugegriffen: 2. Mai 2018.

Fröhlich, C. (2018a). Phil Schiller – Dieser Mann soll den Apfel glänzen lassen. Stern online. https://www.stern.de/digital/smartphones/phil-schiller-interview--es-gibt-keine-preis-obergren-ze-fuer-das-iphone-7776804.html. Zugegriffen: 2. Mai 2018.

Fröhlich, C. (2018b). 1000 Euro für ein Telefon. Wozu braucht man überhaupt noch ein teures Smartphone? Stern online. https://www.stern.de/digital/smartphones/smartphones-fu-er-1000-euro—wozu-braucht-man-die-eigentlich-noch–7894046.html. Zugegriffen: 2. Mai 2018.

Frohmann, F. (2008). Kompaktkurs Pricing. Management Circle Seminar.

Hofer, M., & Ebel, B. (2002). Alles eine Frage des Preises. Auto-Marketingjournal, 2, 18–21.

Hohensee, M. (2018). iPhone X: Apple enttäuscht und begeistert zugleich. https://www.wiwo.de/unternehmen/it/iphone-x-apple-enttaeuscht-und-begeistert-zugleich/20919524.html. Zugegriffen: 2. Mai 2018.

Homburg, C., & Totzek, C. (2011). Preismanagement auf Business-to-Business-Märkten: Zentrale Entscheidungsfelder und Erfolgsfaktoren. In C. Homburg & C. Totzek (Hrsg.), Preismanagement auf B2BMärkten (S. 15–69). Wiesbaden: Gabler.

Literatur

Homburg, C., Schäfer, H., & Schneider, J. (2006). Sales Excellence. Wiesbaden: Gabler.

Jacobsen, N. (2018). Apple: Das iPhone X ist eine Verkaufsbremse – Trotzdem soll das Nachfolgemodell noch teurer werden. Handelsblatt online. http://www.handelsblatt.com/technik/it-internet/apple-das-iphone-x-ist-eine-verkaufsbremse-trotzdem-soll-das-nachfolgemodell-noch-teurer-werden/21178402.html. Zugegriffen: 2. Mai 2018.

Kharpal, A. (2016). Apple captures record 91 percent of global smartphone profits: Research. https://www.cnbc.com/2016/11/23/apple-captures-record-91-percent-of-global-smartphone-profits-research.html. Zugegriffen: 2. Mai 2018.

Lindinger, M. (2018). Digitale Flut. Frankfurter Allgemeine Woche, 6, 60.

Lindner, R. (2018). Amazon ist Apple auf den Fersen. Frankfurter Allgemeine Zeitung, 99, 24.

Mansholt, M. (2018a). Smartphone-Konkurrenz. iPhone X verkauft sich schlechter als gedacht – Das stellt Samsung vor Probleme. Stern online. Samsung vor Probleme. Stern online. https://www.stern.de/digital/smartphones/iphone-x-verkauft-sich-schlechter-als-gedacht—und-stellt-samsung-vor-probleme-7869276.html. Zugegriffen: 2. Mai 2018.

Mansholt, M. (2018b). iPhone X. Warum nur Apple sich ein Smartphone für 1319 Euro leisten kann. https://www.stern.de/digital/smarter-life/iphone-x--warum-nur-apple-sich-ein-smartphone-fuer-1319-euro-leisten-kann-7618822.html. Zugegriffen: 2. Mai 2018.

Meckel, M. (2018). Die echten Handelskriege werden längst um Daten geführt. https://www.wiwo.de/politik/ausland/schlusswort-die-echten-handelskriege-werden-laengst-um-daten-gefuehrt/21142272.html. Zugegriffen: 2. Mai 2018.

Mitsis, K. (2018). Kein Preis-Chaos mehr bei Media Markt: Elektro-Riese plant langersehnten Schritt. http://www.chip.de/news/Kein-Preis-Chaos-mehr-Media-Markt-und-Saturn-planen-langersehnten-Schritt_134574723.html. Zugegriffen: 2. Mai 2018.

Müller-Jung, J. (2018). Daten im Blut. Frankfurter Allgemeine Woche, 10, 61.

Obermeier, L. (2018). Kaum jemand will das Galaxy S9 – Warum sich Samsung und Apple verzockt haben. Focus online. https://www.focus.de/digital/handy/schlechte-verkaufszahlen-bei-smartphones-kaum-jemand-will-das-galaxy-S9-kaufen-warum-sich-samsung-und-apple-verzockt-haben_id_8609160.html. Zugegriffen: 2. Mai 2018.

o. V. (2013). Fakten-Check Amazon. So tickt der Online-Gigant. Bild online. https://www.bild.de/geld/wirtschaft/amazon/amazon-fakten-check-so-tickt-der-online-gigant-29196630.bild.html. Zugegriffen: 2. Mai 2018.

o. V. (2016). Amazon Marketplace: „Angelockt und abgezockt". Zeit Online. http://www.zeit.de/wirtschaft/2016-11/amazon-marketplace-betrueger-stiftung-warentest-fake-shops. Zugegriffen: 2. Mai 2018.

o. V. (2018a). Google, Facebook, Amazon – Der Gegenwind nimmt zu. Manager Magazin Online. http://www.manager-magazin.de/unternehmen/artikel/datenschutz-widerstand-gegen-facebook-google-und-amazon-waechst-a-1185889.html. Zugegriffen: 2. Mai 2018.

o. V. (2018b). Interne Dokumente belegen erstmals, wie Amazon mit Prime Video massiv neue Kunden gewinnt. Absatzwirtschaft Online. http://www.absatzwirtschaft.de/interne-dokumente-belegen-erstmals-wie-amazon-mit-prime-video-massiv-neue-kunden-gewinnt-128255. Zugegriffen: 2. Mai 2018.

o. V. (2018c). iPhone X ist ein Flop – Und trotzdem wird Apples nächstes Modell wohl noch teurer. Focus Online. https://www.focus.de/digital/handy/iphone/analysten-prognose-iphone-x-ist-ein-flop-und-trotzdem-wird-apples-naechstes-modell-wohl-noch-teurer_id_8772182.html. Zugegriffen: 2. Mai 2018.

o. V. (2018d). 90 % aller Amazon-Verkäufe finden in der BuyBox statt. Wir geben 100 Prozent, damit Sie die BuyBox gewinnen. https://www.sellerlogic.com/de/amazon-repricing-tool/. Zugegriffen: 2. Mai 2018.

o. V. (2018e). Geheime Messinstrumente zu Amazon Prime Video enthüllt: So weiß Amazon, ob sich eine Serie lohnt. Finanzen.net. https://www.finanzen.net/nachricht/aktien/first-streams-geheime-messinstrumente-zu-amazon-prime-video-enthuellt-so-weiss-amazon-ob-sich-eine-serie-lohnt-6046608. Zugegriffen: 2. Mai 2018.

o. V. (2018f). Künstliche Intelligenz vor dem Durchbruch: Roland-Berger-Chef prophezeit: Facebook und Google droht ähnliches Schicksal wie Nokia. Focus Online. https://www.focus.de/finanzen/news/kuenstliche-intelligenz-vor-dem-durchbruch-roland-berger-chef-prophezeit-facebook-und-google-droht-aehnliches-schicksal-wie-nokia_id_8329799.html. Zugegriffen: 2. Mai 2018.

o. V. (3. Februar 2018g). Der Preis des iPhone X rettet Apple die Bilanz. Frankfurter Allgemeine Zeitung, S. 23.

o. V. (2018h). Einnahmen mit Cloud-Anwendungen. Wie Apple mit Ihrem iPhone-Speicherplatz Geld macht. Manager Magazin Online. https://www.focus.de/digital/computer/apple/apple-das-geschaeft-mit-zu-geringem-speicher_id_8456497.html. Zugegriffen: 2. Mai 2018.

Pastuch, K. (2018). Pricing-Lexikon. Prof. Roll & Pastuch Management Consultants. https://www.roll-pastuch.de/de/unternehmen/pricing-lexikon. Zugegriffen: 2. Mai 2018.

Polleit, T. (2018). So unterscheiden Sie gute Gewinne von schlechten. Wirtschaftswoche. https://www.wiwo.de/finanzen/geldanlage/intelligent-investieren-so-unterscheiden-sie-gute-gewinne-von-schlechten/20805752.html. Zugegriffen: 2. Mai 2018.

Roll, O., Pastuch, K., & Buchwald, G. (Hrsg.). (2012). Praxishandbuch Preismanagement. Strategien – Management – Lösungen. Weinheim: Wiley.

Schlieker, K. (23. Februar 2018). Smartphones werden teurer. Wiesbadener Tagblatt, S. 25.

Schütte, C. (2017). Kampf gegen Monopole: Geht es Amazon und Google an den Kragen? Manager Magazin Online. http://www.manager-magazin.de/magazin/artikel/monopole-trustbusters-ii-a-1178562.html. Zugegriffen: 2. Mai 2018.

Simon, H., & Dolan, R. J. (1997). Profit durch Power Pricing: Strategien aktiver Preispolitik. Frankfurt a. M.: Campus.

Simon, H., & Fassnacht, M. (2008). Preismanagement. Strategie – Analyse – Entscheidung – Umsetzung (3. Aufl.). Wiesbaden: Gabler.

Simon, H., & Fassnacht, M. (2016). Preismanagement. Strategie – Analyse – Entscheidung – Umsetzung (4. Aufl.). Wiesbaden: Gabler.

Sprenger, R. (2018). Führung: Diven raus, Dialog rein. Wirtschaftswoche online. https://www.wiwo.de/erfolg/management/fuehrung-diven-raus-dialog-rein/21046114.html. Zugegriffen: 2. Mai 2018.

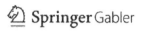 springer-gabler.de

Kluge Bücher

Jetzt bestellen: springer-gabler.de

Noch mehr kluge Bücher

Jetzt bestellen: springer-gabler.de

Ihr Bonus als Käufer dieses Buches

Als Käufer dieses Buches können Sie kostenlos das eBook zum Buch nutzen. Sie können es dauerhaft in Ihrem persönlichen, digitalen Bücherregal auf **springer.com** speichern oder auf Ihren PC/Tablet/eReader downloaden.

Gehen Sie bitte wie folgt vor:

1. Gehen Sie zu **springer.com/shop** und suchen Sie das vorliegende Buch (am schnellsten über die Eingabe der eISBN).
2. Legen Sie es in den Warenkorb und klicken Sie dann auf: **zum Einkaufswagen/zur Kasse.**
3. Geben Sie den untenstehenden Coupon ein. In der Bestellübersicht wird damit das eBook mit 0 Euro ausgewiesen, ist also kostenlos für Sie.
4. Gehen Sie weiter **zur Kasse** und schließen den Vorgang ab.
5. Sie können das eBook nun downloaden und auf einem Gerät Ihrer Wahl lesen. Das eBook bleibt dauerhaft in Ihrem digitalen Bücherregal gespeichert.

EBOOK INSIDE

eISBN	978-3-658-22573-5
Ihr persönlicher Coupon	jkdnnbc5MTmYc69

Sollte der Coupon fehlen oder nicht funktionieren, senden Sie uns bitte eine E-Mail mit dem Betreff: **eBook inside** an **customerservice@springer.com**.

Printed by Printforce, the Netherlands